共生管理

重塑商业伦理和企业价值观

林立平◎著

北京

图书在版编目（CIP）数据

共生管理：重塑商业伦理和企业价值观 / 林立平著
. -- 北京：中国经济出版社，2021.4（2025.6重印）
ISBN 978-7-5136-6454-7

Ⅰ. ①共… Ⅱ. ①林… Ⅲ. ①商业道德 – 研究 ②企业
– 价值论 – 研究 Ⅳ. ① F718 ② F270

中国版本图书馆 CIP 数据核字（2021）第 062719 号

责任编辑 叶亲忠
责任印制 马小宾
封面设计 久品轩

出版发行 中国经济出版社
印 刷 者 三河市同力彩印有限公司
经 销 者 各地新华书店
开 本 710mm × 1000mm 1/16
印 张 25.5
字 数 370 千字
版 次 2021 年 4 月第 1 版
印 次 2025 年 6 月第 2 次
定 价 98.00 元
广告经营许可证 京西工商广字第 8179 号

中国经济出版社 网址 www. economyph. com 社址 北京市东城区安定门外大街 58 号 邮编 100011
本版图书如存在印装质量问题，请与本社销售中心联系调换（联系电话：010–57512564）

谨以此书怀念：

我的父亲母亲：林永金、于桂芳

我的恩师师母：何兹全、郭良玉

序言

Preface

探访心灵中的善良天使

盛夏季节在大海里畅游一番，上了岸坐在沙滩上再来一罐冰镇啤酒，那真叫爽！初读张维迎教授的《市场的逻辑》中诸如“一个人想得到幸福，他必须首先使别人幸福”，就有那种痛快的感觉。等凉快了，静下心来品一品罗伯特·弗兰克的《牛奶可乐经济学》，则又有一种通俗的、新鲜的味道。市场的逻辑是传统的“经济人”假设，认为所有的经济活动都是人们出于“自利”的打算，其预设的人性都是“自私”的。弗兰克却不这样看，他也认为人有自私的一面，但若总是强调人的自私性，那会促使人更加自私，甚至会出现钱理群教授所说的“精致的利己主义者”，而人性中还有“利他”的一面，社会并不希望每个人都过于自私。

于是乎，经济学和管理学从骨子里又扯到了人性上去。再往深层里琢磨，这不又回到“性本善”或“性本恶”的千古论辩上了吗？还好，这反倒让我这种学了点历史的“年轻小老头”又有了想写点什么的“原始冲动”。写什么呢？十多年前写了一本《论房价》，写到 20 多万字时，越写越觉得不对劲儿，影响房价的原因远在房价之外，就像我当年说的“房地产决胜在房地产之外”一样，研究得越深也就越无法往下写了，索性“自残”式地废了那段“武功”。

2012 年《天下共生》画册出版了，好友李海峰送了我一本，看到于燕飞先生写的序，我肚子里想写点什么的“馋虫”又蠢蠢欲动了。离开高校后的“下海”经历，让我感到第一波创业性的企业革命已经过去，第二波管理性的企业革命到来。钱德勒写的不就是“美国企业的管理革命”吗？于是我便开始潜心研究管理，讲课也主要讲管理方面的选题。可问题又来了，管理是什么？管理者的目标任务又是什么？是为了在市场上“赢”而进行你死我活的竞争？抑或是为了“自己活得好，也让别人活得好”的联合与合作？在企业生死由“关系”主宰而非由市场决定时，一切经济学的成本、边际、控制、激励等还有意义吗？我一边迷惑着一边讲，一边讲一边探索着。这时正巧我在长白山考察投资环境，而长白山的“人与生物圈”“生物多样性”的保护行动深深吸引了我。恰在此时，“天下共生”在我眼前一亮，“共生”二字让我一下子豁然开朗，对，就写共生。我们的老祖宗讲“万物并育”，长白山是万物共生的自然保护区，共生是自然界的客观规律。林恩·马古利斯不是在生物学上提出过“内共生理论”吗？胡守钧教授不也出版过《社会共生论》吗？在钱宏先生的眼里，连中国都可以称作“共生崛起”，曹仰锋博士更是把第四次管理革命定义为“价值共生”，为什么不能有一部《共生管理》呢？我开始放下一切杂念，一心钻研“共生”，从此它成了我吃饭、睡觉、思考、写作的唯一目标。

几年过去了，朋友们都很关心我的写作进展。2018年的某天，北大黄埔班一位学员打电话告诉我，他在机场看到了一本新出版的《共生》，是陈春花和赵海然合著的，可能跟我写的书有关。我立马买来一本，飞速地浏览了一遍，一颗唯恐“撞题”的心终于放了下来。该书虽然提出了“共生型组织”新概念，但全书提到共生理论或共生管理的文字大概不超过100字。毕竟现在是互联网时代，连董明珠都在广告中说“进入万物互联时代”，“共生”一词被普遍使用并成为网络热搜也就不足为怪了。打开网络，很多论坛活动都冠以“共生”主题，在“中国知网”输入“共生”二字，搜索到的相关文章足足有1万多篇。这是大好事，说明人们都在关注或是认同“共生”了。这既提高了我的写作信心，同时随着时间的推移和新出版物的不断涌现，又令我倍感写作的难度在日益增大，内心更有一种唯恐跟不上时代的压力。

也有朋友问我："为什么叫'共生管理'？而不叫'共生管理学'呢？"我说："本人才疏学浅，自认为还达不到可称为'管理学'那种自成体系的完整状态，所以就当是随感、随笔来自娱自乐吧。"话虽这般说，可我自己明白，恐怕连随笔什么的都算不上。随笔是一种文学性的写作手法，尽管我也想把经济生活中枯燥的东西写得生动一点儿，耐读一点儿，但我自知自己不具备这样的文学天赋。若说这是一部经济学、管理学或是社会学之类的读物，却在系统上抑或深度上都够不上这些大学问的边儿。说得直白一点，这不过是一个退了休却又偏爱读书的人，因为热爱生命而自由自在地自言自语罢了。没准儿这正是本书的一个特点，写作的目的不为名、不为利，不用挂靠大学名头，也不用依附哪个学科、学派，甚至不一定非要出版，于是尽可以放任自流地东拉西扯，古今中外，整合杂说，串联碎片，像东北大锅烂炖一样，食材佐料随意加，油盐酱醋任意选，喜欢什么口味就做成什么菜。学术化的东西也可以生活化，谁说文学艺术作品就不能作为学术依据呢？用不着循规蹈矩，如放浪江湖，不亦乐乎？

尽管属于东拉古今，西扯中外，但是无论怎么杂、怎么乱，中轴主线是不能变的，那就是在重新认识人性以及文化多样性的基础上，如何去承认差异，尊重个性，相互联系，彼此合作，实现和谐与共生。主流经济学不是预设人性是"自私"的吗？那好，我们就从"轴心时代"东方的"性本善"和古希腊的"理想国"，经过休谟、尼采以及德鲁克、马斯洛等人的论述，来告诉人们"人性是怎样被低估了的"，或者我们为什么会具有"贬低人类的本能"。当我们通过不厌其烦的表白，告知人们人类是怎样具有"自私"和"无私"双重本性，或称"混合人性"时，也许我们才能进一步明白，营造出引人向善的社会情境对我们每个人有多么重要了。

既然是整理碎片茶余饭后式的闲谈，就要尽可能动听地娓娓道来，以便让人读起来不至于吐槽、拍砖，说你在浪费人家时间。而做到这一点谈何容易？既要言之有物、言之成理、言之有据，还要言之有乐、言之有趣、言之有益，这对我这种"书生本色"的老拙之辈，着实有些勉为其难。然而毕竟想怎么写是一回事，能写成什么样是另一回事。索性还是不问结果，先为自己定下几条写作目标吧。这便有了几年来在本书写作过程中，一直遵循着自定的几条规矩。

第一，由生物多样性延伸开来，将文化多样性以及哲学、价值观的多元多样始终作为轴心，使万事万物相互联系、相互依赖。差异和冲突是客观存在的，多元多样是共生的前提，若都是一个模样，或如有人所说的“普世”“同一”，也就无所谓共生了。《论语》《国语》中说的“和而不同”“以他平他”而非“以同裨同”，讲的不就是这个理儿吗？假如世界上只有一种生命，这种生命还能生存吗？或者说倘若世界上只存在一个或一种生命体，那这种或这个生命还会精彩吗？所以生命的存在不是要主宰或是灭绝其他生命，而是要与其他生命更好地共存共在，这才是生命存在的意义。

第二，经济学、管理学等往往从假设人性开始，善与恶、魔鬼与天使、利己与利他等有关人性的传统话题又不得不重提。社会科学无不是研究人与人、人与社会相互关系的学说，对于人的本性具有多面性和多样性的“混合”认知，正是本书研究和认识经济与管理领域一切活动的思想前提。也就是说，本书的出发点不是将人性单设为“自私”或“无私”，更多强调的是影响人性的社会情境。生命是环境的产物，人性也会随着环境的改变而变化。曾经是反对资本主义制度或是割资本主义尾巴的急先锋，转眼之间又成了爱财如命的贪腐分子，人性还是那个人性，不同的是社会情境发生了变化。因此，共生管理的任务之一，就是要努力营造引人向善的社会情境。

第三，客观世界并非只有适者生存的“生存斗争”，也不光是友善和谐的“共生主义”。万事万物的基本法则是竞争与合作、斗争与妥协、光明与黑暗的融合统一。生命的第一要义是生存，为了生存就要面对生存环境的种种危险，生命是在适者生存的竞争和斗争中演化并强大起来的；一旦没有了竞争，不再有生存的压力、危险和斗争，生命就会变得懒惰、退化和愚笨，反而不利于进化和发展。人类社会还有另一条被重新认识的进化法则，那就是合作。生命又是因为合作才得以诞生并不断演化的，没有合作就没有生命、没有社会。生命要有竞争，但竞争的目的不是控制、征服或清除对方，而是共同发展、携手并进的相互促进；生命更要有合作，但相互合作并不是依附、服从或是无条件的妥协，而是为了实现各方都能获益的更高的新目标。“争而无害，合而有争”，竞争与合作是不可分割的整体，是一对融合与统一的共生关系。

第四，在与企业家相处或为他们授课的过程中，也出于我自己开办公司的亲身体会，深知他们“人在江湖，身不由己”的生活状态。两个字，那就是“太忙”！他们整天忙于经营活动和各种应酬，唯独读书的时间和陪伴家人的时间少之又少，真是应了那句“只有懒惰的地主，没有懒惰的企业家”。特别是那些未上市的中小型民营企业，他们的经营管理和生活状况更具有现实意义。尽管书中我也会经常提到万科、海尔以及任正非、马云那样的著名企业和企业家，但我却打心眼儿里希望多关注一些未上市的中小型民营企业。本书首先是献给那些经济领域的高级白领和企业家、管理者的，所以我总是想尽可能地增大信息量，并大量注明出处地引用经典名著，时不时也插入一些家庭生活情境，大概这也都是出于同样的“共情”心理吧。

本书并不是直接教给读者如何管理企业的方法和技术，更多的是注重商业伦理和企业意义方面价值观的探讨与重构，谨期望能够起到启发裨益，让读者自己去思考应该怎样“成就你自己”。“告诉你应该怎样管理企业”，那是成功企业家的语境，所有成功的企业家每每都能进行一番著述或演讲，大谈自己如何理想丰满、如何艰苦奋斗、如何知人善任、如何担当责任等，仿佛真如某些成功学所说，成功其实有方法，管理确实有套路。然而读完本书读者会发现，其实“共生”无“主义”，本书所要讲的正是无套路、无定式，成功就是从无到有、从小到大、从弱到强的创造过程，别人的成功只能用来参考和欣赏，重要的是自己去思考、去领悟、去创造。而创造正是对模式的突破，对结构的解构，对规则的叛逆，对权威的质疑，对人生无拘无束的享受，对自我的超越与实现。所有标准式的考试答案都是在折断想象力的翅膀，任何已有的规矩都是对创造力的羁绊，那些根深蒂固的习惯无不是对主动创新的束缚。创造需要天马行空、大胆想象，甚至“任意妄为”。成功没有统一模式、同一法则，如果有，那就是不断地突破与创造。

所以，不要低估了人性，更不要低估了你自己。斯蒂芬·平克在发掘“人性中的善良天使”时以大量的事实证明，随着人类文明的不断进步，暴力在逐年减少。人类在美好的社会中过着幸福生活是完全可能的。共生思想就是基于这一美好愿景而对人类“想象一个新世界”的自由憧憬，并坚信人类社会能够实现正义、美好与和平。共生管理仅仅是从经济组织出发，尝试着去促进人类社会向着幸福、美好的方向前行，超越阶级，跨越文化，在生命系统框架下对管理进行整体性思考，为组织中的所有成员谋求最大化福祉。共生文化则是多元包容鼓励创造的文化，它承认差异，尊重个体，不认为有哪个文明最优越，也不承认有哪个理论是放之四海而皆准的终极真理。倘或有，那这个真理就是时刻都在革新创造的你。因为每个人的心里都有一个善良的天使，成就你自己，或许就是现实世界中能够实现“共生”的最伟大的真理。

既然管理是从人性假设开始的，本书上篇便从生物多样性出发，首先探索个性觉醒的时代特点，进而从生物学等多元视角对人类既自私又利他、既是天使也有心魔的双重本性或称“混合的人性”展开论述，并由此阐明共生思想的觉醒与普及。中篇则依据共生管理的价值判断，对经济领域的三大重要课题进行辨误性商榷，即对“利润最大化”、股权与控制权的治理结构以及由“忠诚”引出的用人原则展开解惑性探讨。下篇则是结合实践经验，对企业联盟合作、共生型联邦组织、企业共生文化等提出建设性的创意构想。

共生管理涉猎广泛，结构宏大，远非我一人之功所能蹴就，仅以散杂笔法汇述经验感想而已，以期有益于社会进步，亦不枉多年来一家老小鼎力相助而终成此卷了。终稿掩卷，感慨良多，数年来一直关心和帮助我的人与事一时涌上心头，一个“谢”字终究难表情怀，谨此为序，聊志不寐之晨吧。

林立平

2020年8月8日晨于大连共生书房

目　录

Contents

上篇

灵魂的模样

上篇

灵魂的模样

每一个物种本身都是一个奇迹，是值得我们拜读的漫长而精彩的史话，是经过数千万年的挣扎最终出现在我们这个时代的赢家，是最优中的最优者，是其所生存的自然栖息地中身怀绝技的专家。就像我们人类一样，它们掌握着在所处生态系统中生存的独门绝技。

——爱德华·威尔逊

第一章　多样性与时代个性

假如长白山只有一种生物——多彩的艺术与独立的个性——失序、解构与时代裂变——修复、重构与后现代主义

一、假如长白山只有一种生物

长白山的美，是大美，是多样性的美，只有去过的人，尤其在不同季节都去过的人，才会深深地享受到这种旷世之美。

我第一次走进长白山是在 2005 年 10 月 1 日。几位大连朋友和长春朋友一起驾车前往，到了山下松江河镇已是晚上八点多了。当晚除了山路崎岖、长途劳顿和晚上“地主”的烈酒款待，再没什么其他印象了。第二天清晨，当我们在晨曦中驶入绕山公路时，每个人的眼睛都随着太阳的升起忽然亮了起来。“红叶！”“秋色！”车里的人异口同声，让你一下子便油然想起毛泽东的《沁园春·雪》中“看万山红遍，层林尽染”的名句。这里的红叶是那样的娇艳、干净，漫山遍野，举目皆是，不知该抓拍哪棵树、哪一枝、哪片叶才能满足自己的眼福。可长白山的秋色不只是红叶，更有紫、黄、褐、绿、青、翠……用五颜六色已无法形容她多彩的丰姿。“多彩？”对！长白山的秋色是“多姿”“多彩”的！

2010 年 1 月 1 日，北国已是严冬，我又有幸陪同广东的朋友进山。皑皑白雪，茫茫无垠。当合生创展执行董事廖若清看到雪山、日晕、一下子

就跪在雪地上膜拜时，广电集团张柏龙总裁的“徕卡”便拍个不停，“北国风光，千里冰封，万里雪飘”的盖世篇章似也无法尽显这自然之美。《庄子》卷七中说的“天地有大美而不言”，这“大美”二字也许正是庄周梦游长白山[①]时留下来的。因为再也找不到别的词语来描绘长白山的旷世壮美。那天晚上大家兴奋得就跟辽阔敦厚的长白山一样豪迈。

春季和夏季的长白山同样美得无法述说。2013年的春夏两季我又幸运地在长白山二道白河小镇住了下来。山区里的“春脖子”很短，树木的芽苞没几天就绽开了，嫩绿嫩绿的，好像你刚刚穿越冰封的宇宙重新回到了生机盎然的星球。还有各种山野菜，如刺嫩芽、刺拐棒、猫爪子、牛毛广等，常常把我们几个吃货撑得吃不消。而在夏天上山，每走一段路，每上升一段海拔高度，花草树木和山势气质便会呈现出一番新景象。长白山池北区园林局长高长江，成了我们这次上山的“专导”：长白山是“四季不同景，十里不同天”，随着海拔高度的变化而呈现出不同的“垂直”景观。从二道白河小镇出发，海拔高度是700多米，到海拔1100多米时，他告诉我们在这一段“阶梯”里主要分布着红松和一些阔叶林，是针阔叶混交林带，这里的树木都直率挺拔、积极向上，好像山里人的性格；再从海拔1100米到1700米则属于针叶林带，除了槭树、花楸等阔叶树，其他林下灌木、草本植物都明显减少了；继续往上走到2100米的海拔高度便是岳桦林带了，这一段山势陡峭，风大高寒，因此岳桦树都长得矮矮小小，弯弯曲曲，斑驳的树皮给人以饱经风霜的感觉，但却最能展示出生命的顽强与坚韧；2100米以上几乎没有树木了，却仍然有苔原植被用力地抓住火山锥体的表面，匍匐着你想摘一朵都不容易。高局长越说越兴奋：在这立体化的植被“苔地”里，植物种类丰富绚丽，已发现且有名的就有2806种，分属于73目256科；长白山野生动物资源也十分丰富，目前已经知道的就有1578种，分属于52目258科……

这时忽然有人打断了高局长滔滔不绝的介绍，问道：

“假如长白山只有一种生物呢？”

---

① 《山海经》卷十七大荒北经：“大荒之中，有山名曰不咸。”一般认为当时的不咸山即长白山。

高局长瞠目结舌，看了他半天，有些怪异地说："这怎么可能呢？长白山是生物多样性的世界宝库，是联合国人与生物圈的自然保留地，这里有美人松的亭亭玉立，有松桦恋的千古执着，有神草人参，有牛皮杜鹃，还有动物类的东北虎、中华秋沙鸭、梅花鹿……怎么可能只有一种生物呢？"

我无语。但我并不觉得这个问题问得单纯、幼稚，反而让我多想了很多。同是这个夏天在"长白山国际生态论坛"上，我带着同样的好奇心结识了吉林大学生命学院陈霞教授，她送给我两册"长白山生物多样性系列丛书"，书中收集了木本、蕨类、显花植物等 470 多种。如果再放开思路，想想全世界，已知道的生物就有 3000 多万种，仅非洲艾伯丁裂谷里尚有未知晓的昆虫就有可能超过 1000 万种。是的，怎么可能只有一种生物呢？如果有，它怎么生存？那还美吗？不可能！长白山不可能，整个地球更不可能！正如生物学家威尔逊赞美生物多样性时所说："每一个物种本身都是一个奇迹，是值得我们拜读的漫长而精彩的史话，是经过数千万年的挣扎最终出现在我们这个时代的赢家，是最优中的最优者，是其所生存的自然栖息地中身怀绝技的专家。就像我们人类一样，它们掌握着在所处生态系统中生存的独门绝技。"①

这看似简单的可笑一问，却从另一个侧面让我想清楚了这样一个命题：丰富多彩，大小同在，多元多样，万物共生，这才是长白山乃至整个世界真正美好的本来模样。我们人类也只是这多样中的"之一"，没有我们，地球的生物多样性还在，但我们却离不开生物多样性，我们需要的是适应多样，学会与多样相处。

二、多彩的艺术与独立的个性

音乐

那是 2014 年 5 月末的一天，我在大连的家里接待了四位美国朋友，

---

① 爱德华·威尔逊. 半个地球 [M]. 魏薇，译. 杭州：浙江人民出版社，2017.

他们都是著名的钢琴教授或演奏家，是由好友李铁和华裔女钢琴家黄楚芳老师引荐来到中国的。茶余饭后，黄老师首先奉献了一曲《春江花月夜》，这本是一首民族乐器演奏的曲子，没想到用钢琴演奏也能表现出江南水乡温柔细腻的丝竹韵味，偶尔又不乏江水滔滔的激情澎湃。美国茱莉亚音乐学院钢琴系马蒂·瑞卡利奥教授（Matti Raekallio）则弹奏了一曲《激流》，若是你闭目聆听，仿佛漫步在波光潋滟的大河边，忽而是涓涓溪水，忽而是湍流急进，又好像你就坐在旷野的岸边，享受大自然洗涤着你的心灵。而美国新英格兰音乐学院钢琴系教授薇薇安·怀勒斯坦（Vivian Weilerstein）当场邀请林真好小朋友随意弹出几个音符，他就用这几个音符即兴演奏起来，奇迹般的效果出现了，在场的所有人都恍惚进入一种梦境，仿佛我们已经身在梦幻般的童话世界里似的。

同来的还有几位琴童也都各有所长，十二岁的李宇航在古典音乐的钢琴演奏领域已是赫赫有名，而今他以优异的成绩考入了美国新英格兰音乐学院，在世界排名前五的音乐学院里开始了古典音乐的专业之路。李宗运小朋友却酷爱爵士乐，他跟黄楚芳老师四手联弹即兴表演了一首爵士钢琴曲，一下子整个气氛活跃了起来，家里面就像开起了派对舞会一般。他现在也在美国留学，去实现他的爵士乐的梦想。

这次的家庭聚会收获最大的要数我本人了。现在我依然经常回味着那种既雅致又酣畅的感觉。同样是一部钢琴，每个音乐家用来表现的艺术风格却是那样的不同。它既可以是古典的，也可以是现代的。同样是两位钢琴神童，一个承继了传统，一个超越了现代。想想我自己，当年在文工团时既“古为今用”拉民乐二胡，又“洋为中用”学拉西洋乐器小提琴，上了大学后第一次听到邓丽君的《月亮代表我的心》，接着又学着吼过崔健的《一无所有》和费翔的《冬天里的一把火》《故乡的云》，传统的民歌美声也有了李谷一气声唱法的《知音》和李双江东西合璧的“小小竹排”，音乐的视野好像一下子开阔了，音乐里有了自我，有了个性，有了释放个人情感的心灵诗歌。我再也不用偷偷摸摸地学拉《梁祝》，耳朵里听到的也不只是“大海航行靠舵手”“东风吹，战鼓擂”等颂扬式的革命歌曲了，而是增加了贝多芬与肖邦、苏小明与帕瓦罗蒂，释放的是生命的恬美与精神的力量。

再后来我又结识了不少音乐界的朋友，在陪着孩子练琴时也重温了许多音乐书籍，这才知道只是民族的音乐就已经是五花八门、精彩纷呈了，如按体裁品种分类，民歌与歌舞就可以分出山歌、小调、号子、舞歌，而戏曲种类更有昆、越、豫、皖、川、陕、吉、湘等地方戏种。我好奇地在网上搜索了一下“音乐分为哪几种类型”，一位网民回答说大致可分为古典、流行、爵士、摇滚、乡村、朋克、校园、暗潮、金属、交响、歌特等47种。哇！音乐的世界真让我更深层地感受到了，在风格上它可以是多民族多样化的，在乐器上它可以是各式各样、五花八门的，在音乐艺术表现上它更可以是亦古亦今、亦金亦木、绚丽多彩的，它同样不可能只是一种模样、一种形式，无论是乐器还是曲调。有人说音乐是“诗歌的姊妹”，中世纪意大利一位哲学家则认为音乐在所有七项审美艺术中位居第一，“是人类文明学科中最高贵的一科”，而我最欣赏法国思想家罗曼·罗兰对音乐的赞美：每种音乐形式都是同某种社会形态密切相关的，“没有哪一条公式能概括它，它是时代的欢歌，历史的花朵；它从人类的痛苦中成长，也在人类的欢乐中滋生”。[①]音乐是时代最完美的艺术综合，它同样是多样性的，而且继续在创造多样。

美术

林真好小朋友不仅喜欢音乐学习钢琴、竖琴，同时也酷爱绘画。她四五岁时可以一动不动地画上两三个小时。她的绘画老师纪晓萍女士是以画马和其他动物著称的著名画家，纪老师的画总是那样恬静、安详，人和动物好像在轻轻细语，不知是动物爱上人还是人爱上了动物，让你感受到的总是那种和谐之美。这让我想起2012年出版的《天下共生》这本画册的封面作品，它不仅色彩艳丽丰富，更重要的是它是人和动物一次最精彩的融合——一位美少女的头部汇聚着一群各式各样、精灵活现的动物。这是来自世界几十个国家的一百多名艺术家倾情演绎“天下共生”野生动

① 罗曼·罗兰. 音乐的故事[M]. 冷杉，代红，译. 南京：江苏凤凰文艺出版社，2017.

物 CG 艺术精英邀请赛的一等奖作品。这次邀请赛是由中国战略与管理研究会于燕飞秘书长操办的，我曾问他为什么叫“天下共生”？他说生与死是人类哲学与艺术的永恒主题，在作品里我们看到的是艺术家对生命的感悟，对人类行为的自省，这些作品不是华丽写实的动物标本，而是灵动鲜活的生命精灵，作品在启迪着我们，眼前的它们（动物）和我们一样，是生命！这是我国在生物多样性保护行动和野生动物文化工程方面的一次尝试。我非常欣慰，是他们用绘画的艺术方式告诉人们，这个地球上的动物、植物、微生物等生物是多样性的，是多样共生的。纪老师用的是她的画作告诉我们，不仅生物是多样性的，绘画艺术的表现形式和技法也是分不同门派类别的。大的门类有油画、国画、版画、漆画、水彩画等，而在画派与流派上还可分为佛罗伦萨画派、巴比松画派、巴黎画派、印象画派，以及立体主义、达达主义、未来主义、波普主义、极简主义等。总之，绘画早已不单单是古典主义了，无论是写实还是写意，无论是古人说的“遗貌取神”还是张大千的“在像与不像之间”，每个艺术家都旨在表现自己的审美个性与艺术风格，就像中国的书法一样，你若不能自成一体，你最多只能是个写字的“匠”，而不能成为书法的“家”。我曾在上海看过声光电效果的梵·高画展，也在卢浮宫欣赏过达·芬奇的艺术真品，在中国雕塑院曾被吴为山塑造的秦始皇所震撼，在中国美术馆更是“听到”了徐悲鸿《愚公移山》的号喊。穿越艺术的历史长河，每一幅作品无不是时代精神的美学凝缩，而距离我们的时代越近，就越是能够感受到艺术个性的重要与艺术家自由灵魂的苏醒。

建筑

除了音乐、美术，与我们日常生活结合最紧密的“艺术”应该就是建筑了。人类从树居、穴居到屋居，虽然最初搭建的只是简陋的草棚、木屋，且起初的目的也主要是遮风挡雨和保护人身安全，但人类的建造技术从一开始就在向“美”的方向努力着，直到它成为能够体现自己的民族风情或宗教意志的“建筑艺术”。今天我们到全国各地和世界各国去旅游观光，除了当地的风土人情、自然山水、名吃特产之外，恐怕见到最多的

“光景”就是那些风格不一、造型各异的建筑了。那年春节前我们一家人刚从阿联酋回国，见了面的朋友或微信里的“圈友”都问：“怎么样？好玩不？”“到迪拜什么印象最深刻？街上是有拿 POS 机乞讨的吗？”我说：“要是想拿 POS 机到迪拜满大街要钱去那就免了吧，如果喜欢看建筑，尤其是阿拉伯风情的建筑和现代、后现代建筑，那你一定要去一趟阿布扎比和迪拜。”这个沙漠里的国度的确是个奇迹。1971 年 12 月 2 日才宣告成立的“阿拉伯联合酋长国”，仅仅用了四十几年的时间就在波斯湾的阿拉伯半岛东部，拔地而起建成了世界最高的哈里法塔和世界最华丽的大清真寺，还有很多你所能想象到或想象不到的形色不一的建筑。也许正是因为这里的建筑千姿百态、形体多样的缘故，不知是哪个文人或记者就把这西亚沙漠里的王国美称为“沙漠里的花朵”。这一美誉恐怕不仅仅是指阿联酋在沙漠里种植花木所付出的努力，更多的还是针对它的建筑之美。而阿联酋的建筑如果没有了阿拉伯风情的艺术元素和建筑语汇的融入，看起来和其他国家的所谓现代建筑一样的话，那它还会这样美而被称为“花朵”吗？如果长白山、阿尔卑斯山脉等自然界的花卉是“百花齐放”的，在建筑领域的艺术是多国、多民族、多元化的，又如北京的清朝建筑、安徽的徽派建筑、云南的白族民居、福建的传统土楼，以及西班牙的高迪、荷兰的风车等，如果这一切不是姹紫嫣红、姿态万千，而是千镇一色、万城一面，那样的建筑还美吗？还能称之为“花朵”吗？

酒店也一样，无论是旅游观光还是休闲度假，到阿联酋选住几家特色酒店也是不可或缺的旅行体验。阿联酋在 19 世纪还是英国的保护国，与英国一直保持着友好关系，英国设计师约翰·艾利奥特设计的“会议宫”也就是后来的“酋长国宫殿酒店”（Emirates Palace），人们习惯地称为“八星级皇宫酒店”，这是一组极富阿拉伯民族风情的宫殿建筑群。被称为世界唯一一座七星级的 Burjal Arad 酒店，因为外形酷似帆船，中国人都叫它帆船酒店，设计师汤姆·赖特（Tom Wright）也是英国人，说是超豪华设计，酒店里的垃圾桶都是黄金做的。为此我还特地拍了几张卫生间的照片，是金色的，但不一定是纯黄金做的，不过酒店装饰工程用掉了几十吨的黄金确是不争的事实。在最大的人工岛——棕榈岛上，亚特兰蒂斯则是以演绎海底沉船为主题的六星级酒店，而最能代表五星级酒店的范思哲酒店，确是一位时尚设计师在旅游领域的艺术发挥。洲际酒店集团中国区高管杜宁先生曾跟我说，世界各国的酒店评级标准一般最高都是五星，没有六七星、更没有八星，超星级的说法只是对酒店奢侈豪华超高标准的一种形容。想想也是，无星级未必不高端。中国的周庄花间堂、北京杜革四合院、上海客堂间、黄山徽舍民宿、山西平遥锦宅、苏州平江客栈……无不是以其个性设计、精致舒适而著称的，住上去的乐享别是一番滋味，未必输给那些五星级。中国建筑设计院总建筑师陈一峰教授，花了二十多年的时间研究精品酒店，几乎跑遍了世界各地，看了他用心血和时间凝聚而成的专著，你对精品度假酒店的认识用 8 个字就可以概括了：各领风骚，审美无限。①

艺术在变，变得缠绵不羁、婀娜多姿、个性张扬、千变万化了，而它的方向却是一直朝着多彩、多姿、多样、多元化的前方行进着。

写到这里，想起了 17 世纪德国哲学家莱布尼茨好像说过“世界上没有完全相同的两片树叶”这句话，而冰心散文《说几句爱海的孩子气的话》结尾处的一段文字也是很有趣味的，摘在这里作为本节的结束语吧：

> “人心之不同，各如其面”，这样世界上才有个不同的变换。假如世界上的人都是一样的脸，我必不愿见人。假如天下的人都是一样的嗜好，穿衣服的颜色式样都是一般的，则世界成了一个大学校，男女老幼都穿一样的制服，想至此不但好笑，而且无味！

三、失序、解构与时代裂变

时代之问

出生在 20 世纪五六十年代的人，是人生经历最富有的一代。“大跃

---

① 陈一峰. 精品度假酒店规划与设计 [M]. 北京：清华大学出版社，2019.

进”“大饥荒”“三反五反”“文化大革命”“上山下乡”“批林批孔”“反对右倾翻案风”、恢复高考、改革开放、下海、下岗、创业、腐败、双规、发财、辉煌……崎岖坎坷、无奇不有、人生炎凉、沧海桑田……该干的都干了，该玩的都玩了，该体验的都体验了，该经历的都经历了。如果非得问这是个什么世道，或者非得用一句话来形容这个时代，可用无数个排句来这样表述：

这是一个轰轰烈烈、翻天覆地的折腾时代！

这是一个无比险恶、无限机遇的冒险时代！

这是一个大浪淘沙、鱼龙共舞的英雄时代！

这是一个道德迷失、找寻方向的混沌时代！

这是一个迷失自我、重建自信的复兴时代！

这是一个个性觉醒、无拘无束的创新时代！

这是一个自由奔放、绚丽多姿的灿烂时代！

这是一个社会转型、经济腾飞的伟大时代！

这是一个秩序重构、好梦成真的新时代！

我有幸生存在这样一个伟大的国家和伟大的时代，并亲身经历、耳闻目睹了这个时代的巨大变化。美国哈佛大学政治学博士弗朗西斯·福山（Francis Fukuyama），把西方国家自20世纪60年代开始的社会变化直称为“大断裂”，并为此专门写了一部《大断裂——人类本性与社会秩序的重建》。他主要通过高犯罪率、高离婚率及非婚生育的家庭关系、信任度显著下滑的三大类别指标来阐述西方主要国家在这一时期所发生的社会变化。他使用了统计、调查、测量等各种方法进行了研究分析后，得出结论：“所有的测量方法向我们提示出令人触目惊心的、不断严重的社会失序状况”，“犯罪和社会失序的加剧，作为社会联结源泉的家庭和亲属关系的衰落、信任度的降低，这些都构成了大断裂的特点”。[①]尽管如此，我认为社会的发展是不可能“断裂”的，今天的“果”是缘于昨天的“因”，昨天的社会也是此前社会发展的延续。人类社会至今还没有发生像侏罗纪

① 弗朗西斯·福山.大断裂——人类本性与社会秩序的重建[M].唐磊，译.桂林：广西师范大学出版社，2015.

和白垩纪恐龙物种灭绝式的那种“断裂”，有的只是社会发展过程中的朝代更替和历史变迁。不过，福山先生确实抓住了这个时期人类社会所发生的变化特征，而且这种撕裂式的巨变不只是一国两国的事情，它是在很多国家发生了的，无论是美国、英国、意大利、加拿大、澳大利亚、瑞典、西班牙等发达国家还是一些发展中国家，都有相似的变化表征。中国的社会变化似乎来得更加澎湃猛烈一些，但无论怎样，中国的这场史无前例的重大变革也是世界各国社会变迁中的一部分，只不过中国的这场历史变革具有中国自己的特色，比西方国家来得稍晚了约20年。这场巨变是世界性的、地球性的，有如孔子、老子、亚里士多德、柏拉图等众多思想巨人几乎诞生在同一个“轴心时代”一样。因此，这场世界性的巨变不应是“断裂”性的，而应是社会能量集聚到一定程度的“时代裂变”，或可称为“新的轴心时代”。

这场“时代裂变”可以从方方面面表现出很多巨变特征，有工业、农业等经济方面的，也有政治、文化、生态、教育、信仰、婚姻、劳工、信息、技术等各个领域的。而我认为这场“时代裂变”最主要的表现是在“社会”及其“心灵”方面。经济的巨变，经济总量的剧增，在某种意义上也不过是生产资料向产品的转变，资源向商品的转移，物产向货币的变现，因为目前统计的经济总量［国内生产总值（GDP）］还主要是用货币来标注其价值的。森林木材变成商品，矿产资源变成货币，手里的钱币是多了起来，这是否等同于经济实力或者国力就是增强了呢？所以我认为这场“时代裂变”不仅仅是经济发展的腾飞与超越，更深层、更重要的是表现在整个社会的核心价值取向和“信仰”“信任”方面的心智结构所发生的转折性变化。

迷茫与失序

“发展才是硬道理！”这个时代的最强号角一旦吹响，整个社会不管是黑是白，都向着经济发展发起了猛烈的冲锋。仅仅30年，中国已然冲到了世界经济大国的行列，成绩斐然，举世瞩目。武汉大学尚重生教授说得好：“面对太平盛世和盛世太平的似锦繁华，谁能阻止我们发出由衷的欢歌笑语！”他同时又指出：“同历史上任何一个剧烈变化的时代一样，这是一个充满问题的社会，老问题还没有解决，新问题就开始生发并接踵而来。”[①]在这充满问题的社会，最突出的问题是人们不知道问题出在哪里，人们不知道自己在忙活什么，“人为什么活着或活着为什么？”“我从哪里来？要到哪儿去？”迷茫、茫然！就像爵士歌手崔健《一无所有》所唱的：“为何我总要追求，可你却总是笑我一无所有”。企业家潘石屹也写了一部《我用一生去寻找》，书出版后总有人问他：“你在找什么，找到了没有？”两千多年前屈原在《离骚》中吟出的“路漫漫其修远兮，吾将上下而求索”，却也道出了我们这个时代许多人都经历过的心路历程。曾几何时，整个社会都在“学习雷锋好榜样”，讲无私奉献，做好人好事，“狠斗私心一闪念”“宁要社会主义的草，不要资本主义的苗”。弹指之间，在周围一部分人有彩电有冰箱、有房有车先富起来的诱惑下，全社会“工农商学兵”全都尝试下海经商，为了发家致富、摆脱贫穷，不管白猫黑猫，“英雄不问出处”，在“黄赌毒”几乎绝迹的新中国又开始了“笑贫不笑娼”，看一个人的身份地位不是看他的教育、学术或社会贡献，而是只看他的口袋里有多少钱。冯小刚导演的《一声叹息》《手机》，即是用影视艺术反映了这个时代人们的困惑与无奈。而张艺谋导演的《满城尽带黄金甲》，虽然取材于历史，但看其钩心斗角、骨肉相残、母子乱伦的庞大场面，观众们真的丈二和尚——摸不着头脑，不知道影片要表达什么主张。从影片上映前的媒体大力炒作来看，张艺谋在追求票房价值这一点是公认的，事实上也确实创下了新的票房纪录。在一次朋友聚会闲聊时，一位老兄曾笑谈说：“老谋子是用了最先进的影视技术，制造了当今社会最大的文化垃圾。”我觉得这没什么好奇怪的，两位大导演也都是时代中的人物，他们不过是从某个侧面反映了这个时代的价值转型和迷失方向的社会现实而已。

社会转型或转型中的社会，鱼龙混杂、泥沙俱下是在所难免的。打开

① 尚重生 . 当代中国社会问题透视 [M]. 武汉：武汉大学出版社，2017（2）.

门窗透进来的不仅仅是新鲜的空气，空气中的杂质以及蚊子、苍蝇都会一股脑地涌进来。发展经济的大幕已经拉开，整个社会一旦奏响“追逐利益”的主旋律，逐利的本性就会让一些人不择手段，迷失方向，丧失信仰，胡作非为，没有了做人做事的起码底线。而迷失自我的人即便是富裕起来，有了大把的钞票，他们也不知道自己该做些什么，该向何处去，“吃喝嫖赌”、骄奢淫逸、奢靡摆阔，仿佛活着就是为了赚钱，赚钱就是为了享乐，带动其他人共同富裕的社会责任早都丢到太平洋去了。这时的社会，正如福山博士所说的“大断裂”现象就会全面爆发。首先是犯罪率急剧攀升和社会性腐败问题日益严峻。根据官方公布的资料和历年《中国统计年鉴》发布的数据显示，1978 年改革开放伊始，人民法院审理的一审案件（包括刑事和民商事）不到 45 万件，至 1988 年，十年间上升到 229 万件，翻了五倍多；到 1998 年则有 541 万多件，20 年间增加了十倍以上；2008 年将近 629 万件，2015 年首次突破千万件，2016 年达到 1208.9 万件。这 38 年间刑事案件由不足 14 万件上升到 112 万多件，上升了近 10 倍，其中青少年罪犯占刑事罪犯的比重在 1998 年时占到了 39.4%。在各类犯罪案件中，国家公务人员贪污受贿和职务犯罪尤为突出。据新华社报道，仅 2006 年人民法院判处的 88.9042 万名罪犯中，就有 2.489 万名国家公务人员，其中国家机关人员占 29.02%，判处县处级以上国家公务人员 825 人，地厅级 92 人，省部级 9 人。党的十八大以来，“老虎苍蝇一起打”“腐败零容忍”，把反腐列为重要国策，以及电视连续剧《人民的名义》的勇敢播出，都反映了党和国家治理腐败的坚定决心。2018 年 3 月，十三届全国人大一次会议通过的最高人民检察院工作报告中提出，过去五年立案侦查职务犯罪 25.4419 万人，较前五年上升 16.4%，为国家挽回经济损失 553 亿余元，民生领域查办“蝇贪”6.2715 万人，从 42 个国家和地区劝返、遣返、引渡外逃职务犯罪嫌疑人 222 人。[①] 这说明改革开放以来经济发展的同时社会问题也多了起来，社会的复杂因素和不稳定因素也在增长，尤其是青少年教育和职

① 以上数据及图表等相关信息，据人民网、新华网和历年《中国统计年鉴》及政府相关公报整理得出。

务犯罪问题已经十分严峻了。而法院受理的案件多了，同时也说明依据法律解决社会问题越来越被社会各界所接受，法制社会的进程也在加速。

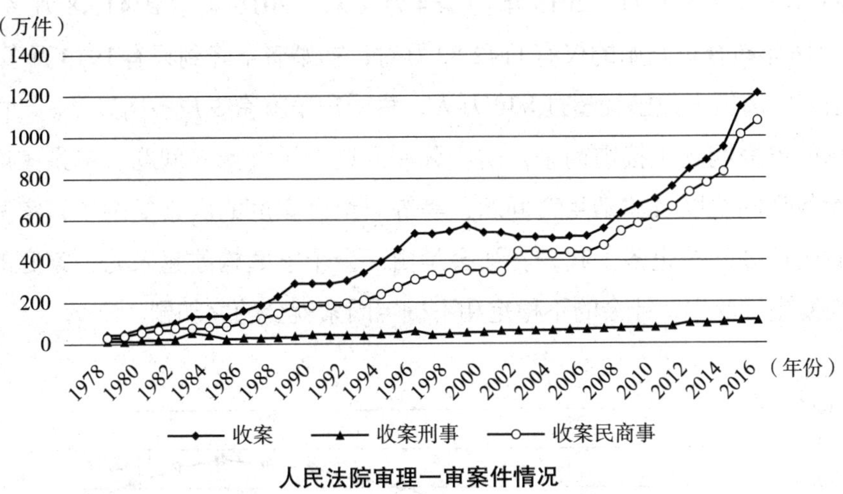

人民法院审理一审案件情况

家庭动荡

婚姻家庭也在这一时期发生了剧烈震荡。价值取向转型了，人生目标、生活信念也都随之发生了变化。我在 1982 年硕士毕业时心里只有一个想法：一定要做国际一流的学者教授。结婚后又继续读了博士，依然朝着自己的理想前进。然而这时候周围的所有声音几乎都夹杂着金钱的味道，没有人关心你的论文发表了没有，出国的学术交流怎么样了，关心的只是你带回国的是什么东西，邻里之间最羡慕的是谁买了电视，谁家有了电冰箱，等等。社会上流传的“穷教授、傻博士”我都占齐了。价值取向和价值目标的分裂，无论你富有还是贫穷，在向致富冲锋的进程中，总会有人走得快一些有人走得慢一些，“大鹏已在自由的天空中翱翔，燕雀还在屋檐下叹息”，经济因素和价值目标的转型便成为婚姻家庭裂变的第一股冲击波。而经济转型的同时社会也在分化。有的人先富起来了，开始“包二奶”“养小三”，无论你怎么隐蔽、多么秘密，到头来家里面总是难免鸡飞狗跳，甚至不得不分道扬镳了。因下海或出国而两地分居、兴趣不同、婆媳矛盾、生男生女、审美疲劳、追求自由等，都可能成为家庭分裂的直接原因。1985年时离婚率已经明显上升，但当时离婚登记的数据还只有45万对，将近3000户中才会有一对离婚。但此后离婚率一路飙升，1995年为105.6万对，2005年为178.5万对，2015年为384万多对，2016年达到415.8万多对，而2016年新登记结婚的仅有1142.82万对，初婚者下降到只有1913万多人，可当年的离婚人数已经超过830万人，每千户里就有3户多离异了。[①] 由此引起的家庭问题也接踵而来，财产分割问题、子女抚养问题、单亲家庭的子女教育问题以及非婚生育问题，等等。组合家庭的因素复杂了，家庭分裂后的社会问题也多了起来。社会是由一个个家庭构建起来的，家庭的稳定性发生了变化，社会的不稳定和不确定因素就会随之加剧。

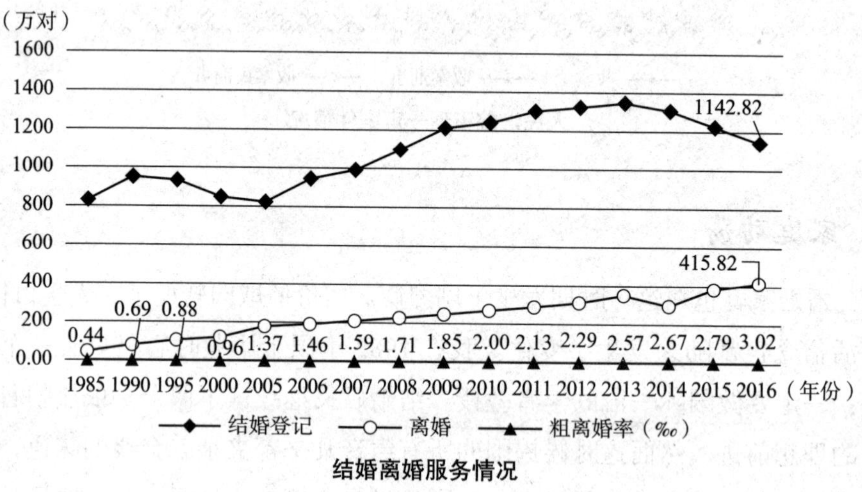

结婚离婚服务情况

信任缺失

信仰缺失和丧失信任更是这个“时代裂变”的深刻烙印。所谓市场经济，实际上就是人类交换活动的高级形式，从以物易物到商品交换再到国际贸易，物质的表象是价值交换，其内在实质则是在一定规则下交换信任。孔夫子两千多年前即说：“民无信不立”，一个“信”字由“人”和“言”组成，是“人”就要说话算话，是为“信”！《论语·学而》子

① 以上数据及图表等相关信息，据《中国统计年鉴》及政府相关公报整理得出。

夏说“言而有信”,《说文解字》中说“信”就是“诚”。这是老祖宗从造字时就许下的美好愿望。然而每一次朝代更替，每一次社会动荡或经济转型，都会出现“失信”现象，甚至发生“信任危机”。福山博士把“信任”大体分为公共领域的信任和私人领域的信任。他在研究“大断裂”时期美国的信任问题时说，私人领域的信任是公民间形成合作的副产品。根据调查结果显示，在20世纪60年代，倾向信任他人者比倾向不信任者多10%，此后情况发生了逆转，到20世纪90年代，倾向不信任者超过倾向信任者20%；对美国政府为首的各类机构的信任则从1958年的73%跌落到1994年的15%。也几乎是在同一时期，我身边的同学朋友也都出国的出国，下海的下海了。在广州的一次朋友聚会中，来自吉林的张某某很有感慨地说：“咱们几位老乡，你们发展得都挺好的，怎么就我不行呢？你们得帮帮我呀！”在场的有两位小老板几乎异口同声地说：“念你腿脚不好，我上次不是借给你5万块钱了吗？你还没还呢，花哪去了？”我虽没说什么，心里却在想，柏拉图《理想国》第一卷中就以对话的形式主张与人为善“欠债还债就是正义”，这位张兄过去借的钱还没还，也不说清楚什么时候还，还会有人帮他吗？又过了几年，借给他钱的几位小老板又有了更大的发展，而张某某却不知去向，没个人影了。说来也巧，又是一位吉林老兄名叫“洪伟”，开了一家投资公司叫“大唐景胜”，自称是东北师大中文系毕业，文笔好，有口才，公司名和他本人名一样起得都不错，在长春用一整栋小楼来办公，开着宝马车，很是大老板的阔绰气派。可“好景”不长，两年后他被告上法庭，整栋小楼是他“租”的，既没交租金，也不交出房屋，一审败诉了再上诉，通过法院这么一折腾他又白用了一年多的房屋，最终败诉交出了房屋，可他却玩起了“消失”，快十年过去了，房租硬是一分钱没交，在他的名下既没车也没房，成了一次无法执行的判决，而他本人也销声匿迹，无影无踪了。两件小事都让我直观地意识到，市场经济不是北方人常说的“一把一搂”的短期行为，是可持续性的信誉经济，要想长久地可持续发展或创立品牌发展，可以说是“无信不立！”。

《论语·为政》中孔子又说：“人而无信，不知其可也。”现实中的“无信”已经影响到每个人的日常生活了。在我的记忆里，上小学的时候从不用家长接送，都是自己去自己回的，好像父母也从未担心过。可是现在，不要说出门上学或到户外玩耍了，即便是小孩子自己宅在家中，父母都要再三嘱咐“谁来了都不要开门”，一旦有人敲门了，小孩子却在家里喊道：“妈妈说了，家里没人。”除了孩子的话，我们相信别人话的时候都太少了。看看中央电视台倪萍主持的寻人节目《我等你》，“为缘寻找，为爱坚守”，有那么多被拐卖的孩子，那些苦苦寻找亲人的故事和亲人相见的泪奔场面，真正让我们感动之后沉静下来思考和担心的是孩子们的安全，为什么还有那么多孩子被拐卖呢？我试着打开“宝贝回家”网站，这是公益性的民间寻子网站，时间是2018年4月20日上午10点，页面显示：目前还有家寻宝贝41095人，宝贝寻家35411人，已有2354人通过我们找到亲人。我曾试着让孩子到小区门口的超市去买瓶酱油或自己在家里看书写作业，结果是孩子妈妈的一万个不放心和孩子自己的种种恐惧。社会犯罪率居高不下，想让人们信任陌生人或相信社会治安，让女人独自夜行，让孩子自由地在户外活动，那才是真正的天方夜谭。相反，反反复复地提醒孩子注意安全，“不要吃陌生人的东西，不能跟陌生人走”，反倒是家长们做得最多的警示教育。最近一位母亲写给女儿的信刷爆了朋友圈：“女儿，这世界真的有禽兽……你单纯善良，总觉得世间一切美好。我当然也希望世界如你想象。但是，很遗憾地告诉你，不是的。这世间有禽兽、有魔鬼、有失控的罪恶，很多你觉得匪夷所思的事，一直都在发生。所以我必须写这封信给你，请你务必听好，务必把自己保护好。”这封信是安徽芜湖市一辆红色路虎车内烧死两位年轻人的新闻播出后写的，引起了无数家长的共鸣，看得出人们的安全感以及对安全的信任已经到了历史的低点。

经济活动中的“信任”更是关系到千家万户。二十多年前的一幅漫画很多人都会记忆犹新：一个小店前买烟者在端详是不是假烟，卖货的店主则在查验收到的是不是假币。前些日子朋友微信给我一个“诚信感动中国”的小段子：“淘宝看上一瓶飞天茅台，888元！卖家说假一赔三，然后付款买了一瓶。收到快递一看，四瓶茅台！”短短几十个字，有趣地讽刺了假货横行的社会现象。《红楼梦》卷一“太虚幻境”的一副对联写道："假作真时真亦假，无为有处有还无。"用在现世却也灵验了。当假货充斥市场的时候，正品真货你也同样不敢相信。在琳琅满目真假难辨的商品海洋里，才会出现"打假英雄王海"的独特现象。想想河南"瘦肉精"、唐骏学历"造假门"、肯德基"秒杀门"……尤其是三鹿"毒奶粉"等儿童食品、药品造假事件，人们就不会过分责怪出国抢购或托人代购奶粉的那些"奶妈们"为什么不支持国货了。再往"大处"想想，每年春节前农民工讨要工钱的集会、静坐，因为"三角债"引起的种种社会矛盾，几乎成了年复一年"维稳"的头号问题。中国金融业的资产总量可以说是世界"巨无霸"，而在这巨大的资产当中，银行不能及时收回本金和利息的贷款，以及其他不能有效产生收益的"不良资产"到底有多少，我们找不到具体确切的数字。1999 年国家专门成立了中国信达、中国东方、中国长城、中国华融四家资产管理公司，仅 2013 年即收购、管理和处置四家国有独资商业银行及开发银行剥离的不良资产就达 1.4 万亿元。银保监会规定不良资产率不能大于总资产的 4%，据《中国人民银行 2016 年报》显示，货币当局总资产为 34 万亿元，其他存款性公司总资产超过 230 万亿元，粗略估算不良资产有几万亿元恐并不为过。造成不良资产高比率的原因有很多种，有宏观经济原因和市场运营不善等客观因素，但社会信任出了问题以及金融业的内部腐败，毋庸置疑也是其中的重要原因。

社会信任问题也已引起学术界的广泛重视。冯仕政教授于 2004 年在《中国人民大学学报》上发表一篇论文，认为中国已经出现严重的"信任危机"，这种社会不信任在相当程度上影响了经济发展速度和政治经济秩序。据不完全统计，当时我国每年订立的合同有 4 亿份左右，而合同履约率却只有 50%，有一半合同不能如期兑现，我国企业每年由于不诚信造成的经济损失达 5855 亿元，因产品质量低劣和造假售假造成的损失也在 2000 亿元以上。马俊峰教授在《当代中国社会信任问题研究》一书中直言：社会在被"搞活"的同时也被"搞乱"了，"当前中国的社会信任缺失……从个人日常的交往活动，到对国家政府及其颁布的政策的态度……到处都可以看到基于不信任而表现出的行为举动，到处都存在着因为不信任而引起的纠纷，到处都能感到由于不信任而造成的焦虑……人们之间相互提防，相互掣肘，造成相当大的内耗，造成整个社会活动效率的极大损失，严重地影响着社会的良性运行和持续发展。”社会信任是否到了“危机”的程度可另当别论，像前文提到的“洪伟案件”，法律判决了却无法执行，法律的公信力就会受到怀疑。早在 2011 年新华社记者李松即曾大声疾呼要重建社会信誉体系。[①]我们说信任是有价值的，社会发展若想有序地可持续运行，就必须重视和建设信任体系。福山教授也说：“信任就像润滑剂一样，帮助集体和组织的运转更加有效。”中外许多学者都把以信任为基础的诚实、守诺、互惠等非正式的且能够促使人们形成合作的价值观和规范，总称为“社会资本”。“社会资本是一种能力，它源自某一社会或某特定社会部分中所盛行的信任。”[②]以信任为基石的社会资本，为社会带来的最大益处，就是在经济学意义上它可以降低整个社会的交易成本。这和中世纪后期新教伦理的价值观如出一辙，也正因如此，马克斯·韦伯在《新教伦理与资本主义精神》中认为这是西方资本主义率先发展起来的决定性因素。北大教授崔巍也专门出版了一部《社会资本、信任与经济增长》，以专著的形式探索信任和社会资本与经济增长的关系。党的十八大以来，国家对统计部门和统计数据的清理整治，对造假售假的严打治理，对征信体制的重视和建设，让我们看到了中国社会诚实信任的美好未来。

可以看出，“时代裂变”的特征是十分明显的，而且表现在整个社会的方方面面，从人们的日常生活，到国家的政治、经济、法律、文化等管理体制，都在或多或少或深或浅地发生着变化。这种变化又颇有些类似 19 世纪的欧洲，如狄更斯《双城记》开篇所说：“那是最美好的时代，那是最糟糕的时代；那是个睿智的年月，那是个蒙昧的年月；那是信心百倍的时期，那是疑虑重重的时期；那是阳光普照的季节，那是黑暗笼罩的季

---

① 李松 . 中国社会诚信危机调查 [M]. 北京：中国商业出版社，2011.

② 弗朗西斯·福山 . 信任：社会美德与创造经济繁荣[M]. 郭华，译 . 桂林：广西师范大学出版社，2016.

节……”[1]这种变化不是一般哲学意义上的量变，而是整个社会各种能量积聚到一定阶段的转折性裂变，它不是一个国家或几个国家的个别现象，而是世界性的、地球性的变化，只不过各个国家表现出来的变化程度有所不同而已。而这种“裂变”表现得最明显、最突出的当属中国。但是无论哪个国家也无论程度大小，这种“裂变”都表现出了共同的倾向，那就是整个社会和整个世界都变得更加复杂化、多样化和不确定化了。

四、修复、重构与后现代主义

所谓“时代裂变”并不仅仅表现为各种各样的社会问题，事实上人类社会非但没有“断裂”，也从未发生真正意义上的“失序”，它只是相对地从一种秩序转变为另一种秩序，哪怕是暂时的战乱年代，那也只是人类社会的另一种“乱象”秩序。就像“人”本身不可能没有“习惯”，你没有早睡的习惯，你就一定有晚睡或者不定时睡的习惯，如果你想改变某种习惯，不是把这种习惯彻底干净地清除掉，而是只能用另一种习惯来取替它。因此，“时代裂变”所表现出的种种社会问题并不可怕，这说明时代在转变，习惯在替代，风俗在转化，社会在转型。“混沌”总是倾向于诞生新的秩序。物理科学告诉我们，越是在“混沌边际”，越是剧烈波动，越是具有创造力，并塑造出新秩序。就像美丽的神话“凤凰涅槃”“浴火重生”的某种传说一样，凤凰作为幸福的使者，每累积到一定时间（传说是五百年），就要背负着人世间的不快和恩怨浴火自焚，在经受了巨大的痛苦和轮回后重获新生，并在重生后升华到“只有欢唱”的永生而愈加美丽。记得我小时候上山砍柴下地割庄稼时，手脚经常被划破割伤，一般情况下没几天就会自愈。这说明人体本身就有一种自我修复的功能。20 世纪 60 年代后形成的“自组织理论”讲的也是同样的道理，即作为一个系统它是能够自动地从无序走向有序，从低级有序走向高级有序的。社会也

---

① 这段文字各版本略有不同，此处引用的是作家出版社 2015 年出版的宋兆霖译本。

是一个大系统，正如同弗朗西斯·福山博士所说的："社会秩序一旦紊乱，就会倾向于重新塑造。"[①]社会问题多了，就会有社会群体或政府组织发出呼声或具体行动解决这些问题，而每解决一个问题，哪怕是个小问题，人类社会就又向着成熟与文明迈进了一步。

个性苏醒与自我展现

我们在朋友聚会时或网络论坛上经常可以看到或听到，说是"80后""90后"甚至"00后"的年轻人多么"自我""个性"以至"自私"。还有所谓"寒门富二代"的说法，是指普通家庭的年轻人为了实现iPhone7、ipad-Apple等"标配"，理直气壮地"啃老"向父母要钱，而把这些"标配"买齐了，可能要花掉父母一年多辛辛苦苦捡废品、卖破烂的积蓄。这些"不给钱就不认父母"的极端"自私"案例虽然并不少见，但我还是认为这并不具有普遍性。如果说现在的年青一代普遍具有"个性"或"自我意识"，我倒觉得从某种意义来看未必不是好事。20世纪50~70年代所受的教育主要是集体主义式的教育，整个思想界的主导潮流突出的是整体、社会或国家，而非个人。那个时期把西方的"个人主义"理解为自私自利的小资产阶级思想，人不能有私心，哪怕是"一闪念"也是要批评和自我批评的。在计划经济环境下，"统购统销"是经济活动的主流，个体工商和私营经济还没有大规模兴起，你不是"集体主义"者你便难以融入集体，甚至没有立足之地。改革开放后就不一样了，个体工商户和私营企业像万木逢春般地鲜活起来，再加上原有国营和集体企业员工的大面积"下岗"，你不自己找饭碗自谋出路自负盈亏，你就无法生存下来。工作环境和经济活动开始从"集体"模式向个体和私营经济大规模转移，人们有了自己的店铺、工厂、房屋等私有财产，"个性""自我"甚至"自私"的思想性格和社会风气自然就会膨胀起来。因为你不管他的死活的时候，你就没有理由不让他管好自己。或者说让每个人都释放出自己的能量，让每个人都来参与社会资源的重组与分配，这正是改革开放的伟大之处。

---

① 弗朗西斯·福山.大断裂——人类本性与社会秩序的重建[M].唐磊，译.桂林：广西师范大学出版社，2015.

个人能量集聚已久的“活火山”终于爆发了。改革开放初期，广东最流行的口头禅是“搏一搏啦”。当时我曾兼任《广东乡镇企业》杂志主编，走访过珠三角无数个企业和企业家，在一次晚餐时一位年轻厂长说：“咳，我儿子都有半年没见着我了，我晚上回家他睡觉了，我早上出门他还没醒啦。”我所到之处感受到的都是这种充满活力的创业激情和企业家精神[①]。而他们咨询的和需要我帮助解决的大多是经济纠纷问题。他们是在没有游戏规则的时候就开始“游戏”的，在没有法律规范的环境中就开始创业的，能不发生各种纠纷和社会问题吗？问题发生了就会有解决问题的需求和方案。很快，我们国家的《合同法》《公司法》诞生了，中外合资、合作的各种法律规章也相继出台。我曾为珠三角的厂长、经理做上岗培训时讲过经济法的课程，可以说，我国的经济法90%以上都是改革开放以后订立的。我们从单一型的国有和集体所有的经济体制，发展成为与个体和私营经济并存的多元模式，从无序到有序，从失范到重新规范，其间难免会发生一些“乱象”，但在我看来这就是社会的修复与重构，这是社会转型期必经的阵痛。

失衡往往会创造出新秩序的动力，人类社会的每一次进步，几乎都是通过打破旧秩序、旧规则而创造出新的繁荣的。社会转型与价值观念的嬗变，既相互联系又互为因果，而文化领域所反映的这种变化给人的印象尤为深刻。1996年亚特兰大夏季奥运会期间，美国各大电视里连续播出了通用公司赞助的一组系列广告，一群健硕的运动员像“超人”一样在墙体侧面奔跑，从悬崖上纵身跃入峡谷，在摩天大楼上跳跃……最后闪出主题字幕：“无拘无束”。无独有偶，2004年周杰伦演唱了一首中国移动“动感地带”的广告曲，歌名叫《我的地盘》，有几句歌词是：

在我地盘这，你就得听我的。
把音乐收割，用听觉找快乐。
开始在雕刻，我个人的特色。
未来难预测，坚持当下的选择。

---

① 这种企业家精神，我在1993年上海人民出版社出版的《珠江三角洲经济社会文化发展研究》中用了三章多的笔墨做了阐述。

在我地盘这，你就得听我的。

……

广告中周杰伦用一种很酷的手势喊出：“我的地盘听我的！”“我的地盘我做主！”很多中小学都以此为题目让学生写作文。也就在昨天（2018年4月25日），刚满十岁的林真好小朋友面对她妈妈“该做作业啦”“该弹琴了”的不停唠叨，竟然说出：“生命是我自己的，干吗什么都得听你们的？”无论是有意或无意，无论是理性自觉或自发流露，哪怕是一个生活的小小细节，都能让我们感受到这是人的“个性”和“自我”的觉醒，是这个时代以“人”为核心的强有力的社会情结与文化主题，是每个“个体”强烈地要从被压抑被束缚的桎梏中解放出来的呐喊。正是在这样的时代背景下，2019年暑期上映并创下新票房纪录的《哪吒之魔童降世》，才能借由哪吒之口喊出了那令人心颤的震耳雷霆：

我命由我不由天，是魔是仙，我自己说了才算！

在我17岁那年，我早上起来穿着运动短裤跑步，回到家里时，老爸说：“这样太露了不好吧？”再看看现在，女的不低胸不露背那还叫时尚吗？不化妆不穿吊带那还叫女孩吗？男的不光头不长发那还叫艺术家吗？可是看惯了人们也就都接受了。1985年我读博士的时候，中文系一位女博士买了一条牛仔裤又高兴又不自然地穿上了，为此我们还特地用两包花生、两瓶啤酒为她的勇敢举办了一个小小的party。仅仅是服饰，不到20年，就从色彩单一到男女皆可无花不穿，从款式单调到露脐、露背、飘逸、紧身无奇不有，从试穿喇叭裤、牛仔裤到超短裤、超短裙，这其中表露的不仅仅是人们挣脱束缚、追求美的执着和勇气，更重要的是人们释放了对美好生活的追求与向往，是整个社会审美价值的观念变化。如果说张艺谋、冯小刚导演的作品代表了那个时代的迷茫与无奈，那么近两年吴京的《战狼》和林超贤的《红海行动》便体现了新一代导演正能量的形成与个人英雄意志的展露。这种社会与文化变迁的主流方向，是人们更加追求“自尊”，表现“个性”，更加自由多样了。这就是人类社会的进步！人类社会的每一次进步，本质上都是对个性减少一些束缚，让人性获得更多自由。

这场社会裂变也是新一轮世界性的解放运动。从 20 世纪中叶开始，西方社会率先经历了一系列的个体，从传统社会规范和道德准则束缚中摆脱出来的抗争与追求。“性革命、女性解放和女权革命，以及支持同性恋权利的运动在西方世界遍地开花。”[①]在我国关于“性”的观念和行为的变化也十分突出。从普遍认为离婚和婚前同居是不光彩的观念，到离婚率大幅上升和婚前同居的普遍存在，都反映了这场个性解放运动不止在西方，而是全球性的。尽管这场个性解放运动可能或必然会带来某些极端个人主义自私自利的负面影响，但个性解放的历史脚步却从未因此而停顿下来。特别是在现代社会的互联网时代，人们独立的生活空间和工作环境更加优越了，个性的独立和自尊也就越发凸显出来。伴随各种信息的零散化和碎片化，人们的个性化思维在增强，而系统性思维则在衰减，传统的普遍性、必然性或同一性原则也就理所当然地受到思想界和理论界的冲击。在一次几位高级领导一起交流如何进一步解放思想时，一位副省级领导反问道：“我们还有思想吗？”我认为从某种意义上讲，“摸着石头过河”的没有规范、没有“信仰”的一片“乱象”，并不等于这个时代没有思想，它可能正在孕育出不一定或不需要被同一认可的个性思想。或者说没有同一的思想正是这个时代的思想。所谓“后现代主义（postmodernism）”，或许正是这个时代生产出来的思想。

人类社会走到今日，普遍的看法是大体经历了四种社会形态，即原始社会—农业和牧业社会—工业社会—后工业社会，而后工业社会又称信息社会。进入后工业信息社会，人类也就进入了危机事件频发的风险社会，化武、核武、病毒、战争、民族矛盾、文化冲突、贸易摩擦、环境恶化……随时随地都有可能爆发各种危机甚至自我毁灭。正是在这样的高度复杂、高度多样、高度不确定的信息时代里，文化界和思想界也在高度地活跃着，形成了五花八门、光怪陆离、警世醒世等一系列的艺术和学术流派，这其中最突出的在我看来非“后现代主义”莫属。

---

① 弗朗西斯·福山.大断裂——人类本性与社会秩序的重建[M].唐磊，译.桂林：广西师范大学出版社，2015.

后现代主义

英国历史学家汤因比在其《历史研究》一书中首先使用了“后现代”这一概念，但是什么是“后现代主义”？我查阅了大量的关于后现代主义的理论书籍也没能厘清个头绪。因为在这个“后现代”的社会里涌现出了一大批的“后现代主义”思想家或学者，他们大多是以法国和美国为代表的学者或教授。最具代表性和影响力的有福柯、德里达、利奥塔、德勒兹、博德里拉、加塔利、格里芬、杰姆逊、墨菲、福洛克等。他们的著作汗牛充栋，不胜枚举。他们的观点各执一词，无奇不有。正如哥伦比亚大学哲学博士道格拉斯·凯尔纳在他的《后现代理论》一书中所说的：“并不存在什么统一的后现代理论，甚至各种立场之间连基本的一致性也没有。”①他们各有各的主张，各有各的见解，或许不主张同一的“主义”就是后现代主义。所以，美国圣巴巴拉“后现代研究中心”主任大卫·雷·格里芬说：“如果后现代主义这一词汇在不同使用方面有共同之处的话，那就是，它指的是一种广泛的情绪而不是任何共同的教条——即一种认为人类可以而且必须超越现代的情绪。”②尽管我们可以说后现代主义是后工业信息社会一种广泛的思维情绪或文化氛围，但我们仍然可以从这些纷繁复杂的思想情结中理出几条具有启发意义的线索。

第一，后现代主义呈现出明显的“批判”意志。这种批判特性是一种否定、解构精神，是对旧的传统的、权威的思想体系、社会秩序以及政治制度等发起的一场猛烈的冲击。米歇尔·福柯可以说是后现代主义的一面旗帜，北大出版社曾翻译出版三册《福柯文选》，布朗在其《福柯》一书中即特别提醒道：“不要忘了这点：福柯是个批判哲学家。”③福柯自己在其《知识考古学》中有一句名言：“不要问我是谁，也不要企求我从一而终。”而最激进的批评家要属博德里拉，他在《论虚无主义》中说：“假如做一名虚无主义者就是执着于消逝模式，而不再是生产模式，那么，我就

---

① 道格拉斯·凯尔纳，斯蒂文·贝斯特.后现代理论[M].张志斌，译.北京：中央编译出版社，2015.

② 大卫·雷·格里芬.后现代精神[M].北京：中央编译出版社，2005.

③ 艾莉森·利·布朗.福柯[M].聂保平，译.北京：中华书局，2002.

是一名虚无主义者。”他甚至呼吁进行一场文化革命和全盘革命，“一场20世纪后现代性的革命，这场革命乃是对意义的广泛的解构，相当于先前对表象的解构。凡生于意义者必将死于意义”。在人们普遍地在为电脑、计算机和网络信息的方便与伟大而忙于点赞时，他却在《在沉默的大多数的阴影里》中说：“信息将意义和社会消解为一种云雾弥漫、难以辨认的状态，由此所导致的绝不是过量的创新，而是与此相反的全面的熵增加。”在他看来，世界已摧毁了自身，剩下的只有碎片，而“玩弄碎片，就是后现代”。他受启发于福柯，却专门写了一部《遗忘福柯》，提醒人们不要掉进福柯的思想窠臼中。虽然博德里拉某些方面过于激进和极端，他也因此遭到许多反对者的批评，但我们应该看到的是他的批判精神正是这个后工业社会人的“个性”的自我觉醒。没有解构就没有重构，摧毁的同时也就开启了重建之门。

第二，后现代主义是一种“超越”精神。后工业社会超越的是工业社会，“后现代性”超越的是“现代性”，后现代主义某种意义上就是“塑造和扶持一个已经存在的确信现代性可以而且必须被超越的运动”。[①]布朗在指出福柯是批判哲学家的同时又说：“福柯分析制度和文本，是为了给思想和行动敞开新的空间。”因此，后现代主义并不只是“否定”和“摧毁”，更重要的是在否定和批评中创造。福柯的研究领域本身就是对传统研究范式的一种超越。他大半生都在研究和讲授哲学，但却很少讨论康德、黑格尔以及古代的柏拉图、亚里士多德，他是从疯狂、监狱、性、贞洁、医学、谱系学、自我技术等领域的独特研究中，升华并超越了传统的哲学范畴，他关注自我，认为生活本身就是最鲜活的创造。格里芬在《和平与后现代范式》中更加明确地指出：“从根本上说，我们是‘创造性’的存在物，每一个人都体现了创造性的能量，人类作为整体显现最大限度地体现了这种创造性能量（至少在这个星球上如此）。”这种超越和创造不是对传统和过去的简单割断或扬弃，他说：“现代社会已经取得了空前的进步，不能因为反对其消极特点而抛弃这些进步。”他把这种能包

① 大卫·雷·格里芬．后现代精神 [M]. 北京：中央编译出版社，2005.

容“现代性”的后现代世界观称为“建设性后现代主义”或修正的后现代主义。

第三，后现代主义是多元多样的“自我”思想。福柯的《自我技术》，其核心就是如何“关注自我”。只有通过“自我技术”实现每一个自我，才能“以此达成自我的转变”，从而获得“自我”的幸福、纯真、智慧与完美。而关注自我的同时就要承认和尊重其他作为主体的“自我”，承认和尊重个体的差异与多样。福柯、霍伊都是从谱系学解释学出发，向“普遍主义”的必然性发起了挑战。福柯著作深层的主导动机就是要“尊重……差异”，他们坚持解释的多样性，否定“唯一正确的解释”和永恒的“独一无二的真理”，他们从多元论（而不是二元论）的论证中让人们尊重个性、尊重多样性，“学会与偶然一起生活”。正如道格拉斯在《后现代理论》第一章探源时所说：“后现代理论还拒斥现代理论所预设的社会一致性观念及因果观念，赞成多样性、多元性、片断性和不确定性。此外，后现代理论放弃了大多数现代理论所假定的理性的、统一的主体，赞成被社会和语言非中心化了的碎裂的主体。”也正是因为后现代主义对个性和差异的承认与尊重，后现代“情绪”就像巨浪狂潮一般席卷了社会的各个领域，从哲学到科技、从历史到政治、从神学到医学、从文化到建筑、从性到日常生活，“后现代话语甚至已经渗透到了大众文化当中，涌现出了许多讨论各种不同主题的文章，这些主题包括：后现代总统制、后现代爱情、后现代管理、后现代神学、后现代心灵、后现代电视节目，等等。”[①]自我关注的“个性”的觉醒，随之而来的是个性的自由与开放，由开放的“个性”创造出来的理论、科技、文化、娱乐等所有成果，也就必然是自由奔放、丰富多样的。虽然后现代主义反对“普遍规律”的同一性以及决定论等主张，而他们关注自我、尊重个性、承认多样、礼待差异的思想和主张却反映了这个时代“个性”觉醒具有普遍性的现象。

很多学者并不认可后现代主义。瑞典的麦茨·埃尔弗森在其《后现

① 道格拉斯·凯尔纳，斯蒂文·贝斯特.后现代理论[M].张志斌，译.北京：中央编译出版社，2015.

代主义与社会研究》一书中即明确表示“我不喜欢这个标签”，并用“别太认真了”作为全书结束语告诫人们如何对待后现代主义。但他同时客观地认为后现代主义是一种“激发因素”，在社会研究的各个领域是“发人深省的、激发创造力的”。如他所言，我在读后现代主义文本时受到的最大启发就是：“原来我们可以怀疑、可以批判、可以自由思维”——思想是活跃的、理论是丰富的、个性是差异的、文化是多元的、世界是多样的……

管理是什么？

大师说，我也说。

管理是使命，是一门学科。

管理是工作，是在人际关系网中的穿梭。

管理是器官，它使组织有了活力。

管理是学问，是关于人的品德。

倘若它是一门艺术、一门科学，

那也一定是多因素的综合。

而这多元综合当中的核心，

却是绕不开心灵底处的价值选择。

有什么样的灵魂，

就会有什么样的管理，

就会有什么样的结果。

第二章 “自私”的人性拷问

人性：善与恶的千古之辩——利己与个人主义——探寻“自私”与争斗的基因

一、人性：善与恶的千古之辩

人类社会已经进入管理时代，于是形形色色的管理学院和管理大师层出不穷。学院多了，大师多了，对“管理”的理解和定义也就多了。鲁克德（看似笔名）可以说是极简代表，他擅长用深入浅出的方式来厘清一些人们不容易想清楚的问题，于是便写就了一部《从零开始读懂管理学》，[①] 不管你是多么庞大的组织，也不论你是多么复杂的单位，管理的本质以及管理者所要面对的无外乎两个字：一个是“人”，一个是“事”。管理的核心是“人”，管理的对象是“事”，而管理的目的就是促使人把事做对、做好。用管理思想史专家丹尼尔·雷恩的话说，管理就是一种有组织地实现目标的活动。被称为现代管理之父的斯蒂芬·罗宾斯，还有彼得·德鲁克，无论他们对管理的理解和定义有多么奥妙，其实质都离不开“人”，以及由人构成的组织和组织达成目标所要做的“事”。如果我们认同这一说法，那么两千多年前的管子就已经对此说得很明白了。

《管子·版法解》有一句十字名言：“治之本二，一曰人，二曰事。”简明扼要，言简意赅！东方文明在管理上似已早早地展露了自己的智慧。

---

① 鲁克德 . 从零开始读懂管理学 [M]. 上海：立信会计出版社，2014.

“人”是管理的主体，简单到了只有一个字。然而“人”是什么？“人”的本性又是什么？对“人”的认识不同，管理的主张也就大相径庭，而要想说清楚“人”这一个字则就不那么简单了。如果说“人”是造物主的作品，来到这个世上都带有原罪，“人”的本性都是自私自利的，所以作为社会性的人就要立下各种契约和法规，以抑制每个人的利己行为，从而实现人人共处的有序状态，这曾是西方文明对“人”的认识的主流思想，也是西方社会实现民主法治的理论前提。

东方智慧对“人”的认识似乎更复杂一些。中国历代的思想家们围绕人性“善”与“恶”一直争辩了两千多年，直到今天仍然是仁者见仁，智者见智。我们身边善良人的故事数不胜数。例如，锦州南站就发生了大学生丁慧跪地救老人，而自己却错过火车的感人一幕。但几乎是同时，网络疯传的长春长生疫苗造假事件，则暴露出为了一己私利而不顾千百万儿童生命安全的丑恶人性。所以说，善恶之辩事实上并非那么简单。细数“性本善”“性本恶”的论争演变，我把它大致划分为以下四种观点：人性本善；人性本恶；人性有善有恶（或无善无恶）；人性有“天赋”，更多是“习得”。

“人性本善”是中国儒家颇具影响的传统思想。孔子大讲仁义道德，崇尚人性向善，但对人的本性是善是恶并未直接论及。最早明确提出“性善”说的是孟子。有一次滕文公拜访孟子，孟子就跟他大讲起“性善”的道理，而且是“言必称尧舜”。后来孟子与告子讨论人性，孟子说：“人性之善也，犹水之就下也。人无有不善，水无有不下。”孟子是从人的情感认知提出“性善”说的。他认为善良的情感是人性固有的，而不是外部影响的结果，这些善良的情感主要体现在恻隐、羞恶、辞让、是非之心四个方面，这四个方面的情感就是仁义礼智。他在《孟子·告子上》中说道：“恻隐之心，人皆有之；羞恶之心，人皆有之；恭敬之心，人皆有之；是非之心，人皆有之。恻隐之心，仁也；羞恶之心，义也；恭敬之心，礼也；是非之心，智也。仁义礼智，非由外铄我也，我固有之也，弗思耳矣。”孟子认为这四种情感均是发端于人之本性的原始之情，所以他在《孟子·公孙丑上》中把这四种情感称为“四端”，认为“大舜有大焉，善与人同。舍己从人，乐取于人以为善”。而且极力主张做人就应该与人为善，“故君子莫大乎与人为善”，而这“善”是人人固有的，不分等差的，所以孟子说：“圣人与我同类……口之于味也，有同耆焉；耳之于声也，有同听焉；目之于色也，有同美焉。至于心，独无所同然乎？”圣人和常人在本性上是一样的，圣人也是人，只要做到“先得我心之所同然”，人人都可成为尧舜，成为圣人。这与人人皆可成佛的思想殊途同归，而不是把人—圣、人—神截然隔离开来。

由于孟子是从人的“四端”之情出发提出“性善”说的，所以钱新祖先生说孟子是即情言性，他不仅即情言性善，还即情说王道、即情讲礼乐。[①]牟复礼教授则把人性论看作孟子的第一贡献，第二贡献是孟子的政治理论，同时他还指出：“中国缺乏构造抽象哲学理论的‘纯粹哲学家’”，大概就是指中国古代的思想家们大多从人性和人情方面阐述哲学伦理与关注社会秩序，而不像西方哲人那样富有思辨性和逻辑性。[②]但是不管怎样，人性本善的思想经过汉代董仲舒和唐代韩愈的补充论辩而日益成为主流思想，到了宋代程朱理学之后便被编撰成为启蒙读物《三字经》的开篇警句，从此更加广为流传且影响深远。《传习录》及《明儒学案》中关于性善与性恶的总结性论述即足以说明这一点。

我们在常见的佛经当中也可看到有相当一部分是阐发人性本善的，还有一部分则在说明“性本空寂”。如《六祖坛经·般若》说道：“善知识，菩提般若之智，世人本自有之，只缘心迷，不能自悟，须假大善知识，示导见性。当知愚人智人，佛性本无差别，只缘迷悟不同，所以有愚有智。”《华严经》中则多处说道“法性本净无诸垢”“法性本寂无诸相”等，在《十行品》中更是把人的“善根”进行了细分，有“不可坏善根”“自在力善根”“大威德善根”等九种善根，而世人的这些善根都是“与一切佛同一性善根”。可以看出，人性本善在很大程度上已然是佛教的理论基础，其论述之周细及其影响之广泛，与儒家的性善论是异曲同工且难分伯仲的。

---

① 钱新祖．中国思想史讲义 [M]．上海：东方出版中心，2016.

② 牟复礼．中国思想之渊源 [M]．北京：北京大学出版社，2016.

“人性本恶”是战国后期荀卿提出的重要思想。荀子比孟子晚出生了几十年，因此他能兼读到儒、道、墨、名、法家等诸家学说并进行综合。他非常敬重孔子，认为孔子的仁爱智慧不蔽不惑，其德高望重可与周公齐名、与先王媲美，加上荀子提出了“隆礼”的观点，指出礼是治国之本，所以后世学人大都把荀子列为先秦儒家的集大成人物。但是实际上荀子既“隆礼”又“重法”，并对孟子的“性善”说进行了严厉批评，如果说他是儒家，那他也应该是有自己的见地或者说有批判和发展的儒家。《荀子·性恶》所说的“人之性恶，其善者伪也。”正是这种批判和发展的思想主张。

荀子认为人的天性是恶的，人性表现出的善则是后天积习形成的。首先，荀子从情性出发来论辩人性本恶。他认为好利疾恶、耳目声色之好都是人与生俱有的天性，“若夫目好色、耳好听、口好味、心好利、骨体肤理好愉佚，是皆生于人之情性者也，感而自然，不待事而后生之者也”。这里的情、性是同一的、自然的，所以他在《正名》篇说：“性者，天之就也；情者，性之质也；欲者，情之应也。”人性表现出来的好、恶、喜、怒、哀、乐即“谓之情”。所以荀子的“性恶”说本质上也是以情论性的，但他正好是和孟子唱了反调。其次，荀子注重从礼义法度与人性的关系来论辩人性之恶。荀子认为人类社会之所以会发生纷争和暴乱，根源于人性本身的“好利而欲得”，他对“欲”以及“节欲”的述说对后世程朱理学产生了深远影响。《荀子·礼论》说道：“人生而有欲，欲而不得，则不能无求；求而无度量分界，则不能不争；争则乱，乱则穷。”欲望是人的情性的本然反应，有欲就有争，有了纷争，圣人先贤才设立礼义法度来教化和抑制争斗，因此礼义法度是先贤圣人制定的，并非出自人的本性。《荀子·性恶》中的一段文字很有代表性地说明了礼义与人性的关系：

“今不然，人之性恶。故古者圣人以人之性恶，以为偏险而不正，悖乱而不治，故为之立君上之势以临之，明礼义以化之，起法正以治之，重刑罚以禁之，使天下皆出于治，合于善也。是圣王之治而礼义之化也。今当试去君上之势，无礼义之化，去法正之治，无刑罚之禁，倚而观天下民人之相与也，若是，则夫强者害弱而夺之，众者暴寡而哗之，天下悖乱而相亡不待顷矣。用此观之，然则人之性恶明矣，其善者伪也。”

最后，荀子在论辩人性之恶时，也为中国传统思想的思辨逻辑独树了一面旗帜。他在《荀子·性恶》中有一段逻辑性的辩语：“凡人之欲为善者，为性恶也。”孟子认为人性向善所以人性本善，荀子则反其道而论之，人欲为善反而证明人的本性不善。这方面唐君毅、钱新祖先生都有过“最有理趣”的论述。

荀子的“人性本恶”有两点很是值得我们注意的，一是他认为人的本性是好利自私的。他在《荀子·性恶》中说：“夫好利而欲得者，此人之情性也。”他举例说，假如兄弟之间要分财产，若是顺着人的天性，兄弟都会贪利而想要多得，他们之间就会你争我夺互不相让；如果他们得到文明的教化懂得礼义了，兄弟之间不仅不会发生争夺，甚至还会礼让给其他普通人。这就是所谓“顺情性则弟兄争矣，化礼义则让乎国人矣。”这与西方传统思想认为人都是自私的颇有相似之处。二是荀子的人性本同观，无论是圣人还是平民，人的本性都是一样的，即“圣人之所以同于众，其不异于众者，性也”。所以荀子说：“君子之与小人，其性一也。”而圣人之所以卓尔不群有异于普通百姓，那正是后天积习人为的结果，“故圣人者，人之所积而致矣”。这与孟子“圣人与我同类”的思想是一脉相承的。

“人性有善有恶”的说法是孟子的两位弟子在论辩人性时首先提出的。这两位弟子一位叫告子（也有人说他是墨子的学生），一位叫公都子，对人的本性是善还是恶有着自己的想法，因而提出来向孟子讨教，孟子在回答时则详细阐明了自己的“性善”说。告子的原话是：“性犹湍水也，决诸东方则东流，决诸西方则西流。人性之无分于善不善也，犹水之无分于东西也。”公都子则说，“告子曰：‘性无善无不善也。’或曰：‘性可以为善，可以为不善。是故文武兴，则民好善；幽厉兴，则民好暴。’或曰：‘有性善，有性不善。是故，以尧为君而有象，以瞽瞍为父而有舜；以纣为兄之子且以为君，而有微子启、王子比干。’今曰‘性善’，然则彼皆非与？”作为弟子提问，孟子无须展开细说，但是从两位弟子的问题当中，我们似可分出三种说法：一是人性不分善与不善；二是人性没有善也没有不善；三是人性有善也有不善。三种说法的共同之处是，人性不应该只是单一的或单方面的，如果没有善也就没有不善，若是有善也就有不善，即人的天性应该包有两方面或是二元的。无善无不善的说法与后来佛教关于“性本空寂”的思想有些相似，而在中国传统思想的舞台上，出场最多的是关于“性本有善有恶”的论辩情景。

“孔、孟之后，周人世硕乃曰‘性有善有恶’”，这位叫周硕的世子生卒年代无从考证，东汉时王充在《论衡·本性篇》中则对性本善恶的论辩进行过总结，从王充的归总中我们知道，周硕认为人的天性有善有恶，故著有《养性书》一篇。与他同时代的还有宓子贱、漆雕开、公孙尼子三人“亦论情性，与世子相出入，皆言性有善有恶”。不难看出，先秦诸子对人性善恶的讨论比我们今天所能想到的要激烈得多，而且除孟子“性善”说之外，其他几位均主张人性有善有恶。

西汉时董仲舒通过对孟子、荀子的研究也提出了自己对人性的看法。他认为“善”出自人性，但不能说人性就是“善”的，即“善出于性，而性不可为善”。他还说：“善出性中，而性未可全为善也。”这就像禾与米、茧与丝的关系，虽然禾苗长出了米，但不能说禾就是米；丝出于茧，也不能说茧就是丝。在董仲舒的理论体系当中，人的性情不可能“全为善”，他对孟子把所有人的天性都只看作“善”颇不以为然，而且十分坚定地批评说这太“过矣”。天人合一、万物合偶的思想在董仲舒的理论体系当中一以贯之，自始至终。“阴阳之气，在上天，亦在人”“百物皆有合偶，偶之合之，仇之匹之，善矣。”所以在董仲舒看来，世间万物有阴就有阳，有厚就有薄，有白就有黑，有善就有恶。他在《春秋繁露·玉杯》篇中说道，“人受命于天，有善善恶恶之性”，并在《深察名号》篇中进一步说道：“人之诚，有贪有仁。仁、贪之气，两在于身。身之名，取诸天。天，两有阴阳之施；身，亦两有贪、仁之性。天有阴阳禁，身有情欲栣，与天道一也。”董仲舒认为“圣人莫谓性善”是孔子的高明之处，所以他也回避直言，从不明说人性有善有恶，但从他在《春秋繁露》的通篇论述中不难看出，在董仲舒的思想体系当中，既然人的天性并非“全善”，那就应该还有不善的一面，也就是他所说的“有善善恶恶之性”。

东汉思想家王充，在中国思想史上是一个“另类”，一个极具个性的思想巨匠。他因为写了《问孔》《刺孟》等篇章而屡为后世正统学人所诟病，但他在人性善恶的论辩之中却是旗帜最鲜明的一位。他在《论衡·率性篇》中开篇即说：“论人之性，定有善有恶。”他把人的命与性综合起来进行论述，认为人有三命、三性，“夫性与命异，或性善而命凶，或性恶而命吉。操行善恶者，性也；祸福吉凶者，命也”。他在《本性篇》中则对此前有关人性善恶的论辩进行了集大成式的分析，并最终得出结论：“人性有善有恶”“命有贵贱，性有善恶。”

值得注意的是，在人性善恶的论辩中，董仲舒在中国思想史上有着承前启后的重要意义。他在论证人性时对“善”也进行了辨析，提出了质于禽兽的“孟子之善”和质于人道的“圣人之善”，他上承孔子“性相近，习相远”以及“唯上智与下愚不移”的说法，提出了与上智相应的“圣人之性”，与下愚相对的“斗筲之性”，和与普通百姓相匹配的“中民之性”。把人性分为三级，直接影响了后人的人性思想。东汉王充在《论衡·命义篇》中即提出人有“三性”，唐代韩愈在《原性》一文中直接说道：“性之品有上、中、下三。上焉者，善焉而已矣；中焉者，可导而上下也；下焉者，恶焉而已矣。”韩愈的“性三品”又直接影响了后来的宋明理学。然而无论是“性善恶”还是“性三品”，在中国传统的思想领域里，关于人性善恶的论辩始终未能超越以情论性、以义代礼的思辨窠臼。这其中除了尊贤敬祖、崇尚圣人而难以越雷池一步的传统束缚之外，其他因素也是很值得我们深思的。

“人性的天赋与习得”是现代语境的一个命题。天赋是指人性中天生固有的遗传因素，而习得则是指生活在社会中的人受到周围环境以及文化教育的影响而形成的心灵行为。关于人性的争辩，名儒先贤们虽然也都无法回避，但千百年来仍然是各执一词、莫衷一是。进入宋明理学，这种争论似乎更加激烈而从未稍减，打开《明儒学案》即会随处可见这种争论越发普遍，并且明显融入了佛学理论而呈现出“心”与“理”的内敛趣向。但是无论是善是恶或者有善有恶，我们还是能够从纷纭复杂的争辩当中厘清先贤们的两点相同的认识：一是承认人有天性，认为人天生就有某些情性的存在；二是人的性情善恶更重要的是受到后天环境的影响，即文化习俗和社会教育起到了更加重要的作用。

孔子的得意门生子贡曾说："夫子言性与天道，不可得而闻也。"可知孔子对弟子并未直接讲授人性。《论语·阳货》记载了孔子唯一提到"性"字的一句话，"子曰：'性相近也，习相远也。'"这句话似可理解为承认人有天性，而且其差别不大，但是后天的学习教化和社会影响不同，其差别可就大了。季康子曾问孔子可否用刑杀来治国理政，孔子对他说："子为政焉用杀？子欲善而民善矣。"在孔子看来，上行下效的教化作用比刑杀更具有化育效果。整部《论语》其实就是一部仁义礼智信的教科书，也是孔子倾毕生精力"诲人不倦"教人为善的一部圣经。孟子上承孔子也极力倡导"与人为善"，尽管他主张人性本善，但他也同时强调了后世的教化作用，作为"我固有之"的仁义礼智，也是"求则得之，舍则失之"，所以他特别提出"善教"以及"如时雨化之"的君子之教。孟子在《孟子·尽心上》中说："仁言不如仁声之入人深也，善政不如善教之得民也。善政，民畏之；善教，民爱之。善政得民财，善教得民心。"孟子一贯主张"谨庠序之教"，也是他"善教"思想的化育行动，他在《孟子·滕文公上》中说："夏曰校，殷曰序，周曰庠，学则三代共之，皆所以明人伦也。"孟子认为人和动物的区别就在于人有"道"，而"道"是教化出来的，如果"无教"，即便衣食无忧，那也只是"近于禽兽"。

主张"人之性恶"的荀子，同样认为通过外部的影响，"性"是可以改变的，为此他提出了著名的"化性起伪"之说。所谓"性"，是指"不可学、不可事"的人之天性，而荀子所说的"伪"，则是指"可学而能、可事而成"的后天人为的礼义教化，所以他在《荀子·性恶》篇中说道，"礼义者，圣人之所生，人之所学而能，所事而成者也"；"故圣人化性而起伪，伪起而生礼义，礼义生而制法度"；"今人之性恶，必将待圣王之治，礼义之化，然后始出于治，合于善也"。既然人有"好利而欲得"的天性，而"欲"又是不可根除的，那就要通过礼义之化来让人们"节欲"。他提出的"欲虽不可去，求可节也"的节欲主张，后来便成了宋明理学

“存天理，去人欲”的思想。

两汉时期的思想家很是看重教化育民在治理国家方面的重要作用。在董仲舒的思想中，人是“天生之，地载之，圣人教之”，他直接引用《孝经》的话说：“先王见教之可以化民也。”他认为普通百姓都有“善质”但并未觉悟，就好像人睡醒后睁开眼睛才能看见东西一样，人也是接受教化之后才能成其“善”的。所以，他认为教化育民也是帝王的天职：“性待教而为善，此之谓真天。天生民性有善质而未能善，于是为之立王以善之，此天意也。民受未能善之性于天，而退受成性之教于王，王承天意，以成民之性为任也。”我们固然可以把董仲舒的思想看作为了帝王的统治，但是他重视教育的主张同样是有益于百姓和国家的。东汉王充认为人性“有善有恶”，并不是说善恶不可改变，相反，就像练丝一样，“染之蓝则青，染之丹则赤”“人之性善可变为恶，恶可变为善”。所以，关键不在于人的天性是善是恶，而在于后天的教化，即所谓“竟在化，不在性也”。他以孔子弟子子路为例，子路在进孔门之前，“戴鸡佩豚，勇猛无礼”，是一名“恶之极”的臭小子，但是经过孔子的教化磨砺，最后成了“可任卿相”的七十弟子之一。由此荀子得出结论，人之性恶并不可怕，可怕的是缺少化恶为善的“圣教”。

唐宋以后关于教化育人的思想越加成熟并被普及。《三字经》《增广贤文》《弟子规》以及诸多名人家训等，都是童学教育的启蒙读物，而其思想渊源无不是采自先秦诸子和两汉名家的。汇总传统的化育思想不外乎集中在以下三点：一是所谓圣人之教，认为礼义出自圣人，圣人教化是所有化育之本，所以中国传统的思想教育无不打着圣贤旗号，习惯于推崇圣人说教并把它当作指导思想；二是庠序、乡校、私塾、书院的兴起与完善，为近代的学校、大学等机构教育的创立与发展奠定了基础；三是最具中国特色的环境教化与习俗引导的民俗化育，它是通过乡邻街坊、民风习俗等社会文化环境，对人们的心灵和行为产生潜移默化的影响。孟母三迁的故事，《增广贤文》收录的“近朱者赤，近墨者黑”的民间谚语，以及我们如今在安徽等地仍然可以随处见到的状元、贞节牌坊，都反映了中国人对民风环境的高度重视。除此之外，从化育内涵和教育思想来看，也已完全超越了最初的性善、性恶的争辩讨论，伴随秦汉大一统帝国的形成，学术思想方面也逐步确立了独尊儒学的文化格局，以性善说为主导的礼义教化占据了风气主流，从而与西方以个人主义为基调的自利学说形成了鲜明的文明对比。

二、利己与个人主义

公司招聘员工时，应聘者常常会问："工资多少？""其他待遇怎样？"越是刚毕业的年轻人，往往问得越是直接。而招聘单位考虑更多的是你的能力，你是否能够胜任这个工作岗位。在应聘者的心里，工资待遇是自己能力的体现，是个人价值的证明；而招聘者最担心的是你能否"德配其位""能配其职"。能力与职位、职位与待遇的匹配关系，永远是管理者无法回避且必须直接面对的管理艺术。员工经常抱怨说"老板太抠门了"，而老板则每每指责员工的工作"不到位"。在这里，老板希望员工要能干、会干、快干、多干，员工则期望老板多发工资、多发奖金，双方都是先从"自我"或者"利己"的角度去要求对方的。这就从根本上提出了一个我们必须要思考的问题："人"是否都先为自己着想？"人"都是"利己""自私"的吗？

精致的利己主义者

北大教授钱理群先生在跟几位中学老师谈到当下教育问题时提出了一个"精致的利己主义者"的新概念。他在几位大学校长组织的专题研讨会上说道："我们的一些大学，包括北京大学，正在培养一些'精致的利己主义者'，他们高智商、世俗、老到、善于表演、懂得配合，更善于利用体制达到自己的目的。这种人一旦掌握权力，比一般的贪官污吏危害更大。"2012 年 5 月 3 日《中国青年报》将这段话刊出，6 月 12 日《人民日报》便在第四版"人民论坛"上发表了《警惕"精致的利己主义"》一文，对“四大主义”进行了连续性的批判。一时间各大网站纷纷转发，论坛博客无不沸沸扬扬地热闹了一番。然而细细搜索浏览一圈之后，你会情不自禁地发出一声余秋雨式的“千年一叹”：如此这般的网络热题，为教育改革积极建言的并不多见，从生物学、心理学、社会学等学术领域客观地探讨“利己主义”的文章更是寥寥无几，大多是凑热闹式的转发或发泄式的“愤青”，好像那些“利己主义”者尤其是那些名牌大学培养出来的“精致”的利己分子不拉出去毙了便不足以平民愤似的。

那么，我们到底应该怎样看待人性的“利己”呢？“利己”与“自私”“恶”“个人主义”是一回事吗？荀子说的目好色、耳好听、口好味、心好利、身体好逸乐的“人之情性”如果都属于“恶”，或者都是利己的或自私的话，那么，生命的本能是否也应该受到指责和批判呢？“绝对的”也好，“精致的”也罢，现在需要的不是我们对“利己主义”如何愤慨或如何冷漠，而是应该心平气和地思考和探索，并静下心来慢慢地品一品这个世界上的思想家们都是怎样看待并如何论述“利己”这一人类谁都无法去掉的心性。

“利己”与西方文明

西方文明的“利己”主义与东方的“仁爱”文明迥然不同，似乎从一开始西方文明就承认人性的“利己”本色，从而更加关注如何抑制人性的“利己”心性，承认人“自私”的同时，也要学会尊重其他人的“利己”个性。在西方，人类始祖亚当和夏娃，因为偷吃了禁果，便构成了人类的原始堕落，从而连累了所有后代，自私也便成为人类的一种原罪，因为这是“凭着自由意志犯的罪”[①]。所以《新约・雅各书》中说道：“各人被试探，乃是被自己的私欲牵引、诱惑的。私欲既坏了胎，就生出罪来。”《圣经》所说的“私欲”“情欲”便成了人类心里的一个罪性或罪根，拉班和雅各的故事，以及拿八、大卫、耶罗波安、亚哈、犹大等故事情节，都把自私看作人类的通病，只是不同的环境表现得程度不同而已，《圣经》告

① 奥古斯丁. 论原罪与恩典 [M]. 北京：商务印书馆，2012.

诫人们“你要逃避少年的私欲”，特别是末世的人性，“因为那时人要专顾自己，贪爱钱财”，甚至自夸狂傲、任意妄为、卖主卖友、心不圣洁。认为人类原本就是自私的，于是便有了创世的原始依据。上帝的指引就是要人们抑制私欲，积极向善，“同那清心祷告主的人追求公义、信德、仁爱、和平”。后来英国唯美主义作家奥斯卡·王尔德创作的童话作品《自私的巨人》，讲述的即是自私的“大块头”在上帝的指引下如何变得仁爱、慷慨的浪漫故事。

古希腊的思想家们虽然重视人的阶级性、政治性和社会属性，但他们并不否认个性欲望的存在。柏拉图认为人性是由理智、激情、欲望三个部分组成，这三者的和平共处便构成了人性的和谐状态，但一旦人的贪婪欲望占了上风，“理性和激情将被迫折节为奴”，即便是人们在买卖交易的活动中诚信守约，那也只是“他们心灵中比较善良的部分起了作用，把心中邪恶的欲望压了下去”，这种压制邪恶的力量不是劝导、说服，而是法律与强制迫使他们不得不“自己为了保住财产而小心谨慎”。①亚里士多德是柏拉图的学生，他有一句名言：“我爱我师，但我更爱真理”，看得出来，他既要师承又要发展，而这种对真理的崇仰一直影响着后代。亚里士多德认为人类必须作为伙伴而共同作业和生活，但他同时也论述了个人和私欲的存在，“因为人生而自由，为自身的生存而生存，而非别人”，②特别是一旦有了私产，劳动和报酬一旦失去平衡，“则多劳而少得的人就将埋怨少劳而多得的人”。他从概念上区分出“自爱”并不等于“自私”，“人人都爱自己，而自爱出于天赋”“自私固然应该受到谴责，但所谴责的不是自爱的本性而是那超过限度的私意”。③也就是说，亚里士多德既强调人类的社会群体性，同时也承认人类是带有自爱本性的个体存在，而这种自爱再向前迈出一小步那就是自私了。

进入中世纪以后，16世纪初意大利思想家马基雅维里“人性是恶劣

① 柏拉图 . 理想国 [M]. 北京：商务印书馆，1986.
② 亚里士多德 . 形而上学 [M]. 程诗和，译 . 北京：台海出版社，2016.
③ 亚里士多德 . 政治学 [M]. 北京：商务印书馆，1965.

的”利己认识很是具有代表意义。[①] 特别是文艺复兴后的工业革命时期，西方思想界对利己意识和个性存在则就不仅仅是承认而已了，而是上升到了理论的高度并给予了进一步的关注和强调，“人”在一步步觉醒，“神”的地位摇摇欲坠，进而升华为人人生而平等的自由、博爱的天赋权利意识。尤其是 17 世纪的英国，“羊吃人”的资产阶级革命把人类社会推向了近代历史的新阶段。这个时期的英国也是思想领域最为活跃的，先后诞生了霍布斯、洛克、休谟、斯密、潘恩、边沁、密尔、达尔文等一大批对人类思想史产生巨大影响的思想家。托马斯·霍布斯于 1651 年写成《利维坦》一书，这是一部征服、强权的国家论专著。作者从“论人类”开篇，认为人的自然本性首先在于自保、生存，其次是自私自利甚至是贪婪残暴的。他在第十三章中说道：“任何两个人如果想取得同一东西而不能同时享用时，彼此就会成为仇敌。他们的目的主要是自我保全，有时则只是为了自己的欢乐；在达到这一目的的过程中，彼此都力图摧毁或征服对方。”他认为人类天性中造成争斗的原因主要来自三个方面，即竞争、猜疑、荣誉。竞争是为了求利，猜疑是为了自保，而为了荣誉则造成侵犯。但是由于“侵犯者本人也面临着来自别人的同样的危险”，所以自然状态中的人们尽管都享有“生而平等”的自然权利，但人们若想“保全自己”并都能过上有秩序的社会生活，因此就需要有一个像《圣经》中的巨兽“利维坦”那样的强有力的国家。[②] 霍布斯的思想及其对国家的论述，很明显都是从利己的“个人”作为出发点的，正如美国当代学者罗素·哈丁所说：“在任何情况下，霍布斯解决的问题都在潜在的交往中保护每个人。”[③]

洛克虽然提出了人性“白纸论”（或“白板论”），但他同时认为人类的自然本性应该是一个有自由、有平等、有私人财产的状态，这是一种“人人平等”的“自由状态”。他指出是劳动创造了私有财产，并于 1689 年出版《论政府》上、下两篇，简要地说就是要建立一个以议会为最高主

---

① 尼科洛·马基雅维里 . 君主论 [M]. 潘汉典，译 . 北京：商务印书馆，1985.

② 托马斯·霍布斯 . 利维坦 [M]. 北京：商务印书馆，1985.

③ 罗素·哈丁 . 自由主义、宪政主义和民主 [M]. 北京：商务印书馆，2009.

权的政府来保护每个人的私有财产。[①]休谟的《人性论》于1739年首先在伦敦出版。作为朝气蓬勃的年轻思想家，他对人性的同情、正义和善的美德极尽了肯定与赞美，但他同时又特别指出，“在自然性情方面，我们应当认为自私是其中最重大的”“由于我们的所有物比起我们的需要来显得稀少，这才刺激起私欲；为了限制这种自私，人类才被迫把自己和社会分开，把他们自己的和他人的财物加以区别”。因为人类普遍的私欲所以才需要有正义，由于人性存在着“恶”因此才更加憧憬着“善”，所以他说“正义只是起源于人的自私和有限的慷慨”。[②]

亚当·斯密更是从利己本性出发来分析人的行为动机。他在1759年出版的《道德情操论》和1776年出版的《国民财富的性质和原因的研究》（简称《国富论》），对西方学术思想领域产生了巨大影响。《国富论》甚至被誉为西方经济学的“圣经”，而他本人也被推崇为“经济学之父”。这两部著作都是以人性的认识作为基点，是斯密对人性的“自爱”乃至“自私”和“利己”的自由畅快的礼赞。他撕去了人类羞涩的面纱并直截了当地说道，“毫无疑问，每个人生来首先和主要关心自己”，只不过每个人心里“宁爱自己”的这种自爱不敢在他人面前表露而已。[③]所以，每个人的经济活动首先都是从自利出发的，“我们每天所需的食料和饮料，不是出自屠户、酿酒家或烙面师的恩惠，而是出自他们自利的打算”。[④]经济体制的构建就是要使每个自利的个人都能在自由、平等、公正的环境中充分展现自我，容许每个人以自己的方式追求自己的兴趣和利益，与此同时，社会整体的财富和福祉也都相应地获得了进步。在这个过程中，起着自我调节作用的就是市场。亚当·斯密的名言是：“由于每个人都……使其生产物的价值能达到最高程度，他就必然竭力使社会的年收入尽量增大起来。确实，他通常既不打算促进公共的利益，……他所盘算的也只是他自己的利益。在这场合，像在其他许多场合一样，他受着一只看不见的手的指

① 洛克 . 论政府 [M]. 北京：商务印书馆，1964.
② 休谟 . 人性论 [M]. 北京：商务印书馆，1980.
③ 亚当·斯密 . 道德情操论 [M]. 北京：商务印书馆，1997.
④ 亚当·斯密 . 国民财富的性质和原因的研究 [M]. 北京：商务印书馆，1974.

导，去尽力达到一个并非他本意想要达到的目的。也并不因为是非出于本意，就会对社会有害。他追求自己的利益，往往使他能比在真正出于本意的情况下更有效地促进社会的利益。”[①] 这段话许多经济学者都曾引用过，那句“一只看不见的手”更是成为经济学领域的传世名言，虽然这个短句斯密在两部著作中仅仅各说过一次。《国富论》出版的当年恰好也是美国《独立宣言》的发布之年，“人人生而平等”的天赋人权的桂冠于是自然而然地也连带到了斯密，《国富论》因而被称为“经济的独立宣言”，斯密也因此成了自由市场经济学的鼻祖。后来的李嘉图就是从个人经济行为推广至国家经济行为，来分析论证他的劳动价值学说等经济学理论的。而米尔顿·弗里德曼则把“美国奇迹”归因于美国把两套思想付诸了实践，一套是《国富论》，另一套是《独立宣言》。[②]

具有思维特性的人类从来没有放弃如何认识自己。从认知人类“自爱”的本然特性出发，人们越发勇敢地承认了“利己”的自己，是人类那些从“利己”出发的创造行为，逐渐成就了人类历史丰厚的物质文明和精神文明。这个过程既是人类自我觉醒的过程，也是神祇地位日渐衰微的过程，它同时伴随的是资本主义市场经济的日渐确立与繁荣。而“人”在觉醒的同时即是人类个体作为独立人格的渴望与明确。所以，在利己主义进一步发展的基础上，也便激发了人类对个体权利的憧憬与激情。这就是随同资产阶级的兴起人类历史上发生的最伟大的人权革命。人人生而平等，自由、博爱和天赋人权的思想，一时间席卷了整个欧洲和美洲。以自我为中心，强调并尊重个体的“个人主义”也同时形成了一股强劲的思想潮流。

“人权”与个人主义

从17世纪以来，西方学术领域的思想家们大多围绕着自我、自由、平等、人权这条主线来著书立说，而他们展开论述的主要目标则集中在如何认识人类自己和人类社会。这数百年来的学术成就，极大地丰富了人类

---

① 亚当·斯密.国民财富的性质和原因的研究[M].北京：商务印书馆，1974.

② 米尔顿·弗里德曼.自由选择[M].张琦，译.北京：机械工业出版社，2019.

的思想宝库，其中有两个方面的成果我们今天读起来尤其不能忘记。一方面在我看来就是从人类“自爱”演化来的对“自我”的关注和对“利己”的承认以及对个体的尊重，从而形成的人人生而自由、人人生而平等的天赋权利的思想；另一方面则是通过宣言、立法的形式将这一思想法律化、制度化了。1689 年英国通过的《权利法案》虽然只有短短的十三条，但它却成功地限制了君主权力并确立了议会为最高权力机构，从此法律权威代替了君主权力，并开启了君主立宪制的资产阶级统治。接下来的是 1776 年美国的《独立宣言》和 1789 年法国的《人权与公民权利宣言》，其基本精神的立意基点都是首先强调人生来就是而且始终是自由的，在权利面前一律平等。如果说 17 世纪初法国笛卡尔的“我思故我在”仅仅是哲学命题，还算不上人类“自我”的彻底觉醒，那么《人权宣言》则应是法国资产阶级革命的人性胜利。虽然德国学者耶里内克认为法国的《人权宣言》并非直接源自法国的思想家卢梭，而是以当时美国各州的权利法案为蓝本，[①]但是迄今为止，学术领域从未忽视卢梭思想对当时乃至后世的巨大影响。他在《论不平等》中探讨的是人类不平等的起因，从而证明人人生来就应该是自由平等的。[②]他在《社会契约论》中的开篇语即是“人生而自由，却无往不在枷锁之中”的警世名言。在卢梭看来，这种普遍的自由出于人类的本性，“人类的第一法则就是为自己的生存提供条件，他首先关切的是那些对自己有用的东西。”[③]尽管卢梭曾认为“人本来是好的，社会使其变坏”，但从人类个体自我出发很显然也是卢梭宏伟思想的纵论起点。比卢梭年轻 25 岁的潘恩，以及稍后的边沁、勒鲁，无不是从尊重个体的人权出发去展开他们的自由思想的。在《人权论》中，潘恩把“人生来就平等的天赋权利”更是超越了辈分的限制，“每一代人同它前代的人在权利上都是平等的”。[④]边沁的“功利主义”原理进一步强调说，“不

① 格奥尔格·耶里内克 . 人权与公民权利宣言：现代宪法史论 [M]. 北京：商务印书馆，2012.
② 卢梭 . 论人与人之间不平等的起因和基础 [M]. 北京：商务印书馆，2015.
③ 卢梭 . 社会契约论 [M]. 北京：台海出版社，2016.
④ 潘恩选集 [M]. 北京：商务印书馆，1981.

理解什么是个人利益，谈论共同体的利益便毫无意义”。[①]勒鲁则把法国大革命的功绩归结为三个词：自由、平等、博爱。他在《论平等》中极尽讴歌地说道：“由于个人只是以他唯一的人的资格才感到享有一切权利，所以他不能不承认同样具有人的资格的其他人的这种权利。正因为他是人，他才享有权利：所以只是人，即一般的人才享有权利；因此，所有的人都享有权利。”懂得自我的权利，也就应该尊重他人的同样的权利，“倘若不是最积极地、最肯定地承认他人的权利，平等就不成其为平等了”。[②]到了19世纪中叶以后，“人”越来越自觉、独立而不再认为是“神”的创世作品。马克思在《〈黑格尔法哲学批判〉导言》中一针见血地总结道，“人的根本就是人本身……对宗教的批判最后归结为人是人的最高本质”。尼采则用哲学加文学的方式将人类天赋权利的自我觉醒推向了一个极致，他大声喊出“上帝已死”，作为人的伟大意义只在于“成为你自己”！[③]在这样的承认个体、尊重人权、倡导自由平等的轰轰烈烈的社会背景和思想环境中，“个人主义”的思潮就不难理解为什么会成为西方的一种时代风气了。

其实“个人主义”并不构成什么思想体系或哲学理论，在我看来它只是西方社会一个时代的精神气质或社会习尚，这和我国对个人主义的某些认识是完全不同的。我从小受的教育都是反对个人主义的，1929年毛泽东在《关于纠正党内的错误思想》一文中即明确了个人主义要不得，它的社会来源是小资产阶级和资产阶级的思想。后来刘少奇在《论共产党员的修养》中继续强调共产党员就要跟自私自利的个人主义思想做坚决的斗争。直到2017年9月6日，晁仁还在《人民日报》上发表了“坚决反对个人主义”的文章，认为把个人摆在组织之上，一切从个人利益出发，心中只装着自己的自私自利的行为就是“个人主义”。这就像亚里士多德所说的“自爱”再向前迈出一小步就成为“自私”一样，以个人权利和自由、平等的思想为底盘构建起来的个人主义，稍有不慎向前迈出了这一小步，也就成了自私自利、损人利己的极端利己主义了。自由人权是美好

① 边沁．道德与立法原理导论[M]．北京：商务印书馆，2000.

② 皮埃尔·勒鲁．论平等[M]．北京：商务印书馆，1988.

③ 尼采．成为你自己[M]．陈永红，译．南京：江苏凤凰文艺出版社，2017.

的，但若超出了限度就会走向反面，就会给其他人带来不平等不自由了。所以密尔原本是个人主义的倡导者，他在《论自由》第一章中说道："任何人的行为，只有涉及他人的那部分才须对社会负责。在仅涉及本人的那部分，他的独立性在权利上则是绝对的。对于本人自己，对于他自己的身和心，个人乃是最高主权者。"他在第三章论个性为人类福祉的因素之一时明确界定了个人自由的界限，即"个人的自由必须约制在这样一个界限上，就是必须不使自己成为他人的妨碍。"[①]也就是说，在西方人的理解中，个人主义是那种还没有迈出这一小步的"自爱"，它强调的是个人的价值主体地位，承认每个人的自我存在和自我价值，从而形成以个体为本位和以个人为中心的思维本源和思想基础。

为了更深层地认识个人主义，我专门请教了南开大学孙晓春教授，他把自己的一篇短文发给了我，题目是"关于个人主义的几点思考"，[②]他认为个人主义是一种理解社会生活的方式，利己是人的本性中无法剔除的构成要素，充分尊重个人是现代社会的基本品质。我体会到，针对中国国情，我这位老同学在下笔的分寸上是用心良苦的。从某种意义上说，资本主义和个人主义是紧密相连的，而社会主义和集体主义则更亲近一些。西方资本主义可以借鉴一些社会主义国家的集体合作精神，而东方社会主义也可以多学学资本主义对个人价值的发掘与尊重。需要注意的是，伴随自由、平等、民主思想和资本主义社会的发展有两种潜在的限度，稍有不慎就会被冲破，一是天赋权利的个人主义容易堕落为极端利己主义，二是自由民主的文化优势心理也容易激发成西方中心主义。法国人托克维尔经过在美国长达九年的考察研究，于1840年写成了《论美国的民主》上、下两卷。他第一次专门论述了个人主义，目的是想真正认清美国人"是怎样使其一切感情以自己为中心的"，他认为个人主义是民主主义的产物，"个人主义是一种只顾自己而又心安理得的情感"，它的根源"既有理性缺欠的一面，又有心地不良的一面"，它之所以成为美国的精神基石并成就了美国的伟大，是因为他们有"正确理解的利益"原则，"美国人以自由抵

① 约翰·密尔. 论自由[M]. 北京：商务印书馆，1959.

② 该文在网上搜索"孙晓春的博客"即可读到。

制平等造成的个人主义，并战胜了它”。他发现美国人绝不反对也从不掩饰每个人可以追求自己的利益，但是他们战胜了自己，使之没能向前迈出那一小步，因为“他们终于认为自己发现了人为他人服务也是在为自己服务，个人的利益在于为善”。[①]美国当代的许多学者也都一致认为“个人主义是美国文化的核心”“个人主义是现代民主制度的基石”。[②]安·兰德甚至认为自私也是一种美德。她提出的客观主义伦理学的基本准则是：“人必须为自己而活着，既不能为他人而牺牲自己，也不能为自己而牺牲他人。为自己而活着意味着实现自己的幸福是人最高的首先目标。”[③]她在《阿特拉斯耸耸肩》中说的“我永远不会为别人而活，也不会要求别人为我而活”，成为影响美国年轻一代的生活准则。塞缪尔·亨廷顿在《文明的冲突》一书中也列举了某些学者对 50 个国家的案例分析，在个人主义指标方面得分最高的 20 个国家，包括除了葡萄牙之外的所有西方国家，所以他说在 20 世纪的各文明中，个人主义仍然是西方的显著标志，西方人和非西方人都一再把个人主义认作区分彼此的重要指标。

进入 19 世纪和 20 世纪交会之际，英国人霍布豪斯在其《自由主义》一书中的言论，就使真理着实地向前迈出了那危险的一小步。他把个人的权利似乎说得有点绝对化了，他说：“如果一个人或一个阶级能够表现得远远比另一个人或一个阶级聪明和优秀，他或他们的统治比一项人民制度更有助于使更多人获得更多快乐，那么，统治工作就应该交给那个人或那个阶级去做，任何其他人不得干涉。”受这种过于优越感的内在驱动，他终于按捺不住地乐观地认为“英国人天生就是世界的统治者”，或许他已意识到只提到英国有过于狭隘之嫌，于是他又变化了一个口气说道：“到昨天为止，白种人成为世界其余地方主宰的最终‘命运’似乎是不可抗拒的。”[④]西方中心主义再加上达尔文进化论的“生存斗争”适者生存的丛林

① 托克维尔 . 论美国的民主 [M]. 北京：商务印书馆，1989.

② 贝拉，马德逊，等 . 心灵的习性——美国人生活中的个人主义和公共责任 [M]. 北京：中国社会科学出版社，2011；福山 . 大断裂：人类本性与社会秩序的重建 [M]. 桂林：广西师范大学出版社 .

③ 安·兰德 . 自私的德性 [M]. 焦晓菊，译 . 北京：华夏出版社，2018.

④ 霍布豪斯 . 自由主义 [M]. 北京：商务印书馆，1996.

法则，于是白种人鱼肉非洲、屠杀印第安人以及瓜分中国的侵犯行径仿佛都找到了理论依据，以斯宾塞为代表的社会达尔文主义也便发展到了“种族主义”的极致。好在英国历史学家汤因比认认真真地研究了世界历史之后，这才客观地发现了世界文明不仅仅只有西方一个中心，还有中国、印度、阿拉伯等 7 种以上的不同文明。亨廷顿更把 20 世纪以来国际间的战争归因于不同文明之间的冲突，而冲突之外还有更重要的就是在各种不同文明中还有更多的像利他、同情心、合作等人类美德，同样值得我们去研究、去赞美。

三、探寻“自私”与争斗的基因

我小时候接受的所有教育，都是要我们“做好人好事”，要“大公无私”，就像儿歌里唱的：“我在马路边拣到一分钱，把它交给警察叔叔手里边”，真是要做到“物虽小，勿私藏”的。1980 年，我在吉林大学攻读硕士时，国内舆论界发生了一件可以说是惊天动地的大事，《中国青年》当年第 5 期发表了一篇署名为“潘晓”的读者来信，题目是《人生的路呵，怎么越走越窄》。这位“潘晓”一开始也是有着美好的人生观：“人活着，就是为了使别人生活得更美好；人活着，就应该有一个崇高的信念，在党和人民需要的时候就毫不犹豫地献出自己的一切。”可是“文革”特殊时期的草菅人命、家庭的变故、“为了钱的问题吵翻了天”，以及势利的男友离她而去等，让她陷入了现实生活的困苦当中，“人生呵，你真正露出了丑恶、狰狞的面目”，她感觉到“眼睛所看到的事实总是和头脑里所接受的教育形成尖锐的矛盾”。她苦苦思索、拼命看书，祈求“寻找人生意义的答案”，终于在“看透人生”的愤怒中呐喊道：“人都是自私的，不可能有什么忘我高尚的人。过去那些宣传，要么就是虚伪要么就是大大夸大了事实本身。”她以大彻大悟的笔触写出：“我体会到这样一个道理，任何人，不管是生存还是创造，都是主观为自我，客观为别人。就像太阳发光，首先是自己生存运动的必然现象，照耀万物，不过是它派生的一种客观意义而已。所以我想，只要每一个人都尽量去提高自我存在的价值，那么整个人类社会的向前发展也就成为必然了。这大概是人的规律，也是生物进化的某种规律——是任何专横的说教都不能淹没、不能哄骗的规律！”信稿一经发表即引起了轰动，可谓一石激起千层浪。这是新中国第一次、也是迄今为止唯一的关于人生的意义、人的本性到底是不是“自私”的媒体公开讨论。在不到一年的时间里，先后发表了近 100 人的长短不同的文章，共计 17 万字，“讨论”期间，编辑部共收到全国各地的信稿达 6 万多件。这其中有支持“人的本质是自私的”这一观点，有的人则主张“合理的个人主义”“不损人的利己主义”“在利他中利己，在利己中利他”，也有提出批评意见的，认为“为自我又岂能为别人”。潘晓提出的“主观为自我，客观为别人”更是成了一时间热议的话题，那句“人人为我，我为人人”大概也滥觞于此。这样的观点在当时并不是人人都能接受的，1983 年底，中国青年杂志社编委会向团中央书记处呈交了一份“关于‘潘晓讨论’问题的检查报告”，承认这场讨论“在青年中和社会上产生的效果是不好的”，并于 1984 年第 1 期发表了《主观为自我，客观为别人错在哪里》的署名文章而草草结束了这场讨论。①

“自私”真的有那么可怕吗？为什么在我们日常生活当中说某某人“自私”、某某人“太自我”了，总是含带着一丝丝的贬义呢？真的像有些人说的那样，自私是万恶之源吗？在这里，“自私”总是跟德行连在了一起，跟不受待见的人品扯到了一起。在讨论之前，我想首先应该把“自私”与“恶”区别开来。自私固然可以引发成丑陋、贪婪的恶，但自私本身并不等于恶，只有在它发展到“损人”的程度时它才会变为恶。如同汉代思想家董仲舒说的，丝出于茧，但不能说茧就是丝。两者一旦混淆了，就会以为“自私”是不好的禀赋，甚至从内心深处都会对“自私”产生排斥心理。古往今来，人们为了崇尚善良的品德，好像每每有人论及“性本恶”或是稍有承认人性存有自私的一面，总是不受欢迎，甚至会遭到来

① 这场讨论20年后汇总成《潘晓讨论——一代中国青年的思想初恋》一书，由南开大学出版社 2000 年出版。

自各方面的批评与斥责。即使是在西方国家，那些主张人的本性是利己和自私的言论，往往也都遮遮掩掩的，生怕触犯了人类的善良美德。可想而知，在当年刚刚转型的社会背景下，黄晓菊、潘伟（“潘晓”是俩人的笔名）一位是工厂的普通工人，一位是大学二年级的学生，两个年轻人能够振臂疾书“主观为自我，客观为别人”，是需要何等的勇气呀！

时至今日，“潘晓讨论”已经过去三十几年了，如果他们二人再站出来说“人的本性是自私的”，恐怕大多数人都不会感到奇怪了，也不会有人为此再掀起一场大讨论。因为在市场经济原始积累的大潮中，在整个社会随处可见的腐败场景里，在老人摔倒了人们也不敢扶起的现实人情下，再去一味地赞颂人性有多么高尚反而置人性的阴暗面于不顾，恐怕只能是难以服众的空洞说教了。这不只是现实中人性自私的各种闹剧“你方演罢我登场”，而是人们大多有目共睹的缘故，还与学术界多年来对人性的研究——尤其对人自私的本性的研究业已发表了诸多的科研成果密切相关。尤应注意的是，国外的文学名著和学术著作的大量翻译出版，使我们对人和人性的认知视野更加宽广了，同时也拓展到生物学、伦理学等各个学科领域。

首先，读者面最广、影响最大的是那些世界文学名著。这些文学作品90%以上都是改革开放以后才在国内翻译出版的。文化窗口的豁然打开，就像人类历史上每一次重大的转折进步都伴随着文艺复兴、文化变革一样，也为我们解放思想、探寻发展方向创造了力量。我们不仅从雨果、伏尔泰、泰戈尔、大仲马、小仲马、高尔基、托尔斯泰等一大批文豪泰斗身上看到了他们愤世嫉俗、正义善良、勇敢高贵的作家品格，更从他们的作品当中体会到人类历史从封建贵族体制向资本主义社会转变的过程中——人类进入工业社会所呈现的人生百态。这些文学巨著都有着鲜明的时代烙印，无一不是人类文明的宝贵财富。我们从这些巨匠的笔下，几乎都能感受到他们在探求人性的真善美的同时，高扬的是人性的正义、勇敢、智慧、慈善与博爱，而针砭的对象则是那些贵族绅士、达官权贵之类的“上流社会”。在那些摄人心魄精彩纷呈的故事里面，所谓上流贵族和权力阶层的虚伪、奸诈、阴险、残暴、唯利是图、不择手段的丑恶人性已经完全彻底地裸露在世人面前，就像《基度山伯爵》里的弗尔南和唐格拉尔，在其阴谋败露真相大白时，免不了落得个体无完肤、身败名裂的下场。而那些生活在社会底层的劳动人民，都博得了人们的同情、怜悯与赞颂。他们手中的笔如同战士手中的枪，刺向的是权贵们的邪恶，争取的则是人民的权利与自由。司汤达笔下的《红与黑》，透过于连一生的跌宕起伏生死演变，鞭挞的是王朝贵族的反动、教会的黑暗和资产阶级新贵族的卑鄙无耻与利欲熏心，所以有评论说这是一部“政治小说”。巴黎圣母院因雨果的同名小说而愈加著名，小说的精神实质却是在讽刺和痛斥法国宫廷与教会的狼狈为奸以及“上流社会”的伪善与奸佞，特别是该院副主教克罗德的道貌岸然与蛇蝎心肠。而普通平民的善良、友爱与舍己为人，却得到雨果人道主义的褒扬。罗曼·罗兰从托尔斯泰那巨大的犬鼻和那双坦白、犀利的眼神里看到了托翁“多少温和良善啊！”而托翁对人性自私、贪婪的揭露更是用了“兽性”的深刻表达——“人类底可怕的顽强的兽性，而当这兽性没有发见，掩藏在所谓诗意的外表下面时更加可怕。”[①]如果说人类的本性当中没有自私，那又怎么理解贪得无厌唯利是图呢？如果说人性的内在没有魔鬼，那又怎么理解存在于人类社会中的那么多的残忍与暴力呢？如果说人类的本性当中不存在恶魔，那又怎么理解人类的历史又是一部抹不去的相互征服与杀戮的战争史呢？直到今天不是仍然在明里暗里地进行着军备竞赛吗？我们反对暴力是因为实实在在存在着暴力，我们不喜欢“自私”的人格，不是恰好从另一面佐证了我们人类的本性当中存在着“自私”吗？！

其次，人们在反反复复地叩问人性的同时，学术界也在孜孜不倦地探究着人性的本质，并试图从科学的视角揭开人性本质的真相。叔本华的思想体系可以说全部都是围绕着一个核心本质展开的，这个核心本质就是人的“意欲（wille）”。有人把它翻译成“意志”。按照我们今人的理解，“意志”的本意多指人的精神活动。叔本华所说的“意欲”则是指人的本质的自在之物，它先于认识、智力而存在，是朴素和原初的，人的机体本身只

① 罗曼·罗兰.名人传·托尔斯泰传[M].傅雷，译.北京：人民文学出版社，2018.

不过是意欲的客体化显现，“内在本质才是人类意识核心的根底，而且此意识更具直接性，又是不受个体化原理拘束的物自体，存在于各色各样的个体中，无论并存或续存，其内在本质皆相同，这是切实渴望生存和永续的求生意志（意欲）。即使个体死亡，它仍得以保存”。[①] 叔本华把意欲的这种情形称为“成为自己的主人”，主人就是意欲，仆人就是智力，“因为意欲最终总是掌握着发号施令权。据此，意欲构成了人的真正内核和自在本质”。而作为内在本质的意欲也是所有动物的内在本性，“我们因而知道这些动物有自己的意欲，我们甚至清楚这些动物意欲的具体目标，亦即生存、舒适和繁殖。我们可以十足确信地设想动物与我们自身之间有着一种同一性，我们也就毫不犹豫地认为：存在于我们自身、为我们所知晓的意欲的所有刺激和活动在动物身上原封不动地存在”。所以他在《论意欲在自我意识中的主导地位》中说，意欲无论在哪里都保留着自己同样的本性，“具体显现出来就是对生命的强烈执着，对个体和种属的关心、照料，利己主义对此外的一切冷酷无情，以及由所有这些生发的各种情感”。[②] 由此他得出结论：求生意欲“是人类最内在的本质”，他甚至强调求生意欲“就是我们的全部本质”。[③] 他在《论生存的痛苦与虚无》中把这种原初的意欲本质看作人类这部复杂机器传送的“原动力”，而人类和动物一样，这个原动力就是“由饥饿和性欲这两种简单动力所产生和维持”，正是这饥饿和性欲驱动着个体意欲的贪得无厌——“因为这一缘故，每一个愿望的满足就又产生出新的愿望，这样的渴求永难满足，了无尽期”。他的悲观主义哲学思想由此成型：“这个世界只是地狱——在这里，人类既是被折磨者，同时又是折磨别人的魔鬼。”这个魔鬼正是利己主义的极致。

弗洛伊德直接秉承叔本华“意欲”思想的启发，创造性地提出了性本能说和精神分析学，将人性的内原动因提到了“本能”的研究层面。他的研究和叔本华的出发点是一样的，试图从人的内在本质上找到人类意识和行为的动力本源。他在《性学三论》的原版序言中说道：“本书一再强调

① 叔本华 . 叔本华说欲望与幸福 [M]. 高适，编译 . 武汉：华中科技大学出版社，2017.
② 叔本华 . 叔本华思想随笔 [M]. 韦启昌，译 . 上海：上海人民出版社，2008.
③ 叔本华 . 叔本华说欲望与幸福 [M]. 高适，编译 . 武汉：华中科技大学出版社，2017.

性生活对人类一切行为的重要意义。”他认为人和动物都真实存在着生理需要，饥饿会引发食欲，类似的性饥渴则被称为“力比多”（libido）或“原欲”。后来他在《精神分析引论》中直接把“力比多”称作一种内在的力量，即人的本能——“性的本能”，人类的认知心理和精神活动都是“借这个力量以完成其目的”。①再后来他在《精神分析引论新编》等著作中又对自己的“性本能”说进行了修正和补充，他先将本能区分为两大类，“使相当于人类的两大需要——即饥与爱”，并在此基础上对性本能、自存本能、饮食本能、求安本能、死亡本能、攻击与破坏本能以及唯乐原则等进行了一系列的研究分析，最终汇总为人类两大基本本能：食色本能与攻击本能。起初弗洛伊德把人的心理和人格分为意识、前意识、潜意识三个层次，后来则将人的精神人格分为超我、自我、伊底三个组成部分。伊底或称本我，是最原始的、与生俱来的内在力量，其中即蕴含着人性中和兽性一样的本能性冲动。伊底既不知道价值，也不懂得善恶与道德，但它“与唯乐原则有密切关系的经济的或数量的因素支配了它的各种历程。它所有唯一的内容，据我们的观点看来，就是力求发泄的本能冲动”。②这种本能冲动或许有其善良的一面，但肯定也有相反的一面，如果我们只从美好的愿望出发寄希望本能的冲动都是和平善良的，那就未免过于天真了。所以弗洛伊德说道：“然而不幸的是，历史的真实及我们自己的经验和我们所期望的相反，都证明人性本善的信仰只是那样一些不幸错觉的一种，人类原希望由这些错觉达到命运的美化或改善，但实际上却仅导致灾难。”③冲动即魔鬼！在弗洛伊德的眼里，人类存在的诸多自私、暴力、灾难等，根源在于人类内在本能的原始冲动，正因为它是内在的，所以也是难以根除的。这就是他在《思索战争与死亡的时代》中所说的：“实际上，不可能‘根除’恶”。

亚伯拉罕·马斯洛（Abraham H.Maslow）被誉为20世纪最伟大的心理学家之一，是人本主义心理学和存在心理学的主要创始人。他对“本能

① 弗洛伊德．精神分析引论[M]．高觉敷，译．北京：商务印书馆，1984.

② 弗洛伊德．精神分析引论新编[M]．高觉敷，译．北京：商务印书馆，1987.

③ 弗洛伊德．精神分析引论新编[M]．高觉敷，译．北京：商务印书馆，1987.

论”或称“基本需求理论”并不完全赞同，甚至主张应该放弃这方面的研究，认为“我们不能同时玩生物学和社会学的把戏”。[①]但他同时又十分敬佩弗洛伊德，他甚至说：“到目前为止，有两种有关人性的综合理论对心理学影响最大，这两种理论是弗洛伊德的理论和实验—实证—行为主义理论。”[②]所以有时他也承认自己是个弗洛伊德主义者，尽管他对弗氏理论并不完全认同，有时甚至在某些方面还带有明显的批评和质疑。我们用“批判地传承”这一说法，或许更有助于理解马斯洛是怎样在“本能论”的基础上创建他的“人类动机理论”的。1954年他的最重要著作之一《动机与人格》出版，他对人的基本需要进行了细致、深入、分层次的探研，认为人的需要可分为两大类，即基本需要和特殊需要。基本需要是人类共同拥有的，由人的体质遗传决定着；特殊需要则形成于不同的社会文化条件。他反对非此即彼、非善即恶的二分法的“传统本能论”，提出了“类本能”的新概念，主张“人有一种内在的或先天的趋向自我实现的成长倾向”。当我们在物种阶梯中上升时，我们可能会逐渐发现新的、更高层的需要或欲望，即发现另一种本能——类本能，物种等级越高，类本能的需要或冲动就越明显，越是高层次的需要，越具有人性的特征，也就越发地脱离了动物本能而成为人类所独有。人是一种不断需要的动物，一个欲望满足后，又会迅速地被另一个欲望所占据。这就是马斯洛强调人性积极向上的动机理论，即人类的需要构成了一个层次体系，任何一种需要的出现都是以较低层次需要的满足为前提的。这就是人们熟悉的马斯洛的基本需要层次理论。他把人的需要划分为五个层次：生理的需要；安全的需要；爱与归属的需要；尊重的需要；自我实现的需要。

马斯洛同样认为人性的基本需要有其“自私”的一面，但他反对西方传统“将我们的内在本性解释为恶的动物性”，以为我们的原始冲动都是邪恶的、贪婪的、自私的、敌意的等看法，[③]他“确认类本能的需要并不是恶的，而是中性的，甚或是好的”，他在临终前几个月谈到人性的本质时

① 马斯洛．需要与成长[M]．张晓玲，等，译．重庆：重庆出版社，2018.

② 马斯洛．需要与成长[M]．张晓玲，等，译．重庆：重庆出版社，2018.

③ 马斯洛．动机与人格[M]．许金声，等，译．北京：中国人民大学出版社，2012.

说“人类有时候善良、有时候邪恶”，[①]所以他特别强调影响人性的环境条件的好与坏至关重要，这也构成了他的人性向善的“无私之爱”的人本主义心理学体系。

不难看出，从叔本华的“意欲”，到弗洛伊德的“本能”力比多，再到马斯洛的基本需要层次动力理论，尽管他们各有各自的独到之处，各有各自的理论精彩，但是他们研究的目标体系骨子里无不存在着连续性的脉络关系，那就是他们都试图通过哲学、心理学、精神学、伦理学等研究分析深入地揭示人格的本根和人性的本源，而这一切都绕不开“人本自私”的传统观念。虽然还有一大批思想家们同样企图在人性的研究上有所建树，如弗洛姆、荣格、阿德勒等，只不过他们仍然踱步于精神学、伦理学、心理学等“人文社科”领域，因为实证性的自然科学的研究基础尚未夯实，似乎总是给人一种漂浮在上层而不够入木或未能解渴的感觉。倘若仍然在这推理的分析层面上绕圈子，那跟《圣经》里早已讲到的“私欲”，以及这种私欲时常表现为“身子的私欲”“肉体的私欲”似乎并没有本质上的超越。而20世纪人类在生物学上取得的巨大成就，特别是揭开了分子结构、DNA、RNA、蛋白质、双螺旋等神秘而美丽的面纱之后，人们不仅对动物，对人自身也有了飞跃性的认识。这些科学成果曾让许多理论家兴奋不已，这种兴奋激励着他们冲出了世俗的道德藩篱，让他们鼓起勇气勇敢地站出来大声叫喊：原来我们每个人都是竞争而来的自私的胜利者，而这种自私的禀赋原来是那样根深蒂固地占据在我们体内——它的本源正是我们体内的基因。生物学家理查德·道金斯就是这样一位冲在前面的理论战士，1976年他的《自私的基因》一经问世便成为一鸣惊人的轰动之作，虽然他也免不了会遭到反对者的猛烈炮火的攻击。道金斯坚定地认为自然选择依然是生物进化的基本法则，“最好不要把自然选择的基本单位看作物种，或者种群，甚至个体；最好把它看作遗传物质的某种小单位。为方便起见，我们把它简称为‘基因’。”[②]也就是说，根据自然选择

① 马斯洛．寻找内在的自我[M]．爱德华·霍夫曼，编．张登浩，译．北京：机械工业出版社，2018.

② 理查德·道金斯．自私的基因[M]．卢允中，等，译．北京：中信出版社，2012.

的进化法则，一个基因为了自己最大的生存和繁衍的利益，必然要和其他的“等位基因”展开殊死的竞争与搏斗，“基因为争取生存，直接同它们的等位基因竞争，因为在基因库中，它们的等位基因是争夺它们在后代染色体上位置的对手。这种在基因库中牺牲其等位基因而增加自己生存机会的任何基因，我再啰唆一句，按照我们的定义，往往都会生存下去。因此基因是自私行为的基本单位”。于是道金斯得出结论：“成功基因的一个突出特性就是其无情的自私性。”①而所有动物包括我们人类的生物体，不过是基因创造的“生存机器”，生命短暂，基因永恒。道金斯的观点并未获得学术界的普遍认可，尤其是他那“拟人化”的人性描述，却遭到了来自各方面的批评，隆娜·弗兰克在《我的美丽基因组》一书中对不同意见已经有所综述。但是有一点似乎迄今并没有人直接提出异议而尤应引起我们的关注，这便是一些生物学家以及道金斯所说的：“在任何称得上是自然选择的基本单位的实体中，我们都会发现自私性。”②

回过头来我们再看看叔本华对“意欲”的认定：“意欲作为自在之物，构成了人的内在、真正和不可消灭的本质。”他讲的“意欲”似乎就是50年后被生物学所证实的“基因”，这种哲理逻辑的卓越预见不得不令人肃然起敬。我国学者皋古平对人的“自私”问题也有很深的研究心得，他在2009年和2013年分别出版了《行为的动因》和《人的本性是自私的吗》两部专著。经过研究他断言：“至此，我对人的行为动因有了基本把握，认定人的基本需要是人机体上存在的需要，人不仅有生理需要而且有情感需要，人的一切行为都根源于自身需要。”③

那么，人的本性到底是不是自私的呢？再如哈佛大学生物学教授马丁·诺瓦克说的：“人类是自私的。我们是相互掠夺资源的生物。我们以自我为中心，我们唯利是图，我们陶醉在自己的成功中，我们都想争第一。我们身上的每一根骨头，都只受自我利益的驱动。我们身上的基因都是自私自利的。不过，在生物进化的过程中，除了竞争之外，应该还有一

① 理查德·道金斯．自私的基因[M]. 卢允中，等，译．北京：中信出版社，2012.

② 理查德·道金斯．自私的基因[M]. 卢允中，等，译．北京：中信出版社，2012.

③ 皋古平．人的本性是自私的吗[M]. 上海：华东师范大学出版社，2013.

些更加深刻的东西。”[①]显而易见，人类是不是自私的已经无须赘言，问题的关键不在于人类的自私性，而在于人类是否“仅仅是”或者“只是”自私的呢？人类的经济活动除了“自利”的动机之外，还有没有其他因素呢？如果说经济学家凯恩斯关于“动物精神”[②]的论述已经回答了这个问题，那么，接下来我们就应该分析诺瓦克所说的“更加深刻的东西”究竟是什么了。

① 马丁·诺瓦克，罗杰·海菲尔德.超级合作者[M].龙志勇，等，译.杭州：浙江人民出版社，2013.

② “动物精神”是一个经济学术语，是指导致经济动荡不安和反复无常的各种心理元素。凯恩斯承认大多数经济行为源自理性的经济动机，但也有许多经济行为受动物精神支配而并不总是理性的。为此，两位经济学诺贝尔奖得主乔治·阿克洛夫、罗伯特·席勒合著了一部《动物精神：人类心理如何驱动经济、影响全球资本市场》，中信出版集团已于2016年翻译出版。

管子说：

“治之本二，一曰人，二曰事。”

事是人做的，

一切事的根由终究归结在人的身上。

人是什么？

你相信人吗？

其实，

你对人的看法，

你对人性的假设，

已经在你的灵魂深处

悄无声息地为你的管理架构铸就了底盘。

第三章 “合作”与第三进化原则

人的社会性与利他主义——发现“善良”与合作的因子——合作是第三条进化原则

一、人的社会性与利他主义

无论是东方或是西方，我们的先贤哲人在探索和认知人类本性的过程中，尽管彼此的思维方式和理论视角各有不同，但在思考人类个体存在的同时，对人类的群体性、社会性以及人类固有的利他与合作的美德，似乎从未抹杀或忽略。

人的社会性

孔孟儒学大谈仁义礼智信，说到底就是要厘清和规范人与人之间的相处之道以及群体社会的和谐秩序。人类只不过是“万物共生”中各种存在生物的一种，它之所以区别于其他物种，是因为人类杰出的心灵智慧和群体社会。这就是《论衡·辨祟》说的：“人，物也，万物之中有智慧者也。”而《荀子·王制》则指出人和动物的根本不同就在于“人能群，彼不能群也”，作为人，“力不若牛，走不若马”，但人类群集在一起便会“多力则强，强则胜物”，所以“人生不能无群”。古希腊的思想家们也一样重视人的社会性，柏拉图甚至设想了共产、共妻、共子的“共产”社会。他的学生亚里士多德在《政治学》卷（A）一中说道，“人类生来就有合群的性情”“人类自然是趋向于城邦生活的动物，人类在本性上，也是一个政治动物”。他认为人类必须群集在一起相互协作共同生活才能满足人的基本需要，因此他认为就人类本性来说，“全体必然先于部分”，一个人如果脱离了城邦，或隔离于群体之外，“他如果不是一只野兽，那就是一位神祇”。

进入中世纪以后，前文提到的西方思想家们多多少少也都论及了人的社会属性问题。如亚当·斯密的《国富论》，尽管人的经济活动都是从利己的目的出发的，但他在第一章、第二章论分工和分工缘由时所讲述的正是人的社会属性问题，即人的社会生活所需要的所有物品，哪怕是厨房里的锅碗瓢盆、餐桌上的刀叉器皿，如果“没有成千上万的人的帮助和合作”，人们的生活便“不能够取得其日用品的供给”，①所以他说“在文明社会中，人们都处处需要他人的合作与帮助”。②19世纪以后，对人的社会属性的论述最具有代表性的，当属马克思和恩格斯。在《德意志意识形态》中马克思、恩格斯指出：“在任何情况下，个人总是‘从自己出发的’，但由于从他们彼此不需要发生任何联系这个意义上来说他们不是唯一的，由于他们的需要即他们的本性，以及他们求得满足的方式，把他们联系起来（两性关系、交换、分工），所以他们必然要发生相互关系。”马克思主义强调人的本质就是人自己，就是人的需要，而人的需要是多种多样的，因此人必须要与其他人发生各种各样的相互关系，于是马克思认为人的本质就是各种社会关系的总和。1845年，马克思在《关于费尔巴哈的提纲》中说的“人的本质不是单个人所固有的抽象物，在其现实性上，它是一切社会关系的总和”也就成为定义人的本质的经典名句。关于马克思对人的本质的研究，张国安的《马克思关于人的本质的四重意义》、李卓群的《马克思关于人的本质问题的三个维度》这两篇文章很有参考意义。这里我要说明的是，作为各种社会关系总和的人的本质，恰恰说明了人的社会性存在，即任何个人都离不开其他人而独立生存，人的生存需要，迫使每个个体的人都必须要和其他人发生各种联系，从而形成具有人

① 亚当·斯密.国民财富的性质和原因的研究[M].北京：商务印书馆，1974.

② 亚当·密斯.国富论[M].张兴，等，编译.北京：北京出版社，2007.

类属性的社会关系。

如果我们只强调个人离不开社会，以为个人离开了群体便无法生存，其实我们已经掉进了“社会主义”的陷阱。[①] 个人和社会是相互依存辩证统一的有机结构体，人类整体是由一个一个的个体构成的，整体也离不开个体，两者不可分割。19 世纪末至 20 世纪初，人类对社会与个人的相互关系的认识可以说又达到了一个新的高度。德国伦理学家泡尔生认为社会和个体是相互依存的，他把社会比作人的躯干，个人比作四肢，“国民者，实际联合而生存，其与各人之关系，犹躯干之于四肢”。[②] 美国社会学家查尔斯·霍顿·库利在其《人类本性与社会秩序》一书中对此也有一段精彩论述：

> 如果我们接受进化论的观点，我们就会发现社会和个人之间的关系是一种有机的关系。就是说，我们发现个人是与人类整体不可分割的，是其中的活生生的一分子。他把全人类作为一个整体而通过社会和遗传的渠道从中吸收生命的养料。他不能脱离人类整体，遗传因素和教育已经构成了他的生命。而另一方面，社会整体也在某种程度上依赖每一个人，因为每一个人都给整体生活贡献了不可替代的一部分。……换句话说，“社会”和“个人”并不代表两个事物，而只表示同一事物的个体方面和集体方面。……正是因为任何社会或群体都是众多个人的集体表现，所以任何个人都应被视为社会群体的特殊性表现，他没有独立的存在；作为其中一名成员的个人由于生命中的遗传和社会因素，与社会整体紧密相连。[③]

关于个人和社会的关系的看法，库利的观点是值得肯定的。他在书中提到的“优生学”以及人类分为种族等级的看法似带有“种族主义”的倾向，这里谨以批判的态度忽略不计。引文中提到了达尔文进化论和遗传学科，这是 20 世纪以来人类探索个人和社会关系在研究方法上的最大变化。

---

① 这里所说的“社会主义”是与“个人主义”相对应的反映社会与个人关系的概念，并非共产主义理论中的社会主义。

② 泡尔生 . 伦理学原理 [M]. 蔡元培，译 . 天津：天津人民出版社，2017.

③ 查尔斯·霍顿·库利 . 人类本性与社会秩序 [M]. 北京：华夏出版社，2015.

这个变化还体现在自然科学各学科之间以及自然科学与人文科学的相互融合，所有的学者已经不仅仅局限于自己的学科领域，传统的学科分类也已遭遇严格的挑战，哲学、社会学、心理学等无不引入自然科学的新近成果，对人类的再认识也已成为生物学、地质学和人类学等各种学科的交汇融合的新发现。社会心理学家阿伦森以其毕生的精力尚嫌不足，还带上两个孩子一起，从人类是社会性动物这一事实出发，对个人与社会的矛盾冲突以及从众心理、群体思维等重大课题进行了实验性的广泛研究。[①] 奥地利个体心理学家阿德勒更是一针见血地指出："我们生活在与他人的联系之中，一旦隔绝，即是灭亡。……在这个星球上，我们个人的生活乃至人类的生命能够延续，全仰赖于与他人的群居共存。"他认为"生命的意义"就是能够为众人所分享，为他人所接受，"生命，就意味着做出贡献"。[②] 我国浙江大学叶航教授带领他的研究团队，通过计算机仿真还原和人脑成像实验证据，集大成式地论证了人类的亲社会行为和社会偏好。叶教授说道：

> "在长达数百万年的人类史前社会，由于生产力水平和生产的技术水平极度低下所导致的公共合作活动的高回报或高规模报酬，应该是一种非常普遍的状态，这就是演化心理学所谓的'祖先环境'。正是这一特殊的历史条件决定了人类演化早期阶段共享型经济中惩罚机制与合作秩序的产生，从而在个体选择的基础上为人类亲社会行为与社会偏好的演化难题提供了一个科学的解释。……造就了我们自身的自然力量，同样造就了我们向善的心灵，并在这个基础上衍生出人类辉煌的文化与制度。"[③]

从以上各学科各大名家的研究成果当中我们不难发现，人类不仅有其"自私"的一面，还有长期以来被严重忽视的亲社会行为的"利他"一面，在人的社会关系总和当中，我们终于看到人类还有一种最伟大的品格，那

① E. 阿伦森 . 社会性动物 [M]. 邢占军，译 . 上海：华东师范大学出版社，2007.

② 阿尔弗雷德 · 阿德勒 . 自卑与超越 [M]. 杨蔚，译 . 天津：天津人民出版社，2017.

③ 叶航，陈叶烽，贾拥民 . 超越经济人——人类的亲社会行为与社会偏好 [M]. 北京：高等教育出版社，2013.

就是根植于人类本性当中、“固化在我们身体和心智中”的“利他”与“合作”！

利他、合作——生物学的伟大贡献

在人类如何认知自己的征程中，关于善与恶、利己与利他、个体与社会等人性问题的讨论研究，始终处于喋喋不休的争论状态，而且随着时间的推移和科学技术的进步还将继续争论下去。人类认知宇宙和认知自己所能借助的科学手段越少，人类的认知表述也就越是具有宗教性、宏观性和经验性的特点。儒学亚圣的孟子特别强调“与人为善”,《圣经》中的一系列故事也是在引导人们惩恶向善。文艺复兴时期的大思想家培根，则把善良定义为“有利于人类”，认为这是人类高尚精神和优秀品德中最伟大的一种。[①] 休谟的《人性论》虽然说人是自私的，但他已经意识到不能过于单方面强调利己了，所以他写道：“参考一下通常的经验，你是不是看到，家庭的全部开支虽然一般是在家长的支配之下，可是很少有人不把他的家产的绝大部分用在妻子的快乐和儿童的教育上面，而只留极少的一部分供自己的享用和娱乐。”人的利他行为首先是从家庭和亲缘关系开始的，而人若想获得生存优势则就必须“依赖社会”，他说：“借着协作，我们的能力提高了；借着分工，我们的才能增长了；借着互助，我们就较少遭到意外和偶然事件的袭击。”[②]休谟为了进一步强调利他的道德情操的存在，他把《人性论》第三卷“论道德”又重新改写成《道德原则研究》而单独出版，并指出“甚至在最粗心的观察者看来，也存在诸如仁爱和慷慨这类气质，诸如爱情、友谊、同情、感激这类感情”。[③] 亚当·斯密的《道德情操论》虽也提到“一只看不见手”在不知不觉中调节着“自私的和贪婪的”人的天性，但他同时也指出人（特别是优秀的人）具有利他的自我牺牲精神。他在第六卷论人的美德时说：“有智慧和有美德的人乐意在一切时候为了他那阶层或社会团体的公共利益而牺牲自己的私人利益。他也愿意在

① 培根随笔 [M]. 吴昱荣，译 . 北京：中国华侨出版社，2013.

② 休谟 . 人性论 [M]. 北京：商务印书馆，1980.

③ 休谟 . 道德原则研究 [M]. 北京：商务印书馆，2001.

一切时候，为了国家或君权更大的利益，而牺牲自己所属阶层或社会团体的局部利益。”达尔文的伟大贡献是他奠基了自然选择的进化理论。他在《物种起源》中着重强调的是自然界的自然选择与“生存斗争”，而这一点却常常被后人误读误用，所以他在后来写的《人类的由来》一书中明确指出：“人是一种社会性动物——谁都会承认人是一个社会性的生物。”人和其他动物种种差别的最重要的一种，是人的道德感和良心，“它导致人毫不踌躇地为他的同类去冒生命的危险，或者在经过深思熟虑之后，在正义或道义的单纯而深刻的感受的驱策之下，使他为某一种伟大的事业而献出生命”①。

或许达尔文在后期已经觉察到如果一味地强调“适者生存”将会引起胜者为王、弱肉强食的滥用局面，所以他在后来的文章中多次提到了人类在进化过程中的群体选择和利他主义，只是他还没有来得及解决“适者生存”为利他主义埋下的矛盾陷阱。而这一点恰恰激发了后来各学科领域里学者教授们的探索热情。托马斯·内格尔即是以研究利他主义的一篇论文获得了牛津大学哲学学士学位，后来他又以同一主题的另一篇论文向哈佛大学申请了博士学位。1969年，他作为普林斯顿大学教授正式出版了《利他主义的可能性》，通过哲学、伦理学的审慎的逻辑论证，认为“一个人有一种直接的理由去促进他人的利益，这种理由并不依赖于如一个人自己的利益或一个人先前的同情和仁爱的情感这种中介要素”。他并不否认利他主义行为的背后存在着某些激发因素，但他阐述的关键是要证明“纯粹利他主义的行为”是确实存在的。②

20世纪后半叶可以说是世界生物学的光辉年代，如今所有的生物学成就，包括进化生物学、分子生物学、理论生物学等，几乎全都奠定在那个年代。这也是生物学界百花齐放、百家争鸣的黄金时代。科学家们根据自己的研究心得畅所欲言，辩论、批判、启迪、互助、跨学科合作研发等，取得了各种各样令人眼花缭乱的丰富成果。1976年英国理查德·道金斯发表了《自私的基因》，把人类利己的自私行为提到了基因生物学领

① 达尔文．人类的由来［M］．北京：商务印书馆，1983.

② 托马斯·内格尔．利他主义的可能性［M］．在奇，等，译．上海：上海译文出版社，2015.

域并加以认识。他说：“在基因的水平上讲，利他行为必然是坏的，而自私行为必然是好的。这是从我们对利他行为和自私行为的定义中得出的无情结论。基因为争取生存，直接同它们的等位基因竞争，因为在基因库中，它们的等位基因是争夺它们的后代染色体上位置的对手。这种在基因库中牺牲其等位基因而增加自己生存机会的任何基因，我再啰唆一句，按照我们的定义，往往都会生存下去。因此基因是自私行为的基本单位。”① 此书一出，一片哗然，批评之声揭竿而起，甚至连作者本人也怀疑此书的出版“真不知这是件好事还是坏事”。毕竟从书名来看它就是要从基因的根本上来为人性的自私做出评判的。后来在 30 周年纪念版序言中作者略带后悔地说，“我应该当时便选择‘不朽的基因’作为标题”“如果重点在‘自私’，你便会以为这本书在讨论人的私心，但是本书都将更多的重心放在讨论利他主义上”。书中确实在研究人类利他行为时花费了更多的笔墨，但他那振聋发聩的题目及其对人性“自私”所下的结论，早已将利他的研究情境彻底淹没了。好在这是个思想开放的信息世界，有不同声音才会激发出不同的思想，有批评论辩才会更加接近真理，如果只有一个声音，真理就已经离我们远去了。就在道金斯同时代的前前后后，生物学家们在细胞、分子、基因、社会等各个领域都取得了重大性的研究突破，特别是生物科学与社会科学、人文科学的交叉结合，在我看来有三个方面的贡献是最具有启发意义的。一是以威尔逊为主帅的“社会”生物学对“利他”领域的科研成果，本节将对此着重介绍；二是以鲍尔斯、约翰逊、本科勒等为代表的对“合作”的多学科研究探索；三是以马古利斯为主倡的“共生”思想的生命科学成就。其中后两点我们将在后文详细讨论。

“社会”生物学最为耀眼的科学家，是 1929 年出生在美国的哈佛大学教授爱德华·威尔逊（Edward O.Wilson）。他从昆虫研究入手，从 1971 年出版的《昆虫社会》开始，后相继出版了《社会生物学：新的综合》《论人的本性》等。进入 21 世纪，年过七旬的他仍于 2014 年出版了《人类

---

① 理查德·道金斯．自私的基因 [M]. 北京：中信出版社，2012.

存在的意义》和《半个地球》两部散文化的学术著作。优美的文学语言也是他荣膺普利策大奖的原因之一。他的20多部著作，为他赢得了“社会生物学之父”“进化生物学先驱”“当代达尔文”等一系列荣耀，其内容之丰富也不是三言两语所能道明的。这里我所关注的，是与本书有关的以下三点。

首先，威尔逊开创了具有争议的“社会生物学”。后来人们称之为进化生物学。他给下的定义是：“社会生物学是一门科学学科，是对生物体（包括人类）各种形式社会行为之生物基础的系统研究。”他从蚂蚁的社会性观察开启了自己的科学生涯，推而广之深入所有“真社会性动物”的研究，试图由此获得关于整个社会的生物特征的普遍原理。他积极主张自然科学与人文科学相互结合的“知识大融通”，并用诗意般的语言解释人类行为的起源与进化的生物学机制。所以有西方评论家说他是“从蚂蚁社会到寻找万物之理”，也有人指责他是企图用生物学代表人文科学和哲学。中国科学院吴汝康院士甚至说他的社会生物学是“社会达尔文主义的新翻版”。[①]有争论和不同意见并不是坏事，但我们仍要感谢威尔逊，是他继达尔文之后让我们更加坚定地相信“人是社会性的动物”，“因为我们人类亦是由进化造就的有机生物，我们遵循的基因变异及自然选择过程，与创造出地球上其他生物智能与社会性的过程并无不同。个体及物种的唯一性，对于人类而言，既是社会历史的产物，同样也是生物学遗传的产物”[②]。威尔逊十分崇敬达尔文，认为人类只不过是地球生物圈中适应环境不断进化而来的生物物种之一，无论我们的语言和文化多么灿烂，无论我们的思维和创造力多么微妙和强大，我们的心理过程依然是大脑的产物，而大脑和心灵原本就是纯生物性的，“是在自然这块铁砧上用自然选择这把锤子锻造而成的。人脑的能力和特性带有它们起源的印记”。人类进化既是生物基因遗传的演化过程，也有社会文化演化促进的轨迹，是基因和文化协同

① 吴汝康.社会达尔文主义的新翻版——评美英等国关于《社会生物学》的争论[J].自然杂志，2015：2（5）.

② 查尔斯·J.拉姆斯登，爱德华·O.威尔逊.基因、心灵与文化——协同进化的过程[M].刘利，译.上海：上海科技教育出版社，2016.

进化相互促进的演化杰作。他说：“真正的人类历史，必须是生物学和社会文化共同构成的有机整体。”①

其次，威尔逊明确指出利他主义是真实存在的，把自然选择进化理论又向前推进了一步，认为进化的最重要因素是多层次选择。所谓多层次选择，“一是基于同一群体内竞争与合作的个体选择，二是基于群体间竞争与合作的群体选择”。他指出，在此之前汉密尔顿的亲缘选择假说以及广义适合度理论都有明显的局限，分层次选择理论可以更好地解释人类内心善与恶、自私与利他、竞争与合作等矛盾冲突。他认为，弄清楚推动史前人类的社会行为向人类水平发展的动力才是揭开进化真相的关键，而多层次选择“很有可能就是这种主导力量，通过多层次选择，有等级的社会行为不仅提高了个体的竞争力，也提高了作为一个整体的群体竞争力”。② 他从生物学上特别强调了人类利他行为的遗传本源。1977 年他在《论人的本性》第七章“利他行为”中说道：“不图回报的慷慨之举是人类最难能可贵的行为……有意识的利他行为也许是人区别于动物的卓越品质……利他行为的表现形式和强度在很大程度上是由文化决定的。很明显，人类社会的进化更多的是文化进化，而不是遗传进化。我认为，利他行为背后的情绪在几乎所有人类社会中都有强烈的表现，这种情绪是通过基因进化的。”他把利他行为分为“无条件利他”与“有条件利他”两种形式。无条件利他大多表现在亲缘关系上，人类的其他利他行为基本上都是有条件的，而有条件的利他“说到底都带有自利的性质”，他并不认为这种“精于计算”的自利或自私是有害的，它反而能够“最大限度地维持和谐与社会稳定”，所以他说“真正的自私会成为更完美的社会契约的关键”。在其 2012 年出版的《社会在地球上的胜利》和 2014 年出版的《人类存在的意义》中，他对人类的利他行为给予了更加明确的肯定。他指出人类具有两个重要的遗传天赋，一是善于解读他人的意图，二是对最初归属的集体有着强烈的本能性冲动，从而格外在意个人在群体中的身份与地

① 威尔逊. 论人的本性[M]. 北京：新华出版社，2015；人类存在的意义[M]. 杭州：浙江人民出版社，2018.

② 威尔逊 . 生命存在的意义 [M]. 杭州：浙江人民出版社，2018.

位。他说："在我写这本书的时候，生物学家已经确认，在现代生物群中，有 20 种现存的动物都在一定程度的利他分工的基础上习得了高级社会生活模式。"他特别强调的是，"群体选择的力量促进了利他主义的产生，加强了群体内所有成员的合作"，并用简单诙谐的语言说道"个体选择滋生罪恶而群体选择孕育美德"，也就是说，在同一群体中个体之间的竞争促进了自然选择的发生，而不同群体间的竞争才是推动自然选择的主要力量。在我们的内心打从源起就存在着个体与群体、竞争与合作的"永恒的冲突"。

最后，威尔逊在生物学的研究过程中非常强调"生物多样性"的概念，并极力提倡保护地球生物圈。他十分欣赏和极尽赞美生物多样性，在 80 多岁时还出版了《半个地球》一书。他大声疾呼，人类对地球的毁灭性破坏已经到了非常严峻的历史关头，地球上曾发生过 5 次生物灭绝的颠覆性毁灭事件，由于人类引起的毁灭大潮将被称作"第六次物种大灭绝"。因此他呼吁至少要拿出半个地球，来留住湿地荒野自然环境，为地球也为我们的子孙后代保护好生物多样性的生态系统。

正是因为生物学家们的不懈努力，从基因、遗传、群体社会方面为人类利他行为找到了源头和起因，这就为"利他主义"夯实了科学的依据和基础，于是主张利他主义的学者也如同基因遗传般地传递开来。他们在达尔文最初提出的"群体选择"的基脉上发展了多层次选择理论并破解了"达尔文利他难题"，进一步证明了动物和人类利他行为的普遍存在，从生命本源和基因复制等领域广泛论证了利他主义的进化机制。从 19 世纪法国哲学家和伦理学家孔德提出利他之说，科学家们相继提出了亲缘选择理论、广义适合度理论、互惠利他主义理论、基因与文化协同进化理论等，都从不同角度和不同侧面研究证实了生物界利他行为无所不在，人类的利他行为同样有着基因遗传的古老印记，利他行为不仅普遍存在，而且"在群和群之间的竞争里，利他者组成的群更可能获胜"。有的学者则对利他行为进行了各种分类，有直接利他和间接利他、有条件利他和无条件利他、广义利他主义和狭义利他主义，等等。中国社会科学院哲学所的蒉益民先生尽管对利他主义的存在有所怀疑，但他经过论证也提出了人类社会确实存在着“弱行为利他主义”和“弱心理利他主义”。①

人类从懂得使用“火”并养成熟食习惯开始，营养结构的改善便促进了人脑的发育，然而子宫里胎儿的头部越大，分娩难度也就越大，于是人类是唯一在分娩生产时就需要外界帮助的物种，一个人从出生时起就依赖于他人“接生”的帮助，这也是人类与其他动物的区别之一。时至今日我们每个人的生存与生活都离不开他人的恩惠与帮助，都是他人的利他主义行为的受益者。20 世纪最伟大的经济学家之一的凯恩斯，无论他的经济学说后人如何评价，现实中的他却是一位“希望战胜失望”的利他主义者。②“我从未试图在任何场合取悦别人”的爱因斯坦，他在《我的世界观》中的一段话不仅让我们看到人类社会利他主义的真实存在，而且更让我们钦佩的是这位伟大的科学家所具有的更加伟大的道德情操：

> 每个人来到世上都只是匆匆过客，目的何在……不用做过深的思考，仅从日常生活的角度看，有一点我们是清楚的，我们是为其他人而活着的——首先是为了那些人，他们的欢乐与安康与我们自身的幸福息息相关；其次是为了那些素昧平生的人，同情的纽带将他们的命运与我们联系在一起。我每天都会无数次意识到，我的物质生活和精神生活很大程度上建立在他人的劳动成果之上，这些人有的尚健在，有的已故去。对于我已经得到和正在得到的一切，我必须竭尽全力做出相应的回报。我渴望过简朴的生活，常常为自己过多地享用他人的劳动成果而深感不安。……③

不仅最伟大的经济学家和科学家具有如此高尚的伟大情操，最伟大的企业家中也同样具有如此高尚的利他情怀。在爱因斯坦逝世半个世纪后的今天，史蒂夫·乔布斯的一段话让我们看到他与科学家爱因斯坦具有同样的精神世界。他说：

> “我的动力是什么？我觉得，大多数创造者都想为我们能够得益

---

① 蒉益民．进化理论能否证明利他主义真的存在？[J]. 世界哲学，2017（6）.

② 理查德·达文波特–海因斯. 凯恩斯传——一个利他主义者的七面人生[M]. 任颂华，译. 北京：电子工业出版社，2016.

③ 阿尔伯特·爱因斯坦．我的世界观 [M]. 方在庆，编译．北京：中信出版社，2018.

于前人取得的成就而表达感激。我并没有发明我用的语言或数学。我的食物基本都不是我自己做的，衣服更是一件都没做过。我所做的每一件事都有赖于我们人类的其他成员，以及他们的贡献和成就。我们很多人都想回馈社会，在历史的长河中再添一笔。我们只能用这种大多数人都掌握的方式去表达……我们试图用我们仅有的天分去表达我们深层的感受，去表达我们对前人所有贡献的感激，去为历史长河加上一点儿什么。那就是推动我的力量。”①

二、发现“善良”与合作的因子

除了“自私”，马丁·诺瓦克所说的“更加深刻的东西”是指什么呢？那就是他花了20多年进行研究并于2006年首次在《科学》杂志上发表的一篇文章所说的“合作演化”。如前文提到的，他已将合作和遗传突变、自然选择并列为人类三大进化机制，他认为无论复杂度多高，各种生物都会在其生存的过程中彼此合作，“这就是生物现象中光明的一面。人与人之间合作的广度和深度，让我们人类成为已知宇宙中最伟大的合作者”。他并没有否定自私和竞争的说法，而是相信“人类的合作能力是与生存竞争能力同步发展的”。他甚至认为基因其实并不是那么的自私，如果你是一个合作者，你会发现自己周围的人也大多是合作者，“如果你想在生活中获得成功，除了生存斗争之外，你还必须与人合作、互助求存”。如萧伯纳《茶花女》中有一句话：“在地球上的每一个人，都需要相互依存。”马丁还转引克鲁鲍特金在其《互助论》里的一段话说：“除了相互竞争之外，在大自然中还有相互帮助的法则。为了取得生存斗争的胜利，尤其是为了物种的渐进演化，这一互助法则要比竞争法则更为关键。”这是对达尔文主义进化论的发展，尽管道金斯主张基因是无情自私的，但同样他也看到了生命还有利他的一面，以及生命相互合作的精彩。他在《自私

① 沃尔特·艾萨克森.史蒂夫·乔布斯传[M].管延圻，等，译.北京：中信出版社，2014.

的基因》一书中论述生命和利他与合作的篇幅，并不比讲述自私基因的文字少。他甚至也用了"共生"这一词语说道："我估计我们终将接受这样一个更加激进的论点，我们的每一个基因都是一个共生单位，我们自己就是庞大的共生基因的群体。"道金斯在全书即将结束时总结说："复制因子最终因机缘巧合，由小颗粒随机聚合而形成。……这种互相合作的复制因子聚集一处，形成了独立载体——细胞，与而后形成的多细胞生命。……而复制因子——我们现在知道它们叫基因。"[①]也就是说，道金斯确认的最是无情自私的基因，实际上也是由那些互相合作的"小颗粒"汇聚而成。这一次道金斯真的又说对了，生命的诞生既是适应环境自然选择的产物，也是分子合作协同演化的结晶。

一个从基因深处试图证明"人是自私的"著名专家，为什么又花费了大量笔墨来说明人类另有合作和利他的一面呢？显然，如果一味地诉求和强调生命的个体或单个基因，那就无法解释生命诞生过程中的多因素集聚和多细胞生命体的协同演化历程。而为了说明这一点，学者们又不得不把认知的前沿再向深处推进，去探知地球的起源，以及地球生命是在什么环境条件下出现并演化的。

就生命而言，我们只能通过已发表并且大都被普遍认可的生物学成果，来总结和推断生命的起源以及生命演化的一般规律。

第一，生命的起源是在适合生命诞生的环境中才可能实现的。

离开了适合的环境条件，任何生命都无法生存，整个宇宙只能是浑然的物理化学物的自在状态。反之，一旦宇宙星球具备了生命诞生和生长的环境条件，生命的出现与繁衍就是自然而然的事了。老子的《道德经》第四十章所谓"天下万物生于有，有生于无"对探索生命起源颇具启发意义。达尔文出版《物种起源》后的十多年间，也一直在思考生命的原初是怎样出现的。他在 1871 年写给约瑟夫·胡克（Joseph Hooker）的一封信中提出了极具想象的大胆假设："生命间生于一个温暖的水池，里面存在某些氨和磷酸盐、光、热、电等。在这个水池中，蛋白质化合物

① 理查德·道金斯. 自私的基因 [M]. 卢允中，等，译. 北京：中信出版社，2012.

被化学合成出来，然后准备经历更加复杂的变化。”这就是生物学界所说的生命初诞的“原始汤”或称“浑汤”，是生命从无到有、“从无生命自然产生生命”的一种推理假设。虽然也有学者主张“生命来自陨石”的地外生命说，但更多的实证对“自发产生生命”的说法更为有利。地球从形成到今天，大概经历了45.5亿年的风风雨雨，最初的恶劣环境是不可能有生命存在的，经过约5亿年的物理化学、地质气候等一系列的变化，在适合的环境条件下，最初的颗粒状、微生物形式的“原胞”便在这“原始汤”里自发地产生出来。1953年，年轻的化学家米勒（Stanley Miller）和他的诺贝尔奖获得者导师尤里（Harold Urey），在芝加哥大学的一个实验室里进行了一项“原汤”式的实验。他们使用氨气、甲烷、氢气和水为原料，用电火花来模拟闪电，人工生成了构建蛋白质的模块——氨基酸。1977年以来，美国“阿尔文号”深潜器多次潜到加拉巴戈斯群岛深海处，发现了约3500℃的含矿热液喷射而出的“黑烟囱”，与周围海水混合后，周围海水的矿物质和温度都类似于所谓的“原始汤”，并于其中发现很多生物，形成与人们常识迥异的生物群和食物链。这些实验成果和探测发现给人们了解生命的起源带来了新的希望，虽然制造生物体的化学成分和制造生物体本身之间存在巨大差距，我们也很难从头开始创造一个活的有机生命体，但科学实验和发现告诉我们，在适合的环境条件下，自发产生生命是可能的。也正因如此，剑桥大学古生物学教授理查德·福提的《生命简史》，以及比利时诺贝尔奖获得者克里斯蒂安·德迪夫在论述地球生命起源和进化时，都把生命诞生的原初环境称为生命的“化学时代”。①

第二，所有生命都源自同一祖先，生物体之间都存在一定的关联关系，是长时间的演化过程中所发生的变异，造就了我们今天生物多样性的绚烂姿态。

达尔文在《人类的由来及性选择》最后一章总结道：“人类起源于某

① 克里斯蒂安·德迪夫.生机勃勃的尘埃[M].王玉山，等，译.上海：上海科技教育出版社，2014；保罗·G.法尔科夫斯基.生命的引擎[M].肖湘，等，译.上海：上海科技教育出版社，2017.

种体制较低的类型……即人类和其他哺乳动物乃是一个共同祖先的同系后裔。”①达尔文之后的百余年间，物理学、化学、生物学都有了超越性的发展，并从各自的学科对生命给出了崭新的解释。物理学家薛定谔认为生命不过是原子、分子的结合体，他在《生命是什么》中说道：“在我看来，生命的物质载体就是非周期性晶体。”②化学家则将生物界几乎所有的已知生物都进行了分解研究，证实有 6 种元素组成的万千分子构成了生命物质的主体，即碳（C）、氢（H）、氮（N）、氧（O）、磷（P）、硫（S），CHNOPS 是生命化学起源中的主角。人类学家和生物学家更是从远古的化石研究和微生物研究入手，特别是生物基因测序所取得的巨大成就，使人们对生命的起源与演化有了更加清晰的认知脉络。他们提醒我们：“人类的祖先不仅是来自细菌，且更与这个大部分由细菌构成的生物圈血脉相连。”③原来人类也不过是茫茫宇宙中的一粒尘埃慢慢演化来的一种生物而已，在生物学家的眼里人类不过是“被神话了的烂泥！”所以我们人类应该谦逊地放下“人类中心主义”的傲慢心态，学会尊重自然，因为生物圈不属于我们的私有财产，而我们属于生物圈。

写到这里，一天早晨家里的门铃响了，我从猫眼望出去没发现什么，打开门一看，原来是邻居家的小女孩依依，两只美丽的眼睛忽闪忽闪的，满脸求助的表情很是惹人怜爱。她手里拿着个小药瓶，让我帮她把盖打开。她爸爸上班了，哥哥上学了，自己因为咳嗽快一个月未见好转而没去上学。她妈妈也打不开那个药瓶，说依依已经吃了两种抗生素了仍没什么效果。这症状跟林真好小朋友和班上的几位同学这几天的用药情况几乎一模一样。我知道这又是一次细菌病毒跑赢了药物研发的一场胜利。这让我想起萨克斯所著的《致命伴侣——在细菌的世界里求生》这本书。面对耐药菌的与日俱增，人类是一味地追求新的抗生素，还是学会“与细菌共舞”呢？要么杀灭病菌，唯人类是尊，或者拥抱细菌，与细菌共存。这

---

① 达尔文．人类的由来及性选择 [M]. 叶笃庄，等，译．北京：北京大学出版社，2009.

② 埃尔温·薛定谔．生命物理学讲义 [M]. 赖海强，译．北京：北京联合出版公司，2017.

③ 林恩·马古利斯，多里昂·萨根．小宇宙——细菌主演的地球生命史 [M]. 王文祥，译．桂林：漓江出版社，2017.

是完全不同的两种医学思路。2001 年，利维在《抗生素的利与弊》一书中对人类滥用抗生素已然发出了警告，耐药性细菌感染每年正以数万计的速度吞噬着人类的生命。亦如萨克斯所说，是时候了，我们要超越之前与微生物不断白热化的战火，在这永远是细菌的世界中寻找一个维持停战的方法，“那就是使我们的健康和生命一直保持在这样一种状态——与细菌共生”。[①] 其实这也是在警示我们：人类应该与赖以生存的自然环境和谐共生。我们的生命是环境的产物，而生命又会影响环境。地球生物的产生与繁衍有赖于地球适宜的整体环境，同时又会影响甚至营造着地球环境。保罗用《生命的引擎》整本书来讲述微生物是怎样为我们创造宜居地球的，杰西卡则让我们学会与细菌和平共处。我们对生物知识了解得越多，就会愈加珍惜人类生活在其中的地球环境，这也正是生物学家为什么会齐心协力地主张环保，爱护生物圈，保护生物多样性的原因所在。

第三，为了生存与繁衍，生命一开始就存在着集聚与结合的偏好，是生命的集结、兼容与合作，造化成今天所有生物体的多姿体态与万千表现。

生命是由复杂的原子、分子组合在一起的集合产物。生命本身就是众多分子的集聚性创造。今天我们已知物质世界的微小单位有质子、中子、原子、分子等，但是我们更应该清楚这些微小颗粒从来都不能脱离开群体而独立活动。构成生命的基本元素是氨基酸和蛋白质。氨基酸复杂的分子结构及其繁杂种类，直到今天我们都不敢扬扬自得地贸然认为自己已经完全认知。就拿负责遗传信息传递的核糖核酸（RNA）来说，它本身就是由多达数千个被称为核苷酸的分子单元组成的长链聚合物。蛋白质更是占据中心地位的重要生物学组分，它本是由 20 种氨基酸组成，其复杂程度又远非构成它的单组氨基酸可比。如果我们用分子结构图来展示蛋白质，那将是一幅密密麻麻的网络系统组合而成的壮丽图画。而这还仅仅是前生命物质的最基本的组合构件。生命一旦出现，进入细菌、古细菌、单细胞、

① 杰西卡·斯奈德·萨克斯.致命伴侣——在细菌的世界里求生[M].刘学礼，等，译.上海：上海科技教育出版社，2014.

多细胞、真菌、植物和动物的发展阶段，生命的叠加、团集、融合与合作就表现得愈加明显。地球形成于45.5亿年前，通过对化石进行碳沉积物的物理分析推出，我们共同祖先的细菌微生物出现在38亿年前，并一直独自占据地球达20多亿年。这些原始生命为了营养和繁衍，偏好群落式的团聚生活，我们从科学家发现的叠层石的细菌化石和细菌微体化石都可以看到这种群落集合现象。单细胞的细菌群落逐渐催生了多细胞生物体，是多细胞生物历久弥新的合作演化机制，生成了我们今天数以亿计的多细胞聚合而成的大大小小的万千生物。科学家伯纳德迪格纳曾用现存最早的多细胞动物“海绵”做过实验，在容器中将海绵的细胞强制性地分开，结果发现，被分开的细胞开始慢慢移动并堆集成一团，再由小团聚成大团，三周之后，一个小海绵就又出现了。生命的聚集、整合与合作的表现，是生命之间相互依赖有益于彼此生存与繁衍的生存机制，也是适应环境壮大自己的自然选择。生命的集聚特性给了我们一个重要启示：善于团结，懂得合作，无疑是生命界生存发展的重要法则。

第四，生命在集结、合作的过程中有自私、有争斗、有吞噬，但是生命为了适应并战胜生存环境，更为关键的是学会了相互依赖的团结与合作，并且从一开始就已形成蔚然壮丽的共生系统。

在人类刚刚认识基因的时候，就像小孩子终于找到妈妈深藏的糖果一样，确实兴奋了好一阵子。然而这种兴奋也很自然地出现了过头的倾向，以为终于抓住了可以左右人类命运的“命门”。于是“基因决定论”“基因国富论”“基因经济学”等纷纷走上前台，都把自己当成主角十分卖力地表演了一番。没错，基因的确很重要！每个基因都有它的功能和使命，我们的生命就是由这些基因控制并规定着。问题在于，是个体基因决定了我们，还是基因之间的相互联系起着更加重要的作用呢？这又是一个哲学问题。是基因个体组成了基因组群，基因组群离不开基因个体。基因组群决定了生命的整体表现，生命的整体功能又离不开基因个体的具体作用。基因既是单一的，也是多样的；既是不朽的，也是变化的；基因既有遗传、再生，也有灭绝、死亡；基因既是自私的，也是合作的。所以物理学家薛定谔在讲述生命科学时强调，我们的生命运动“必须遵循某种程度上的物理学秩序”，同样不能背离物理学定律。[①]哲学社会学的一般规律也同样启发着生物学家来更加全面地认知基因。在《基因社会》一书中，以太·亚奈（Itai Yanai）和马丁·莱凯尔（Martin Lercher）就更加喜欢用“基因组”和“基因社会”这些概念来讲述基因的故事。就拿忒修斯之船为例，如果将船上已腐朽的木板进行替换，直到把船上所有的部件都替换完，那么这艘船还是原来的那艘船吗？答案不言而喻，船还是那艘船！重要的不是船上的哪一块木板，而是这些木板共同组成了这艘船；关键不是每块木板的独特属性，而是木板之间的相互关系。生命也一样，组织身体和维系身体的过程无一不是多个基因相互协作的关系，也就是说，我们可以站在“社会”的角度理解基因，基因之间的联络互动相比单个基因自身而言更为重要。如他们在书中前言所说：“我们人类并不是基因的单纯加和。基因社会中的成员并非独立存在。它们需要协作，树敌立友，只有这样，基因才能组成人体，用以维持自身长达数十年的生存，并在人类中代代相传。”[②]印度裔美籍生物学家穆克吉在《基因传》中也列举了木板和船的关系。他同样认为“船”并非由船板制成，而是由船板之间的关系组成，“个体基因可以决定个体功能，而它们之间的相互关系将促成生理功能。如果没有这些交互作用的关系，那么基因组的功能将无法体现”。[③]

不只基因是“社会性”的，生命的基本元件——细胞也是合作、融合与共生的结晶。我们知道，原核生物是初始的生命形式，它恰好分为两支，一支是古细菌，一支是真细菌，在漫漫的演化进程中这两支细菌奇迹般地融合了，正是这种融合创造了真核生物，进而形成了我们今天的真菌、植物和动物的绚丽世界。所以亚奈和他的同事说这是一场伟大的合作，是与古老对手之间的合作，“是我们成功的秘密”。生物学家林恩·马古利斯，通过对细胞内部的深入研究，提出了“连续内共生理论”（SET），

① 埃尔温·薛定谔．生命物理学讲义[M]．赖海强，译．北京：北京联合出版公司，2017.

② 以太·亚奈，马丁·莱凯尔．基因社会[M]．尹晓虹，等，译．南京：江苏凤凰文艺出版社，2017.

③ 悉达多·穆克吉．基因传[M]．马向涛，译．北京：中信出版社，2018.

认为组成细胞的主要细胞器——细胞核、线粒体、叶绿体等，都是不同的分子结构融合到一起的共生关系，她说：“SET是一个走到一起来的学说，是一个历史和能力完全不同的细胞融合起来的学说。”就连构成我们生命的微小细胞都是一个社区、一个共生组织，我们这些由多细胞联合起来的超级生物体理所当然地更应是一个共生系统了。马古利斯在讲述细胞组织“为生存而融合”时，有两段精彩文字：

> 你跨进一个“时空装置”，选定时间，便给你传输回20亿年前的地球。你从监视器上不仅能看到你的放大了的太空服的左靴，而且还能看到你最古老的远亲，一些发情的祖先：两个游动着的，像阿米巴（变形虫）一样的微生物正在以融合的方式尝试生存。它们两个彼此逃避着，相互吞食着，纠缠成一个正在角力着的微生物机体……
>
> 起初，你会认为游动着的其中一方已从另一方的竭力拥抱中逃脱出来了呢，但细一看，你会意识到两个依然是两个。只不过，它们融合到了一起。它们真的融合成一体了吗？你进一步观察到，两个几乎融合为一个，但并没有完全融合。它们的胞膜融合了起来，但却各自保留着细胞核。它们共同拥有着一个身体，两个细胞核，因而，它们中的任何一方都比融合前拥有多一倍的染色体和多一倍的基因……[①]

这段文字像讲故事一样让我们了解到生命由来的精彩演出，其中也讲到了有性繁殖的进化意义，而细胞器的融合共生和有核细胞出现之前，生物还没有进化到有性细胞融合，恰恰是连续内共生使生命的有性融合成为可能。是饥渴驱使着我们的微小祖先们，使它们融入同伴的细胞膜或形成双倍体以摆脱困境和逃避死亡，或许这正是我们与生俱来的“双重性”特征的初始根由。这种融合也可能带有竞争、吞噬的侵略性特征，但我们在打扫这些原始争斗的战场时所看到的并不是尸横遍野，而是它们握手言和，彼此包容地合并为一体，在一个屋檐下共同生活了。有如苏格拉底所

① 林恩·马古利斯，多里昂·萨根.我的另一半：性和欲望的本质[M].王月瑞，译.南昌：江西教育出版社，2001.

说的，这个时候“我们什么都不知道”，但是细胞的减数分裂总是驱使着我们去寻找着被减除掉的另一半。所有的细胞都是有丝分裂的双倍体，只有精子和卵子是减数分裂形成的单倍体，单倍体只有同另一半相会、结合才能建立起新的双倍体。我们每个人都是父母合作的结晶，有性繁殖正是生命团结拥抱、彼此合作的最佳诠释。我国有一部青春剧叫《爱情0.5》，主人公说的爱情和婚姻，是要把自己的一半舍弃掉送给对方，男生的 0.5 和女生的 0.5 加在一起才会有一份完整的爱。要结合就不能自己全占，也不能多占或少占，平等结合似乎又是一条生命自然启示给我们的合作法则。

融合而不是吞食，合并而不是歼灭。生命进化的这一共生法则，造就了我们每一个生物体都是一个共生机体。以色列生物学家罗森伯格（Eugene Rosenberg），主张植物和动物不应再被视为单一的个体，传统概念上的动植物个体同时也是宿主，它们包容了比自身细胞组织数量更为庞大的共生微生物以及病毒。所以他们在 2008 年针对生物共生给出了全新的概念及定义：微生物都是共生体（symbiont）；由宿主和所有共生微生物群落，包括病毒组成的生物机体均为共生总体（holobiont）；共生总基因组（hologenome）则是指宿主及其微生物群落遗传信息的总和。共生总基因组是个全新的概念，它强调的是所有的植物和动物都是共生总体，动植物进化的基本动力来自对微生物间及微生物同宿主间相互协作的互动关系与自然选择。①

第五，天球和谐，万物互联，生命、地球和宇宙并不孤独，它们是一张交织在一起的相互联系的复杂的大网。

地球虽然有地震风暴甚至宇宙也有黑洞，但它呈现给我们的还有和谐之美。古希腊哲学家赫拉克利特认为宇宙万物既是动态的，也是有序的，他有一句名言：“人不能两次踏进同一条河流”，恩格斯即十分欣赏这种动态变化的形象表达。赫氏同时也强调平衡与统一，只有对立和矛盾统一起来才能产生和谐。他认为很多和谐是我们看不到的：“隐秘的和谐，比

---

① E.罗森伯格，等.共生总基因组：人类、动物、植物及其微生物区系[M].孟和，译.北京：中国科学技术出版社，2019.

已经揭示出来的更有力量。”我们身边确实就有许多和谐之美是我们经常忽略了的，倘若心中没有美的和谐存在，哪怕再多的和谐之美摆在我们面前，我们也会熟视无睹。1619 年，德国天文学家开普勒以其炽热的激情出版了他的《世界的和谐》一书，他从几何学、音乐、占星学和天文学四个方面证实，宇宙结构是由和谐原理支配的，他对“音乐和谐”以及“天体和谐”的卓越贡献，博得了爱因斯坦在 1930 年开普勒逝世 300 周年纪念会上对他的高度评价。① 现代生物学家道金斯说基因是自私的，可我们只要读一读基因图谱都会发现基因内的和谐之美无处不在。基因的所有图谱都是 A、T、C、G 四个字母的序列组合，它们天生具有对称性、配对性，其回文序列又可形成碱基对环，而“回文”是希腊语“往返”的意思，也就是顺着读和反着读意思都一样。若再照照镜子看看进化而来的我们自身的尊容，左右眼、左右手、左右脚等，无不与其他动物一样有着形态上的对称与和谐。我们在花园里散步随便顺手摘一片树叶，不论是什么树种，都会看到中轴茎线两侧均匀分布的叶茎叶脉，尽管德国哲学家莱布尼茨说“在世界上找不到同样的一片树叶”，但它们在千变万化中仍然呈现着对称、秩序与和谐。花瓣与花朵展现给我们的除了色彩艳丽之外，还有花的萼片所构成的分割组图与级数之美，尤其是向日葵子，清晰可见的斐波那契螺旋排列，更是让人叹为观止。这种对称性的和谐之美并非几何式的完全契合与高度一致，而是在秩序中融入混沌、在统一中彰显个性的中庸与中和。德国学者克拉默曾把丢勒的自画像中分为两半，再用左半边和左半边、右半边和右半边重组画像，结果可想而知，原画像的张力和感染力全然消逝得无影无踪了，所以他说：“艺术并非完全的和谐，它不是完美。”② 这也正是在艺术领域为什么那么重视黄金分割、黄金比例的原因所在吧。显然，没有完美，缺憾是万事万物的原本模样，但苍穹之下又到处充满着和谐，不完美才真正构成了这个世界的和谐之美。

---

① 开普勒 . 世界的和谐 [M]. 张卜天，译 . 北京：北京大学出版社，2011.

② 弗里德里希・克拉默 . 混沌与秩序——生物系统的复杂结构 [M]. 柯志阳，等，译 . 上海：上海科技教育出版社，2010.

大自然的生态系统也是一个相互关联的社交网络，我们每个人都与之息息相关，没有哪个物种（包括人类）是一座封闭的孤岛。洪水泛滥是暴雨造成的，与森林有什么关系？自然河流改道了，又与狼有什么关系？生物界的“信息联盟”告诉我们，没有哪一种生命可以超然独立于生命网络之外。没有森林含蓄水源，雨水来了就会流走，雨季过了就是干旱。河岸上的杨柳和绿草被食草动物吃光了，驳岸就会松动，河水一来二去的冲蚀，河道自然而然地就改变了形状。若是狼来了，对食草动物进行“密度调节”，鹿少了，羊跑了，草厚了，树多了，河岸又坚固起来，河狸等水生动物也相继活跃丰富了，靠野果补给能量的小灰熊也健康活泼起来。20世纪美国黄石公园从最初农户捕猎狼群，到后来从加拿大引进野狼，通过人为的有效干预，用一个几乎是跨世纪的真实故事证明了生命之间存在着广泛的相互依赖的种种关联。德国生物学家彼德·渥雷本在《大自然的社交网络》中把自然界这种交织的大网比喻为一块机械钟表，在自然中每个齿轮都与其他齿轮相互啮合。地球上所有的生物，包括植物、动物、藻类、真菌以及微生物，都存在着或明或暗、或远或近、已知或未知的普遍联系，这就是生物学家们所说的“生物圈”。刘易斯·托马斯为林恩·马古利斯为《小宇宙：细菌主演的地球生命史》作序时说道：“自然界本身完整而不可分割，生物圈本身就是一个整体，一个巨大、完整的生命系统。”① 威尔逊在《生命的未来》一书中也对“盖娅生物圈”有一段描述：“每个物种和它所属群落之间，都具有独特的联系，联系的方式包括该物种与其他物种间的消费、被消费以及竞争、合作关系。同时，它也会借由改变土壤、水分与空气，而间接影响整个群落。生态学家把这整个体系看成一个不断从周边环境输入并输出能量的物质的网络，周而复始，创造出我们人类赖以生存的永恒生态循环系统。”② 整个生物圈就像一层薄膜一样覆盖在地球表面，看似一个强大的生命系统，却又如同薄纸一样脆弱。它被破坏得越严重，也就越是难以恢复原样。尽管卡罗尔教授一再强调，哪

---

① 林恩·马古利斯，多里昂·萨根.小宇宙：细菌主演的地球生命史[M].王文祥，译.桂林：漓江出版社，2017.

② 爱德华·威尔逊.生命的未来[M].杨玉玲，译.北京：中信出版社，2016.

里有生命，哪里就有法则，生命大都被“稳定地维持在某个范围内”，或者“都是被某种或某类物质控制的”，但他同样也指出了此消彼长、你强我弱的动态平衡的生命联系。[①] 正是这种相互联系，理论物理学家惠勒甚至直接把宇宙看成是一个巨大的信息处理系统，他提出的口号是“信息生万物”，天地万象最终都是通过信息呈现在我们面前的。物理及天体生物学家保罗·戴维斯也直白地说“万物都将成为信息”，我们这个地球和宇宙正在用连锁的信息交换网络，取代笨拙的牛顿机械里成团成块的物质粒子，这个网络是一个整体性的开放系统，它充满了活力和无限多样的变化，所有生命系统无论叫“生物圈”还是叫“盖娅”，“都包容在一个相互依存的、有生命的宇宙大网中”。[②]

三、合作是第三条进化原则

“合作”也可以说是广义上的利他

近年来，各学科的科学家们对生物“合作”的研究与探索，无论是广度还是深度，也无论是单学科还是跨学科，都取得了惊人的丰硕成果。那么，生物界存在合作吗？人类为什么要合作？人类的基因如果真的像道金斯所说的就像芝加哥强盗那样是自私的，那么自私的基因所造就的人类会不会产生利他行为并且走向合作呢？

对这一系列问题的回答，各个学科几乎异口同声：人类具有合作性，合作在人类之中普遍存在！而在回答和解释人类合作的产生与演化的具体原因时，博弈论几乎成了撬动这个“地球难题”的通用杠杆。生物学家、经济学家、社会学家、政治学家等，都试图从博弈论的策略方法中推演出人类的合作与竞争到底是怎样发生与演化的。

---

① 肖恩·B. 卡罗尔. 生命的法则 [M]. 贾晶晶，译. 杭州：浙江教育出版社，201

② 保罗·戴维斯，约翰·格里宾. 物质神话——挑战人类宇宙观的大发现 [M]. 李泳，译. 上海：上海科技教育出版社，2013.

美国科学院院士罗伯特·阿克塞尔罗德（Robert Axelrod）是密歇根大学政治学与公共政策教授。他写的《合作的进化》一书于1984年出版后一直广受读者关注，起初每年被引用不足50次，到2005年一年就被引用400多次，所以道金斯说这本书确有资格取代《圣经》，该书影响之巨可见一斑。当时的主流思想是达尔文自然选择进化理论的“适者生存”，强调的是生存的斗争与竞争，《合作的进化》作为不同声音的忽然出现，加上他把计算机程序引进到博弈论“囚徒困境”的游戏之中并邀请社会各界人士广泛参与，人们对“合作”的新鲜认识自然就会在社会上传播开来。该书在第一章提出“合作问题”时说道：“合作现象四处可见，它是文明的基础。”他要探讨的是“在每一个人都有自私动机的情况下，怎样才能产生合作”。他组织了两起“重复囚徒困境”的游戏，邀请了经济学、心理学、社会学、数学等对策专家提交计算机程序参加了这一竞赛。特别是第二轮，有来自6个国家的62个程序参赛，令所有人惊讶的是，两轮的胜利者竟然都是所有程序中最简单的程序——“一报还一报”。这个程序之所以获胜，是因为它突出了“合作”的机制，它首先从合作开始，随后只模仿对方上一步选择的策略；其次是它的“善良”，在“总是背叛”的环境中从不首先背叛；最后是它的“宽容”，在所有的参赛程序中善良的程序超过一半，但大多不够宽容，对背叛者往往一直惩罚下去，而冠军“一报还一报”程序的不宽容只有一次，随后便完全原谅那个背叛，“在一次惩罚之后，它就让过去的过去了”，结果是“更多的宽容才能得到更多的好处”。“一报还一报”的稳定成功的原因是它综合了善良性、宽容性、报复性和清晰性，它的主导机制是“基于回报的合作”，并由此“引出长期的合作”。作者还提出了“自己活也让别人活”的合作系统，这是从第一次世界大战的堑壕战中英军与德军对阵时发生的真实案例总结出来的，他证明了“友谊对于基于回报的合作的产生并不是必要的，在合适的环境下，合作甚至可以在敌对者之间产生”。作者后来又出版了一部《合作的复杂性》，作为合作进化的补充论述，对合作的自发演化也进行了深入探讨。

哈佛大学的马丁·诺瓦克（Martin A.Nowak）教授，是生物学界与道金斯、威尔逊齐名的科学巨匠。他去美国之前，在维也纳森林散步时顿悟出了生物进化的第三条原则——合作。他对博弈论的“囚徒困境”游戏几乎到了痴迷的状态，或许正是因为这种痴迷，让他忽然间豁然开朗，悟出了生物学关于进化的又一条原则。他在2011年出版的《超级合作者》一书中说道：“如果从更具创造性的视角来看待进化，我们必须将‘合作’接受为第三条进化原则。选择的前提条件是突变，同样的道理，合作的前提条件是选择和突变，缺一不可。通过合作，进化中才产生了富有建设性的一面，从基因到有机体，从语言到复杂的社会行为，合作就是进化的总设计师。”他认为“囚徒困境”所考验的，是人们在背叛与合作之间、个人利益与群体利益之间的选择。如果仅进行一轮的囚徒困境博弈，理性人的选择往往都是背叛，然而重复进行的囚徒困境博弈告诉我们，只有偏于宽容与合作的策略，才能走得更远并最终胜出。他提出了5大合作机制：直接互惠、间接互惠、空间博弈、群体选择、亲缘选择。“我给你挠挠背，你也会给我挠挠背”，这是对直接互惠的形象解读；“我给你挠挠背，就会有其他人来给我挠挠背”，则是对间接互惠的通俗诠释。互惠无处不在，只要相互信任，彼此合作，便能比自私自利获得更好的结果。他还富于激情地说道：

> 千百万年来，无论是细胞、微生物还是动物，都经历了一系列基因进化的过程。最终，大自然还是青睐合作者。……合作对于文化的影响是巨大的，而且在我看来，正因为有了合作，生活才如此美丽动人。①

毕业于哈佛大学的两位经济学博士——塞缪尔·鲍尔斯（Samuel Bowles）和赫伯特·金迪斯（Herbert Gintis）于2011年合作出版了一部《合作的物种》，跨学科地研究起人类的互惠性及其演化的综合性课题。自20世纪初约翰·冯·诺依曼证明了博弈论的基本原理以来，经济学家们尤为喜爱这一策略理论，迄今为止共有7届诺贝尔经济学奖均与博弈论的研究有关，鲍尔斯和金迪斯关于互惠合作的物种进化的研究也与博弈论

---

① 马丁·诺瓦克，罗杰·海菲尔德.超级合作者[M].龙志勇，魏薇，译.杭州：浙江人民出版社，2013.

"囚徒困境"的策略游戏相关联。有所不同的是，他们运用经济学家的跨学科视野，给合作所下的定义是："合作是指人们同别人一起从事互利活动的行为。"人类之所以合作，与早期的人类环境有关，即我们的晚更新世祖先住在大型哺乳动物丰富的非洲大草原或者其他环境中，在这样的环境里若想获取和分享食物就必须进行合作。而自然环境和基因会影响文化的演化，文化也会影响基因传递的行为性状的相对适应性。他认为人类的相互合作可以构成某种形式的利他主义，互惠利他也可以称为"开明的自利"，他承认自利的确是一种强大的动机，但是其他动机也同样重要，"集体行为是人类历史源动力"。他特别强调人类的"社会偏好"，在社会偏好一章中开篇即说："合作在人类之中极为普遍，这是因为人受到社会偏好的驱使，他们关心他人的福利，并看重公平和其他形式的得体行为。我们的解释是，这些社会偏好是利他合作的直接原因。"①他反对社会达尔文主义把自然选择看作弱肉强食并由此塑造人类行为，认为演化不仅能够培养自利，还能够推进慷慨和道德的行为，帮助我们逃离囚徒困境，建立一个为所有人追求自由和正义的社会。

美国发展与比较心理学家迈克尔·托马塞洛（Michael Tomasello），自2008年起即在斯坦福大学讲授"人类具有超强的合作性"，后来整理成《我们为什么要合作》一书正式出版。他通过深入研究幼儿和儿童的助人行为与心理动机，得出了人类生来助人、合作是"人类天生的行为"的结论。他说："人类儿童在很多情境下就已经开始合作和助人，显然，这并不是他们从成人身上学到的，而是天生的。"他从帮助、告知、分享、互惠和规范等方面具体分析了"人类利他"在儿童身上所表现出来的合作特质，认为"儿童是生而合作的"，他们很小的时候就对合作活动中的人际间的相互依赖很敏感，当他们清楚地知道自身行为会给自己和群体功能产生影响时，"儿童倾向于做出合作选择"。他同时还对黑猩猩和其他类人猿进行了细致的考察研究，发现每一个体都会帮助另一个体爬到树上，以获得双方之后可以共同享用的食物，这种互利合作的活动在人类从类人猿演

① 塞缪尔·鲍尔斯，赫伯特·金迪斯.合作的物种[M].张弘，译.杭州：浙江大学出版社，2015.

化而来的过程中，人类选择了合作活动所需的复杂技能、动机和共享意图的协同演化。托马塞洛在另一部《人类思维的自然史》结论篇中也说道：“类人猿和人类的社会互动和组织存在很大的差别，人类会更加合作。”虽然他也认为“人类的合作和帮助同样可以说是建立于自我利益基础之上的”，不同的是他提出了互利共生（mutualism）比“利他”更重要。他风趣地说：“利他只是个小角色，互利共生才是其中的明星，即我们只有同心协力才能从中获利，也就是所谓的合作（collaboration）。”

尤查·本科勒（Yochai Benkler）是位跨学科的杂家，身为哈佛大学的法学教授，又亲任哈佛的互联网与社会研究中心主任，他的《合作的财富》一书即是融合了生物学、管理学、经济学的力作。2007年，他到哈佛大学开始与马丁·诺瓦克领导的进化动力学项目共同探讨在线合作。该书的第一个贡献是对“人都是自私的”这一利己主义神话为什么仍在流传进行了分析和批评，认为“利维坦”和“看不见的手”都是建立在“人本自私”这个假设基础上的，这个假设之所以传习久远，其中的一个原因是它并非完全错误，“它只是在很大程度上是错的”，换句话说，“人的利己主义假说是部分正确的”“自利仅仅是人类行为的一部分驱动因素，仅仅是一部分”。他对基因是自私的说法给予了温和的指责，指出道金斯的这一研究“言过其实”了。不然我们又该怎样解释周围随处可见的合作行为呢？所以他说：“我们凭直觉就已知道，我们并不总是自私和理性的。我们教育孩子要分清什么是对、什么是错，对别人要友好，要遵守黄金规则。我们都有过爱上一个人的经历，为了爱，我们可以做出疯狂的、不理性的牺牲，即使是经济学家也会如此。在火车上，我们将座位让给老年人或者残疾人；为身后的人扶好电梯或房门；为联合国儿童基金会捐款。我们做了很多从直觉看是正确的事情，而不是因为这样做会给我们个人带来好处。换句话说，我们的行为方式证明了我们在某种程度上是无私的，而不是流行的人性观所认为的那样。”他致力于研究合作的重要目的之一，就是要努力让大家摆脱仍在流行的以为所有人的行为动机都离不开利己主义的现有人生观的束缚，“向我们固有的观念发起挑战”，从而尽可能地完善和树立新的合作的人生观。本科勒的第二个贡献，是将诺瓦克提出的“合作是人类第三条进化原则”推广到社会应用层面，提出“合作是有效管理经济与社会的第三种模式”。2008 年的经济崩溃使他认识到，建立在自利基础上的经济和金融体系其实并不可靠，“我们应该寻找其他方法，利用合作和协作来改进我们身居其中的体系”，特别是互联网的兴起，为我们提供了不计其数的协作平台供人们合作互动，“我们一定能把人类的合作潜能发挥到极致”，他乐观地写道：“我相信，是时候打破自私神话了，我们要把人类的合作行为视为威力无穷、潜力巨大的积极力量——它本来就是这样。”合作是人的天性，自利与合作并不是相互排斥的，合作与获利可以共存，问题在于人类怎样才能完善并更好地合作呢？这就是该书的第三个贡献，即本科勒提出了实现合作的七大关键要素：①基因和文化的协同进化；②心理影响与社会影响；③共情与群体认同；④沟通；⑤公平；⑥道德与行为规范；⑦动机导向的奖惩制度。该书在第二部分论述互联时代的合作、共享与创新时赫然写道：“谁先合作谁胜出！”[①]

合作是趋势、是方向、是未来。“合作”已经是时代热词。进化心理学家甚至说：“人类已经进化了专门的心理机制来促进个体之间的合作同盟。”[②]各个学科和各个领域有关合作的研究成果日新月异、丰富多彩，以至于我们的阅读速度稍有停缓，就会被各种媒体高速的发表节奏抛在后面。本书还将陆续涉及合作问题，并将及时地参考和引用我所能见到的已有成果和最新成果。前文综述的几位学者关于合作的种种论述，尽管学科和视角各有不同，但是我们还是能够从中厘清一些共同之处。不同学科的以下共识，往往更具启发意义：

（1）合作是对“人都是自私的”这一传统观念的一种修正，合作承认人是自私的，但自私仅仅是人性的一部分，而不是全部。

（2）合作是人的天性，是人的天性中的重要组成部分，合作在人类行为之中普遍存在，随处可见。

（3）合作是人类进化的重要驱动因素，“合作是人类第三条进化

① 尤查·本科勒．合作的财富 [M]. 简学，译．杭州：浙江人民出版社，2018.

② 戴维·巴斯．进化心理学 [M]. 张勇，蒋柯，译．北京：商务印书馆，2015.

原则”逐渐地被越来越多的人所接受。

（4）合作理念具有广泛的现实意义，它不仅影响到社会各个领域的管理行为，用合作的人生观取代流行的自私的个人主义人生观的呼声日益高涨，它所引起的共鸣也越来越强大。

不难看出，学者们都试图从人类的天性或本性方面找出人类合作的生发本源，目的是要回答我们为什么要合作。“打破砂锅问到底”本身就是人类好奇心的天性之一，正是这种孜孜不倦的探索与追求，人类对很多自身的问题都或多或少找到了一些答案。学者们对人类的合作性的探讨应该说持不同意见的争论是相对较少的，他们都各自从不同的学科视角出发，得出的结论又都从不同的领域共同丰富了人类合作性的综合认知能力。人是合作性动物，人类具有超级的合作能力，人类在相互依赖的互动演化过程中，利他主义、互利共生的合作技能与运演动机也都相应地完善起来。合作的天性促进了人类群体社会的文化与规范的演化，人类群体社会的合作文化反过来又会推动人类合作天性的演化进程。我们为什么要合作？因为我们本身就是因合作而生，合作是根植于我们生命本源的天性，我们不仅要研究合作的由来，更要研究合作存在的问题以及如何才能更好地合作。通过对合作的研究与探索，站在十字路口的我们终于看清了自己应该向何处去——那就是合作。只有合作才是人类未来的方向。国内学术界也有不少关注合作的专家，中国人民大学张康之教授就是力主合作的公共管理学者，他先后出版了《合作的社会及其治理》《为了人的共生共在》等著作，虽然他的主要关注点不是在探究人类合作的起因与源头，但他却在以饱满的热情呼吁——“合作是人类有可能超越民主的希望！”

人是动物，又有别于其他动物，

人不仅懂得生存竞争，更懂得相互合作。

万事万物都是共生的存在，

一切生命都是合作的结晶。

强化竞争，结果必是伤害与战争，

过于安逸，等待我们的则是慵懒与没落。

我们是天使，

我们也有心魔，

我们有迎着阳光的灿烂，

也有背着光明的阴影。

只有承认与尊重，

只有在竞争中合作，在合作中竞争，

形成万物并育的和谐与平衡，

所有的生命才能在宇宙之间，

同享快乐与福祉的——

天下共生！

第四章　共生的觉醒

“天堂”“地狱”与“万物并育”——共生的觉醒——正视“恶”与向往“善”——我们是矛盾的共生体——我们需要的是引人向善的社会情境——“共生”无“主义”

一、“天堂”“地狱”与“万物并育”

人类需要英雄，每个人都可能成为英雄。古语云，“乱世出英雄”“时势造英雄”。这个“英雄”不单单指能打善战的武士或一统江山的皇帝，其中也包含了“乱世”当中涌现出的文学家、思想家等文化科技精英。公元前 7 世纪至公元前 3 世纪，在中国相当于春秋战国时期，群雄并起，诸侯争霸，“周礼”的旧范式已被打破，新的秩序尚未形成，没有限制也没有束缚，每个人都可以针对如何生存、怎样强国发表自己的主张和见解，在思想界于是呈现出诸子百家的“百花齐放”时代，诞生了老子、孔子、墨子、曾子、庄子、孟子、管子、韩非子等一大批教育家、思想家、军事家和政治家。几乎是同时，西方社会在战乱纷争的希腊诞生了苏格拉底、柏拉图、亚里士多德、亚历山大等不计其数的思辨家、哲学家以及科学家，在印度则诞生了伟大的世尊释迦牟尼。这就是雅斯贝尔斯所说的“轴心时期”，福尔柯在《追求后现代》一文中称这个时期为“轴心剧变”的“轴心时代”。

然而，诞生在这个“轴心时代”并且一直影响着后世的主流思想，西方和东方却是截然不同的，虽然他们在探索真理和追求智慧方面有那么多的相似之处。

二元论与二项对立

在西方，从古希腊柏拉图的《理想国》、亚里士多德的《形而上学》以及影响巨大的《圣经》，到近代笛卡尔的《方法论》、达尔文的《物种起源》以及康德、黑格尔的浩瀚巨著，其中不乏逻辑思辨的精彩和对真理追求的执着，没有任何人能够否认他们对人类思想和科学发展的巨大影响与贡献。然而，我们在梳理他们深层的思想底框时，却发现西方的思想主线几乎都倾向于二元论或二项对立的逻辑结构。也就是说，西方的思想家们在探讨宇宙与社会、人类与自然的理解认知时，大多是围绕着神与人、善与恶、物质与精神、心灵与肉体、正义与邪恶、天堂与地狱、天使与魔鬼、此岸与彼岸等而展开推理的二元结构的思维模式，从而在理论界形成了唯物论和唯心论最具代表性的两大思想阵营。

去欧洲或美国考察旅行时我们都会看到，每到一个小镇或居落，最高的或者最突出的建筑一定是教堂。宗教在西方社会中的地位和作用，马克斯·韦伯已经有了深刻而精辟的论述。可以说，不看教堂你就等于不了解西方建筑文化，不研究宗教你也很难从心灵深处去理解西方社会。我虽不是什么教徒，却也像西方人一样拜读过《圣经》，不能说是细读或完全领悟了，只是尝试着粗略地厘出以下几点认识：

（1）天地万物都是“神”创造的，包括地上的和海里的所有一切。《创世纪》第一句就是“起初，神创造天地”，神独立存在于天地之外，“天是神的座位”“地是他的脚凳”，中国人把这个“神”翻译成“上帝”。

（2）“神”也创造了人，是“神”让人来管理世界万物，“使他们管理海里的鱼、空中的鸟、地上的牲畜和全地，并地上所爬的一切昆虫”。

（3）“神”不喜欢人世间只有一个口音、一种语言，所以创造出不同群体，并且“神”要扶持一个大国来主领世界，“我必叫你成为大国，我必赐福给你，叫你的名为大，你也要叫别人得福。为你祝福的，我必赐福与他；那咒诅你的，我必咒诅他。地上的万族都要因你得福”。

（4）“神”鼓励和善、诚信、守约，并赐福给他们，而对邪恶和失约进行惩罚。与善、恶奖惩相对应的是天国、天堂和地狱、阴间。你若善良并有能力，神会让你更好；你若是反对派或仇敌，则要把你杀掉。

从20世纪到现在，西方许多学者教授开始对传统的二元结构思维模式发起了诘难。尤其是后现代主义者，他们认为现在世界的许多风险危机和不确定因素，都是源自他们祖先的二元结构的思想逻辑。当代英语世界最杰出的哲学家之一托马斯·内格尔（Thomas Nagel）博士认为“唯物论和有神论作为超越观念各有不足”，为此他特意出版了《心灵和宇宙——对唯物论的新达尔文主义自然观的诘问》一书，认为心灵、理性和意识是“自然秩序的基本方面”，它的存在性要求完备的宇宙观必须包含它而不是回避它，“尽管理性在世界上的出现仍然是一个谜，我们可以继续希望有一种既非有神论亦非还原论的超越的自我理解”。他在诘问的同时希望能够探索出一种可以超越唯物论和有神论的另一种替代性的理解方案，而最近两年量子力学的惊人发现，似乎对他的“替代方案”是一个有力的支撑，只不过他的“替代方案”还仅仅停留在诘问假设阶段而并没有展开论述。

人类社会已经发展到了高度风险阶段，而最大的风险危机莫过于环境资源恶化、核武化武战争威胁，以及国际关系的高度复杂性和不确定性。这到底是什么原因造成的呢？人类在自问自己的同时也在反思自己。尤其是美国“9·11”事件的发生，紧接着美国和西方国家在伊拉克、阿富汗的全面失利以及叙利亚局势的复杂化，更让学术界和政治界的有识之士不约而同地意识到，这并不是武器本身够不够精准和强大的问题，问题的核心出在人类自身的思想观念和文化差异上了。你若是“人类是地球主宰”的“人类中心主义”者，你自然就会毫无顾忌地攫取和挥霍地球上人类之外的其他任何资源；你若是“西方中心主义”者，你自然就会歧视甚至蔑视其他地区的种族人群；你若是民主正义的“普遍主义”者，你自然就会不惜使用强制性的措施迫使其他民族国家都容纳进这种普遍的同一模式当中……所以，从第一次世界大战后斯宾格勒在维也纳出版的《西方的没落》，到20世纪后期汤因比的《历史研究》与哈佛大学教授亨廷顿的《文明的冲突》，以及与此同时广泛传播于今日的后现代主义的“批判”与“摧毁”，几乎都涉及对“非此即彼”传统意义的二元对立思维模式的深刻反思与积极重构。后现代主义代表人物之一的格里芬在《和平与后现代范式》一文中即有以下精彩评述：

在现代性的第一阶段——有神论阶段，无所不能的上帝是一切运动的源泉。

在第二阶段的现代思想中，上帝消失了。……但是在权力和宽容问题上，二者却是相同的。……即“生存斗争”是生命的基本法则。

人类中心主义伦理学：在决定对待自然的方式时，人类的欲望及其满足是唯一值得考虑的东西。这就意味着一种掠夺性的伦理学：人们不必去顾及自然的生命及其内在价值；上帝明确地规定了世界应该由我们来统治（实质上是“掠夺”）。……这种人类中心主义的、掠夺性伦理观……把他人尤其是妇女和“未开化者”当客体对待的倾向……来证明有必要对“原始人”实行奴役甚至杀戮，以便使“人性充分发展”的欧洲人去占据和发展这个星球。[①]

我们看到，西方的学术界和文化学者已经清醒地认识到人类的思想意识和文化理念出了问题，那么解决的方案或者出路到底在哪里呢？如果人类不能彻底摆脱二元对立的思维惯性，面对“西方主宰天下的时代正在终结”[②]的现实就会感到这是文明的冲突，甚至会对东方文明或其他非西方文明的兴起产生某种恐惧。但内格尔的《心灵与宇宙》则坚定地相信一定会有既非此亦非彼的“替代方案”。福柯和福山关注更多的是个人技术以及社会信任和公共道德的重建。汤因比的《历史研究》和《人类与大地母

① 格里芬．后现代精神 [M]. 北京：中央编译出版社，2005.

② 塞缪尔·亨廷顿．文明的冲突 [M]. 周琪，等，译．北京：新华出版社，2013.

亲》，特别是他晚年与日本社会活动家池田大作的对话录《选择生命》，对东亚和中国在未来世界发展过程中将起到怎样的影响和作用给出了分析预测：

> 东亚拥有众多的历史遗产，这些都有助于并将东亚整体发展为全世界统一的地理和文化轴心。在我算来，这些遗产包括以下几个方面。
>
> 第一，自然是中华民族维持了21个世纪的帝国所积累的经验，可以作为涵盖全世界的世界国家的区域性样板。
>
> 第二，漫长的中国历史长河中，中华民族自身培养起来的世界精神。
>
> 第三，儒教的世界观中所包含的人道主义。
>
> 第四，儒教和佛教所包含的合理主义。（第五至第八略）
>
> 未来统一全世界的既不是西欧国家，也不是西欧化的国家，恐怕会是中国。①

汤因比以其独特的历史观给了中国“令人震惊的信任”，这也许会让某些西方国家感到不自在或产生“威胁感”。但他不会在意这些，在他的眼里，人类理解世界的“合理方案”乃至世界未来的希望，在东方，在东亚，在中国。

“万物并作”“万物并育”“万物群生”

几年前有位外国朋友问我：“你们常说的东方智慧，指的是什么呢？是中国功夫吗？”一句话噎了我半天，我支支吾吾地说：“是的，中国功夫也是东方智慧的一种。”多少年过去了，我仍然在想，什么是“东方智慧”？曾经实名举报深圳宝能系的陈谷嘉居士在一次茶歇时说道：“其实东方的道教解决的是人和自然的问题，儒教讲究的是人和社会的问题，佛教则是辨明人和神的问题。”当时我只觉得言之有理，又觉得不能完全苟

---

① 汤因比，池田大作.选择生命——汤因比与池田大作对话录[M].冯峰，等，译.北京：商务印书馆，2017.

同，我记得清代大学问家纪晓岚即有过关于儒释道三教关系的类似说法①。但是不管怎样，从儒释道入手研究东方文化和东方智慧，确是有它一定的道理，东方智慧并不全部包含在儒释道三教之中，但若不了解儒释道，那你肯定不会真正理解东方文化。

改革开放初，看到西方的先进与发达，以为外国什么都好，“外国的月亮都比中国圆”，五四运动以来的“全盘西化”风气再一次席卷整个神州。就拿建筑来说，什么“欧陆风”“西班牙风格”“北美风情”等，搞得泱泱中国不分东西南北千城一面。著名的美学家和思想史专家李泽厚在 1985 年 3 月 4 日的讲演中说道：“中国思想传统有着自己的重大缺陷和问题。”“中国传统思想和心理结构往何处去？是保存还是舍弃？什么才是未来的道路？”②自清末洋务运动以来的“中体西用”，和以胡适为代表的“全盘西化”，似乎又一次摆出了两大阵营的思想较量。就在中国经济几乎到了“崩溃的边缘”，而又能遍地跑着进口汽车的时候，李泽厚先生却清醒地说道：“中国现代化的进程既要求根本改变经济政治文化的传统面貌，又仍然需要保存传统中有生命力的合理东西。”“其实这就是我们今天讲的‘马克思主义中国化’‘中国化的社会主义道路’；如果硬要讲中西，似可说是‘西体中用’。”三十多年前即有如此敏锐的眼光，今天仍可为他点赞。

我小时候先学二胡后学小提琴，并且把小提琴的“跳弓”运用到了二胡的演奏中，这是传统的二胡技法所没有的，其效果之好让文工团里的乐队同事感到非常惊讶。后来我拉小提琴时，老外一听就说：“你这是中国的小提琴。”“你拉的曲子里面有中国味。”我想，学个西洋乐器虽然称不上是“马克思主义与中国实践相结合的”的大道理，但也能凑得上是“洋为中用”“中体西用”吧。这虽然只是音乐方面的一件小事，但却反映了中国传统的东西已经深深地渗进了这片土地，并且深深地扎根在这片土地上各个民族的灵魂深处。这种驱也驱不走、改也改不掉、化也化不去的

① 《阅微草堂笔记》卷四《滦阳消夏录》：“佛以神道设教”，“儒以人道设教”，“问：然则天视三教如一乎？曰：儒以修己为体，以治人为用；道以静为体，以柔为用；佛以定为体，以慈为用”。

② 李泽厚 . 中国古代思想史论 [M]. 上海：三联书店，2017.

骨子里的“中国味”，或许正可称之为“东方智慧”或“中国智慧”。而这“东方智慧”并不是哪个思想家或哪一代人“顿悟”出来的，它是这片土地上各个民族历时数千年的人文积淀和精神淬炼的结晶。如果想把它彻底说清楚似乎不太容易，在这里我想从人与自然的共生关系、人与人以及人与万物的和谐关系、中国文化的兼容性和多样性三个方面尝试着进行比较分析，或许有助于我们今天来理解东方古老智慧在新时代的意义。

首先，人与自然的关系，中国人在理解和认识宇宙方面，和西方人有着完全不同的感知。当人们遇到惊险或感到惊讶时，西方人会喊“我的上帝！”中国人则说“我的天呀！”或“我的妈呀！”中国人把天地人伦融为一体，认为人是自然的一部分，追求的是风调雨顺，天人合一，与自然和谐共生。哪怕是一鸟一虫一草一木，中国人的灵魂深处都会觉得那是鲜活的生灵，是应该跟我们同处共在的。特别是在文人笔下，这种相互依存的情感时常被描写得有情有味。庄子就是个很会做“梦”的美学家，明明是他梦见蝴蝶，却硬是有趣地说是蝴蝶也梦见了他，实际上这就是人与自然合为一体，所以庄子说：“天地与我并生，而万物与我为一。”中国文化有一个十分明显的个性，就是以山水诗画为代表的对宇宙自然的崇敬。我国留传下来的古画大多是以山水为主题的，而我们在卢浮宫所看到的西方美术作品则大多以宗教和人物为主。“采菊东篱下，悠然见南山。”“明月松间照，清泉石上流。”这些以陶渊明、王维为代表的山水诗篇，可以说在华人圈里妇孺皆知。即便是一棵树、一个小庭院，在文人笔下也是那么富有情调。唐代思想家、文学家韩愈，在写自家小院里的树木时，有一篇《庭楸》趣诗：

> 庭楸止五株，共生十步间。各有藤绕之，上各相钩联。
> 下叶各垂地，树颠各云连。朝日出其东，我常坐西偏。
> 夕日在其西，我常坐东边。当昼日在上，我在中央间。
> 仰视何青青，上不见纤穿。朝暮无日时，我且八九旋。
> ……

唐代私家园林还刚刚兴起，从宋代司马光的“独乐园”到明清时期的个园、豫园、留园等，中国园林的营造法式已经自成一体，形成了自己的流派，如岭南的清晖园、苏州的拙政园等，都是以自然山水为主题特征的。明代计成著有《园冶》一书，并在《园说》一章中说“虽由人作，宛自天开”，道出了中式园林道法自然的真谛。这与我们在西方看到的修剪齐整、几何图案式的欧洲宫廷园林是完全不同的风格。中式园林诉求的是崇法自然和人与自然的交融共存，而西式园林则彰显出人类对自然的掌控与驾驭。西式园林讲究的是剪控、型制，中式园林则追求自然的情趣、韵味，哪怕是自家一个小小的庭园，也会把玩得有情有义，乐趣无穷。郑板桥对自家“十笏茅斋”小院的一段文字，很是值得我们今天品味的：

十笏茅斋，一方天井，修竹数竿，石笋数尺，其他无多，其费亦无多也。而风中雨中有声，日中月中有影，诗中酒中有情，闲中闷中有伴。非惟我爱竹石，即竹石亦爱我也。彼千金万金造园亭，或宦游四方，或其身不能归享。而吾辈欲游名山大川，又一时不得即往，何如一时小景，有情有味，历久弥新乎！对此画，构此境，何难敛之则退藏于密，亦复放之可弥六合也。

郑板桥是扬州八怪的代表人物之一，他不光是自己爱竹石，更能体会到“竹石亦爱我也”。他以小处入手，从“一方天井，修竹数竿”，参悟的是天地人情，弥合六虚。这正是中国园林小与大、近与远、虚与实、静与动、隐与显、曲与直的自然美学逻辑，而它的内在本质则是与自然相辅相成、和谐共生的宇宙伦理。这种崇法自然的宇宙理解早在春秋战国时期就已经形成了，老子讲的“万物并作”，庄子讲的“万物群生”，直到汉代董仲舒的“天人之际，合而为一”，都属于“道法自然”的宇宙理念，并且一直成为传教后世的思想本源。这里试列几条原始记载，或可帮助我们认识自己对自然的情感之根：

有天地，然后有万物。有万物，然后有男女。（《易传·序卦传·下篇》）

致虚极，守静笃，万物并作，吾以观复。（《老子〈道德经〉注校释》第十六章）

万物并育而不相害，道并行而不相悖。（《礼记·中庸》）

故至德之世，……万物群生，……同与禽兽居，族与万物并。(《庄子·外篇·马蹄》)

古之人其备乎！配神明，醇天地，育万物，和天下，泽及百姓……(《庄子·杂篇·天下》)

大凡生于天地之间者，皆曰命。(《礼记·祭法》)

人之与天地也同。万物之形虽异，其情一体也。故古之治身与天下者，必法天地也。(《吕氏春秋·纪·仲春纪》)

天地万物与我并生，类也。类无贵贱，徒以小大智力而相制，迭相食；非相为而生之。人取可食者而食之，岂天本为人生之？(《列子·说符》)

天地合气，万物自生，犹夫妇合气，子自生矣。万物之生，含血之类，知饥知寒。见五谷可食，取而食之，见丝麻可衣，取而衣之。或说以为天生五谷以食人，生丝麻以衣人，此谓天为人作农夫桑女之徒也，不合自然，故其义疑，未可从也。(《论衡·自然篇》)

相关记载还可列出很多，但是以上所举已足以说明中国古代天人合一、万物共生的宇宙生态观了。人和地球上的所有生物一样，都是宇宙天地自然运行的本然主体，而万物之间又是相互联系相互作用的，这种无法说清也无法讲明的运行规律，古人称之为玄之又玄的“道”，由“道生一，一生二,二生三,三生万物”，所以老子说：“天下万物生于有，有生于无。”也就是说，我们的祖先是从客观自然中去探究世界万物生发本元的，而不是像西方人那样把这一切都归功于万能神的创造。所谓天地是万物的父母，亦即人也是自然的产物，只不过人比其他生物更富有智慧而已。所谓“人，物也，万物之中有知慧者也。其受命于天，禀气于元，与物无异”。讲的就是这个道理。虽然古人也大都认为人类是万物之灵，但并不主张把人类看作是万物的主宰，所谓“爱养万物不为主”，强调的是万物归一，不分大小，类无贵贱，没有主从，而是一律平等的生灵生命。因此，人类之外的其他生物也并不是生来就任由人类肆意拿来食用的，这和西方上帝造物以供人类食用的说法迥然有别。这种“类无贵贱”、万物平等的思想，在道教的经典里叫作“瓦砾同于金玉”“无贵无贱”，与佛教经典中万物有灵“是法平等无有高下”的思想，可以说是相得益彰、殊途同归。这也是佛教能够在中国和其他东方国家广为流传的思想共鸣和理论根基。用我们今天的语言来说，东方人的祖先打从开始感知宇宙之日起，就是把自己置身于宇宙之中，与其他种群相互依存，对周围的生物多样性秉持平等观的。这是没有创世神话的——认为宇宙没有造物主和上帝，世界和人类不是被神创造出来的，而是本然自生的——宇宙认识。美国著名汉学家牟复礼说，这在世界上“中国人是唯一的”，“中国的宇宙生成论主张的是一个有机的过程，宇宙的各个部分都从属于一个有机的整体，它们都参与到这个本然自生的生命过程的相互作用之中，这是个天才卓颖的观念”。①

其次，人与人以及人与万物和谐共处，也是东方文化孜孜追求的本然主张。仁义礼智信、温良恭俭让、仁爱、中和、中庸、和谐……可以说这些词汇都是代表中国文化的核心语汇。中国文化的谦逊和睦、涵养礼让，已然成为东方中国的为人风格和社会风尚，这其中的“中和”“和谐”尤能体现中国文化对人与人以及人与宇宙万物互动平衡的协调意志，并且经过先秦到秦汉近千年的演化和丰富，逐步形成了宇宙、天地、阴阳、四季、五行、八卦等中国人自己的宇宙认知体系。这种宇宙认知体系已经融入中国的文化、社会、思想、生活等各个方面了。例如我们常说的“中医”，其实就是我们的祖先把“人”与天地四季阴阳五行等宇宙自然交互融合，从而总结出的医学成就。《黄帝内经》可以说是中医理论的奠基之作，我们从中随处可见人的身体生于宇宙自然，并且与天地万物春夏秋冬相互关联着，人的身体若是阴阳中和、精气平衡，便是处于正常的健康状态，反之则是出了毛病。如《素问·四气调神大论篇》说道：“夫四时阴阳者，万物之根本也，所以圣人春夏养阳，秋冬养阴，以从其根，故与万物沉浮于生长之门。逆其根，则伐其本，坏其真矣。故阴阳四时者，万物之终始也，死生之本也，逆之则灾害生，从之则苛疾不起，是谓得道。”人是自然的一部分，所以就要适应自然，顺从自然，“从之则治，逆之则乱”。人体的五脏、六腑、五官、经络等各个部位和器官，不仅与自然界

① 牟复礼．中国思想之渊源 [M]. 王重阳，译．北京：北京大学出版社，2016.

阴阳五行对应关联，它们相互之间也是互为依存的互动关系。中国人经常直观地认为，“西医”是头痛医头，脚痛医脚，发现病毒就“杀毒”，哪个部件出了问题就把它割掉。而中医更侧重从整体上把握生命的规律，主张“形神一体”“身心一体”，身体处于中和、平衡的状态就是生命整体的最佳状态。所以《黄帝内经》中明言“不治已病治未病，不治已乱治未乱”，强调的是“调理”和“化解”，而不是像西医那样“杀灭”或“切除”。东方的“解毒丸”和西方的“杀毒剂”其实很能说明深层的思想内涵。

在人们日常的游戏、博弈和娱乐生活中，“中和”“和谐”之道也都体现得淋漓尽致。围棋大师吴清源先生一生都在把围棋与《周易》《河图》、六合八卦、阴阳五行联系在一起进行钻研。他曾认为围棋之道实质上就是和谐之道，他设想黑白双方如果每一步棋都走得和谐合理，不能太过又不能不及，其结果应当是“和”棋。所以他在1929年的一次大赛中，曾尝试着跟木谷实下了一盘模仿棋。2000年他已是80多岁的高龄，在应氏杯新闻发布会上他仍坚持说，“21世纪围棋的内涵是共存和谐”，“21世纪的围棋就是和谐的围棋”。近两年以AlphaGo为代表的人工智能与棋手进行的人机大战，证明电脑确实可在某些方面战胜人脑。我在设想，如果我们把两台电脑设计成同一水平的人工智能，它们博弈的结果或许也是吴老预想的那种“和”棋吧。宋代张学士所著的《棋经十三篇》开篇即说：“夫万物之数，从一而起，局之路三百六十一。一者，生数之主，据其极而运四方也；三百六十，以象周天之数。分而为四，以象四时；……黑白相半，以法阴阳。”而且在篇中多处说道，“善胜敌者不争，善阵者不战”“夫棋始以正合，终以奇胜”“不战而屈人之棋者胜”“棋有不走之走，不下之下”。本是一种争胜的游戏，却原本也是法于自然的创造，并在争胜中悟出“和”的道理。

我到成都时，有朋友戏言：“飞机还没落地，你就能听到地面上的麻将声了。”成都曾举行“寻找成都名片”的活动，结果是不言而喻的。1999年，我跟新希望集团合作时住在棕南小区，一楼的架空层便是小区住户的“麻将会馆”，晚上12点之前搓麻将的哗哗声响从未间断过。其他地区虽不比成都，但麻将的普及程度恐怕已超过其他任何游戏。所以有人曾认为麻将是中国的“国粹”。其实，形成今天麻将的模样已是明代以后的事了，传说它是从最早的马吊牌或纸牌演变而来的。但是不管它怎么变化，也不论它有多少种玩法，一个“和（hú）”字则是各地玩法都一样的。而“和”牌的基本规则，就是手中的十三张牌都要有规律、有顺序或按牌种地形成完整的“一副牌”，或者是清一色，或者是清幺九、对对碰等。总之，手里的牌都达到有规律的“和顺”状态了，这副牌也就“和”了。可以说麻将已把“中和”“和谐”的各种机缘都融合为一体了，从这个角度而言，主张麻将是“国粹”也是不为过的。

1991年，我在暨南大学任教时，为了赚取点稿费，招集林广志、陈文源、陆勇强几位好友一起点校整理了《三命通会》，这是一部明代万民英汇总八字算命典籍的集大成之作，当时由北京师范大学出版社以神秘文化丛书系列正式出版了。在一次演讲时我半开玩笑地说：“真没想到，这本书的出版一不小心造就出一大批算命先生。”书出版后也有不少朋友托我看命，我说“天机不可泄露”，一笑拒之了。但我本人确因这本书的研究整理，对中国的传统文化，尤其是阴阳五行学说又有了更深地理解。常常有人问我：“什么是好命？”我也常常简单地回答说：“和谐就是好命。”这话的根据是《三命通会》所说的：“人命荣枯得失，尽在五行生克之中。富贵荣华，不越八字中和之外。”说你有福而且长寿：“夫福寿两备者，造化之中和，格局之纯粹也。”故又说：“五行四柱，不可不中和也。”《渊海之平·十神》中也说：“盖人之命，宜得中和之气，太过与不及同；中和之气为福厚，偏党之克为灾殃。”中国的命理相术，如四柱八字、相气相形、六壬八卦、奇门遁甲等，其理论根基无不源自中国人对天地自然、阴阳四时、五行生克等客观环境的宇宙认知。而自然界一年四季风清气正的和谐运行，运用到人命当中体现的便是阴阳五行各种因素的中和纯粹、协调清秀的运行关系，凡符合这种和谐清纯的互动原理，即可认定是上等好命。如果太过或不及，命造五行失去平衡，如阳盛阴衰、缺金少木之类，则就失去了中和，也就不能看作好命了。这其中若是八字五行清纯一色，即便是天干均属甲木或庚金之类，五行虽不齐全，那也是非富即贵的上好命造。不难看出，“和谐”对中国人有多重要了，可以说是中国人的“命根子”。

说到人与人之间的关系，《论语》中“和为贵”三个字的影响可以说最是源远流长了。改革开放初期，我主持研究香港华商经济，并作为国家项目申请到了两万元的科研经费。在研究李嘉诚时发现，他对公司高管和生意伙伴最常说的一句话就是“和气生财”。后来接触的广东人多了，尤其是潮汕人，这四个字几乎是他们挂在嘴上的口头禅。当年包玉刚收购九龙仓，李嘉诚兼并和记黄埔，若不是香港华商的和气抱团，恐怕也不会有李嘉诚的今天。传统经典《四书五经》或《十三经》里开篇即是的仁义、兼爱、礼让、恭俭等，每个华人践行的程度虽然各有不同，甚至偶尔也被批判过或局部中断过，但作为一种民族精神和社会礼俗，在整个中华民族的血脉当中却是始终在流淌着的。

比如“仁爱”，可以说不分儒、释、道抑或法家、兵家，几乎都讲“仁”，都说“爱”和“善”。《易经》第三十七卦讲“交相爱”，《论语》说“泛爱众，而亲仁”，《道德经》主张“爱民治国”，《管子》则说“兼爱无遗，是谓君心”，《墨子》更是用了三章专谈“兼爱”，提出“兼相爱，交相利”。樊迟曾问孔子什么叫“仁”？孔子回答说“爱人”！《随巢子》一书已经失传，但在丛书当中却保留下来这样一句：“大圣之行，兼爱万物，疏而不绝。”佛教界的《无量寿经》则有“慈惠博施，仁爱兼济，履信修善，无所违争”。看得出，讲仁爱是东方文明的共性传统，这也正是《孟子·公孙丑上》所提倡的“与人为善”。当然，诸子百家以及各个教派虽然都讲仁爱和善，但是细细品味却是另有蹊跷的。儒家的仁爱讲究有先有后、有上有下的先后等级之分，也就是仁爱要先从家庭亲人开始，家人仁爱和睦了才会推而广之兼爱天下。如《易经》的家人卦辞中讲道：“男女正，天下之大义也”，父子兄弟夫妇的家道正了，“正家而天下定矣”。所以《论语》中说的“孝弟也者，其为仁之本也”。《孟子·滕文公上》所说的“爱无差等，施由亲始”也都是这个道理。整篇《大学》更是把修身、齐家、治国、平天下作为通篇主纲。而墨家则主张像《诗经》所说的“投之以桃，报之以李”，不分国别不分民族的“兼爱”，这样就可以“国与国不相攻，家与家不相乱”了。《管子》则对此进行了批评，认为“兼爱之说胜，则士卒不战”矣。《明儒学案》中儒生徐阶有一段概括性的总结：“故亲亲仁民爱物，总言之又只是一个仁爱也。”也曾有人质问像这样讲仁爱还要不要“兵”呢？老子说“不以兵强天下”，孟子不是也说“威天下不以兵革之利”吗？对此《荀子·议兵》特别强调：“彼兵者所以禁暴除害也，非争夺也！”这让我们想起“文化大革命”时期的一句口号：“深挖洞，广积粮，不称霸”，这“不称霸”三个字很有点荀子“非争夺”的意味。习近平主席在“一带一路”国际合作高峰论坛开幕式上的演讲说得尤为精彩，从张骞出使西域到郑和七次远洋航海，“这些开拓事业之所以名垂青史，是因为使用的不是战马和长矛，而是驼队和善意；依靠的不是坚船和利炮，而是宝船和友谊。一代又一代‘丝路人’架起了东西方合作的纽带、和平的桥梁”。不难想象，一个讲仁义、讲友善、讲和谐、讲共生的民族，即便强大起来了，也不会像已经发生过的利用坚船和利炮去到处殖民。

而中国人讲仁爱、讲和谐的最高境界，是对人类社会的美好憧憬与幸福向往。老子憧憬的人类社会的最佳状态是无为而治的“小国寡民”，邻国相望，鸡犬相闻，“甘其食，美其服，安其居，乐其俗。”儒家则设想“天下为公”“天下大同”的和谐景象，倡导“与民同乐”“独乐乐不如众乐乐”，其代表性的文字记载是《礼记·礼运》中的一段话：

> 大道之行也，天下为公。选贤与能，讲信修睦，故人不独亲其亲，不独子其子，使老有所终，壮有所用，幼有所长，矜寡孤独废疾者，皆有所养。男有分，女有归。货恶其弃于地也，不必藏于己；力恶其不出于身也，不必为己。是故谋闭而不兴，盗窃乱贼而不作，故外户而不闭，是谓大同。

儒家理想中的“大同”社会，至近代便发挥到了极致，龚自珍在《平等篇》中主倡“贫富相齐”，康有为的《大同书》则将“大同”视为“人类平等”的“人类公理”，“大同之道，至平也，至公也，至仁也，治之至也，虽有善道，无以加此矣”。[1]孙中山先生更是集大成地提出“自由、平

① 康有为 . 大同书 [M]. 上海：上海古籍出版社，2019.

等、博爱”与“天下为公”“世界大同”的革命性理想目标。中山先生的“世界大同”既源于儒家的传统思想，又吸纳了世界进步思想而超越了儒家，他所期望的人类社会的最高理想是“大同主义”，他又称之为“世界大同主义”。他说：“我们将来要治国平天下，便先要恢复民族主义和民族地位。用固有的道德和平做基础”“我五大种族皆爱和平，重人道，若能扩充其自由、平等、博爱于世界人类，则大同盛轨，岂难致乎！”

最后，“兼容并蓄，多元共存”，也是中国文化的一大特色。这几年因为工作原因，跟着朋友们到处参观考察，走过不少神山大川、名刹古寺，所到之处以及所遇见的香客，无不是见庙即上香，见神就拜。以至于怎么跪、怎么拜也不甚讲究，要义是心诚、许愿就可以了。茶局饭局之中，也经常幸遇“大师”“仙道”“高僧”在座，他们的言谈举止，有的颇有些高深莫测，给人以肃然起敬之感。有几位大老板办公室的方位摆设更是极为考究，听他们自我介绍，那也都是请“高人”指点过的。他们有时会很自我欣赏地对我说：“我信佛！”可是他们到了道观也拜，土地、药师、妈祖等也都是遇见就拜。几位老外朋友常常好奇地问我：“你们有宗教吗？你们到底信仰什么？”曾经担任国家宗教事务局局长的叶小文先生也曾被质问，说他“自己不信教”，怎么能“尊重和善待宗教”呢？叶先生回答说：“作为国家宗教事务局局长，如果我信基督教，佛教徒可能会不高兴；如果我信佛教，伊斯兰教徒可能会不高兴。由于我个人没有宗教信仰，我对每种宗教都同样尊重，我为他们服务，这不好吗？”其实叶先生已经道出中国文化的特点，即中国不是没有宗教信仰，而是很多种宗教和教派并存；中国人也是敬畏神灵的，但这神灵不是单一的某一种神，而是多神并敬的。后来叶先生专门写了一本书，书名是《多元和谐的中国宗教》，于2018年初正式出版了。他在第一章写道：“中华文明在发展中形成了以儒家人学为底色，以儒道互补为主脉，以儒、道、佛和谐为核心，并向外开放的文化心态。其神灵的系统在不断综合新神灵中壮大，形成以天神为主导、以祖神为根本、以社稷为依托的多神分工合作的天国世界。”这就是说，中国文化既有“敬天法祖”的底色中轴，又能海纳百川开放包容各种神灵和各种信仰。我们的祖先以天地宇宙自然认知的思想体系为根基，崇法的是天地万物本然自生的和谐之道，因而也就不可能掉进一神论的偏执胡同，而是必然走进多元并举、包容共生的文化生态之中。尽管美国学者刘子健认为两宋之后中国的政治文明趋向专制、思想文化转向内敛和封闭，[①]但从历史的长河中放眼瞭望，中华文明的这种兼容并存甚至达到了“融合同化”的至高境界，以至于几乎将清朝满族文化“同化”得无影无踪了。所以，自五四运动以来，某些学者以为儒家思想专制了中国两千多年的看法是有失偏颇的，事实上中国文化更具有兼容并蓄的涵养和共存共在的包容。正如牟复礼所说：“不论中国人如何处理异见，与西方重要的差别就是，不论是政权还是社会领袖都不会镇压非常规的思想和行为，哲学家和上层传统的捍卫者也不会声称他们代表了启示宗教的唯一真理。”[②]

综上言之，从自然宇宙观，也就是从宇宙自然的认知理解中，发展而来的不是宇宙之外的其他力量的创世神话，因而也就不会产生造物主的神学宗教，在民族宗教的形成与发展过程中也就不会形成一神论的主轴底色，从而也就势必会发展成为多种文化相互融合、不同宗教彼此包容、多元文化兼容并蓄的文明性格和文化特征。非一神主宰，多神共存，多元并育，万物共生，才是东方文化的主流中轴，无论是哪种文化哪门教派或者是哪个民族的强制统治，最终都会融入这个文化的社会体系当中，成为无所不包的文化族系中的一部分。这种没有造物主宰、终极定因、超越绝对意志的自然宇宙观，就是我们强调主张的承认多样、尊重差异、融汇兼容、多元共存、平等合作、和谐共生的思想意志。

二、共生的觉醒

2012 年《天下共生》出版，它是我国生物多样性保护行动计划的文化成果之一。于燕飞先生酷爱动物，由他代表中国战略与管理研究会主持

① 刘子健 . 中国转向内在：两宋之际的文化转向 [M]. 南京：江苏人民出版社，2012.

② 牟复礼 . 中国思想之渊源 [M]. 王重阳，译 . 北京：北京大学出版社，2016.

这项工作可以说再恰当不过了。而我正是受他的影响，再加上在长白山有投资业务，我对生物多样性也就越发感兴趣了。《共生——关于自然的现在与未来》也是一本画册，是北京林业大学2013年举办的对话艺术与设计展览作品集，从题目可以看出编委良好的主观愿望，但内容与题目多有不符。现在很多活动和书名都冠以“共生”，然而细读起来多有“形式多于实质，概念大于内容”的感觉，这倒从另一方面说明“共生”已然成了很受欢迎的热词。

我国是《生物多样性公约》(*Convention on Biological Diversity*)缔约国之一，这是一项保护地球生物资源的国际性公约，于1992年6月5日由签约国在巴西里约热内卢举行的联合国环境与发展大会上签署，1993年12月29日正式生效。生物多样性包括动物、植物和微生物，于燕飞和李海峰先生都是我的好朋友，他们常说：“我们研究生物多样性，就是要用宇宙生命大智慧，克服人类生存小聪明。”壮哉此语！中国生物多样性保护行动就需要这样的热心参与。

地球生物与共生关系

多年前热播的《猫和老鼠》(*Tow and Jerry*)，当中的许多画面今天仍历历在目。郎朗说他今天的钢琴成就得益于对迪士尼动画片里音乐场景的狂热，以及猫和老鼠用爪子跳弹钢琴的幽默。生物学界常说猫和老鼠是天敌，而在这部动画片里，两者之间没有动物世界的恃强凌弱、以大欺小，有的只是争而不害，合而有别，相依共存，诙谐滑稽，谁也不舍得失去对方的依依乐趣。2005年我们一行五人去美国洛杉矶和奥兰多考察了迪士尼总部，我一边看一边在思索着老华特先生的思想脉络，越琢磨也就越是敬佩这位老先生了。我所到之处一般很少留下自己的照片，唯独在奥兰多·华特先生的塑像前留下了一张合影。这是一种尊重，不光是因为迪士尼精彩的商业模式和它的精细化管理，更多的是他的创意理念——动物与动物以及动物与人之间的和平共处的超前思维和人文情怀。如果说1994年首映的《狮子王》仍带有力量、控制等拟人社会的思想痕迹的话，那么2016年首映的《疯狂动物城》(英文原名*ZOOTOPIA*，准确的翻译应是

“动物园理想国”或“动物乌托邦”）则是另一番和谐的共生景象了。在这座动物城中，不分大小高矮，不论轻重肥瘦，不管食草食肉，都能共同生活在一座城里，而不是弱肉强食、征服和控制。这是何等了不起的思想意志！试想，连一只小老鼠都能塑造成“米老鼠”那样可爱，哪怕是一只小兔子也可以成为“朱迪”那样的大英雄，我们还有什么理由不能平等地尊重其他任何生物呢？

毋庸置疑，人类的艺术家们已经率先在艺术领域践行了共生思想，虽然他们还没有用语言文字这样表述。

“共生”一词很早就出现在汉语古文当中，但起初还只是作为一个文学词语，主要表达共同生息、一起生活、同生同在的意思，与宇宙认知的哲学意识几乎没有什么联系。如《尚书·商书·咸有一德》有一句“亳有祥桑谷共生于朝”，这是“共生”二字最早出现在古籍中的记载。前文韩愈《庭楸》诗中的“共生”，也是《全唐诗》中可以查出的唯一“共生”用词。从唐代中后期开始，佛典中常用“共生”二字，宋代以后诗文中“共生”一词的使用频率也就越来越高了。如《华严经·世主妙严品》有一首偈颂：“清净慈门刹尘数，共生如来一妙相。一一诸相莫不然，是故见者无厌足。”宋人梅尧臣《拟陶体》诗三首有“共生一体中，出处常相并”，明人方孝孺《勉学诗》中也有“同根而并蒂，蔼蔼共生成”的诗句。可以看出，宋以后的“共生”二字，尤其是在佛教经文当中，已经带有思想倾向了。

作为近代和当代用语的“共生”一词，据洪黎民考证，是德国植物学家、真菌学奠基人安东·德巴里（Anton de Bary）于1879年作为生物学概念提出的。[①]这距达尔文《物种起源》第一版首刊刚好晚出20年。人类社会到了19世纪后半叶和20世纪上半叶，可以说又进入了一个造就伟人的黄金时期，科学、哲学和政治领域，相继诞生了一系列的伟大人物。心理学创始人弗洛伊德（1856—1939）曾精辟地指出，科学对于人类朴实的自恋有过两次重大打击，一次是地球不是宇宙的中心而只是大得难以想象

① 洪黎民. 共生概念发展的历史、现状与展望 [J]. 中国微生态学杂志，1996（4）.

的宇宙体系的一个尘埃；另一次是生物学进化论“将人类废黜为动物的后裔”而不是神的独特创造。尤其是进化论，神学的根基由此动摇了，马克思主义的唯物论也因此加固了坚实的科学基础，尼采则大声喊出：“上帝死了！”科学研究更加坚定地沿着自然界自身的轨迹去探索宇宙的种种奥秘。然而或许是因为生物学进化论的影响实在太大的缘故，以至于自然界的“共生”现象反而没有引起足够的重视。这大概也就是科学的社会局限性吧。也就是说，科学本身并未超越人类社会，如何利用科学成果往往不是科学家所能控制的，科学家本身也从未脱离人类社会。当代进化论者古尔德（Stephen jay Gould）曾以散文式语言说过：“科学家像普通人一样，在他们的理论中无意中反映了他们时代的社会和政治局限。他们作为社会的特权成员，通常要捍卫现存的社会等级，并将这种等级关系看作生物学上预定的。”①近代和当代约200多年的科学发现可以说是成就卓然，也为人类社会带来了巨大福祉。但这并不是说所有的科学发明都只会给人类带来积极有益的影响，它也有可能因为人类社会有意无意地取舍，从而给人类造成负面的甚至是有害的结果。以下两点或可说明科学和社会这种多面性的关系。

第一，生物学进化论“生存斗争”“适者生存”的基本概念，人类社会在理解人与自然的关系时有被曲解和过分使用的倾向。达尔文《物种起源》认为生物进化时“由于产生的个体超过其可能生存的数目，所以不免到处有生存的斗争，或者个体和同种的其他个体斗争，或者和异体的个体斗争，或者和生活的物理条件斗争”。②他特别强调“生存斗争以在同种个体间及变种间为最剧烈”，在这种生存斗争中有利的个体就会保留、生存和繁衍，“这种有利的个体差异、变异的保持和有害变异的消除，我称之为‘自然选择’或‘适者生存’”。虽然达尔文也认为生存斗争“包含有生物的相互依赖性”，但他并未对此展开论述，他重点阐明的是生物的斗争和竞争机制对生物进化的驱动。于是这就顺理成章地为那些“地球的主

---

① 斯蒂芬·杰·古尔德.自达尔文以来——进化论的真相和生命的奇迹[M].海口：海南出版社，2016.

② 达尔文.物种起源[M].谢蕴贞，译.北京：中华书局，2012.

人”及“人类中心主义者”的学者和社会组织找到了生物学的理论依据。这个时候他们还会援引上帝说的：“凡活着的动物，都可以做你们的食物，这一切我都赐给你们，如同菜蔬一样。”似乎神的指引和生物科学不谋而合，人类是自然界最强大的生灵，因此也就理所当然地是最适合在这个地球上生存的主人和主宰，人类肆意攫取和无限制地享用这个世界上的任何资源，都是物竞天择的自然选择。于是地球也就有了今天环境资源的种种危机。不难想象，一种思想观念对人类行为的支配力量有多么强大！

第二，“生存斗争”“适者生存”的生物学概念，在用到人与人以及人与社会的关系理解时也存在被曲解和过分利用的倾向。自然界“适者生存”被认为是绝对普遍的“丛林法则”，因此“弱肉强食”“胜者为王”也就自然而然地被看作“优胜劣汰”的自然规律。于是生物学中的“生存斗争”在人类社会演化成强势之争、控制之争，甚至是你死我活的残酷战争。军备竞赛、贸易控制、掠夺资源……仿佛都为自己找到了出师有名的科学理论依据。甚至学术界也有人打着进化论的旗号大做文章，“生物学决定论”“种族主义”也在这个时期狂躁地泛滥起来。在他们看来，人类本来就源于非洲的食肉类动物，所以人类自然就会生物性地“具有天然的攻击性和先天的侵占性”，任何物种发展到一定数量就会受到抑制，而人类社会的战争就是“优选”种族和控制人口的途径之一，法西斯制造的种族清洗，日本人在中国制造的旅顺屠城和南京大屠杀，无不与生物学中“种族主义”有着内在的关联。哈佛大学出版社在1975年出版的威尔逊的《社会生物学》，古尔德说他得出的是“带有广泛猜想的所谓人类行为的一般模式具有遗传基础的结论”。所以古尔德对此进行了严厉的批评，并一针见血地指出：“支持生物学决定论的复兴肯定有其他原因，实质上最可能的是社会或政治原因。”[①]我们再一次看到，强势控制性的你死我活的人类竞争行为，实际上也受到一种思想观念的支配或者支持和秉持这种思想观念，这种思想观念与过分利用了“适者生存”和“生存斗争”毋庸讳言地有着内在的联系。

---

① 斯蒂芬·杰·古尔德.自达尔文以来——进化论的真相和生命的奇迹[M].田洺，译.海口：海南出版社，2016.

我特别喜欢《动物世界》，尤其是赵忠祥解说版。我虽不常看电视，但每打开电视看得最多的是CCTV-1、CCTV-9的自然科学节目。不无遗憾的是，这些动物世界在电视里展示给人类的往往都是猎杀、捕食、必杀武器、领地竞争等系列场景，而抓拍它们如何相互依赖和平共生的镜头实在是少之又少。学术教材和科普读物也同样如此。从幼儿时期大人教给孩子的就是那些“大灰狼”如何与人类为敌的童话。《重返狼群》为什么看哭了那么多的青年学子和少男少女？因为在他们善良的内心深处最容易发生人与动物友好相处的和平共鸣。事实上，自然界的生物物种并不全是“生存斗争”和“适者生存”的竞争关系，万物之间还有一种彼此联系、相互依赖、互惠互利、共同拥有、相生相助、和谐平衡的“共生关系”，它的普遍程度并不亚于“生存斗争”和“适者生存”的相互倾轧。

自然界的“共生关系”不光在个体和微观世界里如此，在个体之间的相互关系以及更加宏观的世界里，它更是一种普遍关联的存在。个体生物之间的共生关系我们已经知道很多，如根瘤菌与豆科植物的共生关系、蓝藻或绿藻与真菌共生形成地衣等，又如蚂蚁和蚜虫、鳄鱼和鳄鱼鸟、海葵鱼与海葵、水牛与红嘴啄牛鸟、百舌鸟与黄金鼠、鼠兔与雪雀等，这些都是我们从孩子们的漫画读物中就能了解到的。不同物种间的相互依赖和相互联系也常常表现为“共生关系”，如植物花卉往往是依靠昆虫和鸟类完成授粉和传播的，而昆虫和鸟类又依赖于植物花草提供的生态环境而得以生活。鸟类同时又捕食昆虫，从这个意义上讲鸟类是昆虫的天敌，但没有鸟类对昆虫数量的抑制，昆虫蔓延开来又会毁坏植物花草，从而破坏了鸟类和其他物种（也包括昆虫）的生存环境。所以从宏观上讲，鸟类抑制昆虫的蔓延也是一种保持生态平衡的共生关系。再如狼吃羊，狼是羊及鹿等食草动物的天敌，从这一点来看它们是不同物种间的“生存斗争”关系；但是美国黄石公园的经验证明，把狼群驱赶走之后，鹿和羊群便只在一块领地内吃草，那里的草很快就会被吃光，土地开始荒芜，鹿和羊出现食物危机，种群数量明显下降；当狼群重回黄石之后，食草动物被驱赶着并移动着，草地植被在“轮牧”中又得以恢复，鹿群和其他食草动物的生存环境也得到了改善，从这方面看又是狼群保护了生态也挽救了鹿和羊，因此它们也存在宏观联系的“共生关系”。

生物学界的“内共生”起源学说已有近百年的研究历程，且越来越被广泛认可。苏联学者米哈伊洛维奇（1890—1957）较早即提出细胞的游动性源于共生，1970年林恩·马古利斯出版《真核细胞的起源》一书，1981年她又再次发表《细胞进化中的共生》，认为“人类不是上帝的作品，而是千百万年来高度活跃的微生物之间相互作用的结果”“生命并不是通过战斗，而是通过协作占据整个全球的”，[①]从而把“内共生起源假说”正式普及为“内共生起源学说”，并写进了中学生物学教科书。她的重要依据和结论之一就是：共生是生物界无处不在的普遍现象，生命进化也是细菌、线粒体、真核细胞等协作共生的结果。也有学者对此表示怀疑，并提出“团聚体起源假说”[②]。但是无论哪种生命起源学说都指向了一个问题，那就是达尔文关于进化由竞争驱动的想法是不完善的。自然界的“共生关系”也是一种相互依赖、平等协作的和平关系，很显然它并不受那些控制欲和侵占欲比较强的政治家们的待见，这恐怕也是“共生关系”不够普及乃至不被生物学家以及文学、文化领域重视的社会原因和政治背景吧。但是今天我们却要大声疾呼，不只是生物学领域，整个社会都应该热切关注自然界的“共生关系”，希望能多出研究成果和科普作品，因为人类社会受自然界“共生关系”的启发，已经提出了有益于人类不分地域、种族都可以和平发展的“共生”思想，而这种“共生”思想也应该成为激励人类社会各种文明行为相互交融的精神财富。

不言而喻，宏观视野下的地球生态环境，经过几十亿年的繁衍进化，已经形成了一个变化中相对稳定的生态平衡系统，在这个系统当中虽然有“生存斗争”，有生杀灭绝，但它同时也是一个包容万物并且“万物并育”的共生系统。我们为什么只去关注它们的“生存斗争”而不去或很少去看看它们的共存共在呢？

---

① 林恩·马古利斯.生物共生的行星——进化的新景观[M].易凡，译.上海：上海科学技术出版社，2009.

② 张学澄，王润英，施时迪.真核细胞起源的内共生学说及其疑问[J].台州学院学报，2015（6）.

东方智慧与共生思想

在生命起源以及自然界“共生关系”的启迪下，在地球资源不断地遭受破坏性毁灭的社会环境下，在人类社会风险危机日益逼近以及国际关系高度复杂和高度不确定的背景下，“未来尚未降临，过去已不复存在”“人类将会杀害大地母亲，抑或将使她得到拯救？”[①]在历史的这一刻，幸运的是地球自转仍在继续，“万物并育”这一古老的东方智慧再一次浴火重生，肩负时代使命的东方学者鲜明地提出了“共生思想”，针对强势、控制、掠夺性的人类生存模式，平添了一股尊重差异、平等合作、多元和谐、协作发展的和平力量。

自20世纪后半叶开始，承载着圣贤传统的东方文明，以日本和中国学者为代表，开始在会议演讲和学术文章里越来越多地提及“共生”理念，并在这一理念的基础上一步一步地向着“共生哲学”和“共生思想”升华。

安藤忠雄在中国知名度一直很高，因为他在中国确实留下了不少建筑设计作品。跟他和矶崎新曾经并称为日本建筑界“三杰”的，还有一位叫黑川纪章（1934—2007）。这位黑川先生从建筑出发又超越了建筑，他对“共生”思想的著述与倡导，其影响之深远甚至超过了他的建筑设计。1976年他在日本《艺术生活》上发表了“共存的美学”一文，此后又在建筑杂志等公开媒体上相继以论文和随笔的形式发表了“共存的思想和技术”“与历史风土的共存”等文章。虽然文章中用的是“共存”概念，但也可以说这是黑川先生“共生”想法的萌生时期。从1980年开始，黑川先生便经常用“共生”一词来为自己的文章和演讲做标题，并连续发表了“迈向共生的时代”“从对立到共生”“共生的建筑”“共生的思想”等一系列演讲和文章。1987年日本德间书店首刊发行了黑川先生的专著《共生的思想》。此后黑川先生一直不断地修订和完善自己的想法，于1996年经大幅修订的《新共生思想》重新出版了。[②]从此黑川的所有演讲几乎都以

① 汤因比．人类与大地母亲[M].上海：上海人民出版社，2001.

② 黑川纪章．新共生思想[M].覃力，等，译．北京：中国建筑工业出版社，2009.

“共生”为主题，并在1993年、1994年、1995年三次来到中国同济大学做报告，其中前两次的题目均为“共生的思想——从机械时代到生命时代”。作为建筑师，他已把“共生”的思想作为自己毕生的崇高理想，所以他在年过花甲时仍能热情饱满地倡导和推广自己的主张和想法，实为难能可贵。

在《新共生思想》序言中，黑川认为现在人类世界包括经济、科技、文化、政治、哲学等各个方面正面临着一场“具有革命性意义”的重大转变，21世纪的世界新秩序将是“共生的秩序”或“共生的时代”。他特别强调说：“这是我仔细地观察和思考发生在各个领域中的变化之后所得出的结论”，并从工业社会向信息社会、线性经济向非线性经济、权力时代向权威时代、地中海文明时代向太平洋文明时代转变等九个方面论证了时代的重大变化。他从佛教的唯识论出发，认为共生思想源于佛教，“唯识思想正是共生思想的原点”。在他看来，人类社会由工业社会转向后工业社会，必然是一个多样化的、重视个性和创造性的社会，“这是一个以‘个性’和‘创造力’竞争的时代，也是多样性的价值观共生的时代。同时，这还是一个‘人的个性’的觉醒，不提高自己的创造力，就无法在激烈的竞争中生存的时代”，“对于整个世界来说，在竞争、对立的同时，也必然伴随着异质文化的共生、对话与合作”。所以他断言异质文化共生的新时代已经到来，而这个新时代在结构秩序上“开始向着无中心、多方向的、各部分能够自律的子整体结构或网络、矩阵型秩序转变”。这个新时代同时也是“多样化的存在才是丰富多彩”的生命时代，“生命时代的精神，则是把异质共生、不断变化的动态均衡、突然变异、新陈代谢、循环、成长、保持遗传基因的固有性、物种的多样性等，以生命原理作为目标的时代精神”。[①] 也可以说这是一个重视多样性的“共生”时代。

在日本文化学术领域，黑川纪章的“共生”主张并不是孤立的，还有许多学者参与到了“共生”的讨论之中。1986年井上达夫所著的《共生的做法——作为会话的正义》由创文社首刊，1992年他又撰写了《走向

① 黑川纪章.新共生思想[M].覃力，等，译.北京：中国建筑工业出版社，2009.

共生的冒险》并由每日新闻社发表。他所说的“共生”，“是向异质者开放的社会结合方式。它不是限于内部和睦的共存共荣，而是相互承认不同生活方式的人们之自由活动和参与的机会，积极地建立起相互关系的一种社会结合”。东京农工大学尾关周二教授于1996年出版了《共生的理想》一书，[①]作者虽然热衷的是交往论的研究，但在第四章“共生与共同的理念”中也极力倡导“共生”理念。他认为不论是“共同的共生”还是“共生的共同”，都是人类社会不可或缺的理念，这是因为“人在本性上是社会的、共同的存在，这句话意味着人完全不能过个别的、分散的、孤立的生活，不能没有自己所属的某种共同体或集团。但人通常不得不同时营建这样的社会生活，即与另外的种种层次和意义上不同的共同体和集团保持着某种关系”。[②]该书出版不久，一桥大学岛崎隆教授即发表了一篇“运用交往理论观察现代社会的尝试”的评论文章，对尾关周二关于“现代交往与共生、共同”的具体辨析给予了积极评价。石原享一所著的《世界凭什么和平共生》、仓地晓美的《多元文化共生的教育》以及大西正宜《建筑与环境共生的25个要点》等著述，则分别从国际关系、异质文化的融合与教育、建筑如何与环境共生等侧面，各自阐述了不同领域对“共生”思想的具体应用。

中国学者秉承圣贤传统的优势，无论是理论探索还是学科应用，对“共生”思想的研究与实践都取得了可喜的成绩。“海派”一词曾经流行一时且有多种解释，但其中最重要的一层含义就是以上海为代表在文化艺术领域里所形成的流派。今天的“海派”又多了一层意义，那就是在“共生”思想的研究领域以胡守钧、金应忠、任晓等为代表的“上海共生学派的兴起”。[③]上海“共生学派”主要在社会学、哲学、国际关系学术领域对“共生”学说展开研究，可以说改革开放这40年也是上海“共生学派”酝酿、形成的40年。复旦大学为此专门成立了“社会共生研究中心”，由上海共生学派的创始代表胡守钧先生任中心主任。胡教授说他的社会共生论

① 尾关周二．共生的理想 [M]. 卞崇道，等，译．北京：中央编译出版社，1996.

② 尾关周二．共生的理想 [M]. 卞崇道，等，译．北京：中央编译出版社，1996.

③ 任晓．共生：上海学派的兴起 [M]. 上海：上海译文出版社，2015.

的想法最初是受生物学家的启发。同校的生物系教授洪黎民于1996年在《中国微生态学》杂志恰好发表了对生物学“共生”概念的研究与展望，紧接着1998年胡守钧先生便在学术文章中提出了“社会共生论”。[①] 共生思想已经突破了生物学科，开始延展到社会科学领域。胡守钧先生提出的社会共生论是以人人平等为前提，主张每个人生而平等，“勿论信仰、阶级、性别、职业、年龄等所有生物性和社会性的不同，只要你尊重他人的公民权利，那么你也拥有同等的公民权利。人之间有不同利益，阶级之间有不同利益，当然有冲突有竞争，但是冲突和竞争并不是要消灭对方，而是以共生为前提”。[②]胡守钧先生带领王世进、李友钟博士继续向共生理论深处探索，于2015年发表了《共生哲学论纲》，[③] 从共生存在论、共生价值论、共生伦理学以及共生发展观等方面对“共生”思想展开论述，认为“共生是一切事物的存在方式；共生是生命体的基本存在方式，促进了生物种群的繁衍和进化”“社会共生是人类的基本存在方式，人类社会的基本形态是共生态；斗争与妥协的互动是社会发展的动力，和谐共生是人类社会的目标”[④]。

在国际关系和世界秩序研究领域，上海“共生学派”以金应忠、任晓、苏长和、袁胜育为代表，先后发表了一系列的重头文章，其贡献之巨令世人瞩目。金应忠是上海外国语大学老教授，也是上海国际关系学会老秘书长。1987年8月，上海国际关系理论讨论会在该校召开，金老回忆说，会议整整用了5天共同筹划如何建立“中国特色国际关系学体系”，他说“这是中国社会科学学术发展史上史无前例的大事”。2011年他在上海《社会科学》杂志上发表了“国际社会共生论”一文，指出“共生”是当今世界和平发展的应有之路。任晓是复旦国际问题研究院的教授，他在文章中说道：“思考当今世界的问题必须超越西式或美式思维，另辟蹊径，另寻出路。博大的中国思想文化有可能为之提供建设性的选择方案，共生

① 胡守钧.社会共生论[J].湖北社会科学，2000（3）；胡守钧.走向共生[M].上海：上海文化出版社，2002；胡守钧.社会共生论[M].上海：复旦大学出版社，2006.

② 胡守钧.走向共生[M].上海：上海文化出版社，2002.

③④⑤ 任晓.共生——上海学派的兴起[M].上海：上海译文出版社，2015.

就是这样一种思维或思想。”[5]他认为“共生”就是不同事物在共存中相生相成、共同生长、相互促进的良性状态。1996年“上海合作组织”正式以“五国会晤机制”的形式首次在中国境内成立。2018年上合组织青岛峰会期间，习近平主席在一系列重要讲话中多次提到“上海精神”，外交部部长王毅在接受采访时表示，“上海精神”就20个字：互信、互利、平等、协商、尊重多样文明、谋求共同发展。从第一届国际关系学会在上海召开，到中国境内第一个国际合作组织在上海成立，我们似乎看到，倡导共生型国际关系体系的上海共生学派，与现在热提的“上海精神”，在理论和文化的底蕴深处必是有其某种关联的。

宗教领域的“共生”思想也是东方智慧的重要组成部分。佛教的“缘起”说与“共生”思想已经引起中国佛学界的高度重视。据佛教在线网报道，2008年12月3日中国佛教文化研究所在北京专门召集了一次“共生思想”座谈会，与会代表有中国的张文良、杨笑天教授和日本学者小谷幸正等佛学专家，针对“人与人、人与社会、人与自然”的共生主题展开了激烈的讨论。方立天教授对佛教的宇宙结构体系和“缘起论”也曾发表自己的研究成果。[1]日本学者松长有庆从密教研究出发得出结论：“密教是把一切事物都看作是和自己有密切关系的”“人类既不拥有对动植物和自然界的支配，也没有把这些隶属化的权利，人类已经不得不考虑与万物之间相恃相依的共生关系。”[2]川田洋一、龟山纯生等也都对佛教的“共生”思想从不同的角度进行了探索。川田认为“缘起”是佛教共生思想的原点，“作为‘缘起’的智慧，使全人类、一切众生都相即不离，由此浮现出佛教的理想社会——‘共生社会’”[3]。中国有佛教、道教、伊斯兰教、天主教和基督教五大宗教，信徒总数超过1亿人。原宗教事务局长叶小文说，这些宗教在中国境内都崇尚“和”的美德，和而不同，美美与共，求同存

① 方立天.当代佛教要重视阐扬佛教核心思想“缘起论”[N].中国民族报，2011-02-26；中国佛教的宇宙结构论[J].宗教学研究，2011（6）.

② 松长有庆.东方智慧的崛起[M].吴守钢，译.海口：海南出版社，2014.

③ 川田洋一.佛教中所见的共生思想[J].世界宗教研究，2011（5）.

异，共生共长。[1]在多元和谐的文化氛围和宗教环境中，酝酿并提出人类社会“共生”的理想理念，这就像在合适的物理环境中孕育出新的生命物种一样不足为奇了。

当下的网络和书刊当中，“共生”已是高频用词。1998 年袁纯清教授即在博士论文的基础上出版了《共生理论——兼论小型经济》一书，自由学者钱宏先生的《中国：共生崛起》，更将“共生”提到了“生活方式”和价值观的哲学高度。打开“中国知网”搜索“共生”一词，相关文章已多达 10185 篇。然而什么是“共生理论”“共生思想”呢？我几乎翻遍了能够查到的所有资料，都有所提及，但又都没有翔实而准确的定义。黑川纪章的著作以“新共生思想”作为书名，但他却在书中明言现在给“共生思想”下一个可以入选辞典那样的定义似乎还为时过早。有意思的是，“共生理论”就像一剂灵丹妙药一样已经作为方法论而广泛应用于各个学科和社会领域。我国是“水稻杂交”的发源地，某种意义上这本身就是一种“共生”思想指导下的实践成果，我们在浙江、江苏、辽宁等地随处都可看到“稻鸭共作”“稻蟹同池”“稻虾并育”的有机种植模式，其“共生”意义已经远远超出了水稻科目。在文化、教育、民族工作、企业经营等众多领域，“基于共生理论”的研究范式也已成为学科交叉的一种时尚。尽管如此，前面提到的学术界对“共生”学说的种种探索虽然已是成绩斐然，但就学术发展史而言，“共生”学说毕竟还很年轻，就像一个新的生命物种刚刚诞生之后还没能进化到成熟阶段一样，它还有很多不完善之处和需要继续深入研究的领域。比如竞争与共生就是一对不可回避的矛盾关系，不同文化、不同种族、不同的社会制度，以及发达与落后、强者与弱者、大股东与小股东、物质资本与智力资本等，它们如何才能共生共存、共同发展，都需要我们从理论和实践中不断地总结经验进行细化探微。但是无论有多么艰难险阻，作为人类社会和平发展的东方智慧的建设性方案既已启航，终究是要驶向理想彼岸的。

---

① 叶小文 . 多元和谐的中国宗教 [M]. 北京：外文出版社，2018.

三、正视“恶”与向往“善”

人类对基因的探索无疑是20世纪最伟大的科学发现之一。美国组织的“人类基因计划”跨世纪地进行了13年，1999年当生物学家埃里克·兰德（Eeic Lander）在白宫演讲汇报告诉人们，地球上任意两人的基因组有99.9%是完全相同的时候，克林顿总统对此兴奋不已，人与人的基因之间仅仅存在着0.1%的差异，难道所有的文化差别、文明冲突、罪恶与战争……都根源于这0.1%的差异吗？我们为什么不能消弭分歧，为人类共有的那99.9%而共同合作、和平相处呢？这确是人类最善良的美好愿望！不过美国学者以太·亚奈和马丁·莱凯尔提醒人们，我们的基因组共有20000个基因、600亿个字母，尽管0.1%听起来很小，但这相当于你的基因组与你邻居的基因组之间存在着600万个字母的差别。我们的父母约有99.9%的基因组是相同的，我们从父母那里遗传的两套染色体会有0.1%的差异。再加上不同个体之间基因拷贝数变异会引起差异比率的上升，或可达到0.5%，那么人与人基因组的差异就多达3000万个字母了。亚奈把这种相似与差异称为“克林顿悖论”，并怀疑地提问：“这是否意味着我们和自己本身也存在矛盾？”我以为这或许正是人类双重本性的原因之一。0.1%也好，0.5%也罢，基因上的差异是否就是人与人之间自私争斗的根源，没人去证实，也没人去证伪。但如前文所说，生物学界越来越多的成果证明，基因既是自私的，也是合作的。

荷兰人弗朗斯·德瓦尔（Frans de Waal）是一位我很尊敬的生物学教授，他几乎用了毕生精力去研究人类的近亲黑猩猩和巴布诺猿（又称倭黑猩猩）。他特别不赞同单方面把人类的本性描写成自私丑陋的悲观做法，他说：“我在黑猩猩身上已经目睹了许多流血现象，不得不同意它们确实具有暴力倾向。不过，我们也不该忽略人类的另一个近亲，也就是20世纪才发现的巴布诺猿。巴布诺猿是一种随遇而安的动物，性方面也相当健康。它们天生爱好和平，足以为人类天性嗜血的说法提出反证。”通过一系列的观察研究，他总结式地做出结论：“我们同时具备残酷与慈悲的面相，就像罗马神话里的双面神，两个脸庞各自朝着相反的方向。……为何不接受两者皆是的事实呢？人类的善恶两面和灵长类近亲完全相符。”[①]虽然像马斯洛这样的心理学大家曾经反对直接拿动物来比照人类，但大多数生物学家和人类学家一致认为，作为和其他生物拥有共同祖先的人类，我们的基因已经告诉自己，尽管人类的性情更多的是从后天社会的文化演化里习得而来，然而我们仍然无法完全去除基因深处一直以来留给我们的某些根性。

人类真的存在非常丑陋与邪恶的一面，我们对此不应该回避，而应该承认并正视。嫉妒、贪婪、阴险、狡诈、仇恨、报复、唯利是图等，这些只不过是人类丑陋与邪恶的某个侧面，人类最大的丑陋与邪恶是残暴、杀戮，人类不仅残暴其他物种的生命，而且人与人之间也相互残杀。近年来，媒体频繁爆出中国留学生在国外被害事件，其中章莹颖在美国被嫌犯克里斯滕森绑架杀害一案尤其骇人听闻。北京大学优秀学子吴谢宇在福州家中杀死亲生母亲的“弑母案”，湖南新晃县一中操场“埋尸案”……几乎每天我们都可以从各种媒体看到或听到人杀人事件。与这些个案相比，最为凶残的则是那些有组织的集体屠杀——那些古今中外部落与部落、种族与种族、国家与国家之间的暴力冲突。所以有学者说人类的暴力倾向远远超过其他动物，人类的文明史就是一部自相残害的战争史。从 2009 年起历时 6 年的考古发掘，发现了迄今最早的战争屠杀场面的恐怖尸坑，那是公元前 1300 多年位于德国北部托伦瑟河畔的一场有组织的大规模部落战争，使用的武器虽然只有木棒、矛、弓箭和刀，留下来的尸骨却多达 4000 多具，可想而知当时的厮杀场面有多么壮烈与残酷。中国历史上的集体杀戮场景也是数不胜数，文的方面有焚书坑儒，武的方面则有牧野之战、巨鹿之战、官渡之战、赤壁之战、淝水之战、三元里抗英之战……少则数千人，多则数十万人死于非命。其中，最惨烈的莫过于 20 世纪的第二次世界大战，仅德国纳粹就屠杀了 600 万犹太人，日本的侵略暴行则造成了中国人数以千万计的死亡。南京大屠杀更是惨绝人寰，走进南京大

---

① 弗朗斯·德瓦尔.猿形毕露 [M]. 陈信宏，译.北京：三联书店，2015.

屠杀展览馆，有多少草菅人命的杀戮场景，令人毛骨悚然，不堪入目。根据美籍华裔记者张纯如的记录，日军在华之所以会做出活埋火烧、开肠破肚之类令人发指的“残酷暴行”，与当时的日本政府、军国主义及社会各界所形成的“情境力量”直接相关。她说：“一个脆弱政府所灌输的教条。虽然许多人的天性与这些教条相反，但脆弱的文化和危险的时代，使政府能将这些信念合理化。”日军士兵受到如此这般种族歧视的灌输，以为其他民族的平民比猪还低贱，在他们受命屠杀这些平民时，自然就会毫无人性也毫不留情。号称自由人权的美国也并没有好到哪里去，“印第安战争”“南北战争”时期也同样杀人如麻。直到 20 世纪末，非洲仍有短短三个月内就有 80 多万图奇族人被杀的“卢旺达惨案”。集生物学家、生态学家和教育家于一身的斯坦福大学保罗教授，在专论人类集体大屠杀时说道：“集体屠杀明显的是人类行为模式之一，我怀疑只要有适当的社会环境，任何族群都有可能产生这种行为。……关于人类暴力的演进，最好的总结也许是：聪明的灵长类已经（在基因和文化方面）演化出社会和政府制度，来操控个人或团体。……人类必须努力改善文化机制，以维持和平并避免集体屠杀。”①

美国学者斯蒂芬·平克所著《人性中的善良天使——暴力为什么会减少》一书，对人类历史上战争屠杀等死亡数据进行了大量的统计研究，这部 123.9 万字的鸿篇巨作，所列图表多达 114 个，其结果让作者自己也感到“一再惊讶”。他说：“回顾过去，世界上各个层面的暴力几乎呈现一致的下降趋势。”他的研究方法是数据学统计，即按照总人口比例，暴力死亡人数随着人类文明程度的提高而逐渐减少。这个结论似乎并不具有很强的说服力，第二次世界大战就是最好的例证，总死亡人数都是以千万来计算的，屠杀规模之大超过了历史上任何一次战争清洗，原子弹的爆炸、化学武器的使用，暴力危险不仅没有减少，反而变得更加规模化和不确定的危险化了。绝对死亡人数和死亡人口比例如果都纳入进来研究分析，似乎更容易让人接受。尽管如此，平克对人类暴力产生原因的分析确是很有

① 保罗·R. 埃力克 . 人类的天性 [M]. 李向慈，等，译 . 北京：金城出版社，2014.

启发意义的。他在第 8 章《心魔》中从心理学角度首先证明我们的心魔确实存在。他说："我要让你们相信，我们中的绝大多数人——包括你自己，亲爱的读者——本质上都是趋向暴力的，尽管我们很可能永远都没有机会使用暴力。"实验证明人们头脑里闪过的暴力想象"数量巨大"，大多数人的头脑里至少曾经有过一次"要杀死一个人的幻想"，而造成人类历史"一连串血腥事件"的根源主要来自五个方面：第一类是"捕食"，可称为实用性、工具性的暴力，这是通过武力达到贪婪、肉欲或野心等某种目标的最简单的暴力；第二类是"统治"，通过追求优势实现对对手的绝对控制权；第三类是"复仇"，追求以同样的方式回击伤害；第四类是"施虐"，即享受伤害他人；第五类是后果最严重的暴力根源，即意识形态。他说："人类中的个体从来不缺少动用暴力的自私动机。但是历史上那些尸横遍野、杀人如麻的暴力记录都发生在这样一种情形下——大量的人追捧一种意识形态。像捕食或工具暴力一样，意识形态暴力也是达致目标的手段。但是，意识形态的终极目标是理想化的，即实现更大的善。"[①]历史上的十字军东征、法国大革命和拿破仑战争等，都是在某种理想、主义的号召下的暴力结果，包括希特勒，他也是一个理想主义者，"他有自己的道德观，相信英雄式的献身能够带来千年盛世"。人类不同于其他动物，就是从心理上和意识形态上为暴力找到了借口和理由。平克的高明之处并不只是让人们认识到"人类恶行和促发这些恶行的人性阴暗面"，他更希望人们进一步看到"一些光明向上的东西"。暴力的下降趋势正是让我们看到了光明，这不仅要归功于"我们天性中的善良天使"，更要归功于人类文明其他更坚实的力量，"如谨慎、理性、公平、自制、规范和禁忌以及人权理念。"正是人类光明善良的一面在约束着我们的心魔，从而"推动我们趋向和平"。

平克的内心似想通过暴力下降趋势的研究，增强人们消除暴力"心魔"的信心，最终让善良的天使主导着这个世界。这种向善心理在第二次世界大战结束后曾主导了许多学者去深入研究人性的"恶"，特别是奥斯

---

① 斯蒂芬·平克.人性中的善良天使——暴力为什么会减少[M].安雯，译.北京：中信出版社，2015.

威辛集中营大屠杀事件更是直接冲击了世人的心灵，伊曼努尔·列维纳斯、汉斯·约纳斯、汉娜·阿伦特等一大批思想家“将大屠杀视为最根本之恶的典范”，并以此展开对“根本恶”的广泛探讨。1941 年阿伦特成功逃往纽约之后，她在康德“根本恶”的认知基础上原创性地提出了“平庸之恶”。西方传统一直认为人所能做的罪大恶极之事主要出于“自私”之恶，但阿伦特却指出，最大恶与根本恶和这种人性可理解的作恶动机并不存在任何关系。她在《极权主义的起源》和《艾希曼在耶路撒冷》等著作中敏锐地指出，艾希曼的动机是一些最世俗和微不足道的考虑：提升自己的职位，取悦他的上级，证明自己可以又快又好地工作。在这个意义上，他的动机是平庸的，他已经丧失思考能力和独立判断能力，而这更加可怕，“(它)可以比所有恶本能之总和还要具有破坏性”。正如伯恩斯坦在《根本恶》一书中对平庸之恶所做的总结：“更容易也更常规的想法是认为，任何干出艾希曼那些行为的人必定是恶魔般的怪物。然而极权主义表明(其后遗症仍然萦绕着我们)，受到最世俗、最平庸的考虑驱使的再普通不过的人，都可以犯下骇人罪行。”①

阿伦特的“平庸之恶”显然已经超越了个体，而是上升到了系统或社会的层面。斯坦福大学心理学教授菲利普·津巴多对“好人为什么变坏”的研究与此有异曲同工之妙，他是想让人们知道好人也可以变坏，人是在什么情境下才会变成恶魔的。一部 51.4 万字的《路西法效应》，即凝聚了他的许多心得与智慧。路西法本是上帝最宠爱的天使，经不住诱惑变为撒旦而选择了地狱，当他得知再也无法回到天堂时，他的亲信别西卜提出了最邪恶的计划，以毁坏上帝最爱的杰作——人类——来报复上帝，并诱使亚当和夏娃忤逆上帝而走向罪恶。全书依据两个重点案例展开论述：一是阿布格莱布监狱虐囚事件，二是斯坦福大学进行的斯坦福监狱实验。2004 年 4 月，美国哥伦比亚广播公司在“六十分钟Ⅱ”的电视节目中播出了一连串令人难以置信的虐囚画面，画面中的美国大兵在伊拉克监狱中以各种不堪入目的方式折磨、羞辱、虐待着全身裸露的俘虏，场面低级下流，很

---

① 理查德·J. 伯恩斯坦 . 根本恶 [M]. 王钦，等，译 . 南京：译林出版社，2015.

难想象那是健康、正常的军士所为。影像播出后世界舆论一片斥责之声，最终有6位狱卒被判处6个月至10年不等的有期徒刑，算是对世界舆论有个交代。但津巴多通过虐囚事件的成因分析，认为这并不是个别"流氓士兵"犯下的个案，而是自上而下的"系统性的"虐待行为，这几位狱卒原本都是优秀的好青年，是在"9·11"后的反恐心态下形成的一系列"刑囚"情境氛围中，让他们变成了所谓的"害群之马"，因此他提出从"战争最高统帅"布什总统到"酷刑副总统"切尼，以及四位高阶军事主管，是他们共同构成"政府内部的指挥共谋结构"，"在这些虐行中，政治及军事的指挥链正是以当权之恶为基础扮演着串谋者的角色"。所以接受审判的不应只是个别的狱卒，更应该"让系统接受审判"！

另一则监狱实验案例，是1971年夏天在斯坦福大学模拟监狱进行的，实验让一些聪明的在读大学生随机分派，让他们在真实的监狱场景里扮演狱卒和囚犯，并要求他们在里面生活和工作数周。结果有一半"囚犯"由于遭遇严重的情感及认知失调而必须提前"释放"，留下来的人则逐渐变得只是服从狱卒命令的"行尸走肉"，不发淫威的"好狱卒"也同样变为稀有之物。同样是一群朝气蓬勃的大学生，在模拟监狱的情境下，管理者"狱卒"开始变得发号施令、残酷无情；被管者"囚犯"则越来越唯唯诺诺、死气沉沉。

以上两个案例有许多相似之处，所以津巴多坚定地做出结论：是情境力量这个"大染缸"改变了人的心理和行为。他说："人格与情境互动产生了行为，这在心理学是老生常谈，事实是，人们是在各种行为脉络中行动。人是其所处不同环境下的产物，也是他所遭遇环境的制造者。"①由此便不难理解，我们每个人都可以"学习向善或向恶"，一方面在强有力的系统及情境力量的支配下，普通的人，即使是好人，也可能会被煽动或诱惑加入其中并做出恶行；另一方面在一个完全相反的情境前提下，我们之中任何人又都可能成为天使、成为英雄。这后一种情境的力量究竟是什么，津巴多"至今尚未完全了解"，但他至少寄希望于我们，应以集体心

① 菲利普·津巴多.路西法效应[M].孙佩妏，等，译.上海：生活·读书·新知三联书店，2010.

灵中更巨大的良善，去赞颂英雄式的善行和英雄人物，打击并最终战胜存在于人与人之间的丑陋与邪恶。我们正视邪恶，不是为了增加仇恨的记忆，而是要超越人性的善恶心理，只有超越善恶，才能在遇到邪恶的情境时不为所惑，才能在善恶对决的时刻做出正确的选择。

四、我们是矛盾的共生体

J.K. 罗琳小说中的哈利·波特，在知道自己体内存储着伏地魔的能量时心中颇为纠结，这时小天狼星对他说：“我们每个人都有光明的一面和阴暗的一面，关键是我们选择哪一面。”

马克·吐温曾经说，我们每个人都是月亮，都有黑暗的一面。这也就是董仲舒所说的“仁贪之气，两在于身”。天使与魔鬼、光明与黑暗、自私与利他、竞争与合作，无论我们能否理解或如何解释，这种冲突着的矛盾现象的确是伴随人类与生俱来的双重本性。

两千多年来关于善与恶的人性争辩，任何人都无法判明谁对谁错、谁输谁赢。人的天性不可能是单一的，就像人的嗅觉有酸甜苦辣咸“五味俱全”一样。生命是在一定的环境条件下诞生的，诞生生命并促使生命不断进化的环境条件毫无疑问不可能是单一、纯净的，因此人性的原本模样虽然不能说它最初有多么复杂，但却可以认定它也一定不是单元素、单方向的。生命的进化虽然是由简到繁、由单细胞到细胞网络的复杂过程，但生命本身也一定要经历从简单的相互依存到丰富的万物互联，并最终形成多姿多彩、多元多样的绚丽世界的漫漫里程。

我国的嫦娥四号探测器已在月球背面成功着陆，开始了探索月球黑暗面的太空之旅。如果说探求月球背面或宇宙黑洞需要的是科技智慧，那么探知人性的阴暗面所需要的则就不仅仅是智慧了，恐怕更加需要的是人类敢于正视自己和自我批判的勇气。在这一点上我特别欣赏安·兰德的率直，她可以坦诚地向所有人直白：自私也好，利己也罢，自私也可以成为一种美德，利己也能成为善良的德行，我，就是为自己而活着！难道这不是很可爱吗？有谁敢说他/她自己的身心都是光明的，丝毫没有阴暗的一面？倘若真的有人站出来宣称他活着的全部意义都是为了别人而没有一点为自己，这话又有多少人会相信呢？

我抱着探讨的心理跟学生物的弟弟通话交流，我问："人存在的第一要义，或者说生命的第一需要是什么？"他不假思索地立马回答说："活着！所有生命的第一要义首先是生存。""就这么简单？""难道不是吗？"是的。我无法反驳，因为我也同样是这么想的。为什么我们总是习惯于把事情往复杂里推断呢？是因为我们太聪明或是我们总有表现自己的欲望？或许我们都是《红楼梦》里的凤姐，聪明反被聪明误了。人是什么？人不就是一种动物吗！只不过人的大脑比其他动物的大脑生物分子复杂一些罢了。人的本质也不过是地球上万物中的一种社会性生物而已。放下姿态，承认自己就是社会性动物，我们自然就会认识到地球上的所有生物都存在着一个共同的机理，那就是作为生命机体都存在着为了活命的最原始的需要。而生命机体的基本需要正是主宰人类所有活动的内驱动力。人为了生存就一定会产生为了自己的意识和行为，而作为社会性的人，为了自己的生存则又离不开他们相互依赖的群体，从而又必然会产生为了群体的共情心理和利他活动。所以，人有阴暗的一面，也有光明的一面；人有自私的基因，也有利他的本性；人为了生存必须竞争，然而却是人与人之间的协作配合让人类获得了更好的繁衍生息。所以德裔著名心理学家弗洛姆说，人的本质正存在于"囿于自然"和"超越自然"这样一对矛盾中，"这种矛盾，或者说人的各种不同的、相反的可能性，构成了人的本质"。①

也可以说，将光明与黑暗、邪恶与善良、自私与利他自然而然地融合到一起的智慧生物，这就是人。这种矛盾体的生物长期以来困扰着人类自己对社会乃至宇宙的认知与感悟。从古代的阴阳学说到近代作家笔下的《红与黑》《罪与罚》《战争与和平》等，无不反映了人类在认知世界时的矛盾心理，以及由此对人类心理造成的困扰与纠结。这种困惑似乎在认知自然界时表现得并不那么突出，毕竟自然界直接传递给人脑的外物信息

① 艾里希·弗洛姆. 论不服从 [M]. 叶安宁，译. 上海：上海译文出版社，2017.

容易辨认一些，高与低、黑与白、冷与热、大与小等一看便知，即使是原子、分子、离子、质子之类的微观世界，在现代高科技的显微分辨下似也不难将其图像化、可视化。唯独说到人本身，人的思想、人的心灵甚或民族的文化与人类文明，则就有些捉摸不定且难以形状了。叔本华正是认识到了人的这种“不完美性”，从而建立起了他的悲观主义的哲学体系。“知人知面难知心”，人是什么？人类存在的意义等，从平民百姓到专家学者，都很难给出个明确的说法，就算是有了一些专业方面的理解，那也是仁者见仁，智者见智，各执一词，莫衷一是。因为人终究是个生物活体，活动着的人，尤其是处在社会活动中的个体，怎么能和相对静止的石头、树木、水火、恒星之类的物体相提并论呢？所以托尔斯泰在写《复活》时便将人的多面性、双重性、复杂性的矛盾纠结，一股脑儿地倾泻在小说主人公涅赫柳多夫身上：

> 在涅赫柳多夫身上就跟在一切人身上一样，有两个人。一个是精神的人，他为自己所寻求的仅仅是对别人也是幸福的那种幸福；另一个是兽性的人，他所寻求的仅仅是他自己的幸福，为此不惜牺牲世界上一切人的幸福。在目前这个时期，彼得堡生活和军队生活已经在他的身上引起利己主义的疯魔状态，兽性的人在他身上占着上风，完全压倒了精神的人。可是他见到喀秋莎以后，重又产生了他以前对她生出的那种感情，精神的人就抬起头来，开始坚持自己的权利。于是在复活节前一连两天当中，在涅赫柳多夫身上一刻不停地进行着一场他自己也不觉得的内心斗争。
>
> 人好比河：……有的地方河身狭窄，有的地方水流湍急，有的地方河身宽阔，有的地方水流缓慢，有的地方河水清澄，有的地方河水冰凉，有的地方河水混浊，有的地方河水暖和。人也是这样。每一个人身上都有一切人性的坯胎，有的时候表现这一些人性，有的时候又表现那一些人性。他常常变得完全不像他自己，同时却又始终是他自己。①

① 托尔斯泰 . 复活 [M]. 汝龙，译 . 北京：人民文学出版社，1979（2）.

在这里，好与坏、对与错、光明与黑暗、混沌与秩序、天使与魔鬼、痛苦与快乐、精神的与兽性的……这些矛盾着的多重形式，并不等于万事万物就是一分为二的二元对立状态，而仅仅是面对复杂事物所采用的简单方便的一种表述而已。我们也以托尔斯泰提到的河水为例，水的温度的简单表述是凉水或热水，就像我们坐在国际航班上乘务员问你要 cold water 还是 hot water 一样。然而如果我们把液态水放置在一个刻有温度标记的容器里，在不同的外部环境影响下，水的物理状态则就表现出完全不同的多样性了。热到一定程度时水就变成了气体，而冷到一定程度时它又变成晶体或粉末了。在这冷与热的两极之间，从零度冰点向下行可以是冰、微冰、很冰、极冰的状态，向上行则是凉、微凉、温、温热、热、很热的变化。冷与热仅仅是水的温度易于表述的两个概念而已，而这两者之间又有着无数种中间环节的过渡演变。很多年前我曾写了一篇《一分为二与一分为多》的短文，讲的也是无数层级的中间环节。很多事情并不能用好与坏、对与错就可以简单地界定的。由“自爱”演化而来的，可能有自我、自恋、自私、利己、吝啬、自以为是、刚愎自用、个人主义，乃至暴力、专制、战争、殖民主义、罪恶等；而由“天使”引申而来的，仿佛还有同情、怜悯、宽容、慈善、公正、自由、平等、博爱、利他主义等。这其中不能单纯地用好与坏加以区分，也有可能好中有坏，坏中有好，既有天使的善良，也有魔鬼的可恶。正如歌德和尼采形容快乐和痛苦时所说的，两者是纠缠不清的整体，任何人要想获得尽可能多的其中一样，那么就必须接受相伴而来且数量相当的另一样，任何人想要享受“天堂般的欢乐”，他就必须准备好迎接“地狱般的痛苦”。[①] 没有截然分明的“二元对立”，万事万物切不可非此即彼地断然分开。就像元代管道升写给丈夫的《我侬词》中所说的：“把一块泥，捻一个你，塑一个我。将咱两个，一齐打破，用水调和。再捻一个你，再塑一个我。我泥中有你，你泥中有我。”甚至你中有多少我、我中有多少你也是很难分清的。人是环境中的活体，虽不能打碎了重塑，却是不同的生长氛围塑造不同的人品，不同的情境环境成

---

① 尼采．成为你自己 [M]. 陈永红，译．南京：江苏凤凰文艺出版社，2017.

就不同的精神。不革命就是反革命、不民主就是专制、不利他就是自私等，都是把复杂多样的万事万物简单化的思维惯性，也是人类思想的惰性表现。承认多样才能尊重差异，尊重个性才能和平共处。没有魔鬼就没有天使，天使和魔鬼是同在一体的共存共生体。

所以，与其无休止地争论人的本性到底是善还是恶，是生而本善逐渐被邪恶的力量浸染了，还是生来本恶日益受善良的教化力量所感化等，如此这般，争论可以休矣！因为我们两者皆是，或者我们原本就是“混合的人性”。① 在这方面东西方学者有着惊人的一致认识，汤因比和池田大作关于“人性中善恶并存”的一次对话，便是最具代表意义的。② 无数现实故事也一再告诉我们，我们既是自私的小丑，也是善良的天使。一个温顺善良的汽车修理工在被欺辱到极致的时候，也可能会奋起反抗；一个杀人犯在得知人质的身世甚至比自己还值得同情时，他也会萌生恻隐之心，放走人质。生物学家威尔逊在解释我们内心冲突时说：“过去 20 年积累的科学证据表明，我们是这些完全对立的事情的联合体，也就是说，人生来就是矛盾的。” ③ 在哲学家眼里善和恶同样是一种不可分割的辩证关系，康德主张“善恶共居于人性”，黑格尔也在《宗教哲学讲演录》中说道：

> 善与恶这二者，虽然在本质上是矛盾的，但它们被设定：每一个都是另一个的前提。并不是说，它们之中只能存有一个，而是说，我们在这一彼此对立的关系中同时拥有着它们二者。④

五、我们需要的是引人向善的社会情境

法国群体心理学创始人古斯塔夫·勒庞，根据法国大革命时期的群体

---

① 汤姆·齐格弗里德. 纳什均衡与博弈论 [M]，洪雷，等，译. 北京：化学工业出版社，2019.
② 汤因比，池田大作. 选择生命——汤因比与池田大作对谈录 [M]. 北京：商务印书馆，2017.
③ 爱德华·威尔逊. 人类存在的意义 [M]. 钱静，魏薇，译. 杭州：浙江人民出版社，2018.
④ 黑格尔. 法哲学原理 [M]. 北京：商务印书馆，1961.

心理特征，写就了一部《乌合之众：大众心理研究》。他认为我们未来将进入的时代实际上是“群体的时代”，群体成员的思想感情有一种相互统一的倾向，在一定的情境环境中，个体会呈现无意识状态。“自觉的个体消失了，出现了一个群体心理”，在这种群体心理的支配下，一方面“犯罪是群体的常态”，其中的原因很简单：“我们从原始人身上继承了野蛮的毁灭本能，它潜伏在我们所有人身上。单独的个体在生活中满足这种本能是很危险的，但当他被群体融化时，因为肯定免责、免罪，他就会完全释放并遵循这种本能。”群体会杀人、放火，无恶不作。另一方面群体“也能有崇高表现”，比如奉献、牺牲和无私，其往往比单独的个人高尚得多，特别在无私奉献方面，“只有群体能够做到极致。有多少群体为了自己根本不理解的思想观念和只言片语英勇赴死！”[①]而这个时期的行为动力几乎与个人利益毫无关系。群体心理之所以能够形成，取决于当时的社会、文化、教育、政治等各种因素交织而成的情境环境。犯罪学家和心理学家所做的“破窗效应实验”“阿希从众实验”以及米尔格拉姆的“服从实验”，也都从心理研究上证明了环境中的不良现象。如果不加制止并放任存在，就会诱使人们效仿，甚至变本加厉滋生犯罪。“随大溜”的从众心理便会做出极高比例的错误判断，即使是普通人，“在一个社会压力强大的实际情境中，道德观念也会被我们轻易地践踏在脚下”。[②]1969 年 10 月 17 日加拿大蒙特利尔警察罢工，一天之内有 6 家银行遭抢劫，100 家店铺被抢，这就好像是一次无组织的自然实验，来检测我们文明社会的人性到底有多么脆弱。

改革开放前后，我们的思想意识和行为模式发生了怎样的变化？用翻天覆地来形容这场变革恐亦并不为过。这场社会性的裂变我们在上一章已有论述，这里需要补充的是群体意识的变化不仅仅局限于平民百姓，某些思想泰斗级的大人物在那样的背景下往往也会随波逐流。复旦大学朱学勤教授曾对这种前后不一的某些“权威”人士发出“灵魂拷问”。1988 年朱学勤教授愤愤地说：“从前是目不识丁的底层文盲；现在则轮到知识

---

① 古斯塔夫，勒庞.乌合之众：大众心理研究[M].马晓佳，译.北京：民主与建设出版社，2018.

② 托马斯・布拉斯.好人为什么会作恶[M].赵萍萍，译.杭州：浙江人民出版社，2017.

分子，这个‘家’，那个‘权威’。他们中的很多人将终生念叨某年某日某人某张大字报中的某句话曾加害于己，却拒绝回忆自己远比红卫兵更早，就使用过红卫兵的手段伤害过远比自己优秀的同类。”[①]作为“为学不作媚时语”的朱学勤先生确实令人钦佩，然而一旦我们懂得了随环境而变化的人性之后，也就没有必要为那些人情世故而愤世嫉俗了。所谓“此一时，彼一时”，今天的许多企业家或教授，没准就是当年“大串连”走上天安门广场的红卫兵。我们没有必要纠结于历史，我们应该想的是为什么会有那么多人在环境系统的压力之下仍然能够保持自我？我们怎样才能规避重蹈历史覆辙？是什么样的环境更加有利于人类向善和我们共同的福祉呢？

认清人性只会让我们更加乐观。人类历史确是一部战争史，或者说人类历史是善良与邪恶不断纠缠与争斗的历史。尽管斯宾诺莎曾说“光明在显示其自身的同时也在显示黑暗”，好在我们今天看到的是更多的光明。审视人类历史的时空刻度，我们就会发现，占据更多的时间和空间的是那些给人类生活带来无限快乐和幸福的和平与稳定。人类文明的演化程度越高，善良的天使主导人类命运的机制就越强，一切的阴暗与丑陋就将受到光明的抑制而难以兴风作浪。道金斯以其《自私的基因》而一举成名，可在该书出版 30 多年之后他又出版了一部《上帝的错觉》。他站在无神论的立场上指出，人类的道德情操并非源自上帝，像亲缘利他、互惠利他、慷慨仁慈等类型的利他主义道德行为，和自私一样也都源自人类的天性。“朱门酒肉臭，路有冻死骨”固然是一种社会现实，但也同时激励了诗人的怜悯之心而唤起众人内心的良善与同情。在 2008 年汶川大地震的特大灾难面前，据民政部门的统计数据显示，短短的几个月内，国内外政府、企业和个人的各种爱心捐赠就达到了 500 多亿元人民币。在现实社会中和虚拟网络里，每天都发生着敲诈勒索、坑蒙拐骗的恶行，但在我们身边又时时刻刻涌现着助人为乐、慈善裸捐等数不清的好人好事。中央电视台《感动中国》里的每个人物，几乎都是一首用自己生命撰写而成的利他赞歌。一

---

① 朱学勤.我们需要一场灵魂拷问//风声、雨声、读书声[M].上海：生活·读书·新知三联书店，2018.

首《人间自有真情在》恰好唱出了真真假假、善恶交替却又充满希望的人世间：

人间自有真情在，不在明日在今天
恩恩怨怨，聚聚散散
千古之情自自然然
世上的爱恨扯也扯不完……
人间自有真情在，不论月缺还是月圆
是是非非，和和善善……

歌词唱的是人间自有真情在，却也多多少少流露出人间还有虚情假意，艺术的表达总是难免携带些伤感。前些日子微信圈里流传了一段"让利他成为一种信仰"的视频，是东方智慧商研究院的学员自编的诗歌，滑稽而幽默的朗诵却充满了人性向善的能量。

好与坏是可能相互转换的，这要看给定的是什么样的环境条件。生命的诞生有赖于产生生命的环境，人于是也就成了环境的动物。然而生命既可以影响环境，又可以改变环境，生命与环境便形成了相互作用的互联关系。在这种情境力量下，人既可以变得兴高采烈、快乐慈祥，也可以变得穷凶极恶、歇斯底里。人性虽相对稳定，但也在不断变化，就像基因相对恒定，在慢慢演化甚或突变。所以，变化才是人性的本质，没有一成不变的人性，如同没有亘古不变的宇宙，环境情境变化了，人性就会变化，因为我们原本就是双重结构的共生总体。洛克的人心中没有天赋原则的"白板论"，以及行为主义者宣称的"人性本质就在于人类没有任何天性"的环境输入与环境决定论，都是对人性的生物学结构缺乏认识或是漠视。赫胥黎虽然也认为人的天性是"贪图享乐、永不餍足"的，但他相信只要人类学习自我约束和克制自己，人类的生存环境"是能够得到巨大改进的"。[①]孔子时代的道德伦理在我们今天的社会当中还能找到多少？《圣经》中道德准则的"十诫"，不是也被大多现代网络中的"新十诫"给取代了吗？人性中虽有先天性的生物学构因，但更多的是后天社会环境和文

① 赫胥黎.进化论与伦理学[M].宋启林，等，译.北京：北京大学出版社，2010.

化教育带来的传承与变化，“天性与教养”“先天与学习”“生物性与文化性”并不是有你没我、有我没你的截然对立的二元结构，而是并存同在的相互作用的互动关系。正如戴维·巴斯在《进化心理学》中所说：“‘进化’并不是‘学习’的对立面。所有的行为都是一个因果链上的一环，都需要进化的心理机制和环境输入的共同作用。”①

在会议论坛和朋友圈中我们经常可以看到一些著名企业家都在强调“忠诚大于能力”的用人原则，其实这是一条忽视人性可变的错误原则，也是一条将命运置于人性之上的危险原则。我们的祖先就说过一大堆人性依条件而变化的大道理，如《管子》说的“仓廪实则知礼节，衣食足则知荣辱”，《论衡·率性》也说“染之蓝则青，染之丹则赤”“人之性善可变为恶，恶可变为善”，《增广贤文》收录的俗语也有“饱暖思淫欲，饥寒起盗心”“人生似鸟同林宿，大难来时各自飞”等。我们懂得了环境可以改变人、影响人、塑造人，就应该一起努力共同营造一个引人向善、令人愉快、积极友好的社会环境。我们每个人既是环境的受益人、受害者，同时也是环境的影响者、制造者。如果说基因演化得太漫长，就看一看时代瞬息万变的人生百态，或许更能唤起我们对情境力量的重视，从而在社会机制和文化教育的营建上，朝着引人向善的方向去努力。如苏格拉底所说：“我们每个人身上都有太阳，重要的是如何让它发光。”培根的《谈天性》也说：“一个人的天性中不是生香卉，便是长野草，所以我们要适时地灌溉前者，铲除后者。”

在营造情境环境方面，历来名家最重视的都是教育，如《荀子·劝学》所说，无论哪个民族，我们都是“生而同声，长而异俗，教使之然也”。这方面我们再着笔墨就是老生常谈了。中国的文化尤其讲究“孝”，孔子说“孝是德之本，教之所由生”，人的所有品行的教化都是由孝派生出来的，所以中国人更注重修身和家教。我们既是和谐家庭环境的制造者、受益人，也是不和谐家庭环境的制造人、受害者。而家庭的情境氛围会直接影响到社会。不论是女主人的唠叨还是男主人的专制，都有可能

① 戴维·巴斯. 进化心理学 [M]. 张勇，等，译. 北京：商务印书馆，2015.

影响到对方的心情，心情不好的一方又会带着不好的心情去从事工作或面对他人，甚至会有一连串的影响人际关系的事情发生。例如，有一次我去长春电信办事，一位姓王的年轻女士无论是表情还是语言总是让人感到不舒服，我把文件交给她了，她找不到时的第一反应是推卸责任，说是我没交给她，等她自己找到时却一句道歉的话也没有。跟我一起去办事的大姐说，不要去怪她，她可能是因为家里有不愉快的事情而影响了心情，这时我们更应该让她的心情好起来。如果每个家庭都和和睦睦，人类的文明程度和向善的力量自会强大起来。

文化往往起着潜移默化的导向作用，对环境有着巨大的影响力。我们大多人都看过迪士尼动画电影《美女与野兽》，导演与编剧的思想脉络是要让善与恶在一定的情境力量下相互转换，傲慢与暴躁可以使王子变为野兽，善良与温和——尤其是美女贝儿的真爱，又可以使野兽变成优雅的白马王子。人可以变为野兽，“野兽”也可以变成人，权力失控时就会膨胀，人性失控时则会变恶。兽性与人性就是这样矛盾地统一在相同的生物体内，而爱便成为向善转换的主导力量。我国的动画片《熊出没之雪岭熊风》有着同样的思想意境，大白熊团子，是白熊山的守护山神，大自然在和谐稳定的状态时，她是那样的温柔与善良，一旦大自然失去平衡遭到破坏就会激怒她，则会变得凶神恶煞甚至引起火山爆发。山神也是善与恶的同一化身，我们尊重大自然并且善于维护自然界的和谐稳定，我们同样就会成为和谐环境的受益者。法国电影《放牛班的春天》，助理教师马修更是通过音乐打开了一群问题孩子封闭的心灵，并指引皮埃尔后来成为著名的音乐家。如果我们每天看到的不再是那些猎奇的“八卦”，而是爱因斯坦积极的和平主义与爱，是乔布斯弥留之际感悟到的爱与善，是马修说的“每一颗心都需要爱，需要温柔，需要宽容，需要理解。每一个孩子都来自纯净无邪的地方，永远都应该是人间万分疼爱的珍宝”，那么，这个世界一定到处都是天使，因为我们每个人都在善良的感化下抑制了心魔而变为天使了。更何况迄今为止人性有被严重低估的倾向，这一点不仅著名的心理学家马斯洛早有名言，阿比盖尔·马什在《人性中的善与恶》中更是通过实际调查数据清楚表明，“人性远比我们想象的更美好”“善行远比恶行更常见，善良才是常态，并非例外”。[1]

社会治理的终极目标，就是要营造出引人向善的社会秩序，从而抑制邪恶使之没有兴风作浪的机会。一百年前康有为著《大同书》中说：“普天之下，有生之徒，皆以求乐免苦而已，无他道也。……立法创教，令人有乐无苦，善之善者也，能令人乐多苦少，善而未尽善者也，令人苦多乐少，不善者也。”半个世纪前马斯洛说，“我们需要好人来建设一个好的社会，也需要一个好的社会来造就好人”。被誉为管理哲学之父的查尔斯·汉迪则提出“适当的自私”的乐观哲学，他认为社会好坏就在我们一念之间，关键在于我们怎样选择。他说：“适当的自私”是一种乐观的哲学，因为它相信人终究是正直而可敬的。每个人心中都有善恶之念，因此人类社会企图控制恶念是合理的。……如果你相信大部分人都能够信赖别人，也值得被信赖的话，他们也常常如你所愿。[2]

六、“共生”无“主义”

茫茫宇宙，我们找不到两颗完全一样的星星。小小地球，也没有两座形状相同的山。万千生命，表现出来的是姹紫嫣红、千姿百态，即使是同种的人类，我们也找不出两张彻底一致的脸，虽然我们看到的都是星星，都是山，都是生命，都是一张张熟悉的面孔。万事万物既是总体上的同一，又有个体上的差异，是多样性的同一与差异，综合成我们生息于其中的宇宙天地。

或许正是因为所有的生命都同宗同源，有智慧、有思想的人类于是也便养成了寻宗访祖、刨根问底的思维习惯。我们总是试图找到同一规律、统一理论、普遍真理、终极决定，以便将宇宙的万事万物统统包揽在这放之四海而皆准的“万有理论”当中。自然科学如此，人文科学也不例

---

① 阿比盖尔·马什. 人性中的善与恶 [M]. 张岩，译. 北京：中信出版社，2019.

② 查尔斯·汉迪. 适当的自私 [M]. 赵永芬，译. 上海：东方出版中心，2017.

外，用黑格尔的话说，就是要探究一条统一的“永恒真理”。尤其是20世纪中，探求统一理论的思潮盛极一时，爱因斯坦晚年即致力于此，虽然没有结果，但他却站在和平主义的立场为国际社会提出了一个“统一政府”的建议。伯特兰·罗素更是在自己的著作中每每提到“世界国家”或“世界政府”。薛定谔也想用物理学定律来解释生命现象，他用顺磁性、布朗运动法则的物理学定律试图说明，生命现象看似浑然无序，但它同样没有超越物理学的规律，就像玻璃容器里的微滴扩散的“布朗运动”一样，过程中的不规则运动最终总要达到均匀地分布与平衡。《联合国宪章》的签署及联合国正式成立，某种意义上也是这种“统一理论”思潮的产物。耗散结构理论、量子力学等，都可看作在探求宇宙统一理论过程中的序列成果。从《时间简史》和《宇宙简史》来看，霍金一生所追求的也是想要发现“物理学的统一理论”，但他同样没有成功。2002年8月17日，他在北京国际弦理论会议上提出，在物理学领域可能存在类似于哥德尔的不完备或不确定规律，因此不太可能建立一个描述宇宙的大一统理论。但霍金提出了非常有启发意义的三种可能：

（1）确实存在一个完整的统一理论（或者一族交叠的表述），如果我们足够聪明的话，总有一天将会找到它。

（2）并不存在宇宙的最终理论，仅仅存在一个越来越精确地描述宇宙的无限的理论序列。

（3）并不存在宇宙的理论，事件在一定程度之外不可能被预言，仅仅是以一种随机或任意的方式发生。①

霍金深知“建立一个包括宇宙中每件东西的完整的统一理论是非常困难的”，他甚至说“基本理论不可能存在单独的表述”。宇宙事物是多样性的，认知宇宙的理论似乎也不应该只有一种，而应该是多样性的“序列理论”。如果一定要追求完整的统一理论，那也一定是这些“序列理论”的“集合表达”。

科学的高速发展，科学家们也把自己研究统一理论的同样心情寄托

① 史蒂芬·霍金.时间简史[M].许明贤，吴忠超，译.长沙：湖南科学技术出版社，2002.

给了人文科学。然而正如霍金所说，哲学家却没有能力跟上科学理论的进展，“从亚里士多德到康德的伟大哲学传统衰败到了何等地步！”事实上，未必是哲学家无能或是衰败了，自然科学尚且没有找到包罗宇宙的统一理论，人文哲学又怎能振聋发聩地提出整个宇宙的终极真理呢？或许这正是人文哲学家的聪明之处，在他们看不到宇宙万物统一真理的时候，宁愿暂时放下这种心态，回过头来看一看这多姿多彩的多样世界。如果一定要他们务必找到什么统一理论，那么，这个世界、这个宇宙所拥有的多种定律、多种规则、多种生物、多种形态、多种理论、多种文化……一言以蔽之，世界的多样性风采，不正是宇宙的真实存在吗？与其说没有统一理论，毋宁说这正是这个世界的“统一理论”。世界的统一性，正是这个世界的多样性。

世界不可能只存在一个中心，就像长白山不可能只有一种生物。所以，多样性才是世界的本真。不同的存在，不同的物体，不同的生命，不同的性情……是这一系列的不同，构成了我们统一的整体、同一的世界、同一的宇宙。

没有差异就没有整体。每一个生命都是亿万年来自然造化的奇迹。从生命诞生那天起就已经注定了我们基因传递的网络程序，在进化的漫漫里程中就已经选择了未来的方向，这种并非设计而是自然选择造就的方向，那就是生物多样性的万般精彩。

虽然在演化的进程中产生了狮子、老虎、鲨鱼、鳄鱼这样的争斗强者，但是它们和其他弱小生命一样，在寿命和种群方面无不接受着自然法则的调控，哪怕是细菌、真菌、病毒等微生物的“小宇宙”，也从未因为自己的弱小而逊色自卑；相反，如詹姆斯·拉伍洛克所说：“可爱的动物、野花以及人类，都是值得崇敬的，但是，如果不是微生物作为巨大的基础结构，它们将什么也不是。”[①]作为一个有机体的地球，所有生物的生存与演化构成了一张相互联系的大网，并且都与它们的物质环境是紧密耦合的。生物学界把这个生态系统或整个“活的地球”统称为“生物圈”或是

① 詹姆斯·拉伍洛克．盖娅时代 [M]. 肖显静，范祥东，译．北京：商务印书馆，2017.

"盖娅"。尽管千百万年来进化出了最聪明、最智慧的地球精灵——人类，甚至狂妄的某些人类自以为是地以为他们就是这个星球的主宰或中心，但是地球可以没有人类，而人类离开了地球——哪怕是没有了地球上适宜生存的生态系统，人类都将举步维艰、无以为生。地球生命告诉我们，只有多样性的生物在这个地球上广泛分布，并作为整个系统随之演化发育，生命在这个星球上共同生存下去的环境条件才能得到满足。人类只是这个星球上万般物种中的一种，我们既不是地球的主人，也不是地球的仆人，"我们的未来更多地取决于我们能否和'盖娅'保持一种恰当的关系，而不是为了追求人类利益而不断弄出的一幕幕闹剧"。①

地球生物最高明的一次变异演化创造了我们人类，这也是地球生物最危险的一次创造。我们原本就是动物，有着和其他动物一样的基本需要，有着抹不去的动物本性；我们又具备人类独有的特质——缜密的思维和代代传承的文化。我们自私、利己、争强、好斗，和动物争王一样无不充满着竞争意识；我们又同情、友善、利他、慈祥，无处不彰显着人类的合作与结盟精神。世界上没有什么"野蛮人"，其实是"文明人"企图征服他们所编造的借口和理由。生命的原初是最朴素的真实，无论合作还是竞争。所谓的"文明人"，反倒远离了这种质朴与纯真，自然演化赋予了人类更多的智慧，但也教会了"文明人"如何提高技术手段和编造出师理由去做出更加野蛮的行为。"野蛮人"对待善与恶是那样的简洁质朴，"文明人"的所作所为恰恰模糊了善与恶的界限，从而使"善"不再像善，而"恶"却更加凶恶了。我们并不是非黑即白、非好即坏、非善即恶、非自私即利他的铁板一块，而是随着时间、场合、情境环境的变化而不断调整自己生存状态的"灵活动物"。我们可能是天使，也可能是恶魔，天使可以变成魔鬼，魔鬼也可以变成天使。抑或我们又是非黑非白、不好不坏、不善不恶的"灰色自己"。

我们同为人类，有 99.5% 甚至 99.9% 的相同基因，然而我们生来就存在着不同，有高低、强弱、肥瘦、黑白等多方面的差异。这种差异在卢

① 詹姆斯·拉伍洛克. 盖娅时代 [M]. 肖显静，范祥东，译. 北京：商务印书馆，2017.

梭眼里成为人与人之间不平等的起因之一，而在现代一些社会学家那里则直接认为不平等的遗传已从基因开始。[①]地球30多亿年的生命演化让我们懂得，是达尔文主义的自然选择、生存斗争、适者生存促使着生物进化，是进化产生了差异、变异直至多样性的生命奇迹。生命离不开竞争，就像生命抹不去差异。想想我们自己吧，又有哪一位不是成功竞争的优胜作品呢？我们每个人都是在数亿个“小威”的竞争赛跑中最先到达目标的胜利者。奥林匹克的所有比赛项目，以及各个民族的各种各样的竞赛游戏，几乎无一例外，无不是为了争赢、争胜、争个高低。人类需要竞争！竞争可以激发人的潜能与创造力，争强好胜的天性给了每个人绝不服输、积极向上的勇气和决心。好像金庸笔下的武林高手，总想找到一个“天下第一”比试一下来证明自己。对手或敌人往往比亲人或朋友更能激发力量，因为他们无形中给了我们目标和方向。动画片《围棋少年》中的江流儿，他真正的对手是日本围棋少年黑木。为了战胜黑木，他必须历练并提高自己，久而久之在他的心里，黑木既是对手又是朋友。华为是苹果的竞争对手，美国的“恐中”心理免不了会对华为采取各种遏制手段，但最终结果一定是两者各出新品，共同进步。所以，想要成功，我们需要朋友，想要更大的成功，我们需要对手。有竞争我们才能进步和提高，我们的进步和提高又会促成进一步的竞争。如经济学家哈耶克所说的，“不但所有的进化都取决于竞争，甚至仅仅为了维持现有的成就，竞争也是必要的”，[②]显然并非全无道理。

正如人类的“自爱”再向前迈出一小步就会变成“自私”，人类争胜式的竞争稍一过头便会演化成争斗、战争、掠夺和杀戮。生命从未远离争斗，暴力时时刻刻就在我们身边。人类文明史的确就是一部相互残杀的战争史。有一句拉丁谚语十分精彩：“如果你希望和平，那就准备好战争。”暴力的残酷性反又激发了人们对和平的期许。反观生命的演化历程，又何

---

① 卢梭.论人与人之间不平等的起因和基础[M].北京：商务印书馆，2015；道尔顿·康利，詹森·弗莱彻.基因：不平等的遗传[M].北京：中信出版社，2018.

② 弗里德里希·奥古斯特·冯·哈耶克.致命的自负[M].冯克利，等，译.北京：中国社会科学出版社，2000.

尝远离过合作与和平呢？没有争斗就没有和平，没有竞争和战争就无所谓合作联盟。生命的原初构件，本身就是吞并、吞噬与融合、共存的共生过程。生命的真谛正是在竞争中合作，在合作中竞争。

生物进化告诉我们，生命存在着吞并、吞噬以及你死我活的恶性竞争，但是主导生命进化的主流是在竞争、争斗中实现合并、融合，在合并、融合中实现竞争与合作的、共存共在的稳态平衡。谢林的《论人类自由的本质及相关对象》中有一句名言："哪里没有斗争，那里就没有生命。"[①] 这话很经典，但只对了一半，还应再补充一句："哪里没有合作，那里也就没有生命。"竞争的目的不是吃掉、消灭对方，"不是清除先前的程序"[②]，而是斗争的"和解"，是在承认、尊重的前提下创造新的合作并实现新的"和谐状态"。这和奥林匹克运动项目一样，也跟马斯洛调查的印第安黑脚族类似，获胜者得到的是地位和尊重，竞赛实现的是相互促进和提高，而不是让获胜者取得消灭对手或生杀予夺的权力。

"中庸""中和"才是生命的本质状态。万物不争不可能生长与演化，竞争是为了获取更多的养分与阳光。然而竞争不是要一枝独秀，而是万物并作才能造就更加丰富的营养资源，才能最终成就生命森林。如果只有生存竞争，必将导致弱肉强食、胜者为王、贫富差距拉大的强盗逻辑，如同美国影片《时间规划局》描述的那样，时间是生命，金钱可以购买时间，于是有钱人就能长生不老，而穷人的生存则变得十分艰难。如果只有合作、安逸，没有竞争，同样不是生命的最佳状态，所有的生命都会散漫懈怠、无所事事，既失去前进的方向与动力，生存环境同样也会恶化或毁灭，恰如稀缺论经济学家萨缪尔森所说，这个丰裕而理想的伊甸园式的"乌托邦"是决不会存在的。

社会秩序是权力管制与市场机制相互平衡的作用关系。权力管制多了，市场就会失去活力；市场过度自由，三聚氰胺、毒奶粉、假疫苗等就会泛滥，从而导致社会失序。过于集权专制，将会泯灭更多人的积极性与

---

① 谢林.论人类自由的本质及相关对象[M].先刚，译.北京：北京大学出版社，2019.

② 弗里德里希·克拉默.混沌与秩序：生物系统的复杂结构[M].柯志阳，等，译.上海：上海科技教育出版社，2010.

创造力；过于民主和自由，则会造成无政府主义的混乱和社会成本的增加。凯恩斯的“中央计划”与国家管控、哈耶克主张的自由主义市场机制，都已被经济实践证明，任何偏激的经济理论都存在着缺陷与不足。艾哈德将市场与权力的平衡关系玩弄得炉火纯青，因此成就了第二次世界大战后德国的繁荣。企业管理也是一样的道理，权力太集中会失去多数人的积极创造或导致事事审批效率低下，责权太分散则往往造成成本增加乃至混乱失控。只讲诗意情怀而缺少经济利益，或者只靠利益驱动而没有理想目标，企业都不可能汇聚人才或走得长远。国富民贫或民富国贫，企业权力资产集中在老板身上或是相反，个体过于自由或权力过于集中，都不属于人类共同生活的和谐状态。

竞争与合作的和谐统一，是生命的原初状态、自然状态和生命本样，是人类共同生活的和谐情境，也是个体与社会既独立又融合的共生法则。个体与社会的相互关系，“他人”是衡量个人行为的基本准则。一个人的行为若对他人没有侵害，也没有占到他人便宜，这个人的行为便是“自我”；倘若一个人的行为侵害到他人，无论是心理、情绪或利益等任何方面，哪怕只是占到他人的一丁点儿小便宜，那这个人的行为便是“自私”。一个人的行为无论是直接或是间接，哪怕他是一位独善其身的“自我”个体，只要他的行为对他人或社会有益，他就是一个有益于他人、有益于社会的利他主义者。“个体”则是权衡社会状态的单元要素。个体联盟形成社会，社会服务于每个个体。没有超越或凌驾于社会的超个体，就不存在脱离或者超然于个体的纯社会。因此，社会的意义在于融合每个个体，个体的意义在于利他主义地维系整个社会。

社会的目的不是通过权力、军事、文化或是经济等手段去统治、控制每个个体，而是在公平、正义与宽容的情境中去解放和保障个体，个体只有在宽松、自由、解放的情境中才能释放出巨大的创造力，并以其创造性的成果贡献整个社会；个体在宽容、自由和解放的情境中释放的不是人性中的“心魔”，而是天使的善良。社会的任务就是营建引人向善的情境环境与社会秩序。个体与社会共同构建的是自由与限制、解放与约束、利己与利他、集中与分散的融合系统与共生总体。

没有不变的社会结构，没有同一的组织模式，作为集体成员的每个个体的生存状态，是检验企业组织乃至社会形态的衡量标尺。查尔斯·汉迪也曾一度追求“万有理论”，但最后他放弃了，认为悖论就像天气，我们必须学会接受悖论与矛盾相处，“人”才是衡量万事的尺度，我们根本不应该拿其他尺度来衡量人。①

万事万物之理就是承认多样性、尊重差异化的“竞”与“合”的和谐统一，是“竞”与“合”的中庸、中和的平衡状态。中庸、中和是东方智慧，是东方文化的精髓所在。所谓阴阳协调、刚柔相济、“有无相生、难易相成”“无为而无不为”等，讲的都是这个道理。但东方文化中的“中和”似乎少了点“竞争”的气质，强调的是“天之道，利而不害；圣人之道，为而不争”，体现的是不争或者是“上善若水”的不争之争。而西方文化的“自由”与“人权”却为西方人平添了许多“竞争”的勇气，他们更崇尚适者生存、胜者为王，所以在自由与血腥的竞争中西方崛起并走在了时代前面。如果东方文化多一些竞争性的自由勇气，而西方文化多融进一些东方的“和谐”思想，则世界必会增加更多和平的希望。

总而言之，宇宙的本真是多样性的，世界万物相互依赖、相互联系。每一个存在都应该学会适应并尊重另一个存在，每一个存在都是自然造化的伟大精彩。生命之间既友好又争斗、既竞争又合作，人类既是魔鬼也是天使，既利己也利他。人类文明正在不断地抑制自己的阴暗面使自己逐步走向光明。我们的任务就是要找寻竞争与合作、个体与集体、个人与社会的契合与平衡，使人类文明朝着抑恶扬善的方向不断迈进，实现有我无我、多元多样、共存共在、英雄辈出、和谐共生的美好状态。

世界只有多元多样的“共生”，不可能成为一个模样的“主义”，是为共生无主义！

---

① 查尔斯·汉迪．我们身在何方 [M]. 周旭华，译．上海：东方出版中心，2017.

中篇

价值与探索

人生有“目的”吗？

企业有“意义”吗？

当青少年忙着升学考试的时候，

当企业人只顾埋头赚钱的时候，

这样的提问实在有些可笑。

然而，

当人生经历过风风雨雨，

当企业走过了一段路程，

又有谁能绕开这傻傻的提问？

问吧，

我们都该问问自己，

人生和企业，

到底什么是目的，

到底什么是意义？！

第五章　共生利润：浅说“利润最大化”的价值误区

“e 变”之问——为了“最大化”我们都做了什么——“利润最大化”引发的价值扭曲——“天道忌满”与“最大化”谱系——“利润最大化”错在哪里——利润价值与“共生利润”——利润小语：新商业伦理与企业文明的思考

一、“e 变”之问

我们已经走进后工业社会，进入网络和信息时代。克劳斯·施瓦布称这是“第四次工业革命”，弗里德曼因为网络全球化认为“世界是平的”，简世勋则从危机意识出发大呼“世界不是平的”，2014 年马云在演讲中第一次提出“人类正从 IT 时代走向 DT 时代”。人们众说纷纭。但无论怎么定义这个时代，本质上这是一场数字革命的连接时代。这场革命不是一个阶级推翻另一个阶级的暴力行动，而是一种技术取代另一种技术、一种联系接替另一种联系，一种关系颠覆另一种关系，一种工业超越另一种工业的数字革命、链接革命、物联革命、智能革命。面对这场革命，我们每个人都要做出是否接受或如何参与的选择。数字信息可以跨越千山万水把我们连接在一起，让更多的资源互联共享，如果你选择闭门造车、孤芳自赏，它也同样可以关闭共享的大门。数字革命的意义是公平地把选择权力交给每一个人，我们要么被动式地适应从而渐渐被时代淘汰，要么积极参与并融入历史洪流去创造未来。选择是自由的，连接是平等的，喜欢的可以点赞，不喜欢的可以忽略。美国哈佛教授坎特称这场变革为“e变”，还有位中国问题专家雷默，他在《第七感》一书中这样说道：“新出现的网络力量正在冲击商业、政治、战争、科学等领域中的旧力量，新力量的图景正在形成，第七感提示了一个根本事实，连接正在改变世界。”①

这场革命已经开始。我们的时代已是万事万物高度互联的数字时代。这个时代带给我们每个人的冲击和改变并不单单是手机、微信或网络支付那么简单，也并非仅仅停留在机器人、无人驾驶或无人机等智能层面。这是一场史无前例的暴风骤雨，它改变了我们很多，包括工业结构和社会秩序与生活方式，但它冲击最大的是我们的灵魂，是我们心灵深处对人类社会和宇宙世界的看法，是我们对人的价值和企业价值的重新评判。

我们为什么要创办企业？企业是什么？利润是什么？我们真的懂得合作与分享吗？经历这场数字革命的洗礼，我们还会认为活着的目的就是赚更多的钱，企业的目标就是要追求利润最大化吗？

二、为了“最大化”我们都做了什么

在刚刚进入21世纪的第一个春天，“北京大学首届中国房地产财富论坛”在北京如期召开，我作为特邀演讲嘉宾有幸出席了会议。会上潘石屹、任志强先做了主旨演讲，接下来是王健林、王石和我。王健林说万科只会盖房子，万达将在两年内超过万科成为中国第一。王石则说万达是什么？一提“万达”人们首先想到的是足球，而一说万科人们都知道我们是做房地产的，我们就是要做专业，要把住宅做成产业化。还说他刚从日本

① 罗莎白·默丝·坎特.e变[M].胡颖，等，译.北京：机械工业出版社，2002；乔舒亚·库珀·雷默.第七感[M].罗康琳，译.北京：中信出版社，2017.

考察回来，日本住宅卫生间的空间很经济、很实用，不像我们有些住宅做成了 2 个、5 个甚至 8 个卫生间，企业是要追求利润最大化的，把成本做成这么大划不来，这也是一种奢侈浪费。我在发言时说，卫生间大小多少不是由开发商决定的，而是由我们的家庭人口结构和生活需要决定的，“有什么样的生活就有什么样的房地产”，我这句话讲的是产品首先要适应市场需求；更重要的还有另一句，“有什么样的房地产就会引导什么样的生活”，创新性的产品和技术不仅可以引导和改变我们的日常生活，而且还可以“创造顾客”。

我们这里不是在讨论房地产，但是从这些地产大咖们的讲话中我们还是能够感受到那个时代的企业家精神，他们无不兢兢业业、积极进取、一心一意朝着两个方向去努力拼搏，一是致力实现规模最大化，二是想方设法追求利润最大化。在各种媒体访谈和论坛会议上，我们在不经意间随处都能看见或听到企业的目标就是要盈利，就是要实现“利润最大化”的种种言论。著名企业家冯仑、刘永好、许家印等，也都曾在公开场合坦言，企业对利润的追求是天经地义的。潘石屹在《我的价值观》一书中对此也直言不讳：创造价值最大化是公司存在的意义，正是为了创造更高的价值，所以他才把 SOHO 物业从散售改为持有，“让优质物业成为永远生蛋的鸡”。最著名的案例是史玉柱领导下的巨人集团，他曾坦言：“商业是什么？商业的本质就是在法律法规许可范围内获取最大利益，我是一个商人，做的事情就是在不危害社会的前提下为企业赚取更多利润。要一个商人又要赚钱又要宣扬道德，那不是商人，而是慈善家。”所以他不仅疯狂地赚钱，也疯狂地想把企业做大，在不具备资金实力的情况下却想建设中国第一高楼，直到资不抵债，巨人大厦和巨人集团同时轰然倒下。以上提到的这些著名企业家也有不同之处，他们在谈到企业追求利润最大化的同时，也往往能够兼顾社会责任。但是直到今天，我在跟企业家接触时每每都会感受到，“企业就是要赚钱，就是要追求利润最大化”几乎成了他们习惯性的口头禅。我们不得不承认，这也是许多企业家创办企业的初衷和主导他们经营管理企业的价值观。

在我国，追求利润最大化在某种意义上也是一种时代气质。在全民经商万马奔腾的创业年代，挣钱与否几乎成了所有人是否成功的唯一评判标准。改革开放的火红年代让企业家的创业精神燃烧起来，企业家的激情参与又一起造就了那个火热年代。更何况，在那个时代的教科书中，无不把利润最大化作为企业经营的金科玉律，教育本身也在影响着这个时代，西方获得诺贝尔奖的经济学家和几部流行于世界多国的经济学与管理学教材，和中国的学者一起为这个时代的企业目标绘就了“向钱看”的价值方向。1976 年获诺贝尔奖的米尔顿・弗里德曼（Milton Friedman）即认为，企业经营的首要任务就是要为股东利益着想，为股东谋求利润最大化。他和哈耶克一样，都坚决主张企业就是为了挣钱，除此之外无须承担其他“社会责任”，也无须让自己的资源“服务于别人的价值”[①]。布鲁斯・艾伦（W.Bruce Allen）和他的同事更是把企业管理者定义为“追求利润最大化的群体”。直到 2018 年斯蒂芬・罗宾斯的《管理学》在出版第 13 版时（1984 年首版），这部被列为全球基础经济学教材榜首的巨著依然承认“现在这个理论仍然有支持者”。2012 年哈佛大学经济学教授曼昆（N.Gregory Mankiw）在他的《经济学原理》第七版中，同样一如既往地写道：“经济学家通常假设，企业的目标是利润最大化，而且他们发现，这个假设在大多数情况下都能很好地发挥作用。”[②]现任北京大学经济学教授张维迎博士，他的《经济学原理》一书也在第五章中专门辟出一节来阐述“利润最大化”，他已意识到企业利润与社会责任二者之间存在冲突，他说：“尽管利润最大化目标的假设存在上述缺陷，但在市场经济中，它仍然是我们在理论上可以接受的一个假设。……在本书中，我们仍然遵循传统经济学的做法，假定企业的最终目标是利润最大化。”[③]有些地区出版的培训教材和教科书，对区域经济的发展也或多或少产生着影响。如经济最发达的广东地区，由广东经济出版社出版的《市场经济学原理》，封面上即标明它是教与学最佳参考书的中国版，是华南师大经济学教授杨永

---

① 哈耶克.民主社会中的公司：它应为谁的利益而运行//哈耶克文选[M].郑州：河南大学出版社，2015.

② N. 格里高利・曼昆 . 经济学原理 [M]. 北京：北京大学出版社，2015（7）.

③ 张维迎 . 经济学原理 [M]. 西安：西北大学出版社，2015.

华所著，当时他也是中国经济发展研究会的副会长，他的书中即有“成本最小化”和“利润最大化”两个小节，书中这样写道：

> 企业不是追求一般的利润，而是追求利润最大化。利润最大化有两个含义：其一是企业要争取尽可能低的成本，即成本极小化，追求最大利润意味着追求最低成本；其二是企业通过计算不同产量时的利润水平，选择能够获得最大利润时的产量水平。①

有着全民下海经商“向前（钱）看”的时代感召，加上教科书清一色追逐利润最大化的说教，于是便有人把企业利润最大化的经营目标总结为“最大化法则”。在课堂上和书本里，这个法则或许还只是经济学领域的一个假说，可是一旦在社会上蔓延开来，在经济活动中形成风气，这就与经济学所说的“利润最大化”有点相左，甚至变味了——它已不再只是纯粹经济学领域里的一个假设，而是成了我们日常经济生活中的一种价值取向。

什么是利润？按照经济学的一般说法就是总收入减去总成本，剩下来的即为利润。道理似乎很浅显，于是人们也就不必要去玩味其中蕴含的奥秘，特别是在刚刚从商一不小心就成了企业家的“壕哥”眼里，经营企业不过是简单的一个定式：想方设法压低成本 + 绞尽脑汁抬高售价 = 赚钱。这一抬一压、一压一抬，经济生活领域形形色色的故事便接二连三地相继发生了。不妨先举两个案例，看看我们身边是不是也经常发生着同样的故事？

案例一：

十几年前我与一家上市国企合作，亲自参与了一项工程招投标和施工管理的全过程。如何设计招标条件，我们面临着困难选择，资质高、实力强、有经验、口碑好的投标方往往标书底价也比较高，底价低的投标方我们并不担心其资质和实力，而最担心的是其内部分包管理机制。国企招标常常把底价权重设计得很高，如果选择底价较高的投标方中标，国企领导担心有人会说闲话，所以往往都是底价较低和进场条件较宽松的投标方中

---

① 杨永华 . 市场经济学原理 [M]. 广州：广东经济出版社，2003.

标。此次评标最终还是选择了底价较低的投标方中标，而且签约时又将造价成本狠狠地压低了一大块。然而工程进行了几个月之后问题出现了，中标的施工方找出种种理由要求补偿造价低损和改变付款进度，不同意即停工。别的施工单位又无法进入，只能让他们继续施工。最终工程决算时已远远超出了招标时的估算条件，工程延误了半年多，工程质量当然也就不可能尽如人意。

案例二：

我的好友 E-Shen，是留法服装设计师。她设计的服装时尚、大气，回国后想把自己的品牌推向全国。她将总部设在广州，以开店的方式在全国直营直销。队伍撒开，在全国各大商场展开了进场谈判攻势，两个月下来，谈成的不多，这让她很是吃惊。她在国外待久了，哪里知道国内各大商场的进场条件已经十分苛刻。有纯租赁形式的，租金每天大多在 5~15 元 /m^2；有纯抵扣形式的，商场要抽水 30% 甚至更高；有保底 + 抽成形式的，先交一笔进场保底费，再按销售额的 25%~32% 不等的比例扣点。于是她只好提高零售价格，而价格一高，市场竞争优势又受到影响，商场结款也常常一拖再拖。为了支持她，我们一群好友一次买了她 10 多万元的衣服。两年过去了，见面时我问她推广得怎样了？她说全撤了，改行做儿童服装设计教育了。

两个案例中的甲方业主，一个是工程发包的投资人，一个是商场物业的所有者或经营者；一个是想尽办法压低工程造价以控制投资成本，一个是采用多种模式提高商业物业直接收益。这似乎也是所有经济活动的两大主题，即控制成本和扩大收入。而压低成本和提高收入，都是为了一个目的——实现效益或利润最大化。

经济活动追求高额利益原本是无可厚非的。我们在日常生活中都会有过类似的体验，比如我们去水果店买水果，买家总是希望能够买到价廉物美的水果，而卖家则一定是要摆好、装好、切好等做好“卖相”以求卖得快且卖出个好价钱。买卖双方还可以讨价还价，价格太高消费者可能转身走人了，价格过低则卖家利益受损，他会收回水果不卖给你的。最终能够成交的，一定是买卖双方自愿认可的“均衡价格”。

在案例一中，招标、投标双方都把底价成本看得很重，这就有可能直接造成两个后果：一是投标方为了迎合招标人而故意报低底价，待签下了总承包合同之后再一步一步地“协商计较”；二是直接为工程进度和产品质量埋下隐患。俗话说“一分价一分货”。你过分压低了成本，工程承包方也要生存和盈利，他也会设法压低成本，层层压下来的结果就有可能出现“偷工减料”或“豆腐渣”工程。无论你采取多么严密的手段和方法监督控制，或是指定材料或“材料甲供”，都逃脱不了质量打折的后果。所以我常常建议企业多找几家造价估算机构，分门别类加权平均；再多请几家投标单位，单项评估多项平衡。最终选择的既非低也非高，而是取其“均衡值”，也就是我在后面将要讲的“共生价值”。

案例二则是商场物业典型的商业经营模式。商场的所有权人或经营业主，扩大其物业收益的愿望无可非议。毕竟建设商场需要购买土地、建设安装、融资贷款、开业运营等，这一切都是要计算投资回报的，营收少了投资回收期就会拉长，这是投资人或是资本方所不愿意的。招商团队也有任务指标的压力，来点造势宣传、美好承诺、虚假信息之类的“招商技巧”也都在所难免。然而物业的租金价格和收益提高了，商户的经营压力就会增大，物价也会跟着上涨，当消费者承受不了日益高企的物价时，商户就会举步维艰，直至经营不下去而撤场。这就是房地产价格高企给商业带来的直接影响，也是大多数商场的商户为什么生命周期平均不足 3 年的根源所在。我们都曾有过这样的直观感觉，常去的商场里商户像走马灯一样不断变换，这并不只是商场的经营策略在调整，更多的原因是商户业绩不好难以为继。典型案例是大连东港 15 库，伴随着大连海港搬迁改造，15 库由原来的破旧库房改变成集餐饮、文化、购物于一体的商业综合体，因其浓郁的文化气息一度成为大连最有特色的“会客厅”。场地火爆了，租金很容易随之上涨，连停车费也要领先整个大连，结果不出三年，商家陆续撤场了。我们知道决定商业生死的因素有很多，这其中影响商户效益的最主要因素就是商场物业的租金（包括扣点等变相租金），而经营得比较好的商场，恰恰都是那些在商场和商户之间找到了双方都能接受的利益均衡，或可称之为“共生均衡”。

成本和收入是一对矛盾，但它们又是难舍难分的朋友。压制供应商的价格，克扣服务商的费用，合作的双方总是希望合作条件对己方有利，这些都是在经济活动中不可避免的智慧博弈。所以我们可以肯定地说，“共生价值”永远不会是自发自动生成的，也不可能是强制逼迫的结果，它是招标和投标双方、商场和商户之间、老板和员工之间以及合作伙伴之间公平竞争相互博弈的自然均衡。而这种博弈斗争永远都不会一个回合便一蹴而就，它需要的是市场行为的重复博弈，需要的是时间和过程，更需要的是共生管理的思想意志。

三、“利润最大化”引发的价值扭曲

20 世纪 90 年代初，珠江三角洲的厂长、经理都必须接受培训才能上岗，我作为培训教师主讲管理学和领导学，后来为北大总裁班上课则以案例分析为主了。在我接触的数百名企业家当中，通过课堂讨论、咨询和私下访谈，深感他们大多对纯理论不感兴趣，你若讲“边际效用”“边际成本”等，课堂上准会发出打呼噜的声音，你若用案例分析讲授怎样才能赚钱，赚更多的钱，他们的眼睛一下子便会闪烁出企业家特有的锐利光亮。他们对经济活动的看法非常简单、直白，多数人把“利润最大化”常常直观地理解为“尽最大的可能赚更多的钱”。记得一位顺德老板用“粤普”式的口音说：“利润最大化嘛，就是把企业盈利的可能性提到最大啦，服从命令是军人的天职，赚钱就是企业的天职啦，怎么样让企业最大限度地去赚最多的钱，就是企业目标嘛。”

我们无法不承认，有相当一部分企业家或企业管理者对“利润最大化”的理解，在很大程度上带有字面化的主观臆断性，以为企业的目标就是最大化地赚取利润。这种简单化的直观认知，或许与经济学理论并没有什么直接瓜葛，但它却在灵魂深处成为很多经济工作者的价值理念，并且在这样一种价值观的指引下，它们正在每日每时地互动着人与人、人与企业、企业与企业、企业与社会之间的关系。它固然有激励经济活动者锐意进取、推动企业向前发展的积极一面，但是也着实存在着因为理解的偏颇而使经济活动出现“跑偏”的现象。这些“跑偏”现象并非一星半点，因此值得我们深思。

第一，在追逐利润最大化成为企业唯一目标的高速发展时期，最稀缺的资源是资本，于是资本就会放纵其逐利本性，毫无节制地疯狂膨胀。其中，表现得最为突出的是金融资本，而金融资本当中最突出的又是货币资本。各行各业的发展越是需要“钱”，“钱”的利率也就越高，用“钱”的企业所承担的财务成本也就越大，最终结果无非是转化为不断上涨的物价去交给加工型企业和消费者承担。我们通常听到人们用“暴利”一词来对行业收益进行评价，其实“暴利”这个词并不是量化性的评估用语，而仅仅是对某种行业盈利偏高的感性表达。冯仑在其《野蛮生长》一书中把改革开放这些年来的发展历程进行了“断代”性总结。他提出前 10 年是“江湖时代”，中 10 年是“公司时代”，后 10 年直至现在是“创富时代”。我以为“公司时代”最辉煌的行业是房地产业，如用行业分类的话似应称这个时代为“房地产时代”。“创富时代”最获利的行业恐非金融业莫属，故此称之为“金融时代”或“资本时代”似更贴切一些。这个时代市场上的资本年化利率一般都在 18%～38%，最高有超过 50% 的，最低却很少低于 12%。这时期上市银行的年报都是在股市上公开的，主营利润率大都在 40% 以上。人们常用“暴利”来指责房地产业，事实上金融业的利润收益远非房地产业所能企及。哪里的利润高，资本就会像水流向下一样流向那里。所以这个阶段也是金融业蓬勃壮大的黄金时期。国有、股份以及城乡商行等银行金融体系日臻完善，据《2018 年中国银行业服务报告》显示，银行网点在全国覆盖率已达 97%，银行业务各项贷款余额 140.6 万亿元。根据国家统计局资料，2017 年货币当局总资产有 36.3 万亿元，其他存款性公司总资产则高达 249.7 万亿元。上市公司数量也在飞速增加，1990 年 10 家，1999 年 949 家，2009 年 1718 家，2017 年已达 3485 家，股票市价总值 56.7 万亿元。保险公司总资产 2000 年不足 0.6 万亿元，2017 年已接近 17 万亿元。前些年投资公司大行其道，网络融资平台泛滥成灾，浙江吴英集资被捕，天津e租宝案与蓝天格锐案等，无不折射出资本时代“钱”更容易生“钱”所诱发的社会问题。我们不仅要看到改革开放以来金融业所取得的巨大成就，同时也应该保持清醒的头脑，一旦金融企业的盈利幅度远远超过制造业实体经济时，实体经济的发展必然受到阻碍，在资本规模越来越大时，托马斯·皮凯蒂（Thomas Piketty）在《21世纪资本论》一书中所说的资本规模效应就会显现，即资本规模越大，收益率也越大，因规模大小不同带来的收益不平等现象将会更加凸显，进而形成贫富分化和企业规模分化的“根本力量”。①

第二，资本为了攫取最大化的利润，会像比熊犬嗅到骨头一样扑向资源型、垄断型或相对垄断的赚钱产业。经济学从诞生到现在已经有几百年的历史了，从“一只看不见的手”会让自私的个人转变为推动公共事业进步的“经济人”，到每个人都想用最小的代价获得最大利益的“理性人”，经济学家所想的是从人性的认知上为经济学铺垫理论基石。但是现代经济学又有了新的进化，更多的学者都把经济学夯筑在“稀缺理论”的根基上了。萨缪尔森的《经济学》最核心的两个概念就是“稀缺”和“效率”。资源总是有限的，需求却是无限的，如何解决这有限和无限的矛盾关系，不仅受到经济学家的倾心关注，投资者和企业家似乎也都嗅到了“稀缺”的价值味道。古人常说“物以稀为贵”，越稀缺越金贵，资源稀缺，资源就一定更容易赚钱，特别是拥有不可再生资源，那就一定能赚取非资源型企业无法比拟的更高利润。“山西煤老板”仿佛已经成了那个时代“富豪”的形象符号，各地矿难此起彼伏地接连发生，都在诠释着各路资本紧紧盯着稀缺资源的价值选择。土地资源同样有着不可移动和不可再生的特点，房地产业之所以风光了20多年，原因固然可以列举出无数种，但最本质的根由还是在于土地的资源特性上。我曾在讲演时说，房地产是一种相对垄断的资源型产业，为什么李嘉诚当年一再强调“地段、地段、还是地段”呢？因为只要你买了这块土地，它是不会长腿溜走的，地上的建筑物就拥有了其他地段不可完全类比的“相对垄断性”，任何一个地产物业在

① 皮凯蒂.21世纪资本论[M].巴曙松，等，译.北京：中信出版社，2014.

地理位置上都具有独一无二的特点，因此它都可以待价而沽。自从香港霍英东创造了楼花之后，内地房地产便在预售制下以四两拨千斤（甚至是空手套白狼）之势扶摇而起，以小搏大，挥舞金融杠杆，这才是房地产“暴利”的关键。佛山有位黎厂长是我好友，他开工厂 20 多年，最后一算账，辛辛苦苦生产工业产品挣的钱还不如厂房地价升值带来的效益好。于是有些厂长便把工厂卖掉干起了房地产。还有一位朋友是某商会会长，他则与一位生物学博士合作，以生物科技的名义买下了一块土地，后来建成楼房，与生物科技却毫无关系。资源，尤其是不可再生的垄断性资源，它就像“美女”一样，必然吸引着“好色”的资本趋之若鹜。从市场经济资源配置的立场出发，这当然也是一种资源配置的平衡过程，只不过在这个过程当中，倘若资源和资本的收益毫无节制地一味追求最大化，原本是“美女”的资源环境就会受到伤害，甚至遭到不可逆的严重破坏。有些“利润最大化”者涌向资源并不是珍惜资源，也不是为了占有和保护，他们的所有行为都在消费资源、挥霍资源。他们不惜一切地刺激人们的消费欲望，把消费者塑造成毫无节制的“买买买”式的“消费狂人”，然后不断地更新换代升级产品，甚至人为地缩短产品的寿命周期，将好好的过时型产品“计划性报废”地全部扔掉。党的十八大以来，生态文明基本国策的确立与实施，让我们重又看到“美女”资源回到生态文明的舞台上翩翩起舞的希望。

第三，越是想方设法最大化地赚钱，越是容易引起企业短期行为。1998 年我刚到大连，因为办事顺路便在奥林匹克广场一家商号为“亿达”（与现在的亿达集团没有任何关系）的科技商店里，在店老板的推荐下选了几件办公电脑和打印机，然后我打电话让会计来结算付款。在等待时，我听见店老板在室内训斥员工：“看见没？遇到这种不看价钱的顾客，要学会灵活加价。”会计来了一看价格单，跟店员说：“为什么比你们前台的公开标价贵出那么多？”店员支支吾吾无言以对，会计拉着我的手一气之下转身走人了。当时在大连茶局、饭局、“打滚子”的时候，常常听到“一把一搂”“捞一把再说”之类的商业谈话，心里很不是滋味。在这样的“近视”心态下经营企业，老板不会去做精细化、深加工的长远打算，更不要说品牌意识了。当地的一家知名企业，从海运上岸后拿到了不少位置绝佳的地块，可惜自己开发的不多，大多一转手卖给了华润等外来企业，赚点快钱就已经十分开心了。我的好友每次来大连都喜欢住星海广场的华润凯悦酒店，当地人说这块地就是当年这样转手得来的。做出点小模样就想卖给大集团大网站，这也是很多IT网络领域创业者的普遍心态。企业短期行为是怎么形成的呢？我在课上给学员分析案例时，有提及营商环境是否安全稳定的心理原因，有会计财务原因，有人才使用无长远培养计划原因，有所有权与经营权分离原因，有国企每届班子都想尽快见成效而不顾下一届的原因，等等。但是现在看来，为了眼前看得见、摸得着的“最大”利益，从而不去做长远发展规划，丧失企业家起码的创业经营的工匠精神，才是造成企业短期行为的根本原因。

第四，企业为了自身利益的最大化，与供应商和服务商之间是一种零和博弈的商战关系，而不是平等共赢的伙伴关系。采购商与供应商原本是一对既竞争又合作的经济共同体，但在实际经济活动中往往失去均值平衡，成为倒向一边的“偏利共生”的不和谐合作关系。美国常用“芯片”断供来威胁发展中国家的生产厂商，这是一种技术垄断的国际政治经济关系，此处不遑评论，但这也多少反映出有实力、有肌肉就有可能以大欺小、恃强凌弱的一般规律。国内的企业在采购和供应的经营管理方面，也常常失去制衡，从而形成紧张的甚至是畸形的经济关系。供应商有其自己的种种“套路”来对付采购商，而相比采购商的种种“手段”，供应商受到的种种“压迫”似乎更普遍一些。供应商不稳定，采购商的产品质量和服务水平又将直接受到影响。奶源质量直接决定着奶粉质量，这个道理是谁都知晓的，问题在于奶源利润空间小了，或成本太高，就会有人加入更多的三聚氰胺。蒙娜丽莎瓷砖原来是恒大集团的重要供应商，但因质量出了问题，2016年恒大材料设备公司下发了《关于蒙娜丽莎厨卫地面砖出现严重质量问题的处理通报》，除了退货之外，还处以100万元的罚金。此事也多少反映了供应商与采购商之间的紧张关系。

企业与服务商的关系也一样，服务机构也有种种“套路”应对自己的客户。但毕竟服务商是“乙方”，对很多企业而言，似乎“甲方”就意味着主动、强势，因而罚款、监管、赔偿、退单等法律大棒随时都会抡到“乙方”头上。同样是恒大集团，网上爆出恒大地产对多家设计单位开出巨额罚单，图纸晚到一小时罚款10万元，擅自更换设计人员每人每次罚款10万元，青岛北洋建筑院因修改变更未到位等原因被罚款43万元等。孰是孰非这里无须妄加评论，企业和服务商之间到底应该是一种什么样的经济关系，却是我们都应该深刻思考的。我在参加中国建筑设计研究院成立50周年庆祝大会时，与参会的各地设计院一把手多有交谈，他们最头痛的不是如何提高设计水平，而是怎样才能收回设计费用，几乎所有的设计院都有相当一部分尾款成了“沉没的收益”。著名的建筑大师时匡教授为长白山某私企亲自主持了一项规划设计，政府领导对该规划设计给予了“这是我迄今见过的最好的设计”的高度评价，但5年过去了，大部分设计费用依然杳无音信。我们的服务商即便存在着服务不到位或服务质量有待提高等方面的问题，然而我们更应该反问一下自己，为什么改革开放40多年了，我们仍然没有发展出自己的咨询公司或广告服务类的著名企业呢？

第五，为了自己企业的利润最大化，企业与企业之间往往是只讲竞争，不讲合作，甚至走上不择手段恶性竞争的歪门邪道。香港回归之前，华商经济已有了深厚的发展，诞生了包玉刚、李嘉诚、霍英东、郑裕彤、郭得胜、李兆基等一大批著名的企业家和企业集团，当年我主持研究香港华商经济时，深为他们相互之间的信任与合作而感动。冯仑、潘石屹、易小迪等著名企业家们，之所以都能在全国做得风生水起，也同样得益于他们之间的密切联系与通力合作，几十亿元的合作甚至连合同都没签就把钱先拨过去了，他们在烟盒上先写几个要点，甚至比很多企业几十页的合同还要管用。然而这样的信任与合作在大多数的企业之间是并不具备的，越是落后的地区或是越往北走，这种合作与信任的程度也就越低。2000年我受邀到东北财经大学做了一次报告，重点讲南方、北方经济组织之间的差距，广东的企业多数是你中有我、我中有你，大多采取股份制或合伙制形式，独资企业如同凤毛麟角并不多见，而北方正好相反，遍地都是独家老板，真正的股份制或合伙制企业说它是九牛一毛也许是夸张了点，但事实上确是一企难求的。冯仑在商场上最大的一次折戟，就是早期在长春收购华联一次赔了7000万元。北方有家大型企业集团，兄弟姐妹各持有部分公司，老爷子去世后因为利益之争，竟然大打出手，非置对方于死地而后快。某央企与北方一家民企投资合作，这对民企来说算得上天赐良机，自当砥砺奋进做好项目，以对央企投资有个良好的交代。可这位民企老板首先想的不是如何把事儿做得漂亮，而是怎样把费用成本摊大，这样合作方分得的利润自然就会缩小了。像这样采取经济手段相互算计，相比之下还算是“合法竞争”了，那些不择手段、相互攻击诋毁的不正当竞争行为，说出来恐怕有人会说你是耸人听闻的。“网络公关”“网络打手”“发帖水军”等，是企业通过网络媒体彼此攻讦的常用手段。阿里、京东都曾多次公开澄清或声明并没有网络抹黑对方，但同时又指出自己确实经常遭到抹黑攻击。腾讯、伊利、万达、360、拼多多等企业均披露曾受到“网络黑公关”的不正当竞争的抹黑攻击。近期美团及其CEO王兴遭受的网络抹黑更是不胫而走。所以有报纸公开披露，“明码标价替客户诋毁竞争对手，网络已公开形成地下产业链”。企业和企业之间之所以走上邪恶的不正当竞争之路，说到底都是利益之争惹的祸。

第六，企业为了提高收益，压低员工工资成本，造成老板和员工的关系紧张，更是普遍存在的社会现象。对看重利益的老板来说，员工就是负担，就是成本。而对看重人才和重视长远发展的老板来说，员工就是资本，就是家人。这其中的关键，在于老板看重的是什么，企业的目标在哪里。如果老板看重的是企业利润和个人利益，老板和员工之间就是成本和效益的矛盾对立关系；如果老板看重的是事业发展，是社会责任和人生价值，他和员工的关系就是伙伴关系、朋友关系，甚或是家人关系。1998年全球金融危机，很多企业都在大幅裁员，然而柳韩——金佰利公司却不去这样做，由Ll-han New博士创建的企业文化的第一条是“尊重人”，他们并没有把员工看作生产的原材料（也就是经营成本），而是将员工看作能够与公司共同成长的家庭成员。所以金佰利公司采取的不是裁员，而是新的轮班工作与学习制度，在最困难的5年间，公司业绩非但没有衰退，净收入还从1440万美元增加到9040万美元，翻了整整6倍。反观我们身边的某些企业，发展了之后几位创业元老却相继辞去，一问缘由，无不与内部利益分配出了问题有关。承诺了不兑现，即便是有文字约定在先，一涉及利益分配就由“铁哥们”变成了“铁公鸡”，一拖再拖，就是不见“钱”景。贫富差距于是越拉越大，“老大”和高管之间的利益分配的矛盾愈演愈烈。很多企业原本发展得颇有起色，却是没过多久便衰微倒闭，说白了都是没有解决好如何“分钱”的利益关系。

第七，企业为了尽最大可能去谋利，不惜跨越法律底线，直至堕入万劫不复的道德深渊。“利润最大化”一旦成为企业的唯一目标，老板的人性就有可能在不知不觉中异化，向着以赚钱为人生目标的拜金主义倾斜。这就像巴尔扎克笔下的葛朗台老头，“他唯一的嗜好、唯一的激情就是赚钱”。为了赚钱，老板的人性第一层被异化的，就是吝啬投入、压低成本、以次充好、假冒伪劣。最惊人耳目的案例是2008年三鹿奶粉事件；而“毒胶囊事件”则是药企采用工业明胶制成药品的恶性事件，工业明胶是指皮革明胶，其材料成本不足骨明胶等正规食用明胶的三分之一，但工业明胶重金属铬严重超标，最高含量超标90多倍。用工业酒精和工业用盐加工药品和食品的事件，性质雷同，媒体也多有报道。尤其恶劣的是“地沟油”走上餐桌，每次爆料都令人义愤填膺，却又屡报屡出，屡禁不止。食品安全已成国之大患，很重要的原因是生产者为了谋利而丧失了起码的道德底线。

老板人性第二层被异化的，是对员工的霸凌、压榨和百般克扣。2018年11月，电视新闻播出韩国一家科技公司的董事长打骂羞辱员工的视频，一时间职场霸凌成为热搜。我有位年轻朋友前不久打电话说，他要活不下去了，四个月不给开工资，也不告知什么原因，还得继续工作，怎么办？我半开玩笑地说：“面包会有的，想想那些跳楼的员工有多惨吧，你只要活着就有希望。”跳楼？是的！从2010年1月23日富士康公司员工的第一个跳楼事件起，到同年11月5日，富士康接连发生14起员工跳楼事件，社会各界乃至全球舆论一片震惊！ 2011年7月18日凌晨3点，又有一名年仅21岁的员工跳楼。倘若是一两人跳楼，我们或许会以为这是员工个人的事，可现在是十几人呀，难道还只是员工个人原因吗？企业和社会为什么不能反思一下自己，这些年轻人的纵身一跳，与企业的管理、压力、待遇、文化就没有丝毫关系吗？难道这些韶华青年就只是公司的生产要素或是老板的赚钱机器吗？对此，网络上有评论说得相当中肯：富士康这些年轻生命所承受的沉重，实际是经济社会所付出的一种代价，企业的责任不容推卸，政府和社会也有一份应尽的义务，如果漠视这些无形的社会成本，任何经济发展都换不回真正的幸福指数。

老板的人性第三层被异化的是拜金主义，把赚钱作为唯一目的，在精神上形成葛朗台的聚敛癖和偏执狂式的“人情综合征”。老板手里一旦有了钱，除了花天酒地、灯红酒绿地本能奢靡之外，一般都会把钱攥得紧紧的，倘若不得已非要把钱付出去，他会比丧考妣还要心痛。所以该付的货款、工程款、服务费、设计费乃至工资奖金之类的，能拖一天他的心里也会舒服一天。有一位老板曾得意地对我说：“只要延付一个月，这笔钱我把它放在小额贷里又能赚回很多。”于是“三角债”无处不在，每到年底讨要工钱的农民工几乎像是得了“季节病”似的年年流行。出钱谨慎这只是一个侧面，但凡往外出钱都显得“小气”的人，往往在进钱时则会忽悠得相当“大气”。在吸纳别人投资或寻找合作对象时，通常会把自己的企业和团队说得无所不能、天花乱坠，在营销推广自己的产品时，则又不无图美、物美、人更美，溢美之词哪怕是搜肠刮肚也要把它用上去，所以明星、美女代言的产品广告每每名不符实，法律上如何界定代言人的责任也一时成了社会难题。而最无法用法律或纯理论来进行概括的，是在金钱面前的人情冷漠与道德沦丧。例如，巴尔扎克塑造的慈父“高老头”，把两个女儿看得比自己的生命还重要，在他有钱时，女儿女婿看他“就像恭恭敬敬地看着钱一样”。待女儿一心一意爬到了上流社会，他却已是身无分文、疾病缠身，再也没人把他放在心上或来看他一眼。电影《金钱世界》讲的是美国石油大王世界首富约翰·保罗·盖蒂家族的冷血人情。现实中的盖蒂一家，儿孙个个荒淫无度，吸毒酗酒，1973 年孙子被绑架时，爷爷不肯出赎金将其救出。很多人看了电影之后都怀疑是不是贫穷限制了自己的想象，不然为什么我们想象不出人性会如此贪婪，亲情会如此冷漠呢？这让我们也不由得想起曾经有些被异化的企业家因为利益之争而大动干戈，相互诋毁，以至于你死我活的骇人剧情。拜物到了极致也就是生命意义异化到了极致，如弗洛姆所说19世纪告诉我们“上帝死了”，20世纪则告诉我们“人死了”，因为手段变成了目的，物质的生产和消费变成了生活的目标，而生活本身却退居到了从属地位。[①]这里谨援引一段作家艾珉的《欧也妮·葛朗台》中译本所写的前言，聊以结束本节吧：

> 作者（巴尔扎克）固然以大量笔墨描绘金钱的威力，画龙点睛的一笔却是指出金钱拜物教的荒谬，指出金钱固然给人带来权势，却不能给人带来幸福。……在巴尔扎克看来，葛朗台的聚敛癖，是当代社会一种病态的情欲，是许多家庭或个人招致不幸的根源。……只有人性已经异化，完全为贪欲所支配的人，才会将金钱视为人生的最高需要。葛朗台这样的人，表面上是金钱的主人，其实是金钱的奴隶。[②]

四、“天道忌满”与“最大化”谱系

任何一个词组或许并不仅仅是一个简单的概念，追本溯源，常常可由表及里发现它的文化意蕴。中国传统上很少有“最大化”的说法，出于一般的逻辑考量，可以肯定它是舶来概念。我们的老祖宗一般不讲“最大化”，讲究的是“天道忌满，人事忌全”。《易经》卦词中有“水流则不盈”“盈不可久也”“天道亏盈而益谦”“人道恶盈而好谦”等语句，“盈”也有“满”的意思，所以《尚书·虞书》则有“满招损，谦受益，时乃天道”的千古警句。民间的传统习俗以为“8”“9”是好数字，“10”就不受欢迎了，因为“10”已满，如同满月，月盈则亏。唐代大诗人骆宾王《玩初月》写道：“忌满光先缺，乘昏影暂流。”这也像我们讲老人不能说他“百岁”一样，那是指老人活到头了，“百岁之后”是指老人仙逝之后的意思。故此中国人不主张把话说到“最大”，把事做到“绝”处，而是更习

---

① 艾里希·弗洛姆.论不服从[M].叶安宁，译.上海：上海译文出版社，2017.

② 巴尔扎克.欧也妮·葛朗台[M].张冠尧，译.北京：人民文学出版社，2015.

惯于与时偕行，顺其自然，留有余地。所以《增广贤文》收录了一条“心不得满，事不得全”的民间谚语。

如今杭州灵隐寺内仍有这样一副对联：“人生哪能多如意，万事只求半称心”，这“半称心”不是无奈和消极，而是东方式的豁达和智慧，故有网友题诗曰“自古人生最忌满，半贫半富半自安”。秉此文化传承，中国人是不会在经济领域发明“利润最大化”概念的。

而在西方，“最大化”概念从提出到现在，也有相当长的一段进化光景了。起初它并不是针对企业利润最大化的经济学用语，或许其政治学、社会学以及法学、哲学的意义更大一些。《圣经・新约・哥林多前书》说：“如今常存的有信，有望，有爱；这三样，其中最大的是爱。”西方宗教思想在很大层面上传递的是“爱”和“善”，《圣经》中提到“爱”有 827 项，提到“慈爱”有 194 项，“爱人”172 项，讲“爱人如己”的有 8 处。而要想实现爱和善，就必须主张正义，抑制邪恶，建立良好的社会秩序，为更多的人谋福祉。从古希腊哲学家到中世纪文艺复兴之后的历代思想哲人，无不一以贯之地苦苦思索着道德、秩序、契约、国家等社会治理和人类福祉的重大课题。苏格拉底即曾提出建立城邦国家的最大幸福原则，他说：

> 我们建立这个国家的目标并不是为了某一个阶级的单独突出的幸福，而是为了全体公民的最大幸福；……当前我认为我们的首要任务乃是铸造出一个幸福国家的模型来，但不是支离破碎地铸造一个为了少数人幸福的国家，而是铸造一个整体的幸福国家。①

中世纪之后与“最大化”概念联系最为密切，且对后世影响最大的思想家，当属法国的卢梭和英国的边沁。卢梭在 1762 年出版的《社会契约论》中有 14 处使用了类似“最大”的表述，其中提到“最大利益”“最大福祉”等。他在第二卷论述各种立法体系时即明确指出，一切立法体系的最终目的，是要实现社会全体的最大化福祉，而自由、和平等则是追求最大化福祉的两大主要目标。边沁则在 1789 年正式发表他已积压 9 年的

① 柏拉图 . 理想国 [M]. 郭斌和，等，译 . 北京：商务印书馆，1986（4）.

《道德与立法原理导论》，其中提出了著名的功利原理，也就是“最大化幸福原理”或称“最大幸福或最大福乐原理”。他在第一章即开宗明义说道：“自然把人类置于两位主公——快乐和痛苦——的主宰之下。……功利原理承认这一被支配地位，把它当作旨在依靠理性和法律之手建造福乐大厦的制度的基础。……功利原理是本书的基石。……功利原理是指这样的原理：它按照看来势必增大或减小利益有关者之幸福的倾向，亦即促进或妨碍此种幸福的倾向，来赞成或非难任何一项行动。”这就是对后世影响巨大的功利主义原理，它同样始于爱和善，幸福或快乐是至善，不幸福或痛苦是至恶，最大化幸福原理即是告诉我们“要去追求那种可以让总的幸福减去总的不幸福的值达到最大的行动方向”。①

这就和生命的诞生需要有诞生生命的环境条件一样，“最大化”概念有着如此深厚的思想渊源和社会传承，它已然成为一种一脉相承的行为范式和思维习惯，因而在各个领域都朝着“最大化”的方向去努力追求也就不足为怪了。被誉为经济学圣经的《国富论》，是亚当·斯密于 1776 年发表的。资本的逐利特性以及资本和生产厂家追求利润最大化的行为表述，正是斯密开的先河。他与卢梭和边沁几乎是同时代的思想巨匠，人们对他“经济人”和“看不见的手”的精彩论述早已耳熟能详，事实上他对“最大化”的阐述同样值得我们关注。他说：

> 每个个人把资本用以支持国内产业，必然会努力指导那种产业，使其生产物尽可能有最大的价值。……把资本用来支持产业的人，既以牟取利润为唯一目的，他自然总会努力使他用其资本所支持的产业的生产物能具有最大价值，换言之，能交换最大数量的货币或其他货物。②

斯密认为，每个个人都从自身利益出发去追求最大化的个人利益，人们越能够最大限度地发挥运用自己所拥有的资源，也就越能够自然地促使整个社会经济和公共事业得到最大限度的发展。斯密虽然讲的是“利益最

① 乔纳森·沃尔夫著.道德哲学 [M]. 李鹏程，译.北京：中信出版社，2019.

② 亚当·斯密.国民财富的性质和原因的研究 [M]. 郭大力，王亚南，译.北京：商务印书馆，1974.

大化”，而不是直接阐明“利润最大化”，但是我们从他的著作中依然能够体悟到“最大化”的精神气度，也正是这一点被后来的经济学家们给发扬光大了。

进入19世纪70年代至20世纪初，边际主义经济学大行其道，史有“边际革命”之称，也正是在这一时期，“最大化”概念才真正赋予了经济学意义。经济学家们继续沿着“快乐和痛苦”以及“最大化幸福”的思维主线向前延展，经过萨伊、西尼尔和约翰·穆勒的深入推进，对亚当·斯密提出的“效用”价值又有了进一步的认知。英格兰的斯坦利·杰文斯、奥地利的卡尔·门格尔、法国的蒂昂·瓦尔拉斯三人不约而同在各自的经济学著作中提出了边际效用理论，从此西方经济学进入了一个广泛使用“边际”概念的新时代。经济学不仅为资本主义的继续存在找到了自以为是的理由，也为“效益最大化”和“利润最大化”提出了数理依据。杰文斯关于效用论的定义是：“快乐与痛苦是经济学计算的究竟的对象。经济学的问题，是以最小努力获得欲望的最大满足，以最小量的不欲物获得最大量的可欲物，换言之，使快乐增至最高度。”[①]他认为，凡是能引起快乐或避免痛苦的东西，都可以是有效用（utility）的，而人性的必然倾向，就是选择那些似能实现最大利益的方法。瓦尔拉斯则把经济学推向了数学化和纯粹化的晦涩道路，他在《纯粹经济学要义》中使用的数学方程式与各类图表，所占篇幅几乎可与文字表述五五对分了。他花费了很多章节去探讨“满足欲望的尽可能大的总和”“商品最大效用定理”以及“新资本品的最大效用定理”等，他通过一系列的数学推论得出：“当就每种商品的消费量说来成对的效用微增量的代数和等于零时，这个人就获得了他所追求的最大值。”他对资本品最大效用的阐述也使用了同样的句子。[②]可以想见，“最大化”概念经过边际主义的数学推论已经“纯粹”到了极致。

每门学科发展到一定阶段，都会提出一些属于本学科的基本定义或概念。“边际”就是经济学发展到这样一种时期的一个极具创造性的专属概

---

① 斯坦利·杰文斯.政治经济学理论[M].郭大力，译.北京：商务印书馆，1984.

② 蒂昂·瓦尔拉斯.纯粹经济学要义[M].蔡受百，译.北京：商务印书馆，1989.

念。这个概念一经出世，便被绝大多数的经济学家广泛使用，直到今天仍无人能用其他词语来代替这个概念。20 世纪最著名的经济学家之一的凯恩斯或凯恩斯主义者们，在很大程度上就是通过对“边际效益”和“边际成本”的研究分析创建了自己的经济学体系。北大教授薛兆丰对“边际”的解读应该说是最通俗不过了，他认为“新增”带来的“新增”就叫边际。例如，边际成本就是每新增一个单位产品所需要付出的新增成本；边际收入即是每多卖一个产品能够带来的新增收入；边际产量是每新增一份投入所带来的新增产量；边际效用是每消耗一个单位的商品所能带来的新增享受。① 这些解释虽然不能算十分严谨，却是很容易让人记住。

这里之所以一再提到“边际”一词，并不是想用这个难以理解的概念来故弄玄虚，而是现代经济学家们无不是经由边际理论的深切探研，将“效益最大化”和“利润最大化”这一经济学法则推上了理论的巅峰。如果说 1911 年泰勒在《科学管理原理》中提到的“财富最大化”还仅仅是一个目标愿景的话，那么将这一概念表述得最清晰也最数学化的，当首推萨缪尔森的《经济学》。该书自 1948 年首版以来，就我所能见到的已增刊到第 19 版，其影响之大可想而知。作者在讲述企业的投入选择时说：“企业应该力求在最低可能的成本上进行生产，从而使利润或其他目标达到最大。”怎样才能使成本降至最低呢？他使用了“最小成本法则”的概念，即“当每 1 美元投入的边际产量对于每一种生产要素都相等时，企业的生产总成本就达到了最低水平。这一结论称为最小成本法则”。他同时也使用了“利润最大化”概念，并且用较大篇幅来阐明实现它的条件。那么怎样才能使利润达到最大呢？他通过证明得出结论：“当产量达到该企业的边际收益等于它的边际成本的水平时，利润达到最大。”书中用 MR 代表边际收益，用 MC 代表边际成本，利润最大化的数学公式便是：

MR=MC，即边际收益 = 边际成本

萨缪尔森虽然是在分析不完全竞争和垄断市场情况下得出的上述结论，但他经过思考之后认为这一原则可运用于更加广阔的领域，“MR=MC

① 薛兆丰 . 经济学讲义 [M]. 北京：中信出版社，2018.

原则同样适用于追求利润最大化的完全竞争者”。所以他最终还是将这一原则列为经济学的一般法则了。他总结性地说道：“在经济学中，当产量处于MC=MR的水平上时，利润达到最大化。”[①]自此之后，无论东方或是西方，特别是英美式的资本主义市场经济国家，在经济学及管理学的重要著作或教科书中，大多将“利润最大化”法则收编书中，如前文已经引用过的，可知其普及与流行之广，已是无以复加了。

博弈论中也有“最小最大化原理”，与经济学中的“利润最大化原理”虽有不同，但博弈论对经济学的影响却是巨大的。博弈论的“最小最大化原理”讲的是零和博弈，其奥秘在于“你的策略就是尽可能使自己的利益最大化，这必将使对手的利益最小化”。换句话说就是，“一方赢得什么，另一方就失去什么”。但是约翰·纳什早已讲明，所有的多人博弈和重复博弈最终都有一个均衡点，这就是著名的“纳什均衡”，而均衡才是事物处于平衡或稳定的普遍状态。我们也可以把企业追求利润看作一种博弈，但它适用的不应是“最小最大化原理”，而应该是“纳什均衡”。[②]

五、“利润最大化”错在哪里

每一种理论学说，从它诞生到走向成熟，都是在一定的思想传承和社会环境下逐步完成的。通过上一节的追本溯源，我们知道“最大化”概念起初只是人类试图追求更多幸福的一种思维心性，是人类恐惧、痛苦、贪图更多快乐的一种心理表达，它最初的诉求可能与经济利益并没有太大的直接关联，与其说它还有些经济意义，莫不如说它更像是伦理道德或政治哲学的一缕思绪。既然它历经久远已然形成一种思维惯性，那它就必然会

① 保罗·萨缪尔森，威廉·诺德豪斯．经济学 [M]. 萧琛，等，译．北京：商务印书馆，2011（19）.

② 关于博弈论的著作极丰，这里引用的是汤姆·齐格弗里德的《纳什均衡与博弈论》。该书文字简练，深入浅出，并简明扼要地介绍了其他科学家对博弈论的研究成果，推荐一读。见化学工业出版社 2019 年版，洪雷等译。

影响人类对经济、对社会等很多问题的思考与认知。经济学领域里有关“最大化”的一系列考量，正是在资产阶级势力逐渐兴起，资本主义制度日渐确立，自由竞争的个人主义思潮日益完善的时代背景下，经由几代经济学家的口述笔耕，方才逐渐走上理论殿堂的。

如果说亚当·斯密时期资本用来支持产业的人是“以牟取利润为唯一目的”，追求利润最大化还仅仅停留在欲望的意愿层面的话，那么，20 世纪经济学所阐释的“利润最大化”法则，则更加侧重从技术层面上为资本投资和企业生产提供决策依据。如哈佛大学经济学教授曼昆所著的《经济学原理》讲述得尤为简明透彻。曼昆是萨缪尔森的学生，他把经济学提炼出十大原理，其中第三原理就是“理性人考虑边际量”，也就是理性人在生活、投资或生产等方方面面所做出的决策，通常都是要比较边际收益与边际成本的。他列举了在竞争市场环境下一个叫作 Vaca 的家庭牛奶场如何实现利润最大化的简单案例。这家牛奶场在生产 4 加仑或 5 加仑牛奶时，边际收益和边际成本相等均为 6 美元，这时的利润是 7 美元，除此之外，无论是减少牛奶产量还是增加牛奶产量，利润都达不到 7 美元的最高值。所以 Vaca 一家就会考虑边际量，从而对产量水平进行决策性调整，倘若产量超过了 5 加仑，成本也会随之增加，即使是增加了牛奶产量，但利润不增反降，因而也就没必要增量生产了（见 5–1）。

表 5–1 利润最大化数字案例表

产量 / 加仑	总收益 / 美元	总成本 / 美元	利润 / 美元	边际收益 / 美元	边际成本 / 美元	利润变化 / 美元
（Q）	（TR）	（TC）	（TR–TC）	（MR= △TR/ △Q）	（MC= △TC/ △Q）	（MR–MC）
0	0	3	–3			
				6	2	4
1	6	5	1			
				6	3	3
2	12	8	4			
				6	4	2
3	18	12	6			
				6	5	1

续表

产量 / 加仑	总收益 / 美元	总成本 / 美元	利润 / 美元	边际收益 / 美元	边际成本 / 美元	利润变化 / 美元
4	24	17	7			
				6	6	0
5	30	23	7			
				6	7	–1
6	36	30	6			
				6	8	–2
7	42	38	4			
				6	9	–3
8	48	47	1			

资料来源：曼昆《经济学原理》。

萨缪尔森、曼昆等经济学家对“利润最大化”的表述，通过以上列举的例证我们可以看出有几个关键点是有待商榷和深究的。第一，“利润最大化”纯粹是经济学的一个假设，是经济学的一个理想假说。表中所列总收益、总成本、产量、利润以及边际数字，都不是来自社会实践，而是出自经济学家的美好想象。只要我们实际管理过生产企业，就会看出表中数字的填写有多么天真了。每增加 1 加仑的牛奶产量，总收益增加 6 美元，这是在假设市场价格不变；在价格不变的前提下，总成本的增量变化却是无序也无规律的，由此得出的利润数据自然也就免不了带有虚拟假设的成分。尽管艾伦、多尔蒂、韦格尔特等经济学家在《管理经济学》中通过数学函数对边际分析进行了最优化计算，并称之为“最优化技术”，但仍无济于事，反而为这一法则平添了经济数学的理想化色彩。[①] 如此重要的一个“法则”却是如此这般地建立在虚拟的数学公式和假想数字上，可想而知一些学者对经济学向着晦涩的数学公式化发展所提出的严厉批评，并不是全无道理的。

第二，与静态的美好想象相反，真实的市场一刻也没有停止过变化，

① W.布鲁斯·艾伦，等.管理经济学：理论、应用与案例[M].申笑颜，等，译.北京：中国人民大学出版社，2015.

无论是供给还是需求，也无论是成本抑或收益，它们从来都不是静止不变的，唯一不变的就是它们始终都在变化着。这一点亚当·斯密在论述资本利润时早已说过：“利润极易变动，经营某特定行业的人，未必都能够说出他的每年平均利润是多少。他的利润，不但要受他所经营的那些商品价格的变动的影响，而且要受他的竞争者和顾客运气的好坏、商品在海陆运输上甚或在堆栈内所可能遭遇的许许多多意外事故的影响。所以，利润率不仅年年变动，日日变动，甚至时时刻刻都在变动。”[①]市场运行的动态本质，决定了我们不可能静态地看待任何经济数字，也不可能准确无误地预测到边际收益和边际成本的具体数值，1998 年全球金融危机的爆发，每一次股票市场的“牛气”与“熊样”，无不让经济学家和市场分析师们大跌眼镜。我们这样说并不是否定某一门学科或某一种职业，恰恰相反，经济学作为一门科学学科和社会科学，它更能反映人与社会的经济关系以及市场运行的总趋势与大方向。如果我们非要把风云多变的动态市场界定出是 A 或是 B、是 0.1 或是 0.11 等数值“边界”，那就不仅是自找苦吃，而是有违动态市场的自由特质。这就像我们永远也看不到未来股市的 K 线峰值或谷底一样，能够推测的只是未来的大趋势或是已经发生的过去。

数学家们不惜花费大量笔墨，并建立一大堆的数学模型和坐标图表，用来论证“利润最大化”，其初衷是善良、美好的，无非是想通过边际测度为企业家生产决策提供经济学依据。然而在我们接触到的无以计数的企业家当中，以及资料书籍所列举的企业案例，却没能发现一个企业在决策投资生产时操作性使用了该数学模型。我在与刘永好相处的日子里，他每次面临生产和投资决策时，首先想的是风险，是盈亏平衡估算，是市场行情与风险规避，而不是推算利润最大化的边际数值。其他企业家也大多是关注损益估测，他们最看重的往往不是利润最大化能大到什么程度，而是利润最小化和盈亏平衡点，也就是管理大师德鲁克说的“损益平衡点分析法”。因为企业能否生存下去才是老板最关心的，他必须时时刻刻都清楚

① 亚当·斯密.国民财富的性质和原因的研究 [M]. 郭大力，王亚南，译.北京：商务印书馆，1974.

企业生存的基本条件是什么，只有先生存下来，才有可能谋求发展。所以“最小利润”才是企业家们是否决策投资生产的关键。这与德鲁克所说的“‘避免亏损’是现代企业的第一法则”[①]道理上完全相同。我们在为企业做项目分析或可行性研究报告时，经常使用损益平衡或资金流动态分析与敏感性分析，其实就是在为企业投资和生产决策进行风险测度，这其中的盈亏平衡与动态进程才是老板最关心的，那张利润分析表他仅仅是看一眼而已，而最青睐这张利润表格的，反倒是银行或其他融资机构。

既然“利润最大化”是企业家从未实际使用的假说，难道它仅仅是经济学家的数学游戏？相信所有的经济学者都不会认同这种说法。毕竟利润最大化法则从理论上为企业追逐利润找到了理想目标，它也符合英美等资本主义制度曾经把利润和赚钱看得比一切都重要的社会情境。正因如此，“利润最大化”法则既经问世，它就像是一个激励目标的兴奋剂一样确实鼓舞了许多经济人成功地发展了企业，有的甚至做到了世界500强。这说明该法则有其存在的道理，倘若只是从纯粹的理论角度评判这个利润法则，我们不认为它有错误；相反，它对经济学说确是一个理论上的贡献，对提高生产率也起到过积极作用。那么，“利润最大化”法则到底有没有错，或是错在哪里呢？奇妙之处恰巧就在这里，这个世界有很多东西就理论而言是无可置疑的，可是一旦用到社会实践上去，则就未必是无懈可击了。“利润最大化”法则一经设定为企业的经营目标，甚或是经营管理的唯一目标，它就已经不再是纯粹的经济学理论问题和技术问题了，而是实实在在地转化为企业及企业家的存在意义与价值选择的经营哲学。这时问题的关键已经不是“利润”本身而是“利润动机”，当利润动机已然蝶变为一种价值观念和价值目标时，它就将主使着企业家把企业推上只知赚钱的拜金轨道，于是不择手段、唯利是图、资源和环境惨遭破坏、诚信和道德严重缺失也就在所难免了。也就是说，“利润最大化”法则在经济学理论上未必是错误的，但它只是企业运营的一种手段，若是在动机上把它当作企业唯一存在的价值目标和价值取向时，那就大错特错了。

---

① 彼得·德鲁克.新社会[M].石晓军，等，译.北京：机械工业出版社，2019.

由此观照，“利润最大化”不过是经济学家为企业家设计的理想目标及其追求的方向而已，事实上没有任何一家企业真正实现了理论上和技术上“利润最大化”的经营操作，如果有，那也一定是大致的趋向而已。既然是趋势化的、方向性的目标，使用“利润最大化”来表述则就未免有些牵强。“最大”有到达顶点的含义，这不符合中国人“忌满”的传统，因此用“最优”“最佳”来作为利润目标表达，或许更能反映企业的目标价值和经营思路，“最优”代表的是价值趋向和目标意向，它所反映的就不仅仅是利润最大化了。所以我主张，在经济学、管理学以及教科书当中不再使用“利润最大化”的提法，如果非得要坚持追求利润最大化这项法则，毋宁用“利润最优化”或“最佳利润”来表达，这样更容易反映出方向性的利润目标和价值取向，这也是为什么本书提出“共生利润”的由来。

六、利润价值与“共生利润”

“利润最大化”法则曾经被视为企业使命和企业行为的主导经济理论，然而这一法则不应忽视的其他因素以及对它的批评意见也时常见诸报刊。泰勒在论述科学管理原理时即指出，“财富最大化”不仅意味着公司或其所有者能获得更多的利润，还意味着各行各业都达到最好的经营状况，“同时也使每一位雇员的财富最大化”。哈耶克虽然认为企业的唯一目标就是追求利润最大化，但他同时也指出企业必须接受法律和道德的约束。20世纪40年代弗里德曼在《实证经济学方法论》中提出的是“利润最大化”的弗里德曼定理，但他在后期的著述中却用“利益最大化”取代了“利润”。而最具代表性的批评人物则是彼得·德鲁克，这位被誉为现代管理学之父的“大师中的大师”，早在论述企业宗旨和使命时即明确强调，“企业是一种以盈利为目的的组织”的定义是错误的，它只不过是用复杂的方式来表述“贱买贵卖”这句老话。他敏锐而深刻地说道：

> 事实上，利润最大化这一概念是毫无意义的。而且，它的危险在于它使盈利性变成了企业追逐的唯一目的。……自从有了利润动机和利润最大化这一概念，它比过去“没有丝毫关系”还要差，且会带来其他一些危害。它是在社会中使人们对于利润的性质形成误解，并深刻仇视利润的一个主要原因，而这是工业社会中最危险的弊病之一。[①]

这是德鲁克于1973年出版《管理：使命、责任、实践》时的明确主张。对这样的批评意见，经济学家们仿佛视而不见，他们仍在各持己见，这在前文引用的经济学著作或教科书中已略见一斑。唯其如此，迄今还有相当一部分企业家仍把企业看作“以盈利为目的”的经济组织。我在为北大总裁班上课的时候，不少学员甚至反问我：“企业不盈利那还能生存吗？老师，您说利润重要不重要？”

没错！利润十分重要！巴纳姆和陈广合著的《利润》一书中那句“没有利润，一切都是空谈”也是放之四海而皆准的，我们不主张“利润最大化”的唯利表达，并不等于我们不重视利润，事实上没有任何企业、党派和其他社会组织反对利润。相反，我们应该超越企业利润，讲利润而不唯利润，把企业盈利与利润动机分开，从多元角度重新审视利润，从不同层面来认识利润的意义、功能与价值。我们说利润“十分”重要，是因为利润并不仅仅关系到企业和员工，它与整个社会的经济运营都息息相关。以下不妨就从10个层面对利润的价值机制做些简要说明。

（1）企业生存机制。没有利润企业无法生存，利润是一切经济组织能够生存的首要条件。无利润等于无绩效，这如同家中没有存粮，吃了上顿不知下顿在哪里，等着你的只能是挨饿。企业也是一个有机体，它同样需要资源补给。我们在家里少吃几顿饭可能没什么大碍，但企业若是不盈利或长期亏损，没有资源补给就无法进行再生产，那就只有关门或变卖的结果。任何一个公司或企业，都必须产生经济效益，创造利润，这是它“继续维持事业的成本”。从这个意义上讲，经济效益或利润是公司和企业等所有经济组织存在的理由和基石，也可以说企业就是为了创造价值而存在

---

① 彼得·德鲁克.德鲁克管理思想精要[M].李维安，等，译.北京：机械工业出版社，2019.

的，这是企业的使命和责任。

（2）发展壮大机制。没有利润企业便无法发展和扩大再生产，利润是所有经济机构能够扩张壮大的前提条件。企业有了利润才可以在继续维持事业的基础上谋求扩大生产或向规模化发展，企业只有在利润中提取留存才能扩大积累，因此利润是企业自我集资的直接手段，也是吸引外部资金的绩效诱因，只有在有了利润的前提下，企业才可能为未来的创新与发展提供资本保障。企业未必越大越好，但避免死亡最好的办法是持续不断地成长，如同最好的防守是进攻一样。用经济学的说法，利润也是企业未来发展的成本。

（3）引导资源机制。在市场经济体系中，市场是资源配置看不见的舵手，利润则是指引资源流向的看得见的航标灯。哪个行业利润高效益好，就会有更多的企业和资源进入这个行业；而进入的企业和资源一旦多起来，竞争的激烈又会将该行业的利润水平拉低，资源又会转向更加有利可图的其他行业。这是市场经济自我调解和资源自发配置的内在魅力，也是市场在动态中自我均衡的必经过程。在这个过程中，利润是资源重组的动因，也是有效配置社会资源的信号灯塔。正如墨菲援引亨利《第一本经济学》所说：“利润的一大功能是引导生产要素的流向，根据需求来安排无数种商品的不同产出。”墨菲自己对企业家推动市场经济也有一段传承斯密却也令人拍案叫好的表述。他这样写道：“在现实中，绝大多数的企业家都为赚取货币利润的欲望所激励。然而，在市场经济中，为顾客服务并降低开支是获得利润的唯一方法。市场经济最美好的一面在于，它驱使着社会中最自私、最野心勃勃，可偏偏又最具才华的一群人，让他们彻夜忧虑怎样通过讨好别人，来满足自己的直接经济利益。企业家是市场经济的推动力，而竞争是企业家诚信可靠的保障。”①

（4）绩效检验机制。企业没有利润就是没有经济绩效，没有经济绩效的企业就是没有使命和责任的企业。绩效是检验企业管理的最终标准。很多企业往往都设计了一大堆的行政、财务、人事等各个方面的管理制度，

① 罗伯特·墨菲．第一本经济学 [M]. 程晔，译．海口：海南出版社，2018.

文字之烦琐，条文之复杂，没几个老板都能把它记得下来。我曾问一位大老板："假如张三很能为企业创造经济效益，但他很有个性，不太会来事儿，不怎么讨你喜欢；而李四情商较高，经常请示汇报，很会讨你开心，可就是干不出业绩来，这时你愿意用谁？"他想了想说："还是应该用张三吧？""那你身边为什么那么多李四呢？"他无言以对。这就是我常跟学生讲的"不要为管理而管理"，要时刻记住用检验管理的最终标准反省自己和考量他人。

（5）激励人才机制。利润是提高员工福利待遇的必要条件，也是激励员工积极工作，发挥员工创造才能的经济基础。现代企业往往都规定了一系列的奖励措施，销售提成、年终分红、派送股份，等等。万变不离其宗，如果企业没有经济效益，拿什么来提高员工待遇？又拿什么来给员工发年终奖金呢？有位企业高管曾高兴地告诉我："老板给我派股啦。"我问他："你们公司现在发展得怎样？你认为未来有发展吗？"他说："公司项目很好，但老板强势独断，未来很难说。"我对他说："老板都有独断的特质，关键是看他的决策和价值观念是否正确，没有未来的企业，股权有意义吗？若是企业亏损了，你作为股东要不要担责任？"他沉思。我想让他明白一个道理，奖励法则是受绩效法则制约的。我跟企业家学员分享自己的想法时曾调侃说：所有的人才都好比"帅哥"，而你企业的利润效益则是"美女"，你的企业绩效越好，就越是不愁招不来"帅哥"，帅哥都希望找到美女，你招来了"帅哥"，说明你的企业已经跟他恋爱上了。这是人才流动的基本规律。人才总是向着效益好、前景好、待遇好的企业和地区流动。所以说利润是好东西，它既是奖励员工的经济前提，也是聚拢人才的经济保障。

（6）诱导资本机制。水流向下是自然规律，资本向利也是自然规律，不同的是资本不仅追逐利润，同时还要追求安全与稳定。企业效益好且可持续发展，就很容易吸纳外部资本来维持和扩大生产。资本总是流向有利可图的行业和企业，这一点亚当·斯密早在《国富论》中已有讲述。"正是因为利润不等，资本才从一个行业流向另一行业。"这是李嘉图在《政治经济学及赋税原理》中的一句话。马克思在《资本论》中一方面指出了

“资本的文明面”，肯定资本比奴隶制和农奴制“都更有利于生产力的发展，有利于社会关系的发展，有利于更高级的新形态的各种要素的创造”。同时他也批判了资本的血腥与肮脏，并在一个注释中引用了托·约·登宁的一段名言：“一旦有适当的利润，资本就胆大起来。如果有10%的利润，它就保证到处被使用；有20%的利润，它就活跃起来；有50%的利润，它就铤而走险；为了100%的利润，它就敢践踏一切人间法律；有300%的利润，它就敢犯任何罪行，甚至冒绞首的危险。”现在的社会秩序和法治文明早已今非昔比，资本运营也越来越遵守规矩了，但是资本的逐利规律并没有改变。企业若想发展或是“累进地扩大再生产”，除了自身积累之外，更重要也更快捷的方法是吸纳外部资本。我们常说银行等金融企业（风投除外）所做的从来都不是“雪中送炭”，它们只做“锦上添花”。懂得了这个道理，我们首先要做的就是怎样办好自己的企业，企业有了利润和前途，吸不吸纳外部资金，那就完全取决于企业自己的发展规划了。

（7）激发创新机制。企业若想谋取更大的利润就必须创新，创新才有可能为企业带来更大的经济效益，有了更大的经济效益才可以为企业继续创新打下坚实的要素基础。创新是现代企业持续发展的不二选择，要么创造顾客，要么创造人们更加喜欢的产品与服务，最理想的状态是顾客、产品、服务的满意合一。而任何一种创新，无论是改变资源的创新产出还是改变产品和服务为客户提供价值和满意度，都需要有资本和资源的投入才可能最终得以实现。企业家把具有一定市场价值的资源转化为市场价值更高的产品或服务，从而获取利润，而利润又会引导生产要素的流向，为企业创新产出更加符合市场需求的商品。所以，利润既有引导、鼓励企业不断创新的导向作用，同时也是企业实现创新的资源保障。

（8）鼓励消费机制。十几年前杨圣明先生出版了《中国式消费模式选择》，其中认为有三种消费模式，即分散化的高消费模式、集权型的低消费模式和分权型的适度消费模式，依据中国国情他认为只能选择后一种模式。其实消费模式的选择本质上是不以我们的主观意志为转移的。百姓已经无米下锅了，却还要让他们“何不吃肉糜”，那是晋惠帝留下的千古笑谈。整个社会绝大部分的物质财富、就业机会和各种服务，主要来自企业的创造，企业效益好了，劳动者的收入自会或快或慢地随之提高，无论是机构性要素购销还是社会性商品零售，都会伴随着企业效益的提高而整体性地活跃起来。由此说明，企业的利润水平和经济效益，已经不只是关乎其自身的利益，在总体上也已影响到人们的生活。企业富了民才会富、国才会富。就社会消费而言，企业富和民富更加具有激发意义。在企业不富民也不富的社会环境下，无论怎么鼓励消费和拉动内需，都不可能真正收到良好效果。故此足可断言，企业利润关乎社会消费，只有尊重企业提高其经济效益，社会消费水平才会真正提高。

（9）赋税调控机制。早在200年前古典经济学家李嘉图在《政治经济学及赋税原理》中即说道：赋税是国家的财富由政府支配的部分，它最终是从该国的资本或收入中支出的；一切税收都能减弱积累能力；税收不是落在资本方面就是落在收入之上；如果对某类企业利润征收部分赋税，将会导致承担这些税的商品价格上涨，使这类企业的利润低于一般利润水平，甚至最终迫使这类企业“放弃这一行业而寻找另一行业”。[①]我国现行税制包括流转税、收益税、财产税、资源税和行为税五大类约23个税种，主要来自各类公司企业、工商个体及个人。自“营改增”以来，主要实行不同行业不同税率的差异化征税制度，这既遵循了各行业长期以来形成的平均税率，更重要的是差异化税率对不同行业又起到了抑制或鼓励的作用。企业和个人所得税执行的也是累进式的征收模式，即收入越高，税率也越高。各个国家的税制虽然差别很大，但税源结构基本上大同小异，各国制定的差异化税率都要参照不同行业的平均利润率，也就是说利润率和税率是密切关联的，不同行业的利润率是国家制定赋税制度的重要依据，反过来差异化税率对不同行业又起着重要的调控作用。

（10）平衡贫富机制。我们常用“地大物博，人口众多”来赞美自己的祖国。因为“地大”，东西南北中的发展差距也十分明显；由于“人多”，人与人的贫富差距更是不容忽视。据国家统计局数据，2018年各区

① 大卫·李嘉图.政治经济学及赋税原理[M].周洁，译.北京：华夏出版社，2013.

域地区生产总值分别是：东部地区 48.1 万亿元，中部地区 19.3 万亿元，西部地区 18.4 万亿元，东北地区 5.7 万亿元，明显呈现出东高西低、南高北低的非均衡态势。另据北京大学发布的《中国民生发展报告》显示，2014 年我国家庭净资产的基尼系数已经远超警戒线，顶端 1% 的家庭占有全国三分之一的财产，底端 25% 的家庭拥有的财产总量在 1% 左右。厉以宁先生《非均衡的中国经济》一书即是拟从理论上研究这种非均衡经济结构，从而提出建设性的改革方案。党的十九大以来的“共同富裕”与“精准扶贫”政策，目标是要整体实现小康社会。所谓“大道至简”，只要我们运用和发挥好三个最基本的经济规律，就可以在一定程度上缓解地区与个人贫富差距的失衡状态。这三个基本规律是：企业要盈利、资本要向利、利息率和税率，直接影响企业成本，从而影响企业利润率。第三个规律尤其重要。倘若实行地区性差异化利率和税率，降低（甚至免掉）落后地区的银行贷款利息和主要税率，该地区的企业利润率自然就会提高，嗅觉灵敏的各种资本也就会接踵而来。所以，在市场经济体制下利润率同样是可以用于调解贫富差距的自然规律。

以上 10 条，称之为“机制”或“法则”都并不重要，重要的是我们为“利润”的功能、意义或价值唱了赞歌。若再细分下去，利润还会有很多方面值得我们去肯定。现在的问题是，既然利润如此重要，那为什么我们并不主张“利润最大化”这一提法，而是倡导“共生利润”呢？

首先，利润不只关乎企业，而是关乎整个社会。从上述 10 条利润机制中不难看出，利润直接影响着企业发展、个人收益、社会消费、资源配置等市场经济的运行状况，甚至关系到个人贫富与国家强弱，虽然利润主要由一个个单独的企业个体所创造，但“利润最大化”是针对企业个体提出的，或可称之为“个体主义经济学”的一项法则。然而我们切莫忘记，世界上并不存在脱离社会的企业个体，任何一个企业个体，离开了社会和其他企业，它都无法自我生存或自我盈利。企业是社会的，企业是人与人、人与组织、组织与社会相互关联的运营载体。企业是德鲁克所说的“社会器官”。社会由企业等各种器官构成，是各种器官组成了社会，社会因此必须尊重和维护每个个体；每个单体器官又都依赖于社会而不能独立存在，所以每个个体也都要爱护和维持大家共生共在的社会总体。所以企业必须平衡整个社会相关者的利益，亨茨勒称其为“社会均衡行动”，如果只强调个体自由，一味地追求企业个体利益最大化，并且假设人人都这样做，就会形成市场均衡并创造最大化的社会财富，那是自由资本主义经济学的一个幻想假说。马克思批评的资本主义弊病，20世纪初的“大萧条”和十年前的金融危机，都已从理论上和实践上证明个人主义思潮下的“利润最大化”法则并不是一个完美的假说。所以，无论是理论还是实践，今天都应该重新定义利润，为利润找寻一个更加合理也更加符合时代发展的最优解和最佳答案。

其次，企业是社会性的经济组织，就必定要有社会责任和社会担当。企业需要盈利，也必须盈利，但利润只是企业存在意义的一部分，利润是手段和结果而非目的。虽然有些企业家只为此目的而创办企业，但企业的真正意义是在社会中锁定顾客和创造顾客，为他们提供满意的产品和服务。企业的价值在于人才资源和物质资源的组织配置，通过高效率的运营管理创造新的更大的社会价值，并以此实现永续经营。因此，存在于社会之中的企业只要它还在运营着，它本身在就业、纳税和创造财富方面就已经为社会承担了一部分责任。也正是在这个意义上我们说企业盈利是光荣的，是负责任的，恰如经济学家熊彼特所说，和我们每个人挣到的工资一样，“利润不是剥削”。① 但是企业还有另一部分社会责任需要承担，比如为了盈利不能破坏生态环境，不能不守诚信而败坏了社会风气，不能只顾自家利益而损害其他个人、企业和社会公共利益，等等。在这方面德国和日本企业的做法与英美等国有明显不同。英国管理学家查尔斯·汉迪研究认为，德国企业“一向乐意承担可观的社会支出”“德国企业存在的目的，是为了造福全体国民”。② 正是因为企业承担着如此之多的社会责任，所以把企业只看作一种以盈利为目的的经济组织，以及把企业家定义为“通过

---

① 熊彼特．熊彼特经济学全集 [M]. 李慧泉，等，译．北京：台海出版社，2018.

② 查尔斯·汉迪.我们身在何方：个人与组织的精准定位[M].周旭华，译.上海：东方出版中心，2017.

承担风险和不确定性并进行创新来追求利润的人”，①至少是不够全面也不够准确的。

最后，也是最重要的，企业身在社会之中，就不能只顾自己的利润最大化而去伤害其他个人、企业和社会公共利益。在经济学领域人人都讲稀缺，资源稀缺已是现代经济学的一个重要理论基石。面对稀缺的资源，一个企业占用的资源越多，社会责任也越大，在某种意义上其他企业占用的资源也就相应减少。一般经济学理论常常幻想在自由竞争的市场环境中，这种利润博弈是重复进行的，慢慢地就会形成一种市场均衡。事实果真如此吗？否！市场竞争即便是自由的，但也从来没有真正平等过、公平过。这种不平等包括规模性不平等、垄断性不平等，甚至包括受法律保护的专利性不平等。这种不平等从卢梭探讨其起源开始，至托马斯·皮凯蒂的《21世纪资本论》，已经有太多的学者讲得都很透彻了。我们之所以争取自由和平等，源自现实中还没有完全实现自由和平等。在原本就不平等的市场环境中去推崇单个企业的利润最大化，必然有利于那些垄断型企业或是大型企业，没准利润最大化的价值观念正是由这些企业推而广之的。一种价值理论一旦形成只对市场上的一部分企业有利的局面，就会助长这部分企业的强势心理，从而在市场竞争中催生以大欺小、以强凌弱、只顾自己企业利益、不管其他关联企业生死的不平等格局。这是在“生存竞争”“适者生存”哲学思想指引下的你死我活的商业战争，它与现代经济的发展方向和人类社会的和谐目标是背道而驰的。所以汉迪说：“如今我相信，我所就读的美国商学院当年所教授的是错的，公司最主要的目的绝不仅是‘创造利润’。公司的主要目的应该是：‘创造利润，以便能继续经营，而且越做越好。’把利润当作追求其他目的的一种‘手段’，而非视利润本身为一种‘目的’，这种说法绝非模棱两可的文字游戏，而是一种严肃的道德观点。”②

故此，我们提出“共生利润”的设想。

---

① 张维迎，王勇．企业家精神与中国经济[M]．北京：中信出版社，2019.

② 查尔斯·汉迪．我们身在何方：个人与组织的精准定位[M]．周旭华，译．上海：东方出版中心，2017.

那么，什么是“共生利润”呢？

“共生利润”是在共生理论指引下的新型价值体系和盈利模式，是现代企业在互联共享经济的时代背景下提出的利润创新法则，它在做大企业自身利润的同时，也要兼顾员工和其他合作企业的利益，并担当起相应的社会责任，它是在市场良性竞争环境下，企业秉持长远目标实现可持续发展的价值选择。“共生利润”法则本质上已经从利润升华为价值，是现代企业一种新型的价值观，它将影响或指导企业在以下五个方面对企业的意义、目的和价值进行重新思考和重新定义。

第一，利润不是某个企业或企业家单独创造的，利润是社会多方因素互动共生的结果。没有人力资源和物质资源的组合配置，利润永远不会自动生成。馈赠或贪腐所得，或可称为“利益”，但绝非我们所说的利润。利润是社会各种资源要素交相互动所产生的新价值，而不是一种简单的剩余，更不是原有价值的简单移送。企业家起到的是组织和配置社会各种资源的作用，企业家利润是企业投资人和管理者对生产所做贡献的相应的价值表达，这和员工的薪酬一样，工资即是员工进行生产的价值体现，不同的是企业家还要格外承担各种风险和不确定因素。各自的身份、作用和贡献虽有不同，但是如果没有企业家、员工以及供应商等各种形式的企业相互合作、协同互动，企业同样不会产生利润，也不可能发展壮大。企业好比一片土地，即便是投资者播撒了种子，倘若没有企业家和员工的辛勤栽培、耕耘浇灌以及肥料、工具等其他物质资源的相互作用，最终也一样收获不到丰硕的果实。

第二，“共生利润”主张社会多种要素在“平等互敬”的原则下相互作用。无论人的身份地位存在多么大的差异，人与人之间的人格关系是平等的，人们既需要承认差异，更需要相互尊重。企业家要摒弃“老板心态”，更不能打骂或欺凌员工；员工也要有负责任的职业意识，抛开自己的“打工心理”。只有老板和员工平等互敬地相互配合，才能成就企业的发展。企业与企业的关系也一样，不分大小强弱，没有高低贵贱，只要结成合作关系，就是平等的商务关系、伙伴关系。人与人以及企业与企业的相互关系是由平等互敬的制度与合同约束的，而不是受制于不同身份的个人或不同地位和不同性质的企业。华为的管理者每当与客户进行谈判或合作时，首先会向客户讲清楚一个共同目标，将共同利益放在首位，让对方明白彼此是紧密联系互利共赢的合作关系、伙伴关系。万科之所以成功，很重要的一点也在于王石很早就已摆正了“利润”的位置。2010年他曾说：“如果万科一味以利润为导向，那么后千亿时代可能会面临覆灭式危机，最终被消费者所抛弃。”今天万科没被抛弃，说明王石没有做错。

第三，“共生利润”反对偏利偏惠，强调的是互惠互利的共生原则。“互利共赢”作为口号已经满满地充斥于报刊网络，在商务谈判时不论甲方乙方无不是打着这个旗号来彼此博弈的。事实是，许多企业家受到传统的“利润最大化”法则的驱使，总是希望自己的一方能够获取更大的利益，甚至不惜一切手段去压低对方的合理收益。他们的眼光不是只看自己赚了多少，而是紧紧盯在对方赚多赚少上，对方有赚头了，他会满心不舒服，以为对方赚他便宜了。而“共生利润”是打破有你没我、我多你少的利益模式，创建你有我有、人人都有的价值选择。个人利益和企业利益、企业价值和社会责任，各方利益主体不再是竞争态势的恶意对峙，而是目标一致，利益同一，真正实现各方价值的“天人合一”。这有点像马斯洛笔下的“开明社会”，而很多著名企业在这方面也已率先垂范，它们在内部治理和制定合作合同时能够自觉平衡各方的利益，它们关注的是自己盈利的合理水平，从不怕员工和合作伙伴多赚钱，因此它们的员工及合作伙伴大都相对稳定，合作关系也都比较长久，为“共生利润”的实施树立起成功的榜样。美国科氏工业董事长兼CEO查尔斯·科斯，一手创办了MBM科学管理模式。他从不提“利润最大化”，他的创意口号是“良性利润”，员工有权以企业家精神去发现顾客偏好并自主设法满足它，“良性利润”源自满足顾客的产品和服务，源自为顾客、股东、员工和社会创造的长期价值。目前科氏企业估值在1000亿美元以上。[①]著名企业家稻盛和夫，能够将日本京瓷和第二电电两家企业带入世界500强，他自己常说，这得益于他的“利他经营哲学”。懂得让利才能获得更大的长远利益，善于互惠

---

① 查尔斯·科斯.做大利润[M].刘寅龙，译.广州：广东人民出版社，2017.

互利，才能走得更加长远。“他好我也好”“对个人有利就是对企业有利，对企业有利也是对个人和社会有利”，这是无数成功企业留给我们的精神价值和思想财富。

第四，“共生利润”并非你好我好的“老好人”游戏，它同样倡导竞争，特别鼓励创造性竞争。“共生利润”强调在市场环境中互惠互利的公平竞争，主张合理、合法的公开竞争，排除以大欺小、以强压弱或其他强制性的垄断竞争。也就是说，“共生利润”承认差异，尊重差别，鼓励各自创新，通过创新产品和服务为企业创造合理的利润。因此“共生利润”下的市场竞争是产品和服务的升级优化，是马儿跑出 1000 米还是 800 米的竞争，而不是利益相害或彼此倾轧。马云曾在集团 B2B 事业群年会上说：“帮助中小企业就是最大的行善，帮助中小企业成长，就是最大的公益、最大的慈善、最大的福报。”他决定做一个和世界上所有电子商务网站不同的 B2B 网站，重点做 85% 中小企业的生意，“如果把企业也分成富人、穷人，那么互联网就是穷人的世界”。马云在接受某媒体采访时如是说。在网上，对大企业和小企业的服务收费是一样的，互联网服务模式是一次公平的革命！

第五，“共生利润”法则要求企业时刻明白自己的社会责任，要有自己的社会担当。共生利润“不需要通过经济损害来获利”，企业不再是“通过攫取公众、社区、社会、自然环境和后代的利益来获取利润，而是反过来为他们谋福利”。①企业是股东的，是企业家的，同时也是社会的、公众的，因此企业的经营活动必须对社会有益，而不是对社会有害。一切以攫取公共资源、环境资源和子孙后代资源来谋取眼前利益的企业行为，都是“共生利润”法则所不允许的。“共生利润”的目标和宗旨是在为企业创造利润的同时，还要为社会创造价值。这是一种新型的企业价值理念，如海尔董事长张瑞敏所说：“在新的商业文明中，利润让位于价值，因为利润只是结果，而价值创造则是商业精神的实质。”王石曾说：“人与自然、企业与自然是不可分割的，一个优秀企业应从广义的层面去评价

① 乌麦尔·哈克. 新商业文明 [M]. 吕莉，译. 北京：中国人民大学出版社，2016.

它，作为万科，今后更要把节约能源、生态保护以及古建筑群的保护作为衡量我们公司发展的重要指标。这就是‘共生’。”[①]万科自1992年即宣布不追求暴利，“超过25%的利润不做”，集团自2012年以来每年发布的《企业社会责任报告》，更让我们看到了一些优秀企业在社会责任方面已经做出了积极的努力。网传亚洲通讯社社长徐静波的一篇文章也很有些趣味，题目是“日本为啥没有‘王思聪’”，文章说前几年中国首富王健林的儿子王思聪被捧成了“国民老公”，可是日本首富的儿子有谁知道呢？几年来日本首富在软银创始人孙正义和优衣库创始人柳井正之间交替着，而他们的子女却默默无闻，少有人知晓，在网上甚至连一张照片都没有。日本《东洋经济》老编辑森内先生说：

> 原因很简单，无论是软银还是优衣库，之所以成功，除了孙正义和柳井正个人的经营有方之外，还有银行的援助、股东的奉献、员工的勤奋、客户的支持等其他综合因素。因此，虽然孙正义和柳井正是这两家公司的创业者和经营者，但不是公司成功的唯一功劳者。换言之，公司不是“私人之物”，而是“大家共有”。软银和优衣库有今天，是大家共同努力的成果，如果你把它“私物化”，当作“我家的公司”，那结果就会“众叛亲离”。所以，作为这两家公司的家族成员，是万万不可打着公司或者家族的旗号招摇过市的。

文章是否属实我认为无关紧要，重要的是文章反映了现代企业家应该对企业秉持的态度。像这样“共有”的企业理念，若是那些把企业当作自己的“私有王国”进而便一餐料理超万元的“土豪”或是他们的子女们看到了，他们会怎么想呢？我们只能说不同的价值观必然造就不同的企业文化和社会环境，最终影响的肯定不只是企业自身，而将是整个民族和国家。新希望集团的刘畅，应该说她为民营企业“第二代”掌门人树立了良好的榜样，她提出的“新长期主义”，很值得我们细细回味。

---

① 王石，缪川．道路与梦想 [M]. 北京：中信出版社，2006.

七、利润小语：新商业伦理与企业文明的思考

关于利润问题我们已经说了很多，但却没有一句是为企业如何赚取更大利润出谋划策的。企业应该怎样做大利润的书籍已经出版很多，我们所要做的不是告诉企业如何提高利润，而是期望企业怎样看待利润。利润固然是经济问题，它主要由企业创造出来，没有利润企业就没有存在意义，没有利润社会财富便无从积累，没有利润社会的物质文明就会止步不前。利润不仅仅是经济问题，更是社会文明发展到一定阶段的价值表达，它在财富层面上更能反映出社会的文化观念和价值取向。因此，利润所表达的不仅仅是经济价值，它更是一种文化、一种哲学，还是企业文明与文明社会发展进程的价值体现。

“利润最大化”法则的提出并不是无缘无故的，它与“最大化”的文化心理有关。美国心理学教授巴里·施瓦茨（Barry Schwartz）即做过“谁能做出最佳选择”的量表测试，给受试者一个目标让他必须确定一件事，他可以选择最好的那个，也可以选择足够好就行了，如果他只接受最好的，那他就是个“最大化者”（maximiser）。测试结果发现，多数人都有朝着最佳选择的“最大化目标”努力的倾向。作者认为最大化并不是一种测量效率的指标，“而是一种思维方式”，它被经济学家用于消费决策理论，认为“人们会最大化他们的偏好或满意度”，于是“利润最大化”这一经济学假说就有了心理学依据。①

除了心理倾向的因素外，社会原因更为重要。经济学的“利润最大化”法则，是在资本主义生产方式日渐兴起，资产阶级个人主义逐渐成为主流思想的社会环境下，被经济学家收入理论著作和教科书的，它与亚当·斯密以来自由资本主义经济学一脉相承，也是资本主义社会文化的组成部分。尽管追逐金钱的贪欲并非资本主义的专利，如韦伯所说古往今来各行各业的生意人对金钱的贪婪程度甚至更加寡廉鲜耻，但是在市场经济环境中把牟取利润作为唯一经营法则的确是资本主义的精神贡献。这一精

① 巴里·施瓦茨.选择的悖论：用心理学解读人的经济行为[M].杭州：浙江人民出版社，2013.

神气质的产生有其时代的合理性，它对资本主义社会经济的发展也起到了重要的促进作用。直到今天，美国的生产效率和竞争优势之所以依然领先世界，这与美国个人利益最大化的个人主义精神气质，以及“利润最大化”的企业竞争意识，如韦伯推崇的富兰克林那句“精明的掌钱人是他人钱包的主宰者”的经典名言，显然有着很深的内在传承关系。

改革开放打开国门，“利润最大化”的经营思想也传入我国，它与我国民营经济和个体工商经济的兴起遥相呼应，对加快我国的经济发展同样起到了积极作用。只不过追求个人利益和企业自身利益最大化的经营思想，在我们国家并不存在社会基础和文化根基，因此它一旦进入我国，就势必会与我们的传统社会和固有思想产生激烈的冲突和碰撞。任何思想在冲突和碰撞中都容易走向偏激，甚至彻底逆反。我们从贫穷起步，最怕的正是贫穷。我们没有个人的私有财产，一旦有了获得私有财产的机会，便很容易肆无忌惮地去攫取。我们的工作和生活在主要依赖国有企业和集体经济的背景下，忽然间可以自己创业自由发展了，又有谁能按捺得住内心的冲动而不疯狂呢？在重农抑商的文化传承下，商人转眼成了富豪，他们的富裕生活自然就会成为人们追求幸福生活的目标与向往。于是“利”与“义”严重失衡，锁住人性贪欲的潘多拉魔盒被彻底打开了，多的是释放，少的是约束，有的是牟利，缺的是责任。一切以金钱利益为衡量标准的拜金主义开始占据上风，唯利是图，不择手段，以赚钱为唯一目的和成功标准的经营之风大行其道，纸醉金迷看似风光，其实是人性丑恶的肆意放纵。也正是在这样的整体环境下，“利润最大化”的经济学理论被毫无顾忌地扭曲为自私自利的价值准则，整个社会从极左的巅峰逆转到了极右的深渊。

历史的经验告诉我们，忽左忽右、忽快忽慢都不是均衡状态下的发展常态，经济学的“利润最大化”假说并不适合我们的国情，与我们的社会文化和价值观念也水火难容，它容易引起歧义，将价值判断推上极端，把经济学的一个假说设计为企业经营的唯一目标，进而把它从一种学说扭曲成了指导人们经济活动的价值思想。我们倡导“共生利润”，正是结合我们的发展历程和经验教训，颠覆不合时宜的以盈利为唯一目的的价值观，在经济和文化领域进行一次观念革命，使我们能够在不左不右的中和环境下进行可持续的均衡发展。

“共生利润”也是一场商业伦理和企业文明的价值重建。若想实现这一目标，不仅需要经济学、管理学等理论学术界重新评判“利润最大化”假说，更需要经济领域的投资者、企业家和管理人员都能在灵魂深处重新认识“利润”的价值和意义，齐心协力为建设新的商业文明和企业文明担当起应有的责任。而在实现这一目标的实际行动当中，尤其需要我们的投资商、企业家和管理工作者首先摆正自己的心态，即控制贪欲的平常心态、敢于担当的责任心态、为社会负责的使命心态、勇于创新的价值心态。有了良好的心态和新的价值观，实现“共生利润”的价值目标也就指日可待了。好在我们已经看到了曙光，很多企业和企业家对利润价值都有了新的认识。企业家冯仑在这方面的认识可谓既风趣又睿智，他说富人的财富因为很难传承下去，早晚都是大家的，所以大家就不必仇富了。[①] 有了这样的认识，老百姓的心态放平和了，企业家对“利润”的看法也会有所变化的。这里列举数条，以资思考。

“太平人保不追求利润最大化，力求覆盖更多普通人。”

——张可

“对金钱执迷的人是品格卑贱的人。”

——卡内基

“企业家应该把金钱看得淡一些，把社会责任看得重一些。人的生命总是有限的，金钱生不带来、死不带走，现在掌握的财富最终都是全社会的。”

——宗庆后

“核心价值观的第一条是解决华为公司追求什么。现在社会上最流行的一句话是追求企业的最大利润率，而华为公司的追求是相反的，华为公司不需要利润最大化，只将利润保持一个较合理的尺度。我们追求什么呢？我们依靠点点滴滴、锲而不舍的艰苦追求，成为世

① 冯仑. 理想丰满 [M]. 北京：文化艺术出版社，2012.

界级领先企业，来为我们的顾客提供服务。”

——任正非《华为的红旗到底能打多久》

“有人说，‘得了吧，市场毫无道德可言，人们只关注利润’。我认为这是传统思维，是一个错误的选择。伟大的公司都能够找到一种方法，在追逐利润的同时，拥有并坚守他们的价值理念，将品牌价值汇集到一起，创建一个新的商业模式，很好地把商业以及情感道德和利润结合起来……21 世纪最伟大的公司都渴求成功，同时，它们也敏锐地意识到不可能通过数据表格真实地评估公司是否成功。”

——霍华德·舒尔茨《一路向前》

如果

权力存在滥用的倾向，

贫富有被拉大的偏好，

总有邪恶与公正在较量……

请不要气馁，

也无须悲伤，

因为，

还有正义和善良。

是生活和社会

以其自己的逻辑，

无时不在制衡着万物。

这就是

人民的力量！

共生的力量！

第六章　共生治理：俗说“股权”“控制权”与治理误区

“我命由我”的一代——“股权激励”：风口上的馅饼——“股权控制”：股权“陷阱”与“股权困境”——焦点上的“控股”与“控制”——权利、权力与“企业政治”——变革、挑战与“治理方向”——“共生治理”与价值重塑——合作、分享、共享：探寻以人为价值核心的“共生治理”

一、“我命由我”的一代

人类可以认知宇宙，但从来未能完全认知自己。弗洛伊德的精神分析讲的是“人的本能需要”，马斯洛的人本主义讲的则是层次需要理论，弗洛姆则把人因生存之道引发的各种需求归结为关联需求、超越需求、根本需求、定向需求和身份认同感五大需求。每个人讲的都有自己的精彩，然而最直接最精彩的，我认为莫过于电影《哪吒之魔童降世》中哪吒那句呐喊：“我命由我不由天，是魔是仙，我自己说了才算！”

这是时代的呐喊。这个时代每个人都想证明自己、实现自己，所以也可以说这是“我的时代”，个性觉醒的时代。21 世纪伊始，我曾多次对企业家学员说，若想企业进一步发展，就看你们如何与“80 后”相处了。

放到现在，“90 后”也大体相仿。这些年轻人有着非常可爱的共性，聪明伶俐，认知宽泛，个性彰显，知识结构复合多样，家庭条件相对优越，主张自我和独立。我常说他们就像刚刚进入青春期的孩子，开始人格觉醒，同时也带有某些叛逆。有位老板曾经抱怨：“现在的年轻人都怎么了？太有个性了，一句话不开心说走就走了，有的连个招呼都不打一声。”我笑了笑对他说：“有个性就意味着有创造，就看你怎么用啦。”

改革初期，创业伊始，企业大都带有英雄主义色彩，人们在自己无能为力的情况下也大多愿意服从英雄。企业是老板的，老板一人说了算，这时的企业所有者和经营者是同一的，效率之高，前所未有。然而改革开放已经走过 40 多年，企业也已更新换代了好几茬儿，有的也已发展壮大为大集团，企业的网络化、专业化、规模化、国际化趋势也越来越明显。企业已经步入现代化轨道，每个个体也都日益独立和觉醒，企业的所有权和经营权也日益复杂起来，这个时候英雄主义管理模式开始越来越远离现实而显得不合时宜了，一批又一批成熟起来的管理人才也都在环顾四周寻找着自己的出路。很显然，管理创新与管理升级，已然酝酿着管理革命，这已是新一轮经济发展的关键。

如果现在的世界经济和国内经济都进入了一个高度不确定的困难期和转型期，毫无疑问，管理升级与模式创新将有助于各种类型的经济体走出困境。那么，管理到底该如何升级、如何创新呢？是优化公司治理结构？是股权激励？合伙制？分享、共享……吗？或许都是，或许都不是。因为任何管理首先都是从人开始的，而现在的人已经不是过去的人，对人的认识一旦产生误区，就会连带出一大串公司治理的误判。张维迎教授已经指出公司治理结构存在六大误区，但他重点强调的是所有制体制与国有企业存在的问题。[①] 当下最流行也最热门的话题是“股权激励”和“股权设计”，我大致浏览了一下相关书籍和培训讲座，觉得关于“股权”和“控制权”的一些流行观点，实在有些令人如“骨鲠在喉”，不吐不快。故特列本章，说说自己的想法，以期对公司治理结构的优化升级有所裨益。

---

① 张维迎 . 理解公司：产权、激励与治理 [M]. 上海：上海人民出版社，2014.

二、“股权激励”：风口上的馅饼

“创业从股权开始”，这是一本书封面上的广告词，作者唐伟、车红把创业比作“种树”，书名就叫《种下股权的苹果树》，有了股权就可以分红，而分红就叫“分果”。这种说法很形象，也颇有趣。另一本由两位律师写的《股权设计》，结语的标题则是“股权创富风口，让我们一起飞”。的确，关于股权的设计与激励话题，确实已经冲上创业与管理的风口浪尖。尤查·本科勒在《合作的财富》中说，在互联时代“谁先合作谁胜出”！用另一本书的标题来说，则是“不懂合伙，必定散伙”。创业与管理已然进入合作、合伙和股权治理的互联时代。

三年前我去北京“清朋华友”拜访聂梅生先生，出来等车时发现大厦门口有一幅广告牌，上面赫然写着“股权设计与股权激励”大师培训讲座。出于好奇，我走进培训课堂旁听了半个多小时。演讲者的慷慨激昂，芸芸听者的掌声笑声，令我也情不自禁地受到感染。然而细听内容，又感到不够解渴，总觉得没触及痒处。这时一位工作人员来到我身边问道：“先生您好！您是报名学员吗？”我问：“这不是免费公开课吗？”他说：“这是收费培训课，一个月四次，每次一天课程，每个学员收取费用 3800 元。”我问：“在座的都是已交费的学员吗？多少学员了？”他说：“是的，现在已有 293 名学员了。您试听了这么久，感觉怎样？您也报个名吧？”我说：“谢谢！我是路过随便听听的。”

回来的路上我一直在想，有市场需求说明这是一个热门课题，也说明新创业者和正在经营企业的管理人员都迫切需要这方面的知识。有人说中国 90% 以上的企业家是不懂股权的，股权培训市场非常之大，看来不无道理。反观自已，这么多年的教学与管理实践，似乎也应该整理一下股权方面的素材了。这时我首先想的是，为什么股权设计和股权激励会一下子热起来呢？简单梳理一下多年来的切身感受，这场“股权热”的肇因和表现，或许并不局限于以下几个方面。

每次在机场候机时，我都喜欢到书店逛逛，几年来书店里经常会有股权方面的新书上架，有常识型的，有操作型的，有案例型的，唯独理论研究型的不多。查一下学术类著作，多是一些侧重在法律、制度或治理结构方面的研究，受股权收购“宝万之争”的影响，“中国知网”收录的有关股权控制的论文也着实蔚为可观。书和文章都多了起来，这恐怕是“股权热”的第一个表现。“股权”方面的培训班仿佛也是“忽如一夜春风来”，培训大师更是雨后春笋般涌现出来，随便翻一下航空杂志广告或在网上“搜搜”，股权咨询机构有的甚至“专注股权数十年”了。培训之火，咨询之热，成了“股权热”的第二个表现。然而真正如火如荼的还是体现在实操上，马云“十八罗汉”合伙创业的成功故事，或许正是“股权热”的导火线。华为的员工持股，任正非仅仅持有1.41%的股份，更是一下子把“股权激励”推上了风口。而“真功夫股权大战”，则从经验上提醒人们股权设计有多重要，其重要程度甚至被形容为“成也股权，败也股权”，企业的死亡不是缘于外部竞争，而是死于企业内耗。电影《中国合伙人》里的经典台词“兄弟式合伙，仇人式散伙”，更是触及了很多创业者的痛感。自2016年8月实施《上市公司股权激励管理办法》，至2017年12月，据国泰安CSMAR数据显示，上市公司公告实施股权激励方案的达447家，“股权激励”冲上风口由此可见一斑。不难看出，中国经济已经发展到不得不重视股权治理的转折阶段，所以“股权治理”与“股权激励”才会如此这般地热闹起来。

再往深处分析，“股权热”还有其社会原因。改革开放40多年，中国社会确也经历了裂变与重构，中国跃升为世界经济大国，一致认为是改革开放的首要成就。人人都在追问，中国怎么变化这么大？发展这么快？很多学者也都进行了总结性的研究，经济学界几乎异口同声地大赞安徽小岗村的土地承包责任制，认为是“包产到户”拉开了改革开放的序幕。经济学家注重的是产权、所有制、市场机制以及政府的作用，认为集体所有制下的个人没有劳动积极性，土地包给了个人一下子便把积极性调动起来了。当年我下乡到集安市苇沙河第五生产队时，和农民一起早出晚归下地劳动，农忙时天天都要“披星”而出，“戴月”而归，并没觉得农民因为“挣工分”而变得懒惰。那么到底是什么力量真正让所有人都热血沸腾起来了呢？我认为除了包产到户、乡镇企业、民营经济等市场因素之外，更重要的是人，是人的精神的自由、思想的解放、人性的灿烂，是个性解放所释放出来的想象力和创造力。人获得自由了，自由让生产力活了起来，成为生产力的原动力。束缚人们的枷锁终于被解除了，人们的手脚终于可以自由活动了，人们终于想干什么就干什么，种粮之外，种菜、养殖等不再是“资本主义尾巴”了，个体工商户、乡镇企业或进城务工，都由自己自由选择。捆住人们手脚的条条框框没有了，创富的路子自然就会宽广起来。这是人性“这个最强大的发动机”的重新起动，也是市场的轮子开始运转，更是欲望的潘多拉盒的彻底打开，光明的欲望成就了无数的优秀企业家和一个时代的企业家精神，欲望的阴暗面则为这个时代浓妆艳抹地涂上了贪婪腐败的标签。正是在这阴阳、正反、清浊、邪正等多重力量的反复冲撞的较量当中，在经济繁荣的同时，又取得了另外一项出乎很多人意料的伟大成就，那就是人性的觉醒与个性的独立。中国历史上并不存在“哪吒”这个人物，他是不同时代的文人根据不同时代的社会背景虚构的神话，而“魔童”“哪吒”则是“自我”的独立个性的彻底爆发，“我命由我不由天”，正是当代个性解放的真实写照。当每个人的自我意识和独立个性都在觉醒的时候，潜藏在人们心底的平等意识和权利意识就会喷薄而出。在这样的背景下，传统企业老板和员工之间的雇佣关系、主从关系也便必然要受到冲击，企业与企业之间如果仍然抱着主次强弱的心态进行交往，它的前路也必然是越走越窄。于是企业的唯一出路，那就是从雇佣关系向共创关系、从控制关系向合作关系、从主从关系向合伙关系、从强迫机制向尊重机制的历史转折。这是个性觉醒的时代造化。

个性觉醒同时也有赖知识的提高，只有认知水平提高了才能真正成就自觉的个性。伴随着人类社会从工业社会向后工业社会的演化，知识在经济领域的地位越来越凸显，蓝领工人也逐渐让位给知识工作者。1959年德鲁克在《已经发生的未来》一书中“杜撰”了“知识工作者”一词，1989年他又在《管理新现实》中把知识上升到了资本的高度，他从管理学出发，认为真正由于管理的出现，“才使得知识从社会的装饰物与奢侈品转变成为一切经济实体的真正资本”。[①]为了区别知识与资本的关系，任正非称之为“知本主义”。他在《走出混沌》中说道：“对一些高技术产业，人的脑袋很重要，金钱资本反而有些逊色。应多强调知识、劳动的力量，这就是知识资本，我们称之为‘知本主义’。”他还在《华为人报》上发表了“华为的红旗到底能打多久”一文，明确指出，现在是知识经济时代，传统的经济是资本雇佣劳动，资本在价值创造要素中占据支配地位，而知识经济时代是知识雇佣资本，知识和技术对价值创造的支配力已经超过资本，所以资本只有依附于知识才能保值和升值。人们常说科技是第一生产力，我以为在知识经济时代，也可以说知识是第一生产力，在个性觉醒的时代，自由是第一生产力。知识的载体是人，掌握技术的也是人，而人已经进化得越来越富有个性和独立。因此，要想管理好由人与人之间的相互关系所构成的现代企业，首先就必须认识人、尊重人。所以任正非力主人力资本是第一要素，在他的坚持下，最终把“人力资源增值的目标优先于财务资本增值的目标”写进了《华为基本法》。华为之所以能够大力推行重要员工持股的股权激励机制，这和微软的股权激励措施有异曲同工之妙，其骨子里都是看到了人和知识的价值，真正懂得了如何尊重和激发掌握知识的具有个性和创造力的人。

个性觉醒也是权利意识的觉醒。人格独立本质上是对人权的诉求，是知识工作者希望在企业中的地位和权利能够得到多方面的尤其是产权方面的保障。中国人之所以不愿意租房，宁愿举全家之力贷款买房，是因为每月付出租金的房子结果还是别人的，而还贷之后的房屋产权就是自己的了，产权可以给原本就缺少社会保障的中国人以安全感。企业员工的工作心理也一样，干得再好公司还是老板的，“打工心理”的另一面就是没有归属感。所以，积累了足够经验又有了自立门户的本事之后，很多人都存有自己创业的想法，哪怕从小做起也要干自己的事业。这是人格独立在经济上倾向于“自主”的自然选择。万科毛大庆辞职后干起了自己的优客工厂，就是最典型的自立案例。人们需要法律下的权利保障，还因为口头承

① 彼得·德鲁克.德鲁克管理思想精要 [M]. 李维安，等，译.北京：机械工业出版社，2019.

诺或一纸协议往往不能完全兑现。许多老板在用人时常常承诺许多，等到企业赚钱了，承诺却一拖再拖，每每食言，甚至当初的协议也都成了一纸空文。在征信体系尚不完备的社会环境下，人们的权利保障意识就会更加强烈。而这个时候企业若想招揽人才、留住人才，过往的口头承诺或是协议或是高工资待遇，都已渐渐褪色或不再奏效。这就为企业如何激励员工和聚拢人才提出了挑战性的课题。《尚书》说“财散人聚，财聚人散”，这是老祖宗在利益与人才关系上的智慧，只要企业肯让利，就没有解决不了的难题。但事实是产权意识和所有权意识提高之后，人们需要的就不仅仅是经济利益了，不然现实中企业提高一下最常用的“工资＋奖金”的激励模式，就已经足以满足利益需求了。很显然，利益之外人们更加需要身份认同和权利保障，而股权正可以满足人们这方面的心理需求，因为股权代表的不仅仅是经济权益，更是对人的身份地位的认可与承认。“股权激励”就是在这样的时代背景下应运而生的，其目标就是要创新构建新型的企业剩余分配结构和治理结构，通过各种形式的股权激励，实现对知识和技术的尊重，将原本是雇员的重点员工变成有法律和产权保障的股东，使有能力的员工成为企业的主人，让他们从“为老板打工”转变成“为自己的企业而奋斗”，形成与企业荣辱与共的命运共同体。有了股权保障，心理上也会产生质的飞跃，此时的打拼已经不只是为了企业，同时也是为了自己。这也是股权激励为什么能够激发人们的能动性和创造性的本质所在。

2014年3月15日，万科总裁郁亮在集团会议上发言，指出传统的雇佣制已经不适合现代企业，“事业合伙人制”才是企业未来的方向。4月23日，万科集团便召开了“事业合伙创始大会”。应该说这是“股权激励”冲上风口的里程碑大事。许多经济学家在研究企业激励时，往往都是从“委托—代理”理论出发，研究股东和管理层、股东和股东之间的代理关系与激励机制，其前提条件是所有权与经营权的分离，这对那些既是所有者也是经营者的企业家来说，则就有些风马牛不相及了。

从以上分析不难看出，“股权热”之所以冲上了风口，人的个性的觉醒、知识和技术的显要、权利保障意识的提升，以及互联时代分享共享商业模式的流行，显然是其多重成因互动的结果，这也更加符合具有特色的中国国情。堪振华和高丽敏合著的《股权设计与股权激励》将股权激励归结于“人是自私的”人性基础上，一些经济学家从“委托—代理”理论出发认为这主要是所有者与经营者之间的矛盾所致，恐怕都有以偏概全之嫌。现在是“人人时代”，治理之本一在人，二在事，而首先是在人，如果不能从时代背景和社会环境出发首先认识时代中的“人”，或是不能准确把握“人”的时代，恐怕在当前正在酝酿的管理革命中便很难掌握正确方向了。

三、“股权控制”：股权“陷阱”与“股权困境”

当人们都在高谈阔论股权设计、股权激励以及合伙人制的伟大创意时，我想提醒大家“天上没有掉馅饼的”。这并不是说股权问题对公司治理不重要，也不是唱衰正在形成的如火如荼的“股权热”，恰恰相反，正是为了重视和完善股权设计的理论与实践，作为有着种种经历的“过来人”，我们更加期待“善”的结果，而若想最终走向“善”，就必不可少地要克服过程中的种种“恶”，就要时时刻刻警惕股权设计过程中你所知道与不知道的一个个黑暗的“陷阱”。

这是不是有点耸人听闻？先不遑下结论。还是看看发生在我们身边的一些真实案例吧。

> 2012 年，几位要好的朋友决定自己创业，牵头的张军原是某国企总经理，其他几位有的是私企小老板，有的是企业高管。他们原来都从事房地产行业，所谓不做不熟悉的事，他们决定仍做房地产。他们看好了一块地，可是几个人加起来也没多少钱，怎么办？他们淋漓尽致地发挥出各自的专长，先将这块地规划设计包装起来，然后进行内部认筹式的集体“团购”，结果大获成功。三个月后他们便筹集了近 5 亿元的资金，于是便用这笔钱买下了这块地，开始了全新的开发创业之旅。由于张军是国企身份不便出面，他便做了实际控制人，其中汤

某担任法人代表，李某做监事长，每一位都是董事，都是董事会班子成员，都分配了股份。几位好友都把此次创业当作自己的事业，按各自分工大干了起来。不到一年，销售额就突破了15亿元，不到两年，开发的房屋陆续交房，公司的总资产超过了50亿元。这是白手起家的超级经典案例。然而，就在表面上看起来风光的时候，内部矛盾却一天天地显露出来。主控人张军开始大谈发展战略、人文情怀，决定向方兴未艾的金融领域进军，向谁见了都会眼热的能源领域迈进。他开始一人独揽财权，独自决策，董事会成了公司的装饰品，几位创业元老纷纷被调离原来岗位。几年过去了，新投资的产业并没有任何起色，原有的资产也都抵押殆尽，几位董事除了工资和奖金，甚至连承诺的房子也没分到。眼看着主控人张军豪宅、别墅、名车等一路光鲜，几位董事原本火热的心渐渐凉了下来，公司业绩一落千丈，一个个债权人轮流上门讨债，公司账户接连被法院查封，法人代表汤某被限制出入境和高消费，其他股东想的早已不是怎样分红，而是如何脱身了。

这样的真实案例还有很多，时间越是往前推移，这样的案例就越是不胜枚举。而上述案例原本是一手好牌，是什么原因将一手好牌打得稀巴烂呢？几位好友都是行业内的精英翘楚，都有创业激情和一致目标，每个人都各有股份组建了共有公司，而且起步非常成功，那又是什么原因造成了难以收拾的残局呢？很显然问题并不在于股份制本身，而是公司内部的治理结构出了问题。总结一下类似的案例，至少以下几点作为投资人、企业家和公司高管人员是应该认真思考的。

（1）有股权就一定有分红吗？

（2）股权真的代表你对公司有所有权吗？

（3）拥有了股权是否就能参与公司的经营决策？

（4）控股权与控制权是什么关系？

（5）有了控股权或控制权就可以独断专行吗？

（6）配给股份同时也配给风险责任，你还愿意要这种股份激励吗？

（7）既承担风险又没有决策权和知情权，你还愿意成为这种公司的股东吗？

还有很多问题，都是我们在实战中普遍遇到也经常思考的“股权困境”。这种困境有点类似博弈论中的“囚徒困境”，参加博弈的各方都希望找到对自己或是对大家都好的最佳策略。遗憾的是，无论理想多么丰满，最终还是要回到现实中经受历练的。上市公司因为资料公开，研究成果较多，相对容易认识和理解。而现实中的企业运营，内幕风云，复杂多变，倘若不是亲身经历，很多内情外人是难以知晓的。以下就让我们结合实际，看看现实中各种光怪陆离的“股权困境”吧。

第一，最常见的“股权困境”是有了股权却享受不到分红，反而分担了相应的风险和责任。上述案例中的汤某和李某即亲身遭遇了这样的现实，尤其是汤某，作为法人代表非但没有享受到公司红利，却受到了行为限制并被列入“老懒”名单。本书上篇列举的长春市大唐景胜投资有限公司，法人代表洪伟持股78%，高吉昌持股22%，公司成为被告，法院判决公司限期偿还欠债，而高吉昌在不知情的情况下也同样受到了牵连。这样的“有股无红”的股权困境在新创业的中小公司中更是屡见不鲜。唐伟和车红在其《种下股权的苹果树》中就列举了这样一个案例，2012年刘健和郝欣成立了一家手游公司，注册资本500万元，刘健出资200万元占股40%，郝欣出资300万元占股60%，郝欣负责公司日常经营。两年后，公司在盈利的情况下，小股东刘健却没能分得一毛钱，最终只好走上法庭。很显然，有了股份，或者有了身份和地位，并不等于你就有了真实的权利和利益，这其中还与公司运营中的实际“控制权”息息相关。

第二，“股权变更困境”在我们身边也时常发生，很多人的股份变来变去就被稀释得所剩无几了，应得利益也被摊薄得越来越小。一个企业发展到一定阶段，股份变更是很正常的事，我们通过“企信宝”或股市等网络平台，随便查阅一下公司变更情况，就会发现公司经营的年限越久，股份变更的次数也就越多；股份构成越复杂，股份变更也越频繁。有些股份变更是为了适应企业发展的优化重组，经济学家喜欢称之为“帕累托改进”。比如浙江正泰电器，自1991年创办开关厂，至2010年上市，董事长南存辉先后进行了三个阶段的股权稀释优化。第一阶段是让家族成员参与经营管理，释放股权40%左右，极大地促进了企业升级发展；第二阶段是引进知识资本进行“股权配送，要素入股”，稀释个人和家族持股，使公司向技术型现代企业迈进；第三阶段是上市重组，截至2019年9月30日，控股股东正泰集团持有44.39%的A股，而南存辉在正泰集团中仅持有18.08%的股份。这是家族性企业在不改变控制权的前提下进行的帕累托优化，最后成功上市。此案例属于“正面样本”。不仅如此，有些企业便打着优化重组的旗号明目张胆地调整股份，其真实目的不是所谓优化，而是在优化重组的名义下稀释那些对企业发展“无关紧要”的股份，或以稀释股份为手段排斥异己，以此达到肥水不流或少流到外人田的目的。我有一位同龄好友，20年前即是一家公司的创始股东，随着他年龄的增长和手头资源的枯竭，退休后“人走茶凉”，公司经过无数轮的股权变更，他现在的股份已由当初的30%变更成仅剩下2%，每年享受到的也只是“慰问式”的分红了。我们都知道股权可以继承、转让，我们更应该懂得股权并非一成不变，流水性的动态变化也是股权的一个特性，创始股东的权利应该如何保留，或者创始股东的权利应该怎样保护，已是公司股权治理的重要课题。

第三，通过“投资转移”，使持股公司的资产价值和股权价值发生变化，甚至发生根本性逆转。《中华人民共和国公司法》〈以下简称《公司法》〉虽然对资本规定了所谓确定、维持、不变的“公司资本三原则”，但是同时也允许公司法人作为投资主体可以通过转投资方式成立新公司。比如A公司以实资注册，资本金1亿元，股份构成为60∶30∶10，现在A公司又通过转投资与其他资本合注了B公司，注册资本也是1亿元，股份构成是60∶40。这时工商信息系统显示的是注册了两家公司，总注册资本是2亿元。但实际资本是1.4亿元，其中1亿元是A公司原有的注册资本，另外0.4亿元是B公司新股东所出。倘若B公司新股东是以知识或技术资本入股，则实际到位奖金仍是1亿元，在B公司尚未运营的情况下，实际上A公司的股份已经被稀释掉了40%。企业为正常经营，还可以对其他公司操控的项目进行投资，这样的“转移投资”情况就更加复杂了。假如

A 公司将资本投资到了 C 公司的项目当中，A 公司的股利分配就已经不取决于自己了，而是决定于 C 公司的运营情况。虽然我国的《公司法》第十六条明文规定“公司向其他企业投资或者为他人提供担保，依照公司章程的规定，由董事会或者股东会、股东大会决议”，但实际情况是大股东或控股股东往往依据“资本多数决”原则做出不分红或转投资的决定。毋庸置疑的是，通过“转移投资”，加上信息每每不对称，转来转去真正受到损失的是那些中小股东，而大股东或控股股东则因此一步步强化了自己的控制权和收益权，甚至成为他们排斥小股东或异己势力的常用手段。企业在日常经营中的并购、抵押、担保等，往往也多带有“投资转移”的性质。在所有权和经营权分离的实际运营中，有时小股东或高层管理人员也会常常使用“投资转移”或结构重组的手段，去影响乃至引诱大股东进入他们设计好的“套路”当中。近年来爆出北大方正集团内部治理陷入重重困难，只要我们简单地梳理一下最近几年集团的转移投资项目和公司结构重组事项，便不难发现即便是绝对控股的国有资产，也同样会在不知不觉中大意失荆州的。

第四，股东资本不到位，或者不愿意追加投资又不配合变更股份，也是公司运营十分常见的股权困境。我有一位学员曾向我哭述他的烦恼，希望我能帮他解决一个难题。他夫妇二人当初成立一家加工工厂时，因资金不足，拉上两位亲戚入伙，他夫妇二人出资 650 万元，占股 65%，亲戚二人共出资 350 万元，占股 35%。但在建设过程中因为设备和材料又追加投资了 500 万元，两位亲戚这时不愿意出钱，这 500 多万元都是他夫妇二人想方设法筹集的。几年之后工厂办得有声有色，年盈利已在 1000 万元以上了，工厂资产也翻了几番。这时两位亲戚提出要按股份比例分红，他夫妇二人觉得这样不合理，问我该怎么办？我当时给了他三个建议，一是按实际出资重新调整股权比例，即（650+500）：350，按实际股权比例分红；二是追加的 500 万元作为借款，按市场最高利息计算，还本付息后再分红；三是在分红之前要先扣除经营管理者的工资奖金。因为是亲戚，又因为是在广东，广东人很讲究和气生财，他们很容易解决了这场纠纷。然而我们身边因为解决不了类似的矛盾，以至于无法经营下去的案例也并不少见。2013年北方有家股份公司，项目进展到一定阶段，需要股东资金陆续到位，然而其中一位法人股因自己公司内部问题不能按时出资，又不能积极配合变更股份或签署内部协议，这就导致其他股东也都不便出资的局面，致使整个项目至今搁置不前。股份制企业是集众人之力整合资源做出一番事业的最好途径，但也因为它不是一个人的事业，这就需要人与人之间的真诚合作与积极配合，否则它非但不能成就事业，反而会成为事业发展的一种阻力。

第五，“力不配股”“德不配位”也是企业治理和股权激励过程中普遍存在的“股权困境”。由于认识一个人需要时间过程，有些人因为不够了解而配给了股权和管理权利，也有一些人是由于没能跟上时代脚步继续学习和不断提升，导致他们身居高位既有股份又有权利，却没有足够的才能真正担当起为企业创造价值的重任。“有股没红利”和“有股不尽责”往往是企业治理中不易处理的两大难题，前者企业处于主动位置相对容易解决，后者则常常使企业陷于被动，处理起来相当棘手。没有在位的时候，谁都无法推测出某人一定胜任，而在其位者无论别人怎么评价，至少他自己不会承认自己能力不足。尤其是受习惯势力的左右，身居高位的人只能上不能下，上则一荣俱荣，下则面子和心理都是过不去的。这种时候，无论怎么进行业绩评估和绩效考核，都无济于事，甚至报告和账面还每每有可观之处。我自己也有过类似的经历，曾有一位高管，颜值身段仪表堂堂，言谈举止无可挑剔，学历经历可圈可点，然而就是缺少主动性和创造性，而这对独当一面的企业高管来说恰恰是最紧要的。经过一番苦苦思索，我先是给他安排了一位具有创造个性的助手，一段时间过去了仍没有实质性的起色，最后只好把他调到另一适合他的岗位。这件事让我对股权激励又有了新认识，“股权”就像一把“双刃剑”，它既可以激励同伴创造出惊人的价值，也可能成为企业创新发展的掣肘和阻力。“股权治理，可不慎乎？”

第六，“股权激励”的最大难题恰恰在于它自身的“法律困境”。凡是没有经过工商登记的股权，本质上都是“不完全股权”。现代企业所推行的股权激励方案，大多属于不完全型股权激励方案，也就是说，大多数的股权激励方案都属于前置性的，因而设有附带条件。在这方面是没有“免费午餐”的。就拿上市公司来说，股权激励主要有“限制性股权”和“股票期权”两种形式，根据《上市公司股权激励管理办法》，受限股权在规定期间内是不得转让、担保或偿还债务的。股票期权的受限性就更加明显了，它是在未来一定的期限内按照预先设定的条件来购买本公司一定数量股份的权利，如果到期未达成行权条件，比如未完成任务指标或未实现绩效目标，则股票期权既不能行权，也不能递延到下期行权。这说明在未行权之前，这样的激励方案尚未完全实现股权受让，这就不可避免地会造成《公司法》管辖不到的企业内部纠纷。上市公司因为管理条例比较缜密纠纷会相对少一些，如万科 2011 年 4 月即实施了股票期权的激励计划，向激励对象授予总量为 11000 万份的股票期权，极大地鼓舞了经过多年打拼形成的王牌管理团队。然而未上市企业，尤其是中小型民营企业，因为股权激励引起的内部股权纠纷可以说俯拾即是。非上市公司实行的股权激励方案，主要有受限股权、虚拟股权、增值股权、绩效股权、干股、员工持股等形式，其共性是都没有在工商注册中体现出来，因此也就不在《公司法》的保护之下。这些“不完全股权”的激励方案，主要是通过内部协议方式予以界定，其适用法律主要是《劳动法》及《合同法》。即便有些股权已经在工商部门登记注册，但也往往因为是“干股”形式，受激励对象大多没有实际出资，也没有完善知识产权方面的评估作价手续，因此在《公司法》层面受到的保护程度也是要大打折扣的。在员工持股方面人们津津乐道的是华为的成功案例，殊不知华为的员工持股方案前后至少经历了四次重大变革，其变革的方向已经与“持股”的初衷渐行渐远，与其说是“股权激励”，莫如说它已是一个自主的、成功的、创造性的员工奖励方案了。因为迄今为止我们在工商信息大数据中，还没有看到华为员工真正以个人名义成为《公司法》意义上的公司股东。相反，华为员工因“持股”所产生的经济纠纷却是时常见诸报端的。我曾经任教过的暨南大学有一位研究生叫邹雅嘉，她的毕业论文就是以华为公司为例，对企业股权激励的风险管理进行了专题研究，有兴趣的读者可在“中国知网”上一读。

以上“股权困境”反映出来的种种问题，都是现实中企业运营经常遇到的普遍现象。这些困境和矛盾集中反映在企业股权治理方面，有些问题《公司法》以及最高法院给出的五次“司法解释”已有明文规定，[①]但与现实社会经济生活发展的速度相比，法律法规永远都是滞后的，发生了新的问题，才会形成解决新问题的新条款，这也是我国《公司法》自1993年诞生以来进行了四次重大修订的原因所在。现在的“股权热”又为《公司法》提出了新的课题，上述“股权困境”实质上都属于“法律边际”难题，现实中经济活动的复杂程度也是法律条文不可能全覆盖的，这既是企业管理的难点，也是企业创新发展的突破点。股权比例能否与出资比例分开设计？股权能否与剩余分配权相分离？股权与投票权必须一致吗？控股股东与小股东的权利地位是平等关系还是主从关系？控股股东就可以独断专行操控整个公司吗？小股东的权益完全受到保护了吗？为什么不是股东却可以成为实际控制人？所有权和经营权真的能够完全分离吗？股权激励与奖金激励有什么本质不同？……当我们还没有想清楚这一系列难题的时候，却在大谈特谈所谓“股权激励”“股权治理”，那就难免流于形式，在实际运营当中掉进“股权困境”的陷阱也就在所难免了。这些难题在法律层面上有的已有条文规定或近似表述，无论是研究者还是管理者，在谈论股权之前确实应该首先读一读的。

四、焦点上的“控股”与“控制”

股份的本质是权利，而不是激励或其他。把股权激励说成是企业管理的灵丹妙药，或是决定企业命运的关键，着实有些“王婆卖瓜”的嫌疑。企业的本质是发现市场，创造需求，为顾客提供满意的产品和服务，而不是企业内部的激励措施，再好的激励也只不过是企业实现目标的管理策略而已。企业内部治理的关键同样也不能只算在股权激励的头上，企业的股

① 《中华人民共和国公司法》及“最高人民法院关于适用《中华人民共和国公司法》若干问题的规定（一）（二）（三）（四）（五）”，法律出版社及中国法制出版社2019年均有单行本出版。

权结构和行权机制往往起着更为重要的作用。也就是说，企业股份的所有权人如何依法行使盈余分配权、管理决策权和高管人员任免权等相关权利，对企业治理而言更是至关重要的。

这就引出股东如何行权的机制问题。而现代企业管理的最大误区之一就是传统的“股票多数决”观念，以为股份占有比例高，或是大股东，或是控股股东，或是实际控制人等，就可以按照自己的意志为所欲为地操控公司。在现实社会中，企业治理的紧要问题并不是所谓的“股权激励”或“股权分散”，而是“一股独大”的传统流弊仍在影响着公司运营。大股东与小股东、控股股东或实际控制人与其他股东、股东与代理人（高管人员）之间的矛盾关系，才是现实中公司治理的矛盾焦点。

主流经济学家的研究视角主要盯在市场、国家以及上市公司层面，因为他们必须维护学者教授科学实证的学术尊严，而国家的统计资料和上市公司的年度报告，理所当然地便成为他们实证研究的合法依据。所以，国企的产权问题，上市公司的股权结构问题，乃至上市公司的法人控股与自然人控股等治理结构问题，大批的专家学者相继发表了相当丰盈的研究成果。尽管罗纳德·科斯曾经批评说“正如人们在期刊、教科书和经济系的讲台上所看到的那样，主流经济学变得越来越抽象，与发生在真实世界中的事情越来越脱离联系”，[①]我依然认为那些主流经济学的研究成果对于我们全面认识国民经济的发展无疑是有裨益的。如果不是我自己在民营企业担任过董事高管，也许我也不会把注意力放在那些非上市民营企业的治理结构上。现实中的民营经济，尤其是那些非上市的中小企业，它们不但更加贴近我们的日常生活，而且在国民经济中的地位也是举足轻重的。根据历年《中国民营经济发展报告》，在“九五”末期的2000年，我国民营经济的GDP占比约为55%，到了“十五”末期的2005年则上升到65%，直到2017年底，民营经济GDP占比大致维持在60%~65%之间。[②]另据全国经济普查结果，至2018年末企业法人单位共有1857万个，其中国企7.2万个，占全部企业法人单位的0.4%，私营企业1561.4万个，占

① 罗纳德·科斯．契约经济学[M]．北京：中国人民大学出版社，2011.

② 汪立鑫，左川．国有经济与民营经济的共生关系[J]．复旦学报，2019.

84.1%。民营企业（尤其是中小型企业）已经成为如此重要的经济载体，它们是如何管理运营的，它们的治理现状怎样，却长期以来少有人问津而被搁置在主流经济学的边缘上。这其中与民营企业信息资源相对零散不成系统固然有关，但与各方面缺乏重视和身临其境的实践体验不无关系。

民营企业大多是未上市公司，公司治理的“不规范”成为它们与上市公司的最大区别。“不规范”意味着民营企业在治理结构上存在着明显的复杂性和多样性，所以不能用同一的简单模式或套路来以偏概全。但这并不是说民营企业在治理结构方面因为复杂多变就无规律可循了，事实恰恰相反，但凡没有上市的民营企业大多是中小企业，而规模越小，越是呈现出治理结构简化单一的特点，而股权结构越是简化单一，又越是表现为“一股独大”的家族化个性。治理结构的简化单一，往往是民营企业“船小好掉头”灵活高效发展的制胜法宝，这也是很多民营企业为什么经济效益并不输给上市企业的根本原因，是家族企业之所以在全世界范围内仍然具有极强的生命力的原因所在。然而简单高效的另一面常常也是粗暴管理或不擅长管理的素质折射，很多民营企业短暂的生命周期已经足可以说明这一点了。所以民营企业的管理现状更加需要研究总结，找到了粗暴管理或管理水平低下的症结所在，也就找到了提高它们存续时间的不二法门。正是出于提高民营企业治理水平的愿望，这里我们不妨先将它们存在的管理问题择其要者罗列如下。

第一，“企业独裁”已是非上市民营企业内部治理的普遍特征。抛却独资、一人公司不论，很多非上市民营企业的股权结构大多是“一股独大”或绝对控股的控制结构，即便是上市民企，也多数显示为大股东绝对控制的运行模式。无论是一股独大还是绝对控股，抑或是实际控制人，这些企业都具有高度集权、独断专行的行权特点。这其中最常见的是企业所有权与经营权尚未分离的高度重合，董事长及总经理一般都由最大股东或控股者直接担任，董事长既代表股东大会也代表董事会，监事会的人也多由董事长指定，因而也都形同虚设，公司员工都要看董事长脸色行事，唯董事长马首是瞻，整个企业浑然一体，如同一个高度集权的独立王国，所有企业经营事务，大到财务人事，小到餐费车票，全都由这“一支笔”说了算。这是现实中我所见到的非上市民企最普遍的管理模式。《公司法》第十八条规定的公司依法“实行民主管理”，以及2009年施行的《企业内部控制基本规范》（财会〔2008〕7号）第三十条规定，“企业对于重大的业务和事项，应当实行集体决策审批或者联签制度，任何个人不得单独决策或者擅自改变集体决策”。这样的民主管理在非上市民营企业的日常运营中是极为罕见的。

第二，“国王心态”也是非上市民营企业家普遍存在的心理特征。就产权而言，大股东与企业的权益关联更加密切，大股东承担的风险责任也最大，因此在大股东所有权人直接经营管理公司的情况下，“老板心理”便会随之膨胀，在“老板”心里，“企业是我的，我当然要说了算。”“不听我的，你就滚蛋。”我们经常可以听到这样的声音：“我养活那么多员工，容易吗？”广州华建公司的张老板，因为当过兵，满身的军人气质，作风硬朗，正直善良，极富创意，但在管理上一旦有不顺心处，就要破口大骂。有一位南通朋友，资产也有20多亿元了，每次出门必须有两个秘书随身而行，一个管商务，一个管生活，上下车得有人开门，定时吃药秘书要把药和水端到他嘴边。每到一个新企业，无论是会议室还是餐桌上，趾高气扬自信满满的那位定是老板，而言语谨慎看人眼色行事的那些人，一定都是老板的下属，那些场景颇有点“宫斗剧”里皇帝与大臣的形影模样。在一次聚会时有一位外国朋友对我说：“某某老板太有国王气质了！”这话是褒是贬耐人寻味，但“国王”二字却道出了某些民营企业家的气质形象，也正是这种“国王心态”塑造了他们“独裁”的行为姿态。但凡在这种企业氛围中，与“老板心理”对应的，便是我们常说的“打工心理”，反正企业是老板的，干好干坏对得起自己那份工资就行了。

第三，“任人唯亲”仍然是众多非上市民企的用人之道。家族性的企业当然要用自家人，这也是企业之所以冠上“家族”二字的表象特征。“举贤不避亲”“上阵父子兵”，这在中国也是有着很深的传承习俗的，加上现实社会正处于裂变转型的历史关头，市场上最稀缺的不是商品，而是诚信，所以用人先用自家人，先用有亲缘关系的亲属，哪怕在经济利益上发生点小毛病，至少肥水没流到外人田里，从老板的角度来看，“用亲”本是无可厚非的。问题在于大多数上阵的亲属都不属于“贤能”之辈，除了老板的儿女之外，其他亲属有相当一部分秉持的是“沾光”心理，以为在亲戚的公司捞点便宜是理所当然的，在专业技术等业务方面都不求上进，反正我是老板的亲戚，谁也不能把我怎么样。面对这样的“用亲”，许多高管常常表现得无可奈何，管大了，往往是高管走人，即便是管对了，老板心里也从此存有芥蒂。还有一种人是非亲非故的“亲信”，他们最擅长的不是业务技能，而是迎合老板的“国王心理”，能够随时随地讨老板欢心。他们对待工作首先不是考虑怎样把事情做好，而是处处表现自己对老板有多么负责和忠诚。而老板身居至高无上的“国王”宝座久了，自然而然也会产生对权利的贪欲与自恋，那些总是让自己舒舒服服的阿谀奉承的人，久而久之成了“亲信”，而那些总是把事业放在首位开口就有不同见解的“直臣”，在老板的心里渐渐变成了“异己”。不无遗憾的是，无论是“亲戚”还是“亲信”，那些总是能让老板舒服的人，对企业长期稳定的发展多数都是一种阻碍的力量，对企业文化氛围的营造所产生的影响也多数都是负面的。而若想突破“任人唯亲”的用人怪圈，只有一条出路，那就是“任人唯贤”，若是非得“举贤不避亲”，那也是重在“贤”上，不在“亲”上。这一点我们将在下一章细说。

第四，“老板文化”更是非上市民企的形象标签。只要我们在民营企业有过亲身体验，都会感受到大多数民企的企业文化多有雷同之处，特别是在口号标语方面。倘若你能在一个企业考察一年半载，你便会发现每个企业又都有不同的文化特质，而这文化的不同之处，便是含带着老板的不同喜好，折射着老板的性格、气质以及老板思想深处的影子。若是老板能歌善舞，企业必有歌舞人才，规模稍大的企业甚至会有相当专业的文艺演出团队。倘若老板是虔诚的佛教信徒，你会看到员工手腕上都戴着菩提珠串。我有一位朋友酷爱围棋，以前经常约我“手谈”，我发现他的人力资源部在招聘员工时，有围棋段位的围棋爱好者可以优先录取，公司内部每年还要组织一次围棋比赛，进入前三名都有不菲的奖金。还有一位老板喜欢“国学”，无论是会议发言还是餐桌酒话，他都会时不时引经据典高论一番。我到他公司时，他花了近一个小时向我介绍了公司的风水布局，并向我推荐了某某风水大师。再看一下他公司的内刊和宣传资料，其国学功底之深，一时令我也惊叹不已。如果老板是个爱好哲学的思想家，你会看到公司的目标格局有如探星登月的高度，甚至有些够不着边际。如果老板是重视细节和实干的技术员出身，你又会感受到公司到处都体现出来的抓细节、抓执行的务实氛围。当年因为研究课题的需要，我和课题组成员亲自到珠三角走访了上百家企业，这方面的感知是非常深刻的，那就是企业文化的表现形式大都相似相仿，如有不同之处，也多与老板的个人爱好血脉相连，这些企业文化所显现的绝大部分都是“老板文化”。我们知道，30多年来民营企业确实取得了长足发展，但是就企业文化的建设而言，若想升华至公司治理和价值认知的高度，以及实现企业的高质量发展，显然还有很长一段路需要我们的企业家一步一个脚印地走下去。

第五，“大股多得”已经成为很多民营企业家潜在意识中的价值选择。在大股东控制下的民营企业，“同股同酬”和“同股同权”几乎是不可能的。控股股东在潜意识当中无不认为自己理所当然应该多得，因为他们起到的作用和担当的风险都是最大的。在这样的价值心理指引下，他们一般都严控财权，小股东甚至履行“知情权”都相当困难。有些老板则通过制作“黑账”，虚增成本，从而将利润摊薄殆尽，形成少分利、不分利甚至亏损赔钱的账面。这种账面或与所谓“合理避税”有关，但也同样成为股东分红的财务依据。很多中小股东之所以投资，往往抱持的是“搭便车”心理，明知大股东通过各种手段多分多得了，只要自己有所收获也就心满意足了。反观控股老板的生活场面，名车豪宅美女好酒之类，却是不曾少了一样的。我们从最高人民法院第8号、第10号、第76号、第96号等“指导案例”中，都能看到这方面的现实纠纷。也就是说，股东之间的利益关系，特别是大股东与小股东、控股或实际控制人与小股东之间的矛盾关系，也已成为非上市民企普遍存在的治理难题。

在现实的经济生活中，我们最应该做的是扶持民营企业，支持民营企业的可持续发展，因为它们已经坚守得相当不容易了，它们才是市场经济的真正希望。那为什么我还要指出民营企业存在那么多的问题呢？如果我直说这是为民营企业家好似乎有点虚情假意，但若说这是民营企业家最需要的恐怕就无人质疑了，因为民营企业家并不缺少名车豪宅、身份地位以及抬轿子式的花言巧语，而最缺少的恰恰是批评，是不同的意见和建议。民营企业家大多已是成功人士，多的是满满的自豪与骄傲，少的是批评与自我批评，虽然民营企业家因为压力与困难在潜意识当中也有这种需要，但能够让我们的民营企业继续进步的，正是这批评与自我批评。在这方面我非常敬佩新东方的俞敏洪，他在《在绝望中寻找希望》一书中关于“批评文化”的一段文字，很值得我们细细品读，我们从中可以看到他是怎样把徐小平、王强、包凡一从国外请回来一起创业，他们之间又是怎样批评与合作并成为电影《中国合伙人》原型的。他这样说道：

> 新东方有一个特别有名的文化，就是批判文化和嘲讽文化。新东方开任何会议都是不表扬的，一定是把对方的缺点和错误揪出来狠狠批判。……我们之间的互相批判是一点情面都不留的，这样做反而有好处：丑话都说在前面了，背后没有了各种风言风语，大家反而能更团结。①

朋友才是真正的财富！尤其是志同道合善于批评和嘲讽的朋友。批评者不是对立面，更不是敌人，而是闪闪发亮让我们能够正确把握前进方向的航标灯塔。公司治理最可怕的就是围绕着核心人物的“意见趋同”，一旦没有了质疑声音，危险也就降临了。

五、权利、权力与“企业政治”

“企业也有政治”，这是20世纪90年代初一位企业家对我说的，他叫陈锐文。广州洛溪新城最早的别墅小区——“莱茵花园”，就是他任董事长时组织开发的杰作。我当时是暨南大学副教授，兼职为该公司做策划、顾问。在一次“抓落实、重执行”的会议之后，他把我和总经理翁平、销售部经理梁上燕叫到了办公室，他既自信又和蔼地对我说：“你的很多想

① 俞敏洪．在绝望中寻找希望[M]．北京：中信出版社，2014.

法和建议都非常好，我都赞成，可是为什么不落实下去呢？要知道，再好的想法如果不能执行下去，对教授来说可能是学术成果，对企业而言那无异于空想。所以重要的是执行落实，而要想顺利落实，你就必须有指挥权力。企业也有政治，权力是有效执行必不可少的条件。你应该有实职，要有权力，这样才能更好地发挥作用。”就这样，我成了公司副总级的“总策划”。

后来我在广州一次全国性的策划会议上说：“不能执行的策划都是空谈，能够执行的才叫策划。”会后一位记者问我：“您被誉为全国十大策划人之一，为什么反而贬低策划呢？”我说：“企业家才是真正的企划大师，他们都有自己的想法和主张，最重要的，他们都能把它付诸实施，所以我并不看好所谓‘点子公司’的策划方案，我更尊重那些有思想高度又接地气的企业家。”

企业的执行效率，靠的是执行机制和执行权力。没有权力抓执行，就是没有结果的空喊。你没有决策权，你就不会关心公司的发展方向和未来目标；你没有人事权，你发出的号令就不会有人认真去听。只有在权力的指挥下才会有人去落实、执行，才会有执行效率。人们之所以喜欢权利、争夺权力，并不仅仅因为权利和权力能为人们带来什么，还在于它们能实现人们的想法，将人们的理想变成现实。

管理需要权力，企业也有政治，这一点无须讳言。只要企业的事情不是你一个人能够完成的，只要企业的目标需要更多的人协同努力，只要是群体性的组织活动，就需要有人指挥，指挥人员手中就需要有权力，只有在权力的指挥协调下，人们才能为了统一的目标一致行动起来，并最终实现目标。权力既有其主体性，也有其组织性；既有上级的，也有下级的。管理在某种意义上也是权力的施展过程，而权力施展就是“一些行为作用于另一些行为的方式”，是一种“行为引导和可能性的操纵”，但是，“权力不是两个对手的对峙或交锋，而是治理（government）问题”。所谓“治理”，就是“去对他人的行为可能性领域进行组织”。[①] 马斯洛将权

① 米歇尔·福柯·自我技术·主体和权力//福柯文选Ⅲ[M].北京：北京大学出版社，2016.

力分为B—权力和D—权力，他主张开明管理需要的是能够培养人和创造美好的B—权力，他说：“要使万物更完善、更真、更美、更正确、更公正、更合适等，就需要权力。B—权力就是这样一种令人惊奇的事物、一种所有正派的人都应该去追求而不是回避的事物。”而以专制、独裁、控制以及不公平等为特征的D—权力恰好与之相反。人不能为了控制人而追逐权力和滥用权力，那种为权力而“追逐权力的人恰恰是不应该得到权力的人”。[①]这一系列的权利、权力和治理行为交织在一起，一言以蔽之，便形成了复杂的权利关系，在一定意义上，企业管理的本质就是复杂的权利关系的协调与制衡。

依据汉娜·阿伦特的定义，政治学是“处理各种人之间的共存与联合”。[②]企业政治与一般用来指政府、政党等治理国家的行为有所不同，企业政治是指企业内部职务权力行使管理和治理的行为。在企业内部，“权力”体现的是不同职务的影响力、支配力和控制力，主要是职务权力的公司治理活动；而“权利”的内容就比权力更加宽泛了，权利更是社会的、法律的、每个人的，比如我们个人的公民权利，企业是无法也不能逾越的。权力体现的主要是对他人的支配力和影响力，而权利则主要表现为权利人自身的应得和利益。一个企业高管，他既有行使管理职权的权力，也有维护自身利益的权利。为了保证和获得自身利益，也为了保证和实现管理职权应该完成的计划目标，他便有可能去设法谋取更大的权力。权力之争既是效益之争、利益之争，同时也是执行理念和价值观念之争，从而构成了企业职场政治，这是企业政治的内在表现。而企业政治的内在表现有时也可以外化，从而与外界产生各种各样的关联。2004年美国“空调之王”——开利集团企图以9亿美元收购中国格力而未果，其内幕之深恐怕是董明珠面临的一次重大的企业政治斗争，此后的董小姐高调出镜，或步王石高调之后尘，想必也是一种企业政治的需要。

“股权激励”实际上也是企业成员之间构建剩余分配权的一种权利关系。企业若想成员稳定，就必须想方设法保障每个成员的经济利益。市场

---

① 亚伯拉罕·马斯洛．论领导[M]. 邵冲，等，译．北京：机械工业出版社，2018.

② 汉娜·阿伦特．政治的应许[M]. 张琳，译．上海：上海人民出版社，2016.

竞争越激烈，各种奖励和激励措施就越是花样百出，从计件提成、业绩提成和绩效奖励，到干股、虚拟股和有限股份，再到股份期权、配送股权和股份合伙，这一系列的奖励和激励都朝着一个方向行进，即企业为了吸引人才并多方留住人才，就必须对他们的权利给予真实可信的保障。口头承诺容易食言，那就用内部制度或内部契约来保障；内部契约仍不够确信，那就用独立主体的协议合同来保障；而合同仍然容易发生违约纠纷，那就用干股、期股或有条件的股权来保障；若有条件的期权仍然不够干脆和确定，最后便直接走向了股权（产权）确认。从口头到契约再到产权，激励的信誉体系升华到了极致，也就是企业治理最终走向了明确的权利关系。

奖励和激励的进化过程，也是权利关系的博弈过程。企业成员之间，特别是高管成员之间，若想维护好各种权利关系并能确保管理效率，能够支配或者操纵他人的权力也就成了必需的条件，于是权力之争在所难免。这不仅仅是企业发展的需要，也是人性使然。心理学家阿德勒在《理解人性》一书中，将人性分辨为两种类型，一是温顺的人性，二是专横的人性。弗洛姆在《论不服从》中则认为人是通过“委从”和“支配”两种方式融入相互关联的世界关系之中的。罗素则在《权力论》一书中将人性分为两种，一种是发号施令的人，另一种是服从命令的人，“集体事业如果要取得成功，就必须有一些人发号施令，另一些人服从命令。……人们只要自信能处理当前的事务，就会喜爱权力，但他们一旦知道自己无能为力，就宁愿服从领袖了。”[①]管理大师德鲁克则从“团队”和“队长”的关系强调了队长的作用。他认为一个管理团队不应该是一个“委员会”，而应是一个“团队”，既然是一个团队，那就需要一个队长，队长的主要角色就是指挥团队成员，或拥有最后决定权，至少拥有否决权，在特殊情况下，队长负责做最后决策或统一指挥，再由全体团队成员认同接受。[②]这也正是伯利和米恩斯在《现代公司与私有财产》中特别强调“绝对的权力对于建立组织是有用的”原因所在。名家的研究告诉我们，企业需要管理和治理，因此也就需要各种权力的实施，为了有效地实施管理和治理，争

① 伯特兰·罗素.权力论[M].北京：商务印书馆，2012.

② 彼得·德鲁克.管理：使命、责任、实践（责任篇）[M].北京：机械工业出版社.2019.

取权力并不是什么见不得人的丑事。问题的关键不在于“权力”，而在于权力的实施所呈现的“权利关系”。这种权利关系的核心未必如福柯所言“是抵抗的意志和不妥协的自由”的根本敌意，而是复杂的互动。共生管理认为，这种权利关系虽然带有发号施令与服从命令的“主从”性质，但它同时告诉我们，这更是权利主体之间相互依存的协同关系。

罗素在谈到人性中永无止境、难以满足的欲望时，指出人有一种特别的爱好，那就是“爱好权力”，他有一句名言：“爱好权力，犹如好色。”① 在此之前，尼采曾尝试通过权力欲望或权力意志来“重新解释一切事件”，他认为权力欲望、权力意志是人的心灵表达，“基本欲求就是权力意志”。② 这让我想起某小学一年级的班干部选举，为了平衡孩子们的“权力欲求”，老师最后设置了无数个“权力职位”，大到班长，小到组长，人人都得到了一份“权力”。既然“权力爱好”是人的基本欲望，而人的欲望是永远也填不满的沟壑，欲望的膨胀就会导致权力的膨胀，权力的膨胀也会诱导欲望的升腾。欲望是权力的本源，权力又会激发新的欲望。于是权力的形成与发展便呈现出两个最明显的趋向，一是权力的不断集中和不断扩张的极权趋势，二是权力始终倾向于“变成获胜策略”。我们看到现实中的许多家族公司等民营企业，不是老板权力有限，而是他们手中的权力过于集中和膨胀，“企业独裁”已经成为他们独断专行的代名词。也正是这种高度的企业集权，才造成大股东或控股股东与小股东或高管层的紧张与不信任关系。前文提到的种种“企业治理困境”，无不与这种“企业集权”密切相关。

“一言堂”“一个人说了算”都是专制型企业独裁的表现，对企业的健康发展是十分有害的。德鲁克研究企业管理所取得的成就，很大程度上得益于他对汽车行业的深入调查与体验。他发现亨利·福特有一阶段几乎成了“光杆司令”，他根本不相信管理者，凡事自己定夺，也就是在那个时期，企业连续数年走下坡路，几乎“濒临崩溃”。无奈之下他又起用了高管团队，开始深入研究市场需求，重大事项民主决策，福特企业又起死

① 伯特兰·罗素．权力论 [M]. 北京：商务印书馆，2012.

② 尼采．权力意志 [M]. 北京：商务印书馆，2007.

回生走上了新的发展里程。所以德鲁克认为企业的管理权也是需要管理的，尤其需要"管理好你的上级"，"即管理象征着权力，而权力本身意味着负有责任，意味着需要合法性"。[①]在《公司的概念》一书中他专门用了一个章节来阐述"权力欲"，认为追求权力由欲望驱使，对企业而言，这种欲望主要表现为"盈利动机"，这种盈利动机和企业家的"骄傲"当然也有其积极的一面，它只是"通过对事的权力来满足权力欲望"，而且盈利动机"拥有如果不是最高也是非常非常高的社会效果"。重要的是防止家长式作风，因为它"往往会造成独裁，或失去控制"。由此他总结性地说道："要想拥有一个自由的社会，我们必须创造条件，让一个人在社会中活动和生存的同时无须自我毁灭，无须奴役同类。我们必须驾驭权力的贪欲，使之为某个社会宗旨服务。……盈利动机与人类骄傲的其他类型的动机下，权力欲望可能会横行于世；而自由企业社会的盈利动机还包含了强有力的防范措施，以抵御人类骄傲在政治上最危险的后果，即嗜权的暴政。"[②]

有人群就会有竞争，有竞争就会有权力欲望，就会有权力斗争。管理需要权力，企业也有政治。若想实现经济实效，就必须有经济思想；若想把思想落到实处，就必须有管理权力，而权力的运行艺术就是政治。但企业管理的权力是要有节制的，无论你是老板还是高管。企业治理也就是企业各种权利的平衡关系。罗素《权力论》一书中的一个核心思想就是"制服权力"，这种制服即是一种驾驭和控制，包括"控制企业""控制政府"。权力失控在经济上是一种"以牺牲长期创造财富的能力来换取短期利益"的近视行为，而在管理上则必将造成"企业腐败"。企业若想可持续地和谐发展成"百年老店"，就必须预防家长式的"企业独裁"。一方面作为"代理人"的企业高管人员手中的权力需要节制和监管，否则就会出现万达集团高管尹建武、金震、高斌等贪腐数千万元的事件；另一方面企业的所有权人、大股东或实际控制人手中的权力更加需要约束和管制，这是企业家甩脱家长制作风，走向民主治理企业，从而形成民主经济和民主社会

---

① 彼得·德鲁克：德鲁克管理思想精要 [M]. 北京：机械工业出版社 .2019.

② 彼得·德鲁克 . 公司的概念 [M]. 慕凤丽，译 . 北京：机械工业出版社，2019.

的重要使命。“民主”是我国社会主义核心价值观的重要组成部分。民主社会的最终实现，首先要从家庭民主开始，而企业民主所承载的正是社会民主的基石。

六、变革、挑战与“治理方向”

马斯洛的需要层次理论，很大程度上也影响了他对管理和社会的看法。受此启发，我们也可把企业发展看作一个渐进的过程，或可称之为“企业阶段论”。创业伊始的英雄主义管理模式，不分阶级和社会，几乎都是一样的。这个阶段创业者非常清晰自己想要干什么，目标明确，激情高涨，在这种状态下，老板考虑最多的不是人性或文化，而是执行、实干和效率，因此“创业阶段”的企业管理往往都是强制型的“独裁”形式，尤其是中小企业。

换个层面看，企业毕竟要落户在一定的地域、文化、经济条件和社会环境之中，无论老板多么愚钝和开明，他的任何选择都要受到这些环境因素的制约和限制，而不可能完全出自他本人的主观意愿。在穷困地区或贫穷国家，人们甚至连基本的生存需要尚未满足，或者还处在弱肉强食的“丛林”阶段，你却对他们大讲特讲人性、创意，并要其采取参与、民主式的开明管理，恐怕实际收到的管理绩效同样不能如你所愿。

再深一层看，即便是进入了发展阶段或富裕阶段，资本型和技术型驱动的企业，同样难以舍弃由此带来的强势作风，加之每个人受教育的程度以及文化风俗方面的差异因素，企业组织同样也会形成因人而异的管理风格。更何况管理也同样存在物理性的“惯性”，尽管企业已经发展到了“成长阶段”或“成熟阶段”，英雄主义的专制习惯还会延续很长一段时间，而延续多久则又与社会的整体文化教育氛围和商业文明程度等因素相关联了。

由此得知，在企业的成长时期或成熟时期，管理风格或管理模式也不可能是千企一面的，每个人都可以根据自己的实际情况选择不同的管理策略，企业管理必然走上多元化之路。这时的企业因为自身“生老病死”的自然规律，特别是新创企业的不断涌现，从“创业阶段”即带来的“专制型”管理基因仍然会继续演化甚至大行其道。这就是我们所说的“企业独裁”为什么依然存在以至“长盛不衰”的演化逻辑。这在资本主义市场经济发达的美国也同样没有例外。20 世纪中期，马斯洛甚至说美国有“99% 的人是在管理最差劲的大公司中度过了他们的有生之年”。[①] 身为管理顾问和作家的吉姆·柯林斯在《基业长青》(*Built to last*) 一书中也说：“许多经理和企业家仍然隐秘地信奉人完全不可信任，需要‘检查’，需要‘刺激’，否则不可能努力工作的假定。恐惧、不信任、强制、胡萝卜加大棒管理和专制主义在 20 世纪 90 年代仍然盛行和发挥作用。这种情况不仅限于传统的大公司，许多企业家也用 X 理论的铁拳统治他们的王国。”麦格雷戈的 X 理论恰与我们所说的英雄主义“企业独裁”十分类似。

显然，企业的发展阶段不同、行业不同、规模不同以及种种因素的不同，要求企业必须采取一个类型的管理模式未免有些强人所难了。在这方面并不存在必须同一的管理法则，也不存在普适性的金科玉律，重要的是企业必须依据自己的事实情况做出评判和创造。同是日本的两个世界著名的运动品牌，美津浓已保持家族四代的集权控制，而 ASICS 则在创始人去世后就选择了职业经理人管理之路。企业是人与人相互关系的互动集合，这一点跟教育有些相似。好的教育是因人施教，有教无类，师生相长的，如果你面对的是调皮捣蛋、专横跋扈、控制欲望极强的学生，你却依然文质彬彬、以礼施教，其结果只能是美国一份研究资料所显示的：“不够狠的教师会遭到小孩子的嘲弄，而且被人认为是很糟糕因而不值得尊重的教师。”所以马斯洛特别指出，德鲁克对不同环境不同条件下的企业应该采取怎样的管理策略没有给予足够的论述，有的时候专制管理还是有用的，他认为：“最符合客观环境要求的管理政策就是最好的，这种方式是一种极其讲究实际的方式。”

一切从实际出发，科学变了，社会变了，心灵变了，客观现实一切都

① 亚伯拉罕·马斯洛．马斯洛论管理 [M]. 邵冲，等，译．北京：机械工业出版社，2018.

在变化着，管理也必须随之改变，否则企业只有等死。管理的精髓并不是什么一成不变、一劳永逸的套路模式或“万应药”，而它是依据市场的应变机制。唯一不变的恰是它必须具备的随机改变的敏感能力。如彼德斯在《管理的革命》一书结束语中所说：“我们是否已经塑造了我们的典型形象？叫它见鬼去吧！我们需要彻底变革，重新开始；而且永远寻求变革。……在这个疯狂的时代里，稳定的或者放之四海而皆准的东西是没有的。”①

一切从变化开始，当今世界变化速度之快，范围之广，力度之大，程度之深，都堪称是前所未有、惊天动地的。首先是科学技术，电脑、网络、移动、智能、虚拟、云端、量子……将整个商业环境和社会生活搅得眼花缭乱、天翻地覆；其次是工作和生活，敲敲键盘，发个微信，刷个抖音，输入个关键词，预约个想做的事……生存环境和生活方式都已日新月异，今非昔比。

而这所有的一切变化，无一例外地与某种组织形式相关联，这就是我们所要讲的公司或企业。企业既是这场变革的参与者、促进者、享用者，也是这场革命的承载者、挑战者、创造者。一方面，信息社会为企业开办降低了各方面的成本，信息、资讯、实验、检验等成本明显减少甚至不需要费用了。20 世纪注册公司核对企业名称或查询合作公司工商信息，不仅收费、费时，而且未必能查到，可当下只要动动指尖大部分信息都可以“了如指掌”。另一方面，对企业既是好事也是压力，企业想生产什么就生产什么的“产品时代”已一去不复返，产品的检验已经从企业自己的检验科和政府的质检部门转向了社会，消费者成了产品品质的最终检验者和评判者，一个“差评”可能会影响到产品生产，而一个“网络疯传”更可以让一个企业转瞬之间寿终正寝。消费者不仅仅是“上帝”，更是判决企业生死存亡的“法官”。是科技和社会、消费者和变革，为企业的存续运营与创新发展带来了史无前例的种种挑战。

面对人类社会这场轰轰烈烈的变革和挑战，哲学、心理学、经济学等

---

① 汤姆·彼德斯．管理的革命 [M]. 韩金鹏，译．北京：光明日报出版社，1998.

各学科领域的思想家们先后提出了种种应对理论，而企业家们则通过自己的经营实践，既检验、应用了某些理论，又从实战中总结出超乎各种理论的经验成果。尤其在风云多变、存在各种不确定因素的社会背景下，这些企业家精英们在企业管理和公司治理方面，更是通过实验、试错和不断改进，为企业发展闯出了许多新路，更为企业治理积累了丰富多彩的宝贵财富。细数起来，企业家们在公司治理上积累的实战经验虽然各有不同，但在治理方向上却呈现出许多共同的趋向，这些带有普遍性的趋向不仅为今后的企业治理提供了种种借鉴，对整个社会的健康发展也有其价值引导的启发意义。

趋向之一，是对企业股东与股东之间、大股东与小股东之间、所有者与经营者之间以及老板与员工之间的相互关系，普遍有了更加清晰也更加人性化的新认识，并且这种认识大多呈现出共同的目标价值倾向，即它们已不再是简单的资本与劳动、控制与被控制、命令与服从式的主从关系和雇佣关系，而是相互平等、自由选择、彼此尊重的事业关系、合作关系和伙伴关系，有的企业家甚至把员工视为家庭成员、兄弟关系。

这是企业适应时代变化的创新理念与新的价值取向。德鲁克在1946年出版的《公司的概念》一书中指出："公司的本质和目标不在于它的经济业绩，也不在于它形式上的准则，而在于人和人之间的关系，包括公司成员之间的关系和公司与公司外部公民之间的关系。"后来他在《21世纪的管理挑战》中又特别强调知识工作者不是下属，他们是"合作者"。马斯洛在《论管理》中提出著名的"优心管理"，也叫开明管理或开明企业，他认为这样的管理不存在弱肉强食式或"独裁式"的主从等级统治，人与人之间、个人和组织之间的目标价值趋于合一，"是一种兄长式的、充满责任心和爱心的"合伙关系，每个人所从事的是"自我实现的工作"。查尔斯·汉迪更把企业看作一个社区组织，员工即是公民，公民就要享受公民的各种平等权利，所以他把企业称为"公民企业"，把员工称为"企业公民"。[①]稻盛和夫能将两家公司带入世界500强，很重要的原因是他摆正

① 查尔斯·汉迪.适当的自私[M].赵永芬，译.上海：东方出版中心，2017.

了股东与经营者、经营者与员工以及员工和员工之间的相互关系。他说：“我和员工之间的关系，也由经营者和劳动者、支配者和被支配者这一僵硬的关系，变成了为了共同目标团结奋斗的‘同志’关系，在员工和员工之间也产生了强烈的伙伴意识。”[①]20世纪中叶，美国安德鲁·凯在非线性公司推行的协同管理和股票期权，小米雷军等8人组成的合伙团队，阿里马云“十八罗汉”的合伙人奇迹，万科的“事业合伙人”制度，都是这一创新型价值理念的成功实践。

趋向之二，是对组织结构的创新重组，从传统的等级制度、层级结构、独立部门，向着整体化、协同化、扁平化的方向改进，目的是要打破部门之间的结构“壁垒”，突破层层报批的“关卡”，从总体上简化管理流程，使结构从封闭走向开放，实现各个环节的互动、协同、交流与效率。

我每到一个企业，都喜欢收集他们成本成册的“管理制度”，特别是上市公司，它们在这方面都做得相当规范，每家公司都有装订得十分精致的制度合集。再到他们办公室参观，也都能看到各个独立部门的门牌或隔离区域，从高管办公室的位置、面积、房间布置和“班台”大小，也都能感受到它的主人的职位等级和身份地位。再想想我熟悉的某个企业集团，一个流程单、一个报告交上去，一个月、两个月，甚至半年都没个结果。这就是人们常说的“结构病”“大公司病”，那些所谓的“制度”都是人力部门或其他部门负责人根据别人的“样本”或在网上搜索编辑而成，这在强调速度和创意的“谷歌人”眼里，无疑是“陈词滥调”。谷歌掌门人埃里克曾经一针见血地指出，正是这些条条框框使得雷曼兄弟、安然公司在金融危机的紧要关头轰然倒下。而谷歌和微软之所以连创佳绩辉煌不断，一个重要因素就在于他们“通过扁平式结构拉近与上层之间的距离”“加深了与决策者之间的沟通”，谷歌创始人拉里和谢尔盖把这样的改革称为“解散组织”。我在讲课时把这种结构调整称为“去结构化”。去结构并非无结构，去的是臃肿的、“机关的”、碍事的结构，去的是100年前工业化按部件组织车间生产式的“封闭结构”。依据业务职能划分适当的部门，

---

① 稻盛和夫.阿米巴经营实践[M].曹寓刚，译.北京：中国大百科全书出版社，2018.

这在管理上还是必要的。埃里克曾写过一篇题为"避免大公司病"的文章在谷歌公司传阅，他深知没有组织结构不行，但若犯了结构病更可怕，他最担心的是一个公司因此失去了活力、没有了效率、丧失了创意。[①]很显然，开明企业需要的是开放型组织，有组织而不唯组织，有边界又超越边界，只有保护好和激发出全员的创造力，才能应对瞬息万变的各种挑战。

趋向之三，是从生产型组织向创意型和服务型组织转变，从产品第一到顾客第一，强调科技和产品为客户服务，把顾客放在中心位置，从生产—销售，转变为营销—生产—营销，从产品主义转向顾客主义。

在工业化初期和计划经济时代，整个社会处于供需矛盾比较突出的非均衡市场状态，经济学家称之为"短缺经济"，也就是人们常说的"卖方市场"时代。这时期的工厂企业最重视的不是市场需求，而是车间、流水线、成本和速度。从 20 世纪初世界经济"大萧条"开始，企业家和经济学家从大量的库存"废品"中感悟到，不是生产决定市场，也不纯粹是市场决定生产，而是两者的相互适应与均衡，企业家的使命不仅是要组织生产出市场需要的产品，更重要的是要发现市场、发掘市场、创造市场。企业从此被重新定义，经济学也从古典自由市场理论分化出了如凯恩斯主义等各种流派。彼得·德鲁克应时而生，他创建了一门崭新的学科——"管理学"，把企业看作一个社会重要器官的"组织"，其宗旨和目标是要创造顾客，为顾客提供满意的产品和服务。一切从顾客出发，以营销促进生产，于是又诞生了"营销之父"科特勒。从此之后，所有成功的企业都有一个共性，那就是把"顾客"摆在了最重要的位置。阿里巴巴的成功逻辑是"客户第一，员工第二，股东第三"，因客户而产生企业，因企业而聚集员工，因员工而创造并提供产品和服务，因产品和服务为股东创造价值。是至简的客户逻辑缔造了伟大的企业。如任正非所说"为客户服务是华为存在的唯一理由"，由此也昭示了华为的成功奥秘："以客户为中心，以奋斗者为本，长期坚持艰苦奋斗！"需要强调的是，以客户为中心蕴含着丰富的管理哲学，它并非不重视产品，事实恰好相反，每个成功企业都

① 埃里克·施密特，乔纳森·罗森伯格，艾伦·伊格尔.重新定义公司：谷歌是如何运营的[M].靳婷婷，译.北京：中信出版社，2019.

有其卓越的王牌产品，都高度重视科学技术和人力资源，不同的是它们的产品都是围绕着“顾客”和未来而创造出来的。在乔布斯眼里，“苹果公司地位最高的人就是你们这些消费者”“我们的任务是提前一步搞清楚他们将来想要什么”“我的激情所在是打造一家可以传世的公司，这家公司里的人动力十足地创造伟大的产品，其他一切都是第二位的”。①而要想真正实现对消费者的尊重，在“谷歌人”眼里，“唯一的途径就是持续不断地打造卓越的产品，而要想做到这一点，唯一的方法就是吸引创意精英，让他们聚集在一个能够大规模获得成功的环境之中。”②雷军创造的“品质—顾客—服务”模式，也是小米的成功之本。

趋向之四，是权利关系逐渐顺畅和均衡，权力结构从传统的金字塔式的集权模式，向扁平化和分散化的制衡模式转变，个人和部门获得更加充分的授权，伴随权力和责任的下放与分散，利益分享的各种激励措施也不断创新，从分权到分享，从老板独裁式管理到全员“参与式经营”，让我们看到了现代企业治理从专制管理转向民主管理的金灿灿的曙光。

在假设人本自私、“人人都是为了自己的私利”的情况下，人与人之间便丧失了起码的相互信任，从而变成了纯粹的利益关系，所以马斯洛在论管理时，首先要解决的理论难题就是自私与无私的对分问题，这也是本书上篇所要重点厘清的灵魂问题。他说：“几个世纪以来，人类的天性一直被低估了。”当这句话被越来越多的管理者认识到，当人们看清了人的本性还有无私、善良和高尚的一面，当人的基本需要已经获得满足开始追求自我实现时，企业和个人的价值目标便越来越趋向一致了，彼此之间的信任也便增加起来，老板们也就敢于放权也真正开始放权了。美国Alphabet集团成立时，谷歌成了它的子公司，但是公司集团化并不意味着权力集中化，谷歌和其他子公司依然具有高度的自主运营权力，这与通用汽车公司分权政策下的“联邦制组织形式”颇为相似。每个子公司的内部授权也一样层层展开，其终极目标是要让“员工得到充分授权”，而这

---

① 沃尔特·艾萨克森．史蒂夫·乔布斯传[M]．管延圻，等，译．北京：中信出版社，2014.

② 埃里克·施密特，乔纳森·罗森伯格，艾伦·伊格尔．重新定义公司：谷歌是如何运营的[M]．靳婷婷，译．北京：中信出版社，2019.

种授权的核心精神是“平等理念”和“参与意识”。用主掌 IBM 的沃森的说法，就是要“尊重每一个人”，让每个人都发挥出潜能和创造力。稻盛和夫曾说：“我认为，员工的能力和员工对于公司的热情未能得到充分的发挥，这是日本经济长期低迷的根本原因之一。”所以他在接管日航之后，首先要做的就是凝结全体员工的力量，“让所有员工都参与经营”。[①]谢尔盖·布林作为创始人，堪称是谷歌最大的“河马”，可谷歌上下却养成了“别听‘河马’的话”的文化氛围。他们每周五举行的 TGIF 大会，就是一种解决实际问题的民主大会，“提出疑义”“提议不问出处”已经作为一种硬性规定，“而不是可做可不做”。在一次会议上，一位叫斯里达尔的广告主管直接否定了谢尔盖的一个提案，作为创始人或许一时心里会有些不快，但理性告诉他，这正是他想要的“不看身份地位，只看实干成绩”的企业文化。1958 年路易斯·凯尔索（Louis O.Kelso）首次提出“员工持股计划”，并发表了《资本主义宣言》，希望通过员工持股而让工人“变成资本家”，以改变传统经济学把资本和劳动作为生产要素的对分做法，从而实现资本主义“民主化”的理想。更让我们惊奇的是，这种民主管理的开明企业，早在 50 多年前马斯洛就已经预想到了，《马斯洛论管理》第 23 章提出了一个开明设想，与今天的“众筹”颇有相似之处：

> 用三维概念解释 B—领导人的另一种方法是这样的：假定有一家合伙企业，比如说由 300 人开办的吧，那么，从长期来看这 300 人会选择什么管理原则呢？即他们的不同利益是什么？让我们假定他们是聪颖的和十分健康的，那么我认为显而易见和不可避免的是，他们必须提出开明管理原则；他们必须雇用和选择 B—领导人（如果他们需要领导人的话）；他们必须成为 B—追随者；在追求他们自己的完全自私的利益时，他们必须融合工厂的命令和目标，既要考虑生产率——工厂的、利润的、良好组织的，又要考虑个人开发、成长、自我实现、快乐的工作场所等所有要求。理想情形下的所有这些方面在理论上必须是协同的。

① 稻盛和夫 . 阿米巴经营实践 [M]. 曹寓刚，译 . 北京：中国大百科全书出版社，2018.

这个300人的集体肯定不希望工厂倒闭，而让工厂不倒闭的最好方法就是有最好的管理、最好的社会组织、最好的个人成长，等等，在这一点上一切都要遵从逻辑和秩序。首先，我确信，显然非常可取的办法是投票决定建立他们喜欢的工作环境，也就是使他们能够享受生活乐趣的环境，他们喜欢的生活环境。特别是由于这300个人，人人都是将军。需要指出的是，这项新的管理事业的好处在于，无论你从哪个角度开始，是从有利于个人发展的观点还是从有利于产生利润和生产优质产品的观点，结果几乎完全是一样的。对个人发展有利的，对生产优质产品也有利，至少长期来看是这样。长期来看，对生产优质汽车有利的、对良好经营工厂有利的，对工人的个人发展也是有利的。①

理论家们提出的设想常常都来自社会实践，早在他们之前通用汽车公司就已经实施了“分权制度”，它不仅提高了决策速度、运行效率，而且减少了部门之间的利益冲突和“少数特权”，更重要的是它实现了“管理民主，不拘小节”“相关人员共同讨论，集思广益地制定政策”。这是德鲁克在通用公司驻厂研究时看到的真实场景，也是福列特在论“企业是一个融合的统一体”时说的：“集权与分权并不相互对立，这是企业管理要掌握的中心思想。”②

趋向之五，是从大车间向小组化转变，从大结构向小团队过渡，授权到最前沿的小微组织，让他们直面顾客，发挥出军队小组作战式的配合与激情，真正实现全员参与的管理超越。

20世纪中期，美国非线性系统公司总裁安德鲁·凯（Andrew Kay），受马斯洛《动机与人格》的启发，对公司的组织结构进行了大胆的创新改革。他拆除了装配线，由6~8人的小组取而代之，每个小组都要掌握生产的各个环节，实行小组自我管理，他们自己决定工作时间、休息时间和工作日程，并取消了考勤卡。他还支付给小组成员高于市场25%的工资，第一次向雇员提供股票期权，并设置了创新副总裁一职。他生产出了

① 作者注：B—领导，是指具有真、美、善及公正的B—价值观的开明领导。

② 玛丽·福列特.福列特论管理[M].吴晓波，等，译.北京：机械工业出版社，2007.

第一台商用数字电压表，被誉为“数字革命的奠基人之一”。在日本，稻盛和夫创立的“阿米巴经营”更是影响深远，他于1959年创办的京都陶瓷和1984年成立的第二电电，都进入过世界500强。2010年他以零待遇出任日本航空株式会社会长，当年就让破产重组的日航扭亏为盈，他创造的让世人赞不绝口的骄人业绩，都与他的“阿米巴经营”密切相关。2006年他写成《阿米巴经营》一书，首次将自己的管理心得与世人共享。他在自序中说：“我从心底里渴望出现和我同甘共苦，并与我分担经营责任的共同经营者。为此，我把公司组织划分成一个一个小集体，称之为‘阿米巴’，在公司内部挑选阿米巴长，把阿米巴的经营委托给阿米巴长。用这种办法培养出许多具备经营者意识的领导人，也就是共同经营者。在阿米巴经营中，以各阿米巴长为中心制定目标计划，依靠全员的智慧和努力达成目标。这样做的话，现场的每一位员工都成了主角，都主动参与经营，‘全员参与的经营’就能实现。”如今，“阿米巴”已经成为小组、小集体、小团队、小微组织的代名词。谷歌和亚马逊也都有“小团队”的组织形式，谷歌鼓励“大创见小行动”，曾启动了一个“Area120”计划，即允许一批经过筛选的谷歌人将100%的时间花在自己的20%项目上，这些小团队可获得追求自己创意的资金、空间以及自主权，用创意精英哈里斯的话说：小团队的创始者们得以“铆足了劲儿去猛追梦想”。亚马逊创始人杰夫·贝佐斯则用“两个比萨”原则来界定小团队规模，即团队人数不能多到两个比萨还吃不饱。海尔集团的“小微组织”，华为实行的“铁三角”小组模式，都是将组织结构划分为“小微单元”的成功尝试。微型组织的小团队具有明显的优势，它们比大团队更有效率，更了解顾客，跟顾客的关系也更加融洽，小组成员之间容易形成理解和宽容，从而减少了矛盾和内耗，避免“龙多旱，人多乱”的人性弱点，有利于工作和生活相互之间的协调互助，因而能够发挥出团结一致的创造潜力。虽然“微型组织”在规模、授权、财务结算和自主权限等方面各有不同，但其团结协作、共同参与、灵活迅速的管理精神却是如出一辙、别无二致的。

趋向之六，是从“制度＋控制”以及监管流程，转向关注“人”的创造潜能的挖掘与释放，办公环境注重的不再是对人的管控，反而鼓励人与人之间的互动交流与人性关爱。除了物质与金钱激励之外，更突出了对人的赋能与心灵呼唤，“人”与“人本主义”被重新认识和定义，“劳动和资本”不再仅仅被看作生产要素，“人”已是新型企业的价值核心。

人的觉醒如同太阳升起，世界随之光亮起来。德鲁克发现了“知识工作者”，任正非定义了“知本主义”，而谷歌则把富有激情和创造潜力的高知群体，尊称为“创意精英”。曾有学员问我：“什么是以人为本？”我说：“你这是个最典型的‘熟知不等于真知’的问题。”试想，人人都在说以人为本，可我们身边所发生的事情，往往都与以人为本的基本精神“差之毫厘，谬以千里”。所以我说：“你坐过高铁吧？你从送站车下来，拐了一个大弯找到售票处，买了票再折回来走上 100 多米找到进站口，这在动线设计上就不是以人为本；你出站后，发现一个县级高铁站的站前广场宏大气派，几乎可与天安门广场媲美，可望来望去，广场上没几个人影，这在经济价值上也不是以人为本；你逛过新建的或新改造的商街吧？为了体现豪华大气，街道宽宽的，可以来回跑四辆卡车，你只能‘I’字形顺着走，而不能‘Z’字形沿街两侧来回逛，街上也因此显得冷冷清清，这也不是为顾客着想的以人为本；你开车经常被处罚或扣分吧？如果让你感到有些处罚不是为了交通安全和交通秩序，而是为了罚没收入，那这些处罚也不能说是以人为本；你每天都可能接到快递包或包装精美的商品，包装者多是为了自己方便，而忽略了消费者是否开包方便和包装材料是否环保……”“老师，我明白了，您的意思是说‘以人为本’就是处处为人着想，让人觉得方便、舒服是吗？”我说：“通俗地讲是这样。”我国企业界组织了多次去发达国家参观考察著名公司，我们最常看到的是它们的办公环境和生活场景，到过谷歌的人都知道，他们的员工拥有花样繁多的运动、娱乐、休闲、阅览以及免费餐饮等设施，公司的用意是千方百计地让员工快乐和彼此能够交流，有些工程师忙起来回不了家，就让家人来园区公园一起就餐、玩乐。原首席执行官埃里克说：“办公室的设计应本着激发活力、鼓励交流的理念，而不要一味地制造阻隔、强调地位。方便的交流可以为创意精英们提供灵感，把创意精英聚集在一起，你就能引爆他们的思想。”谷歌的文化是快乐文化、创意文化，“快乐无处不在”。他们没有统一着装的规定，埃里克说："别光着身子就行。"最伟大的创意往往就是在自由、快乐、无拘无束的环境中迸发出来的。从关注产品到关爱员工，也就是比尔·盖茨所说的"资源内化"。稻盛和夫之所以伟大，因为他的经营目的就是"追求全体员工物质和精神两方面的幸福"。海尔集团董事局主席张瑞敏撰文说："新商业文明的核心是员工价值第一""传统企业追求股东第一，但没有员工根本无法保证股东利益。从本质上看，真正创造用户价值的是员工而非股东，因此互联网时代的商业逻辑之一应是员工第一，激发员工的创造力。海尔创业30余年来始终认为，企业最重要的资产是人，'企业即人，人即企业'。"① 唯其如此，现代经济学、管理学和企业家们，更加注重从"人"和"组织"的视角来重新定义公司了。

趋向之七，是从单一模式发展为多元模式，人们越发强调整体性和系统性，并致力研究组织类型和结构模式，理论界和企业界分别从各自的实际出发，相继提出了学习型、共生型、建设型等组织模型，极大地丰富了管理学说。

在人类的生产活动从传统一家一户的小农经济，从工业化初期独立式、隔离式的车间、部件等分别生产的孤立模式，转变为相互关联、彼此依赖的整体组织时，人类的思维模式也同时发生了蔚为壮观的系统性变化。20世纪初，在人类思想发展史中创造性地诞生了一系列的理论成果，相对论、结构论、控制论、系统论、信息论、耗散论等，将人类形而上的思维习惯跃升到了更加强调系统性和整体性的理论格局。1+1>2、部分之和大于整体以及"万物互联"的极简道理已经广为人知，整体性的系统思考已经越来越成为人们认知宇宙万物的思维方法。在这样的思想背景下，企业的运营和管理也日益趋向整体化和系统化。马斯洛读了利克特的《管理新模式》后十分感慨，指出管理并不只是企业的单方行为，它还与心理健康、个人成长、精神疗法、协同作用、社会心理理论以及"天晓得的其他领域"都应该联系起来。他说："我们的讨论必须要有一种整体思维或有机思维，即认为一切事物都是相互联系的；我们思考的问题不是一条直

① 这是张瑞敏为《新商业文明》一书写的序文，题目是《塑造人人创造价值的新商业文明》。

线，也不是因果链，而是类似于蜘蛛网或网格穹顶；每个部分与其他部分都是关联的；观察一切事物的最佳方法是把整个事情看作一个大统一体。”他以 5 人组的篮球队为例，具有“团队精神”的球队，个人利益与团队利益合为一体，谁得分多已经不重要了，重要的是他们越是相互依赖、相互信任，越能体现出协同作用和团队精神，就越会成为“为球队自豪、为对方自豪、为自己自豪”的优秀球队。他特别强调，“在经济领域情形也是如此”。开创了系统动力学的麻省理工学院佛瑞斯特教授，1965 年发表了一篇题为《企业的新设计》的论文，首次提出“学习型企业”的最初构想。他的学生彼得·圣吉则于 1990 年出版其代表作《第五项修炼——学习型组织的艺术与实务》，使学习型组织理论得以完善。他认为企业应该提高“系统思考”和整体动态的调配能力，应该建立共同愿景、团队学习、改变心智、自我超越的新型组织。[①] 随着知识的爆炸性增长，他坚信未来最成功的企业将是学习型企业。陈春花和赵海然合著的《共生：未来企业组织进化路径》一书，虽然并未深层触及“共生理论”，但却提出了“共生型组织”的新概念，指出共生型组织具有互为主体性、整体多利性、柔韧灵活性、效率协同性四大特征和四重境界，“共生型组织是在对当前不确定环境做出分析的基础上，对未来理想型组织形式做出的预判。具体而言，共生型组织是指通过合作与共享而建立起的一种整体高效的综合有机系统，这种组织互为主体、灵活高效、整体合一，能够实现系统中任何一方主体都无法单独实现的高水平发展”。[②] 与伦敦商学院的加里·哈默一起研究管理学的乌麦尔·哈克，最近出版《新商业文明》一书，提出了“建设型商业”和“建设型企业”，他反对破坏性的经济损害所造成的深层债务和社会成本，主张循环经济与可持续发展，并期望以此“重整商业秩序”。此外还有学者和企业提出了创新型组织、协同型组织、赋能型组织、分享型组织等各种企业管理模型概念，这让我们看到了企业管理的多元化特点，企业家应该根据自己企业的实际情况去探寻变革路径，而不可能是

① 彼得·圣吉.第五项修炼：学习型组织的艺术与实务 [M].郭进隆，译.上海：上海三联书店，1998.

② 陈春花，赵海然 .共生：未来企业组织进化路径 [M].北京：中信出版社，2018.

一个样板、一个范式。

趋向之八，当管理从封闭结构进化到边界开放，从追逐利润转化为创造价值，从制度走向激励，从激励升华为赋能，从公司转向“人”时，“人”的能动性和创造力便成了价值的核心所在，于是管理又回到“人”的原点，并在重新认识和如何驱动“人”的思考上一跃晋升为企业文化与管理哲学。

如何进行企业管理，说到底是人的认识论、方法论和价值观的问题，而这正是“管理哲学”的本质所在。改革开放初期，大学哲学系招生困难，毕业生就业也困难，好多大学索性取消了哲学系或哲学课程，今天我们对“人”的认识仍然止步不前或举步维艰，恐怕与忽视了哲学不无关系。好在经济发展了，多数人都解决了温饱等基本需求问题，社会经济也变得高度不确定且越发复杂起来，这时回过头来反思一下自己走过的路和积累的管理经验，这才发现金钱、豪宅、名车等外在物质并不那么重要了，真正萦绕在我们心灵深处的，是我们内心对人和社会的感知和认识。被德鲁克誉为“管理学先知”的玛丽·福列特，虽然远去我们已经将近一百年了，但她把企业看作一个社会组织，并从“人的联系”的视角看待差异与冲突，从而实现利益整合以及权力共享的哲学思想，成就了她备受后人尊敬的地位。我们从查尔斯·汉迪《管理的众神》等著作中也可看到，这位被称为“管理哲学之父”的大师是如何阐释“激励人性才是管理的真谛”这一哲学思想的。无论是谢尔登的《管理哲学》，还是成中英提出的C理论，管理学的至高境界无不是围绕着“人”与“人性”而展开的系统化哲学思考。我国翻译出版德鲁克的著作已多达40余部了，而他最后在《21世纪的管理挑战》中总结式地说道：“管理不是‘管理’人！”“企业越来越需要采取管理‘合作者’的方法管理‘雇员’，而合作关系的定义也指出，在地位上，所有合作者都是平等的。合作关系的定义还指出，不能向合作者发号施令，他们需要被说服。因此……我们不会首先问我们想要什么？而是会问对方想要什么？”尊重人的需要内化为管理的基本原则，管理者的工作动机不再来源于别人下达的命令，而是他自身就需要这样去做。在此我们不得不重提马斯洛的需求层次理论，当人的基本需要满足之后，随着人们需要层次的提高，人的驱动力已经从外在转向内在，这时候金钱的作用便不再那么重要了（虽然它仍然重要），任何企业领袖的讲话指示也不再那么灵验了，而真正能让人们发挥出无限创造力的，是来自人们心底的内在动力，是人的自我需要、自我管理、自我控制、自我超越、自我实现。人，只有认识了才会信任，只有懂得了才能超越。当企业家把自己的价值取向升华到了哲学的价值境界，当员工都把企业当作自己的事业的时候，企业的发展和飞跃也就指日可待了。稻盛和夫的成功，不过是日本众多企业注重人性化管理哲学的成功典范之一。星巴克之所以风靡全球，根源不在咖啡，而在于创始人霍华德·舒尔茨的《将心注入》，在于他对员工的尊重，在于他通过“咖啡豆股票”的员工持股计划“把星巴克所有的雇员变成了合伙人”，在于他重视人并勇于担负社会责任的管理思想。当思想升华到以人为核心的哲学高度，从发展阶段论而言，管理已经从经验管理、科学管理进化到哲学管理的崭新阶段。

我们同是地球人，每个生命都有它存在的理由，每个生命都是同一天下的进化赢家，都应该相互尊重，相互帮助。然而每个生命又都有它自己的存在方式，就像每个成功企业都有其不可复制的内在特质一样。没有同一的成功路径，只有丰富的思想果实。企业只能复制自己，其他人无法拷贝。我们都是“人”！只有相信自己、提升自己、超越自我、实现自我去适时创造，我们在讲述下一个成功案例时才会有你！这才是我们从以上公司治理的“八大趋向”中应该汲取的思想启迪。

七、“共生治理”与价值重塑

围棋之妙，在于变化，古往今来，无一同局。学棋都从“定式”开始，此时是“有定式”；入段以后，尤其是达到九段成为国手时，棋手行棋都已超越“定式”而晋升到“无定式”的自由境界。所以，围棋之妙实为“有定式而无定式”的无穷变化。所谓“有定式”，是指围棋有其基本原理和基本规律，这是行棋发展的基础，如果连基本规律都不遵守，结果必败无疑；“无定式”则是在定式的基础上的求变、演化与超越，此时行棋每一步都必须是“不能太过又不能不及”的创造，太过必遭反击，不及则自损利益，围棋至此又升华到了“和谐与创新”的艺术境界。

管理的真谛同样在于创新变化，一千个企业就有一千个不同的管理方式，同一个企业在不同的发展阶段也会采取不同的管理措施。但是，管理同样有其基本原理和基本规律，在这一千个企业当中我们又可以发现许多共同之处和相似的管理技术。所以，管理如行棋，有管理而无管理，有范式而无范式，有为而无为，无为而无不为。当管理演化到“有管理而无管理”的自由境界时，管理也就和棋艺一样登上了“和谐与创新”的哲学艺术殿堂。此时的管理，制度与人文已经融合统一，理性与人性也已和谐共在，传统与现代相互携手，科技与文化相辅相成，冲突与差异和化为创新动力，个人和集体价值目标走向同一。这就是共生治理与共生管理的灵魂所在。

从上一节管理的“八大趋向”可以看出，管理正处在求变、创新和超越的历史时期，我们既看到了传统管理的基础、规律和基本范式，更看到了企业家以及理论学者们为了适应世界经济的剧烈变化所采取的一系列的创新与探索。在这场变革与挑战中，新范式或新概念层出不穷，目不暇接，最近几年入眼最多的莫过于分享、共享、共创以及“共生”等代表相互关联和共同利益的一系列的新概念。这些新概念有的已用作书名出版，有的则用在商务服务组织或培训机构上了，而“股权激励”冲上了风口也与这一系列新概念的热播、热传连在了一起。不无遗憾的是，当我们打开这些著作细细品味的时候，总是不免会品出一些商业化的味道，就像我们去观看那些形式大于内容、概念多于实质的“商品画”一样，细品细嚼起来就没什么味道了。这说明我们还刚刚开始求变，刚刚开始探索，尚有很多更加深刻的内容和更有味道的实质等待着我们去品鉴、去发掘、去创造。

本章的新尝试和新设想，就是企业的“共生治理”和“共生管理”。“共生治理”与曹仰锋博士在《第四次管理革命》提到的“共同治理”的

“共治”[①]有所不同，在这里，我们不希望“共生”二字仅仅是名词、概念的猎奇或借用，不！“共生”恰恰是灵魂和本质，是我们所有的研究和探索的出发点，也是我们孜孜追求和所有理想的终极价值与目标方向。“共生治理”和“共生管理”是一种整合与超越，它并非排斥和摒弃其他已有的理论和经验，而是汲取与兼并；它并非割裂传统或脱离历史，而是和合与传承；它并非只承认西方或东方，将东西方管理思想对立起来，而是对东西方理论思想的包容与发扬；它并非单方面强调“制度＋控制”或人文关怀，而是人性化和理性化管理的交合与升华；它并非只看到利润最大化而忽略了社会责任，而是企业、个人与社会利益的整合与同一。企业的“共生治理”和“共生管理”，是我们超越阶级、超越社会、超越文化、超越时代的管理构想，是在生命共生理论框架下融会传统与现代、文化与科学、东方与西方的一种管理哲学的思考，是站在宇宙生态和谐平衡的认识论基础上，以相互联系、相互依存、贯通全局的动态整体观和系统观，将共生理论用到经济管理活动中的实践尝试与哲学考量。

正因为“共生治理”和“共生管理”是一个宏大的整体性构想，所以它的理论探索和实践尝试就需要具有全局化的前提条件，就需要在整体共生、理论共生、文明共生、人人共生、权利共生、利益共生、物我共生、人机共生、多元共生九个方面做出全面的投入、创意和突破，由此才能实现管理上的升级与超越。这九个方面也可以看作共生治理和共生管理的基本原则和基本出发点。

整体共生

整体共生是基于共生理论的企业治理总体战略观。整体性思维是人类认识论最伟大的成就，人们不仅把宇宙万物看作是相互联系、彼此依赖的统一整体，而且学会用整体性思维去认识人，认识企业，认识社会。所谓“不谋全局者不足以谋一域”，《易经》之所以被推崇为中华文化源头性的智慧宝库，最根本的就是它把宇宙看作是一个整体，是一个动态的、开放

---

① 曹仰锋．第四次管理革命 [M]. 北京：中信出版社，2019.

的，而且又内外、上下、左右各部分相互联系、相互贯通的整体。[①]生物学对“生物圈”“共生总体”的认知贡献，物理学等证明的万有引力以及宇宙万物是一张信息互联的大网，U形理论倡导关联他人、关联系统、关联自己的“三个维度”等，都为哲学社会科学整体论思想奠定了坚实的理论基础。企业与社会的关系，即是一种企业离不开社会、社会也离不开企业的相互依赖、相互联系的整体关系。近年来，对企业社会责任的呼声此起彼伏连声不断，正是与生态环境、食品安全等社会问题密切关联。一场非洲猪瘟影响了整个消费市场，新型冠状病毒更是直接导致武汉封城、封村、关厂、闭户，大批企业直接倒闭，不仅影响了每一个人，甚至影响了整个世界。一个用肉眼看不到的小小病毒，真真切切又给我们人类上了一课，它以微小却又巨大的威力再一次证明，人与自然、人与病毒、人与企业、企业与社会是紧密相连的有机整体。企业与政治、企业与教育、企业与文化、企业与医疗……无不丝丝相扣息息相关。没有脱离社会的企业，也不存在没有企业的现代社会。没有成为孤岛的企业，也没有能够独善其身的个人。企业自身也是一个生物系统，一个有机整体，它有人、有物、有资本、有设备，如同每个生物个体同时也都是一个共生总体一样。因此，公司的内部治理和企业管理首先也应该被看作一个系统的有机结构体，用整体性思维去设计、去创造、去实践自己的运营管理，同时也必须认识到企业是生存于社会之中的，它的经营运作也必须处处关照企业与人、企业与社会的协同关系。公司内部的控制与计划、制度与文化、人性与理性、产品与销售等都要在整体上实现战略管理升级，同样是不能有失偏颇的整体协同关系，虽然不同阶段或不同的发展时期管理的侧重点会有所不同，但终归要回到系统的整体战略当中。只有整体上协调好人与自然、人与企业、企业与社会的和谐共生关系，一个企业才能真正做到历久弥新，永续运营于社会之中。

① 成中英.C理论：中国管理哲学[M].北京：中国人民大学出版社，2017；孙晓春.从卜筮之书到宇宙图式——《周易》的形成及其文化史意义[J].周易研究，2014（1）.

理论共生

理论共生是对各种理论思想和管理学说的开放融合观。共生不是信仰，而是存在于宇宙中的客观规律。在宇宙中和人类社会中同时还存在着物理学规律、经济学规律以及人文科学和美学规律等，因此共生理论并不是可以统领一切理论的终极真理；相反，共生思想所反对的恰恰是同一性的决定因或终极果。共生理想是包容的、开放的、无边界的，道相同为谋，道不同也相为谋，它对其他任何理论思想坚守的都是兼容、汲取、扬弃和整合，追求的是和而不同、异质共存、跨界和合、世界大同的和谐境界。它从生物多样性的真实世界出发，尊重个体，承认差异，与万事万物同生共在。哪怕是人类最厌恶的病毒，共生理论追求的不是简单的“杀毒”“消毒”，而是如何设法与病毒共舞。因为任何病毒的原本目的都不是怎样去杀死宿主，而是必须与宿主共存，宿主不在，病毒也同样不能自保。由此观照管理理论，古老的东方强调的是文化道德、人文关怀与中庸和谐的社会秩序，缺乏的是理性管理技术与市场竞争精神。而近代以来西方的管理学说则更加理性地关注管理技术与管理实效，特别是泰勒发表《科学管理原理》之后，管理上升到了理性科学的高度。从法国的管理学家法约尔到美国的孔茨，在一大批管理学者的努力下，管理学逐渐形成计划、组织、人事、领导、控制五大管理功能。这些管理学家主要论证的大多属于理性的、线性的管理技术与管理制度，目标是要管控好企业的计划、成本、利润和效率。应该说，这对西方资本主义市场经济的兴起与发展起到了巨大的促进作用，其历史功绩不可磨灭。但是，有其利则有其弊。当企业管理过度关注技术、利润和效率时，便容易把劳动看成生产要素，视人力为管理与控制的客体与对象，利润最大化便成了压倒一切的目标指向，虽然企业在经济上获得了前所未有的发展，然而这种发展却是以损害民众、社区、社会、自然环境和后代资源为代价的，它极大地增加了整个地球的深层债务与社会成本，它需要增进的是人性关爱和应有的社会公益责任。应该说，每一种管理理论都有其存在的合理背景和适用价值，就像每个健康的个体都有其独特的精彩一样。理论共生寻求的不是设法去停止、废除其他理论，不论是学院派还是世俗的自由学者，不论是东方还是西方，都是期望从历史、发展的视角去客观看待一切思想，集众家之长，避各家之短，融会贯通以成自己之思。企业应该根据不同的发展阶段和各自的现实情况，明智地选择和发扬适合自己的管理技术与管理思想。管理不存在恒定模型或同一范式，管理是动态的适时主张，只有开放自己，不失时宜地创新管理，才能成就明日的辉煌。

文明共生

共生应该选择文明，而不是相反。文明共生倡导现代企业重新塑造商业伦理和商业价值，为新时代树立突出总体价值而创造的新商业文明。重塑商业文明是因为现在商业活动中存在着许多不文明，如加里·哈默在《商业的本质》中提到的：“当提到‘自由市场’时，有很多东西值得怀疑：食品业长期非法地使用反式脂肪酸；默克公司否认关节炎止痛药Vioxx的副作用；Facebook明显漠视消费者的隐私；BP公司对环境问题的不尊重令人震惊；令人厌恶的产品广告每天夸大其词，售后服务人员却只会推卸责任。”所以他说一场不可逆转的商业革命即将到来。事实上这场重塑商业伦理的文明革命已经到来，文明共生就是要在这场商业文明的革命中实现五大目标：一是要让企业与自然的关系文明起来，不能再让经济发展以损害自然环境为代价；二是要让企业与人和社会的关系文明起来，让企业不再以攫取公众、社区、社会以及子孙后代的利益来获取一己私利，而是反过来也让企业为公众和社会谋福利；三是要让企业的短期利益与长远利益结合起来，不能再让企业为了谋取自己短期的眼前利益而损害了社会、国家也包括企业自己更加长远的利益；四是要让企业的商业诚信与社会诚信体系文明起来，让诚信经商成为信誉社会的文明风气；五是要让企业盈利与价值目标文明起来，企业不仅要赚钱盈利，同时也要担负起应有的社会责任，使创办企业的经济目标与改善人类的生存环境和生活状态的总体目标整合在一起。这是文明共生的五个主要目标，其最终目标是企业重建商业文明，重新认识商业文明与商业伦理的价值追求，实现人类不以经济损害为代价的、可循环利用的、可持续发展的和谐共生的文明社会。

人人共生

敬畏生命，尊重差异，人人平等，和谐共处，是人人共生的基本原则。我们已经走进“人人时代”，“以人为核心”“以人为本”已经是许多成功企业的价值目标，也是人人共生的价值取向。人人共生首先强调的是人与人之间的平等观，是站在生命共生的角度来审视人与人之间的相互关系。只有从心灵底处对生命有了敬畏和尊重，才能真正实现以人为本的哲学管理。尊重生命同时就要承认差异、尊重差异，有差异就有冲突，有冲突才能融合差异并激发活力。如福列特所说，差异和冲突不应被看作“斗争”，我们不应带着任何道德上的预判去看待差异和冲突，事实上人人都有和平整合的要求，“整合可能是处理冲突和差异最富成效的方式”。因此，人与人之间即便存在差异和冲突，但人与人的关系并不是简单的一味妥协，更不是算计着如何控制，而应该是相互融合的共生集体。其次，人人共生以平等观对待人与企业、老板与员工的相互关系，这种关系不再是剥削与被剥削、控制与被控制的资本劳动关系，员工不再被当作管理的客体或对象，而是企业价值的核心，是和老板一起创造价值的主体，他们是工作关系、伙伴关系、共创关系。最后，人人共生主张人与制度、领导管理与自我管理的融合统一。人不再是制度的奴隶，虽然人必须遵守相关制度，但人更是自我组织、自我激励的创造主体，领导者的真正意义不再是发号施令，而是把不同个体联合起来，发挥集体的创造潜能，激发集体创造活力的内在动力。

权利共生

权利共生是在人人共生基础上的权利平等观。有什么样的人性论，就会有什么样的权利观，权利观与人性观两者是一致的。[①]共生思想主张平等的权利关系。在平等公正的条件下从事的交换活动，买卖双方出于自愿的行为即被视为平等的权利关系；在平等公正条件下达成的契约规定，它

---

① 王峰明.经济关系与分配正义——《哥达纲领批判》中马克思的“权利–正义观”辨析[J].哲学研究，2019（8）：30.

所赋予的权利关系也是平等的。权利共生首先强调的是对平等的权利关系的承认、保护、尊重与践行，股东权利、经理权利、员工权利等各司其职，各行其是，而不是以大欺小、权利凌霸、钩心斗角。虽然在对事上存在着上下级关系和领导关系，但这只不过是与权利相对应的义务关系，并不意味着在对人上存在着人性差异的不平等关系。只有在人性平等基础上的权利关系，才能全面发挥所有成员的积极参与和创造激情。权利共生其次是要设法避免不平等权利关系的发生与流行，大股东不能损害小股东权利，老板不能压榨员工，职业经理人也不能欺瞒股东而损失投资者利益。权利与义务、职务与能力、地位与贡献的权利关系都应该是平衡匹配的，任何偏利、寄生式的权利关系都不能成为企业运营的长久之计。企业与企业之间的采购、发包、服务等同样也是平等权利关系，我们常见的大企业或国有企业在与中小型民营企业合作时常出现的“霸王条款”，都是应该杜绝的不平等的权利扭曲。最后，也是权利共生最重要的，是要建立分权与集权超越对立的权利统一关系，上级与下级超越命令的权利协调关系，企业与个人以及企业与企业超越竞争的权利互信关系，避免权利失信与权利失控，从而实现权利关系的平等和谐，实现人人受益的诚信与和谐的社会。

利益共生

利益共生是基于权利共生的价值共创共享观。利益共生的价值目标，是个体、企业和社会价值的趋同合一，鼓励企业创造社会价值，其中也包括企业自身的价值，不主张把利润最大化设定为企业唯一的存在目标和存在意义。创造社会价值就是要处理好企业与社会的利益关系，避免增加社会成本，禁止以增加环境成本、健康成本和后代成本为代价而中饱私囊的经营行为，树立兼顾企业和社会总体的社会利益观与社会价值观。利益共生的经营目标，是企业与企业之间的价值共创与共享，“我活你也活”“我好你也好”“大家好才是真的好”，而不是丛林法则或生物学上的偏利与寄生。企业的盈利价值主要来自企业自身的竞争性创造，如果只想自己多赚一些，从而以各种手段压制合作方的利润空间，短期看企业有可能“捞了一把”，但从长远利益着眼，企业如此短视经营必然是路子越走越窄，直到走入死胡同。所以利益共生也是寻找企业与企业之间利益共享的平衡和解。利益共生的治理目标，是企业内部股东与股东之间、股东与员工之间的价值共创与共享的利益平衡机制。很多成功的企业家都很欣赏传统的“舍得”文化，认为只有“舍”，才能“得”。这与《尚书》所谓“财散人聚”有相似之处，但细品是有区别的。“舍”的含义是放弃原本属于自己的东西，将自己的财产施舍给他人，如此才能“得”到自己想要的。这与利益共生的共创共享机制是有本质不同的，利益共生主张企业价值是由资本和劳动、老板和员工共同创造的，企业的任务一方面是如何组织创造共同价值，另一方面是如何分配好这些“共创价值”。合理分配并非平均分配，它是与资本、职务和贡献相匹配的。在这方面可以说华为是中国企业当之无愧的标杆榜样，任正非认为“用好人、分好钱”是领导者最重要的管理工作，“钱分好了，管理的一大半问题就解决了”。2017 年华为拿出净利润的 80% 多用来分红和发奖金，总额高达 400 多亿元，让华为有贡献的“雷锋”永远不吃亏，这不仅仅是企业家的一种魄力，更重要的是任正非灵魂深处令人敬佩的价值观念与其共创共享的企业家精神。在这种利益共生的价值观主导下，企业好了个人也好，个人好了企业也好，企业好了社会也好，社会好了个人与企业更好，个人利益与企业利益，企业利益与社会利益已经协同融合走向了统一。

物我共生

物我共生是指物质与精神、制度与文化的和谐统一观，是基于人性认知的管理升华。企业管理是系统性的、整体性的协同行为，既不能偏重物质作用，也不能只强调精神伦理；既要完善制度建设，也要讲究人文情怀。让制度、物质与文化、精神协同互动，相得益彰，有管理而不唯管理，有制度而不唯制度，形成自律、自觉、自激励、自组织的理想信念和价值观念，实现企业组织与自我实现的和谐同一，这是有制度、有物质而又超越于唯物管理的至高境界。在“股权激励”冲上风口的时候，我们应该想到，这只是企业各种权利关系的一个环节，它本质上是物质的，是事成之后的利益分享，而且重在个人而非团队，所以《智能商业》的作者曾鸣并不看好股权激励，他认为创意精英更需要的是自驱动、自组织的“赋能”文化。反过来看，如果我们只强调情感动机、心理弹性的激励或赋能，而又忽略了物质利益，显然这又偏移到另一面去了。事实上人们既需要物质激励，也需要精神赋能，两者不能偏废，“钱不是万能的，但没有钱也是万万不能的”。物质和精神是需要统一协调、整体思考、协同运作的。制度和文化的协同作用也是一样的道理。企业不能没有制度，如同国家不能没有法律。制度是企业规范运作、安全生产、保质保量、完成计划的基本保障。然而制度控制和物质奖励在管理上同样不是万能的，再周密的制度也不可能覆盖到每一个细节，制度可以管制人的行为，但却左右不了人的思想。按时打卡上下班的员工坐在办公桌前，他脑子里在想什么，你有一万条管理规定也是管控不了的。有时候物质奖励和机械性的管理规定非但起不到积极作用，实际效果常常刚好相反。没有考勤打卡时虽然有迟到早退者，但是更多的员工还在加班加点超时工作；实行打卡考勤之后，迟到早退者确实减少了，然而自觉超时加班的人也随之不见了，到点下班后你再也看不到办公室那灯火通明的热闹场景。买房买车时很少有人因为价格问题发生争执，可在菜市场里因为几毛钱或是半斤八两的小事常常会有人争得面红耳赤。显然这不是钱多钱少的物质问题，而是人们内心是否被尊重被欺骗的心理问题。若想激发人们内心深处自觉主动地创造潜力，很明显仅有物质和制度层面的规定是远远不够的，这种时候人文主义的文化情怀往往起着更加重要的作用。因此人们常把文化看作企业的“软管理”，是企业的心灵契约，是企业管理形成内驱力的艺术之魂。国外有学者把管理比作漂浮在水面上的冰山，露出来的三分之一是看得见的有形管理，水面下的三分之二则是无形的文化管理。制度和文化孰轻孰重谁更重要，或许更应该结合企业不同的发展阶段具体看待。物我共生所要强调的是制度和文化、物质与精神的辩证统一关系，两者是相互成就、相互影响的互动关系，制度源于文化又制约着文化，文化创建了制度而又受制于制度，没有制度支撑的文化难免成为空中楼阁，没有文化的制度则势必会增大管理成本并降低生产效率。物我共生还需强调的是，在人性觉醒个体意识增强的现代社会，特别是科技型和文化创意型产业，企业文化更能发挥出凝聚力和激发员工创造力的内驱作用，这也是谷歌成功的奥秘所在。曾在哈佛大学任教的行为科学家塞缪尔·鲍尔斯教授，经过实证研究写成《经济动物》一书，专门论证了经济激励有时候非但无效，甚至起着“负协同效应”“经济刺激措施同伦理等涉他动机对有效施策都十分必要，但前者会削弱后者的作用”。[①] 这一点很值得管理者细细品味。

人机共生

人机共生是人与科学技术、人与信息工程、人与人工智能的协同互动、走向合一的新价值观、新伦理观。当今世界，科学技术发展速度之快超出了任何人的想象，人类面对的最大挑战就是人类自己，是人类自己创造的智能革命。在这场突如其来的智能挑战中，没有哪个企业能够离开科技和科技新产品，企业和个人谁都无法回避而只能面对并做出直面选择。首先，人机不是对立的，“人机对立”的看法或情绪已经成为历史。精纺机、推土机等机器的诞生，虽然有许多工人失业了，但事实证明，机器和工人并不是完全的替代关系，某种意义上反而是工人劳动力的一种解放，这些工人转身去做更有意义或更高阶的工作了。网店固然冲击了实体店，但却造就了快递物流业。现在因为人工智能的迅速发展，整个社会都陷入了“失业恐慌症”，都在盘算着下一个被机器人替代的会是哪个职业。这是“人机对立”心理的现实返照。美国著名咨询师托马斯·达文波特对此已经开出了“制胜未来工作的 5 大生存策略”，其中一条即是“让人做人做的事，机器做机器做的事”，我们不仅要重视技术、重视机器，更应该重视人、尊重人，“员工第一，机器第二”。[②] 其次，我们还应看到的是“人机协同”，与其恐惧机器，不如与人工智能一起工作。人工智能、计算机、机器，原本就是人的体能和智能的扩展延伸，是为了提高人的计算能力和工作效率，或用来完成人工不能胜任的某些特殊工作。此次新冠肺炎，若是有大量的机器人进行护理医治，就不会有大批医护人员被交叉感

① 塞缪尔·鲍尔斯．经济动物 [M]．刘少阳，译．杭州：浙江教育出版社，2018.

② 托马斯·达文波特，朱莉娅·柯尔比．人机共生：智能时代人类胜出的 5 大策略 [M]．李盼，译．杭州：浙江人民出版社，2018.

染了。人机协同工作，毫无疑问会极大地促进人类的科学发现并借以改善人类的生存状态，更何况还有很多工作也许是机器永远都无法取代的呢？最后，更进一步的发展也不会是机器替代人类或控制人类，而应该是“人机合一”——人类心智与机器智慧的融合统一，实现更高级的智慧共享体系和智能社会体系。浙江大学张为志教授把这种在线式智慧共享体系称为“社会大脑”，虽然此时的智能机器已经具备自编辑、自学习、自升华的再生智慧功能，但它同样是一个通过人机协同、人机结合、人机混合的相互依赖过程，只要找到了社会大脑这个新共同体的内在机理，我们也就不用过分担心高智能体所带来的社会秩序的失控风险，“人机共生是人工智能发展的必然趋势”①。2019 年 7 月，Facebook 创始人马斯克宣布，已经找到了高效实现“脑机接口”的方法，这是马斯克脑机接口研究公司 Neuralink 成立两年后发布的“脑后插管”新技术，也就是通过微创式神经手术机器人向大脑内快速植入芯片，直接读取和放大来自大脑的信号，最终做到人类与人类、人类与机器之间自由传输思想和下载思维。如果此项技术真实可靠并得以实施，“人机合一”也便不再只是科幻小说了。但是我们不得不直面悖论式的社会现实，那就是自动化、智能化水平越高，人们就业的压力也就越大，社会秩序失控或者被控的风险也就越高。因此，人机共生的新伦理和新价值观，希望我们（特别是智能化产品创造者和使用者）都能静下心来思考并回答这样的问题：

（1）是不是所有的高科技发明都是有意义的呢？

（2）用机器工人代替工人，是为了降低用人成本，还是为了提高生产效率与产品品质，为社会提供更好的产品与服务？

（3）研发人工智能产品，是为了提高自己企业的竞争力、控制力或是自我创意价值的实现，还是为了增进人类的整体福祉？

人机共生的新伦理与新价值观，目标宗旨是一切科学技术的发展都是为了改善人类的生存状态，为人类谋求更多更大的幸福；一切有违于这一目标宗旨的科技活动和经济活动，都不应该被倡导、炫耀，而是应该被制止的。

① 张为志．人机共生：人工智能发展的必然趋势 [J]. 国家治理，2019（4）.

多元共生

多元共生是基于生物多样性和文化多样性的治理理念和管理价值理念。多元共生的基本理念认为，世界万事万物不只是一元的或二元的，而是多元的。如本书上篇所述，生命的诞生原本就是一个多元因素的合作演化过程，即使是单细胞生命也不是一元的，细胞内又有相对独立的线粒体、叶绿体等细胞器，生命体越复杂，细胞的聚合模型也就越丰富，经过 30 多亿年的演化变异，终于形成了我们今天所能看到的生物多样性的万般精彩。文化多样性也一样，各个民族在各自不同的生活环境中所形成的风俗习惯，逐渐演化成各自独特的民族文化，不同的民俗和文化经过交流融合之后，则又发展出新的文化与文明。现在流行于世界各地的“多元文化主义”，即是对社会生活中文化多样性的阐释并由此形成的文化思潮，其本质都是对多元文化的存在价值给予积极的承认、肯定与评价。但是我们在看到多元、多样的同时，也应该看到万事万物还存在着共性和同一性。无论生命体多么复杂，构成生命的基本结构体都是细胞，细胞也就是生命的共性和同一性。在物理学上把万物最小化时，我们看到的只剩下原子、分子了。所以人类的天性都有一种寻根问底追求同一性和终极因的冲动，如老子说的无生有、有生一、一生二、二生三、三生万物。在这里，我们不能只强调同一而忘记了多元，也不能偏爱多元而忽略了同一，多元和同一是相互依赖的辩证统一关系。本书之所以突出强调多元共生，是因为在我们周围甚是流行所谓的普世主义、普遍主义、西方中心主义等同一化和理想化的文化价值观。而多元共生理念在逻辑上与普遍主义是不相容、不通约的，它的核心价值主张是价值的多元多样，承认个性，尊重差异，不存在高低等级序列，也不认为存在某种唯一的超越性的“终极因”或“终极价值”。如林少敏、张欢两位学者所说：“个人和共同体之间不同的价值观并无高低优劣之分，因此无法给出确定的等级排序；它们差异并存、不可通约，甚至彼此冲突。因此，没有什么价值是最好的，没有哪一条真理是唯一正确的，也不存在通往终极真理的唯一正确的道路。”[①]就像

---

① 林少敏.价值多元论及其悖论——对自由主义理论前提的一种检讨[J].哲学研究，2008（9）；张欢.多元文化主义的概念辨析[J].理论与现代化，2018（6）.

市场经济并非只有自由主义市场经济一种、管理学大师也并非只有德鲁克一人一样，公司治理同样可以采取各种不同的创新方法，而并非只有“董事会模式”或“股权模式”一种。拿本章所述激励热点来说，企业激励策略除了股权、期权之外，还可以有绩效或提成奖金、学习和培训机会、物质或假日福利、提职和晋升重用、人性文化鼓励等多元激励方式。总之，激励文化和治理文化也都是结合自己企业特点的多元选择与多元创造，不存在唯一有效的单一模型。日本的丰田、松下、佳能等著名企业，总体上都可看作是“共生治理”的成功尝试，但在治理结构上又各不相同，丰田家族只持有2%左右的丰田汽车公司股份，但丰田家族仍旧是一个企业家族；松下公司自1977年便基本放弃了家族传承思想，选择了山下俊彦出任松下第三任社长；佳能公司从1950年起即实行了“三分制”，即将公司利润分配给资本、经营、劳动三方各三分之一，并倡导自发、自治、自觉的“三自”精神，率先实行5天工作制。成功的经验告诉我们，最重要的是要在我们的内心深处去体验和领悟多元共生的价值理念，有了共生治理理念，我们就很容易秉持着包容、尊重、共生的心态去对待公司治理以及万事万物了。

八、合作、分享、共享：探寻以人为价值核心的“共生治理”

无论我们怎么评价凯恩斯，他对经济学的贡献是毋庸置疑的，而他的一生，特别是他后期的研究却转向了哲学，探索经济学面对的社会问题：人，如何才能活得智慧，活得惬意而有质量，以至于有人说他是“利他主义者”。德鲁克虽是现代管理学的开创者，但他的著作更多的也是研究社会，研究人，他设想了美好的“企业家社会”和“新社会”。他的《21世纪的管理挑战》一书，最后一章写的恰恰是人的“自我管理”。英国也有一位“管理哲学”的代表人物查尔斯·汉迪，他退休后宅在英格兰东部田园景色非常秀美的家里，此时他关心的重点已全部倾注到“人”上，人生究竟意味着什么？生命的意义又是什么？进步又是什么？在完成了《适当的自私》这部重要著作时，他远眺着窗外的田野和森林思索着并写道：“我终于明白，一个人懂得人生是什么，生命的意义又是什么，的确是至关重要的。……过去的组织认为，它们拥有的东西就是‘我们’；而今身为个人的‘我们’，再也不是任何人的财产。随着一切传统结构的消失，‘我们’都不得不为自己负责，而且这种负责比过去更为彻底。因为，我们被宣判‘获得自由了’。”他认为市场哲学的本质就是对人的重新认识，这种认识使我们认清金钱应有的价值，而非高估了它的价值，“要拯救这个人类世界唯有靠人心、人的反省力、人的顺从心与人的责任感，除此之外别无他法。若是人类无法下定决心找回自觉，一切皆不会改善。这个世界终将迈向无法避免的大灾难”。①

在当下经济领域的词汇市场里，用得最多的关键词莫过于“合作”“分享”“共享”这三个词了，其使用范围之广或已远远超出了经济领域。人民大学张康之教授的所有研究成果，几乎都是围绕“合作”展开的，他站在整个社会和国际化的高度，以“合作治理”的理念来探索合作的社会及其治理问题，而最终是要实现“为了人的共生共在”。“分享”和“共享”的广泛流行似乎在概念上就没那么确定了，学术界有自己的“学院派”解释，而世俗社会也早已有了自己约定俗成的“市场派”用法。理论上的“分享”，指分享者、受享者和分享对象三个基本要素所构成的人与人之间的权益关系，其前提是分享对象首先以私人所有的形式存在，而关键在于分享者是否愿意将分享对象拿出来与其他人分享。“分享经济”则是对资本和劳动的分享，也就是剑桥大学教授詹姆斯·米德（James E.Meade）提出的差别性劳动资本合作关系（DLCP）。20 世纪中期，美国经济学家凯尔萨（Louis Kalso）提出的“员工持股计划”则被看作“分享经济”的开始。日本企业将相当比重的盈余用来奖励员工，更是被誉为“分享利润”的典型案例。然而对“市场派”来说，所谓“分享”与经济体制并不存在关联性，“分享”就是把物质的、知识的、信息的、经验的东西拿出来让其他人也能或多或少享受到。只是“共享”就有所不同了，有学者主

① 查尔斯·汉迪. 适当的自私 [M]. 赵永芬，译. 上海：东方出版中心，2017.

张共享的基础是共有制，甚至认为共享经济是社会主义特有的经济形态。事实是社会上流行的“共享经济”早已有了自己的习惯解读。罗小林认为“共享”就是把自己的资源及收集到的资源通过一定的方式共享给大家。[①]郑清平则认为“共享经济”就是人们都公平享有社会资源，并且根据自身资源优势以不同的方式为社会创造价值，同时共享劳动成果。[②]而事实上陈润他们在讲述 Uber 以及聂竹明博士在研究 e-Learning 教育平台时，用的都是“共享”或“共享经济”的流行概念。市场上习惯性的“共享”，已经超越了经济体制和社会制度，就像任何一个网上购物平台所有人都可以分享共享一样，它与所有制已经没有丝毫关联，它所蕴含的精神实质是人人平等的自由选择，而这也正是互联网的精神实质所在。华为的企业治理也充分体现了“共享”精神，建立了非常完善的内部共享机制，各部门之间无边界开放，实现资源共享、信息共享、人员共享。总之，“分享经济”也好，“共享经济”也罢，它之所以存在的基本前提无外乎三点：人、互联网和支撑这一切的大数据。其中，“人”又是最重要的，因为有了自由的人，才会创造出让人可以更加自由的互联网和大数据，只有在数字革命中，“人”才可能获得更高阶的觉醒与自由。是互联网和数字革命把历史推向了“人的自我时代”和“人的自由觉醒时代”，而人的自我觉醒又将企业治理推向了以人为核心的崭新阶段。

这也是克莱·舍基所说的已经到来的“人人时代”。数百年来人类不惜一切代价追求自由、争取权利，而真正带给人类生活自由和平等权利的不是战争，不是政治，而是基于数字科技的市场。张维迎教授说：“你要自己幸福，首先要让他人幸福，这就是市场的逻辑。”他讲了很多关于市场的逻辑，在我看来，市场逻辑的本质是人与人之间的自由、平等、公平与正义的相互关系。特别是在移动互联的数字时代，人们宅在家中动动手指就可以实现自己想要的交易与生活，这种生活的自由度和公平性是以往任何时代都无法比拟的。市场逻辑的基本精神是自由选择和平等交换，它既是人的自我与独立的精神展现，同时也在塑造着人的自由精神和平等意

① 罗小林．共生经济 [M]. 北京：经济管理出版社，2017.

② 郑清平．共富精神 [M]. 广州：广东人民出版社，2017.

识。当市场经济像早晨太阳升起的时候，人的独立精神和自我意识也就随之苏醒绽放了。所以，伴随着改革开放市场经济的发展，无论我们喜欢不喜欢，人的独立个性和自我意识都会一一展露在我们面前，人们越是互联互动离不开市场，市场也就越发培养了人们必须学会自由选择与自主判断。反之，人们越是想要追求独立的自我与自由的生活，人们也就必须要更加重视市场，朝着市场的逻辑与方向去发展。这就是为什么市场经济越发展、越悠久，企业便越发关注人、关注人的需要、关注人的精神、关注人的内心世界，社会也会越发公平、诚信的根源所在。

马斯洛一生都在研究人的心理，他的心理学研究到极致的时候，也就成了以人为核心的“人本哲学”。把他的人本哲学用到企业管理上，就是他提出的“优心理论”或称开明管理理论。这也是他的需要层次理论在管理理论上的扩展应用。人在为生存而工作的时候，工资和金钱的意义远大于一切，而在人的基本需求已经满足的时候，尤其在人的自我意识已然觉醒的社会背景下，人们再创办企业或在企业中工作就不仅仅是为了钱，钱和物质虽然依然重要，但这只不过是金字塔的基础，越是向上，人的内心感受、内在情感和精神快乐就越发显得重要了。此时的每个人都是独立的自我，人们不再认为自己只是任人指挥的工作机器，而是价值的共同创造者，他们不愿意被看作下属或打工仔，而是希望得到尊重，在心理和事实上成为同事、合作者或合伙人。这是适应自我觉醒的时代变化而自觉采取的以人为核心的开明管理。凡是真正参透了“人人时代”的企业管理者，企业不仅得到了财务自由、身心自由，而且为企业发展的历史无不树立了不同的成功典范。奇普·康利在《巅峰：马斯洛赋予伟大公司的魔力》中即列举了许多这样的成功企业。如里卡多·塞姆勒在巴西合办的SEMCO公司，他鼓励员工给自己定工资，给自己规定工作时间，没有人头上有固定头衔，所有的组织结构和规章制度都充分体现出他对员工焕发潜在工作动机的信心，正是借助于这种大家公认的、世界上最激进的管理方法，让公司很快发展成年销售额近亿美元的企业，而且公司几乎没有流失过一名员工。生产著名品牌摩托的哈雷公司，公司雇员被认为是美国企业中“最忠诚的雇员之一”，它的主要策略就是高层领导经过调查认识到“不可动摇的心理支柱”，从而建立起薪酬认可制度、员工激励制度，使员工快乐地和企业目标达成一致。能源巨头 AES 公司，创始人之一的丹尼斯·巴基把公司的管理经验总结到《在工作中享受快乐》一书中，他指出大多数公司还没有从工业化的管理意识中转变过来，“即使我们扔掉雇员手册或工作规程细则又有什么关系？”他创造性地把公司重新组织成若干个拥有自主权的团队，这些团队在决策上拥有空前的灵活性，不仅增强了“家庭式”的人际关系，而且增加了相互学习的机会和在工作中享受到的快乐。书中列举的成功企业的共同特点，那就是管理者都充分认识到了人的价值和对人充分的信任与尊重。

人人时代的价值是人人创造的，虽然每个人的创造贡献和分享所得有所不同，但其基本精神却是人人创造的价值理所当然也要人人分享、人人共得。价值既然是人创造的，人的创造潜能的激活与发挥，也就成了现代企业管理的关键所在。人，不仅需要“股权激励”、金钱奖励和物质刺激，而且需要“人性激励”、心灵感召和文化滋养。在“股权激励”冲上风口的时候，我们应该清醒地认识到，除了物质和金钱之外，还有其他激励措施。任正非即认为，物质奖励和岗位机会并不是无限的，给员工 10 万元、20 万元甚至 100 万元的工资，他们照样会在高薪面前失去积极性，以高薪来刺激员工的做法通常在创业初期有用，毕竟那个时候多数员工的工资都不高，对金钱的需求更大一些，因此高工资往往会吸引员工的注意力。一旦员工习惯之后，就会丧失兴趣，对工作也失去热情，只有懂得尊重个体价值，充分尊重员工差异，“尊重和信任才会让员工长久地保持活力和激情”。①

本章提出的“共生治理”和“共生管理”，正是从生命的共生理念出发，重视股权而不唯股权，重视金钱而超越金钱，强调公司治理的多元重构，主张公司目标的人性使命，倡导人人参与、人人共创、人人共享的自我实现与价值理念，让个人和企业目标趋同，使企业和社会价值归一，共同迎接一个以人为价值核心的共生时代。

---

① 孙力科．任正非：商业的本质 [M]. 北京：北京联合出版公司，2017.

双重的我们，

混合的人性，

谁的心灵能够单一、永恒？

我们情窦初开，

无人不想海誓山盟；

历经沧海桑田，

才懂得宇宙万物不存在恒定。

如果有，

那就是对变化的适应；

如果有，

那就是追求至善的，

爱的共生！

第七章　共生知本：试说“没有忠诚一切等于零”的用人误区

重提“忠诚”——“忠诚”的文明与演变——渴求“忠诚”的人心与社会——企业与人的和解——制度与“忠诚”的融合——“人”：既要忠诚，也要能力——超越忠诚的“共生文化”——从“御人”到共生

一、重提“忠诚”

“21 世纪什么最贵，人才！”

这是电影《天下无贼》中黎叔（葛优饰演）的一句经典台词。2004 年底影片在大陆首映，至今已经十多年了，朋友相聚时谈笑之间还会经常带出这句话来。出自喜剧明星葛优之口，滑稽中夹着认真，很大程度上加深了人们对这句话的记忆印象，不过在我看来最重要的，是因为这句话引起了人们对“人才”的共鸣，道出了一个时代最迫切的真实需求。这是一个渴求人才的时代。企业需要人才，社会需要人才，每个人也都在朝着能够成为“人才”的方向武装着自己，甚至刚一出生，焦急的父母就已经迫不及待地期望着自己的孩子将来能成为赢在起跑线上的“人才”。人才，是这个时代共同的呼唤。

什么是人才？我们需要什么样的人才？在整个社会都急需人才的时候，或许每个人的心目中都有自己的标准、自己的准则。有需要技术型人才的，有招揽管理型人才的，也有人专招“海龟”，还有急需“酒量大”的……这其中最吸引人眼球的，是一些著名企业家打出的最高用人标准——忠诚。在谈到人才的能力与忠诚时，网络上有这样三句话颇为醒目：

“没有忠诚，能力一文不值！”

“没有忠诚一切等于零！”

“要和懂规矩的人共事！”

第一句有人说是雷军说的，雷军本人就是“忠诚”的代表，他在WPS一待就是16年，从基层一直晋升到总经理、董事长的最高职位。也有人说这句话是俄罗斯总统普京说的，1996年他的恩师索布恰克在圣彼得堡竞选州长失利，他也追随恩师毅然辞职，并说出震撼人心的话：“我宁愿因忠诚而被绞死，也不愿为了偷生而背叛。”从此，“忠诚”成了硬汉普京的人格标签。

后两句传说是王石说的，他培养人才有五个标准，其中第五条就是“没有忠诚的人是绝不能任用的”。这段话出自网络，是否可信另当别论，不过王石确实说过“用人就用好人”“少用能人”的话。

未经核实的网络文章我们姑且不论它的具体出处，“忠诚”被重新提出且越来越受到关注则是不争的事实。电视剧《忠诚》和纪录片《忠诚》的播出，多少都说明了这一点。若是抛开政治而单说企业领域，很多企业家在管理用人时也都十分注重选用“忠诚”的人。有人甚至说：“没有任何一个组织愿意使用一个缺乏忠诚的人，所以，忠诚大于能力！”

我跟学员也曾讨论过“忠诚”问题，有位“老板”身份的学员说：“不忠诚的人用了就是隐患。《西游记》唐僧领着三个最忠诚的徒弟，这才组成了一个最好的团队，如果没有唐僧，孙悟空不过就是个弼马温。”而当场有一位“代理式”的CEO反问道：“如果没有孙悟空，唐僧还能取到真经吗？”后来有人把这个段子发到了微信群里，有群友议论说：“忠诚应该是互相的。”

一言以蔽之，用人强调“忠诚”，是当下许多老板的共同心理。所有人都希望自己的朋友、自己的爱人能够忠诚于己。不能说所有的企业家都希望员工忠诚于企业，但至少可以说所有的企业家都不会反对员工的忠诚。正因如此，在企业管理中便诞生了“忠诚管理”一说，许多学者相继撰文著书来论述如何培养忠诚的员工。美国游戏化领导者拉杰特专门写了一部 *LOYALTY3.0* 来讲述忠诚度革命。[①] 清华大学人力资源管理博士魏钧教授堪称这方面的翘楚，他对“御人之术”的忠诚管理颇有研究，北京大学出版社 2005 年出版了他的专著《忠诚管理》，并将其列为时代光华培训教材。

如本书上篇所说，越是缺少信任的社会，人们就越是期望忠诚；企业员工流失率越高，老板和管理者就越是需要加强对员工的忠诚管理。有学者调查说，现在“90 后”的“新新人类”每到一家新企业的任职时间，有 80% 以上不足一年。李彦宏手下高管接连离职，甚至被称为硅谷唯一华人高管的陆奇在担任百度总裁后不足一年也离开了，百度上多一些有关“忠诚”的文章似也不足为奇。万科的毛大庆和“二林”离职事件，多少也会唤起王石内心深处对“忠诚”的渴求。显而易见的是，“忠诚”再次受到世人瞩目，某种意义上也是这个时代缺乏忠诚因而越发需要忠诚的一种折射。

那么，企业用人，到底是忠诚大于能力，还是能力大于忠诚？这让我们想起 60 年前麻省理工学院道格拉斯・麦格雷戈教授对高层管理者的世纪之问：“你认为最有效的，直接或间接管理员工的方式是什么？”正是这一问，促使他“对于人性假设的重新深思”，并由此提出了与传统 X 理论截然不同的 Y 理论。也就是说，所谓“忠诚”与否，并不是简单的人品或人格问题，它关涉对人的看法，本质上是一种企业价值观和企业管理理念。本章的任务就是要通过对“忠诚”进行历史文化的寻根剖析，揭示“忠诚”背后潜在的价值观和管理理念，对新时代的企业在如何看待人的问题上提出共生管理的看法。

---

① 拉杰特・帕哈瑞亚.忠诚度革命：用大数据、游戏化重构企业黏性[M].张瀚文，译.北京：中国人民大学出版社，2014.

二、“忠诚”的文明与演变

“忠诚”一词，在现代汉语中主要是广义上的应用，代表着诚信、守信和服从，是指对效忠的对象真心诚意、尽心竭力、没有二心。所谓效忠的对象，不光是指事业上的，更多的是指对国家、对民族、对人民、对党以及对朋友、亲人和爱人的忠贞不贰。《说文解字》说：“忠，敬也。”“诚，信也。”可看作“忠诚”的字根，由敬而忠，由信而诚，“忠诚”便成为因敬佩和信仰产生出来的一种情感意志。这其中的要义在“忠”字上，并由“忠”字创生出更多的词语，如忠心、忠厚、忠实、忠义、忠顺、忠告、忠魂、忠臣等。这是语言学的一般解释。

人们需要交流因而产生了语言，所以语言是人的内心想法和真实情感的交流表达。语言学诠释的只是单个词义，事实上如果没有交流，在任何个体上都不需要也不会产生任何单词。而一旦开始交流，便发生了人与人之间的相互关系，表达这种相互关系的任何语言，多多少少都会带有情绪、情感、示意、指示、命令、期望等诉求意愿。因而当我们着眼于人与人之间的相互关系，从社会学和心理学的视野审视“忠诚”二字时，便会发现“忠诚”一词远非语言学那么单纯，它具有更深刻的文化内涵，在不同的历史时期和社会环境下，“忠诚”表达的往往是不同的内心情愫和不同的灵魂期盼。倘若简单归类，可分为原始忠诚、权力忠诚、信仰忠诚、道德忠诚四种类型。

原始忠诚，是人的一种原初本性和原始情感。无数的考古资料证明，人类最初是以小群体和小部落的集群方式生活着，这时的群体主要以亲缘关系为主，他们彼此信任，相互了解，从而在狩猎和御敌方面形成了紧密的合作。部落群体内部的团结协作，有利于在恶劣的环境中生存生活，更重要的是可以有效防止部落群体之间的掳掠争斗。外部环境的生存压力，使部落群体形成了强大的凝聚力，这就是伯特兰·罗素说的“群体忠诚”。这种原始忠诚由于生存环境的恶劣和外部危险的存在而越发得到加强，也显示出人作为社会性动物之所以结群的原因和本性。无论是狩猎还是御敌，群体行动都必须有人指挥协调、统一组织，从而群体内部便自然产生出长老或酋长，成为群体的领导或领袖，而群体忠诚在尊敬和服从领袖长老的基础上又得到进一步强化。于是，人们对生存环境的恐惧，对部落群体的依赖，对领袖长老的遵从，便构成了以群体凝聚、不能脱离和背叛群体为基本特征的原始忠诚。

权力忠诚，是在原始忠诚基础上发展而成的等级遵从。群体忠诚有利于部落群体在竞争中获胜，这和生物学上的“群体选择”是一样的道理。越是忠诚的群体，越容易在竞争中发展壮大，当部落之间的争斗不再屠杀俘虏，部落内部通过俘虏等途径产生奴隶并具有私有财产时，人类便进入了阶级社会。阶级社会的进一步发展，又进而形成了有着政府组织的国家。这个时期的人类社会已经超越了亲缘关系的部落形式，出现了国王、贵族、祭司、平民、奴隶等不同的社会阶层。人员多了，规模大了，各种关系也复杂起来，为了维系社会的整体性和凝聚力，在风俗习惯和行为规范方面因为教化、倡导以及“原始忠诚”的本能发展，“忠诚”也就从原始本能性的情感意志进化到权力等级的遵守与服从了。在某种意义上，这也是亨廷顿在谈文明冲突时所说的“政治忠诚”。这个时期的身份差别和权力等级主要是孔子说的君臣、父子，社会规范的“忠诚”也主要是指下级对上级的遵从，子对父的“忠”在中国体现为“孝道”，臣对君的“忠”则就突出表现为“忠臣”式的竭力效忠了。《论语·八佾》中孔子说的“君使臣以礼，臣事君以忠”，可谓是传统君臣关系的十字要诀。汉代大儒董仲舒更把“忠臣”规范界定成天经地义的臣子行为准则，他在《春秋繁露》中有35处提到“忠”，有9处专讲“忠臣”，他认为下事上有如地事天，是真正的“大忠”。而“忠臣”的伦理核心是对君主的尽心尽力绝无二心。如他说：“心止于一中者，谓之忠；持二中者，谓之患。患，人之中不一者也，不一者，故患之所由生也。是故君子贱二贵一。”从此一心一意效忠皇帝便成为封建王朝的最高天条，到了宋代还出现了一部效仿《孝经》以规范臣子行为的《忠经》。历代王朝又都通过教化引导树立了无数的忠臣模范，林姓始祖比干，即是较早的忠臣榜样；屈原虽然含恨投江，但他在《九章·惜诵》中虔诚地诵出了“竭忠诚而事君兮，反离群而赘肬”。鞠躬尽瘁、死而后已的诸葛亮，精忠报国的岳飞，也都是垂范后世的忠臣典范。可以说，权力忠诚的等级要义，是下对上的竭力效忠，是地法天、子事父的自然天理，是权力的绝对象征。

信仰忠诚，也可以称为“文明忠诚”，是人类社会发展到一定阶段形成的文化凝聚力量。信仰忠诚主要表现在宗教、主义、思想、民族、党派和国家方面，它在超越亲缘关系部落群体的基础上，又进一步跨越了地域、领土和种族界限，形成了以思想、理想、风俗习惯以及生活方式为纽带的文化集结。信仰忠诚最明显的表现莫过于宗教，以十字军东征为代表的宗教战争自不必说，单单对教义的理解不同而产生的争斗、杀戮从古至今比比皆是。为了教义信仰可以自杀式献身，为教主的神圣更可以不惜一切代价组织“圣战”。直至今天我们对信仰忠诚的力量似乎依然估计不足。对民族和国家的忠诚也是一种超越种族的信仰忠诚，同民族内部如同兄弟之间，虽然也会发生矛盾争执，但一旦与外族发生矛盾或突发争斗时，同民族就会像兄弟一样团结起来一致对外。在不同民族相聚而成的群体社会中，同民族的个体很容易团结在一起。这种民族忠诚如同亲缘关系一样是潜藏在每个人灵魂深处的血脉信仰，这种力量的进一步扩大便成为对国家的凝聚与忠诚。为了民族和国家，忠诚的力量甚至可以让每个人慷慨激昂、视死如归，由思想发展而来的对“主义”理想和对生活方式的美好信念。伯特兰·罗素认为，“在我们自己的时代，两种广为流传的信仰囊括了绝大多数人的忠诚”，其中一是共产主义信仰，二是“美国生活方式”。从东方老子的“小国寡民”，《礼记》的“天下为公”，以及古希腊柏拉图的《理想国》，直至19世纪中叶卡尔·马克思《共产党宣言》倡导的共产主义，可以说是人类一直以来向往美好生活的最高理想和最高信仰。而最功利主义和现实主义的“美国生活方式”，则是以其天赋人权、人人生而平等的“个人主义”自由社会为主要信仰特征的。这两种信仰从各自的立场出发，却是殊途同归地一致展现出人类信仰忠诚的伟大力量。这种忠诚的力量之所以伟大，是因为人们一旦在思想上和心灵上形成信仰，人们就会在言行上自觉自愿地履行对信仰的忠诚。

道德忠诚，是对人类在长期的相互交往和生活习惯中逐渐形成的伦理情感和行为规范的坚守意识，是民风习俗和个人情怀的价值判断。人类的道德情感具有天然地追求真、善、美的价值指向。亚当·斯密是从“同情心”出发展开了他对道德世界的探索，他在《道德情操论》中常常把快乐、热爱、钦佩、公正、诚实、贞节、高尚等道德情感与“忠诚”相提并论，但他对“忠诚”却给予了高度的关注，他甚至说“忠诚是一种亟须具备的美德”，无论身份高低贵贱，哪怕是即将被处死的人也都应该具有忠诚的美德。在我们日常生活当中，作为忠诚的情感德行人们最关心的主要有两点：一是对朋友的忠诚，二是对爱情的忠诚。对朋友的忠诚可以是赴汤蹈火、两肋插刀；对爱情的忠诚则是海枯石烂、山盟海誓。托马斯·莫尔在《乌托邦》中对朋友的忠诚是这样描述的：“他极有德行及教养，对所有的人都很殷勤，而对朋友则胸怀坦率，亲爱忠诚，因此，在任何地方都找不到一个人或两个人，能像他那样从各方面来看都称得起是完美的朋友。”《简·爱》中对爱情的表达则是：“我看我会一直不断地喜欢你，会使你承认我不仅喜欢而且爱你……忠诚、热烈、永不变心。”所以，道德忠诚主要是指个人情感世界的品格与德行，是个人在人与人之间相互交往中的真心情感与品质坚守。当我们承认人与人存在差异的时候，我们就会发现，体现在个人身上的“忠诚”情感就会因为个人受到的文化教养不同和社会生活环境的不同而大相径庭了。这也就是人们常说的“忠诚度”的问题，也就是说，即使人们具备了“忠诚”的美德，这种美德的程度也会因人而异的。罗素在《幸福之路》第九章中即认为，在不同时期、不同地域、不同国别，人们对忠诚等道德情感的理解是有所不同的，即便是“在英语国家，分歧也是多种多样。在一些阶层，艺术是一种享受；而在另一些阶层，艺术却是一种邪恶，只要这些艺术是现代的。在一些阶层，对帝国的忠诚是最高的道德；在另一些阶层，它被看作一种恶行；而在第三阶层，它甚至是一种愚昧。保守者认为通奸是极其邪恶的罪行，但是现在却有许多人认为这即使不值得赞扬，也是可以原谅的……”这说明将道德忠诚看作个人情感操守时，是不能以个人的喜好或自以为是的价值标准来比量齐观的。

以上关于“忠诚”的分析，分为四种类型仅仅是为了便于说明问题而已，实际上每个人的道德情感都不可能是线性的、单一的，它们往往相互交叉、彼此渗透，形成极为复杂的情感世界。哪怕是在现代人的道德忠诚中，我们仍然能窥见原始忠诚的本能底色；即使是信仰忠诚铮铮铁骨的共产主义战士，他的内心深处同样有着对美好生活的温情与向往；即便是封建时代的忠臣，在他们的诗文中效忠帝王的款款忠心固然可以一览无遗，但在字里行间同时也蕴含着对民族、国家和人民的更加炽热的情怀。一句话，“忠诚”是人类集结聚群的情感期盼，是人类精神世界和道德情操的伟大德行，是朋友、家庭乃至人与人和人与社会最伟大的凝聚力量，任何组织和个人都希望自己的成员和交往对象能够对自己真心、诚实和忠诚。

需要注意的是，“忠诚”仅仅是人类丰富的情感意识当中的一种，任何情感意识都是由个人体现出来的，而任何一个个体从来都不可能脱离群体社会而独立存在，更不可能远离社会因素和自然因素相互交织的生存环境而生活在真空当中，因此，受环境因素的制约影响，人的内心情感便呈现出复杂而多变的差异。亨廷顿在《文明的冲突》中即对不同的宗教、不同的文明对“忠诚”的理解和认知存在的差异进行论述。对“忠诚”的道德评判并不存在同一的标准，因而也就不能一概而论了。

更应注意的是，“忠诚”作为人类的情感意识并不是超然于生命本能和群体社会而一成不变的，它受多重环境因素的影响制约因而也就必然要跟随环境因素的变化而改变。日本战败了，并不是所有的武士都以剖腹的方式效忠了天皇，明朝的那些“忠臣”也没有都因为清王朝的更替而全部殉葬了朱家皇帝，对爱情的忠贞也并不是只能守寡而不能再娶再嫁。而能够对“忠诚者”直接产生影响的，莫过于忠诚者所要效忠的对象，当忠诚目标发生了变化，忠诚者的道德情感多数都会随之改变的。忠诚者和忠诚对象也是一种相互依存、相互影响的关系，一方信任另一方，另一方就会更加忠心耿耿，反之亦然。一对鸳鸯相爱得形影不离，当雄性鸳鸯另求新欢时，雌性鸳鸯很快也就有了新的伴侣。绝对的忠诚在人类群体中是并不多见的，道金斯在《自私的基因》中对动物情感的研究也进一步说明，矢志不渝的“忠诚”在动物身上同样并不多见，他甚至证明很多雌性动物以身相许的并不是雄性伙伴，而是雄性伴侣占有的领地。也就是说，当“忠诚”被当作人类道德情感的时候，一方面，不同的人群、不同的文化、不同的社会风俗背景下的人们，对“忠诚”的道德评判与价值认同本身就存在着差异；另一方面，则是人类的道德情感大多数也是适应复杂的生存环境而随机变化的。所以，面对人类忠诚与否的道德情感，认清人类灵魂的双重本性是至关重要的。

三、渴求“忠诚”的人心与社会

每个人都希望别人对自己忠诚，每个组织也都希望所有成员能忠诚于组织，然而在这个世界上最难做到的，就是每个人都无法保证对他人可以矢志不渝地完全忠诚，每个企业组织也都不可能承诺完全忠诚于每个员工。可是人们又都偏偏期盼忠诚，渴求忠诚，尤其是现在很多企业家都希望能够找到忠诚的合作伙伴和员工，这又是为什么呢？

重提“忠诚”是因为当下社会缺乏忠诚。人们渴求“忠诚”总是与时代背景的社会环境相关联。忠诚的根基是诚信，没有信任便没有忠诚。而眼下的社会总体环境，坑蒙拐骗、敲诈勒索、贪污腐化、拐卖儿童、冒牌假货、贪得无厌的人和事，充斥着我们生活和工作的各个角落，这也就是我们在第一章所说的社会“裂变”现象，而此时的人们渴求“忠诚”，也是人们祈求信任、重构社会诚信体系的心理愿望。经济学常提到的“社会资本”或“社会成本”，其中最重要的也是讲社会信任问题，信任缺失一旦成风，会连锁式地影响整个社会方方面面的运行效率和经营成本，“覆巢之下无完卵”，没有任何企业和个人能够幸免，就像每个人都在同样的天空下呼吸相同的空气一样。

“社会腐败”其实比单纯的政治腐败还要可怕。医生接红包，销售拿回扣，教师辅导学生成了创收手段……在这种社会性的腐败环境下，人与人之间便主要是利益关系了，这样的社会或许并不缺少金钱，唯独缺少的是彼此之间的相互信任。一旦形成社会风气，即便有不拿红包不受贿的

“干净人”存在，但在世俗人的眼睛里一般都是“一视同仁”的，事实上的“干净”也都在世俗观念里被“不干净”了。企业既是产品和服务的卖家，也是生产资料的买家，所谓“常在河边走，哪能不湿鞋”，作为经济组织，企业的腐败问题也就更容易发生了。王石说万科不行贿，言外之意是不是其他企业都行贿？1996 年万科上海城市广场项目发生集体受贿事件，不仅王石感到震惊，同时也震惊了司法人员。检察官吃惊地说：“一般情况下，受贿是偷偷摸摸干的，绝不让第三者知道，但这 4 人沆瀣一气，集体舞弊，而且还要你多我少地相互攀比，这种情况确实很恶劣。”所以王石说：“在这种环境和风气下，有好人也待不住，要么你同流合污，要么把你排挤走。”他非常沉重地总结道：“以一批人进监狱为代价，换来三五千万元的利润，这个代价是不是太大了！人的毁灭、家庭的灾难，这是无法用金钱衡量的损失。项目不成功，甚至做砸了，都可以重来，而人一旦失足，不但自己终生悔恨，对公司的影响也是非常长远的。因此，我认为，如果上一个项目就要付出如此沉痛的代价，那我们宁可不上这个项目！以牺牲人为代价换取利润，是不可取的。”类似的腐败几乎席卷了所有企业，2000 年我与刘永好合作，新希望地产大连公司一位姓纪的副总也是因为受贿被判刑三年。2012 年阿里影业原总裁杨伟东、阿里 CEO 卫哲、聚划算原总经理阎利珉、阿里原人力资源部副总裁王凯、前阿里副总裁刘春宁、前合一集团（优酷土豆）副总裁卢梵溪、前阿里影业副总裁孔奇等多位阿里前高管“因贪腐或相关管理不周问题被捕”。2019 年 9 月 2 日，万达集团召开“廉洁自律集体谈话”，王健林训话半个小时，并将王焱斌等 4 人移交司法。王焱斌是集团总裁助理兼华南营运中心总经理，网传说他“操纵投标，入股多家出租商户”，一人独贪 6000 万元。与这些“大贪”相比，普通员工拿点“佣金”、吃点“回扣”，已经不值一提了。正是在这样的贪污腐化风靡整个社会的环境下，所以王石在《大道当然》中说：“每个人都是可疑的。”我也创办过公司，我能体会到这一系列的贪腐事件意味着什么。在这样的甚至连做人都没有底线的大环境中，老板能不渴求“忠诚”吗？

员工跳槽频率过高，个人道德水准普遍下滑，也是人们渴求“忠诚”

的社会原因。不过员工跳槽，人才流失，并不都是道德情操问题，它同时还说明个性的自由度在提高，整个社会的自我意识在觉醒；它虽然为企业人力资源管理增加了难度，但也同时为企业甄选优秀人才提供了机会；人才流动虽然增加了企业的人力成本，但同时也会促进企业重视人才以提高企业的凝聚力。所以从经济学的视角看待人才，人才的市场化程度和企业的人力资源管理水平是正相关的，市场化程度越高，企业渴求人才的欲望也就越强；市场竞争越激烈，企业对人的认识以及对人才的重视程度也都会随之提高。

除了社会因素，企业家对“忠诚”的理解也是各不相同的。“忠诚”的对立面是“背叛”，这主要是针对信仰忠诚或政治忠诚而言，或在情感上对朋友、对爱情也往往以此来作为评判标准。企业高管因贪腐而走上犯罪的道路，可以看作一种“背叛”，也可以说这是道德底线或司法规范问题，它已超出了“忠诚”作为情感意识的边界。关键在于，倘若员工辞职，特别是高管离职，只要离职后在信息和技术等方面不直接危害到公司，都属于正常的人才流动，是人才市场的经济学行为，这能算作“背叛”吗？我的理解显然不能，但很多企业家“老板”认为这也是对企业忠诚的“背叛”，只不过背叛的程度不同而已。谷歌前掌门人埃里克·施密特认为，人才流动是市场行为，他大大方方地说道：“爱他，就让他走。”然而具有这等用人胸怀的企业家毕竟只是一部分。也就是说，人们渴求“忠诚”，但对“忠诚”的理解是存在差异的，企业都希望能有“忠诚”的人才加盟，但对“忠诚”的要求却是一个边界模糊、语焉不详的词语概念而已。

尽管罗素在《词语与意义》一文中说“长期以来，人类一直力求使词义日臻准确”，但“忠诚”一词确是一个内涵极其丰富却又有些模糊的词语。同时他还指出，任何一个词语最早都起源于社会的需要，“其目的是向人们提供我们的见解，并且起码也希望别人接受这些见解。”[①]我们有理由认为，企业家在用人上提出“忠诚”的意愿，尽管有些模糊不够具

① 伯特兰·罗素．罗素自选文集 [M]. 戴玉庆，译．北京：商务印书馆，2006.

体，但也确实是企业家提出的对“忠诚”的见解，并且希望人们接受这一见解来忠诚于企业。确切地说，所谓“忠诚”是企业家单方面提出的用人要求，是企业从“我”的角度向社会、向人才、向普通员工提出的用人愿望，是企业家“一厢情愿”地向人们提供的并且希望人们认同的“自我见解”。

那么，企业家是出于什么心理提出对忠诚的“自我见解”的呢？这就让我们不得不深入分析企业家心灵深处渴求“忠诚”的心理动机。我们此处之所以用了“一厢情愿”一词，不仅是为了说明这是企业家单方面从“自我”的立场提出的对他人的期盼，同时还希望人们不要忘记“忠诚”一词所具有的“以下事上”的文化内核。“忠诚”不仅是一种道德情操，它还具有效忠权力、为信仰尽忠的风俗传承。我们更有理由设想，重提“忠诚”在某种程度上也是企业家“老板心态”的另一种表达，是某些企业家对用人标准带有强迫力的硬性要求。在这样的心态动机中不排除存在这样一种心理：企业是我的，是我在雇用你，是我为你提供的机会，所以你得对我和我的企业忠诚，你要尽心竭力，全情投入，不能三心二意。就其本质而言，这也是一方依存于另一方这种用人关系的心理提示。

至此我们已经清楚地看到，“没有忠诚一切等于零”这一企业家渴求的“忠诚”，本质上依然是人与人之间的某种关系，这种关系在潜意识中不是对等的、平等的关系，不是彼此之间相互依赖的关系，而是一方依存于另一方、一方依从于另一方，并且带有某种传统雇佣性质的主从关系。也就是说，渴求“忠诚”并不是单纯的用人问题，它实际上已是——企业如何看待人、企业家与员工是单向依存还是相互依存、企业应该怎样从事经营管理的——价值观念和管理理念问题。进而言之，这是一种近似于传统的管理价值观，它与麦格雷戈提出的传统管理的 X 理论有很多相似之处，这种价值观至少蕴含着以下几种观念意识：

（1）企业由我说了算的权威、“老大”心态。

（2）老板和员工是一方依附于另一方的从属关系。

（3）企业即老板。

（4）对老板的态度是第一位的，其他均可忽略不计，无论你有多大能力、多大贡献。

（5）只要员工忠诚，管理就容易了。

（6）不排除老板渴求的“忠诚”带有“忠臣”“忠君”的传统影子。

（7）什么叫“忠诚”，多数老板自己也说不清楚，但老板却需要你忠诚。

以上七条足以说明，渴求“忠诚”的深层心理在很大程度上仍带有英雄主义管理色彩，无论我们承认与否，它都多多少少含带着独裁式的控制思想，它不仅与“开明君主、权威体系”的文化传统丝丝关联，还在很大程度上流露着创业初期的“老板心态”或称“土豪心理”。希望他人对自己忠诚，一方面是出于“自我”的愿望，另一方面也是潜意识当中对他人的怀疑与不信任。有信任也就无所谓忠诚了，没有信任才会渴求人们的忠诚。有了怀疑心理又会加重不信任，在不信任的前提下自然就会加强监督与控制，从而掉进管控型管理的传统窠臼。这种模式类似于麦格雷戈提出的 X 理论，“中心意思不外乎是要员工努力工作，遵守命令，以维持自己的工作和生活水准。言外之意，企业凭借以往的经营方式已经取得了许多成就，如果员工遵守命令，还会取得更大的成就。在这种观点的背后，实际上还是以组织需求和组织成功为先，员工的个人需求居后”。[①] 在这里我们不希望被误解，我们绝不是说企业管理不需要监督和控制，而是说指挥与控制绝不是企业管理的唯一方法。除了管控，站在“自我”的立场去要求员工之外，还应该站在员工的立场进行思考，去关心个人的需要和目标，去激发个人的创造潜能。很显然，我们需要站在“人”的立场重新定义老板和员工的关系，让企业重新从机械的组织升华到人的组织。正如戈沙尔在定义“以人为本的企业”时所说：“对于竞争来说，人类的创造性和个人的主动性远比一致性和服从性重要得多。”[②] 我们不能以第一代的管理者、第二代的组织，来迎接第三代的战略与挑战。

① 道格拉斯·麦格雷戈 . 企业的人性面 [M]. 韩卉，译 . 杭州：浙江人民出版社，2017.

② 苏曼德拉·戈沙尔等 . 以人为本的企业 [M]. 苏月，译 . 北京：中国人民大学出版社，2008.

四、企业与人的和解

黑格尔最喜欢使用“和解”一词，如果统计一下全世界哪位思想家使用该词语的频率最高，恐怕非他莫属。他仅在《美学》一书中就有 239 次用到了这个词，在《精神现象学》《哲学史讲演录》中分别用了 46 次和 48 次，其他不一而足。在黑格尔的哲学辩证法中，但凡对立的事物大多是可以“和解”的，人与神、人与自然可以和解，人与共同体、人与国家、道德与法律等也可以和解，尤其是人与神的和解，将神的存在客观化、现世化了，几乎构成黑格尔理性与现实“和解”的所有理论思想的基础。或许“和解”一词还有融和、和合、整合、调和等含义，但在黑格尔的思想中，“和解”就是矛盾各方的化解调和，是矛盾各方的“对立的和解”，又称“对立的统一”。所以他说，近代哲学的问题是各种对立，神的理念与存在的对立、善与恶的对立、人的自由与必然性的对立等，“各个哲学体系无非是那绝对合一性的不同表现方式，唯有这些对立的具体统一本身才是真理”。他非常赞同和他同时代的哲学家谢林的说法：“对立的东西是同一的，而永恒的生命即是永恒地产生对立并且永恒地调解对立的生命。——在统一中认识对立，在对立中认识统一，这就是绝对知识，而科学就是在它的整个发展中通过它自身认识这统一。”①

企业和个人、老板和员工，也是一种对立的矛盾关系。无论我们承认与否，这种矛盾的对立现象是客观存在的。企业和老板多数情况下都希望利益最大化，而每个员工也都希望自己能有更多的薪酬和更好的学习发展机会。李嘉图说影响企业利润的最大因素是工人的工资，而马克思则说劳动者所创造的价值大部分被资本家剥削到自己的腰包里了。直到现在很多企业家、投资者仍然把劳动者看作企业的成本，所有的管理体系也都是建立在资本与劳动的对立关系基础上的。

老板和员工对立关系的客观存在，也是企业老板不敢轻信员工的深层原因。所谓“用人不疑，疑人不用”现实中是不存在的，现代企业老板的

---

① 黑格尔 . 哲学史讲演录四 [M]. 贺麟，译 . 上海：上海人民出版社，2013（4）.

内心深处大多存在着“以己之心度他人之腹”的疑人心理，他以为自己都那么爱财那么极力追求利益最大化，其他人不也一样吗？由于这种不信任的怀疑心理，使得很多老板都采用过以下两种管理控制手段：一是“亲信化管理”，二是“矛盾化管理”。

所谓“亲信化管理”，是指老板有意无意地将员工分成可信派、亲信派或嫡系派，这些人要么有亲缘关系，要么出自老板身边的秘书或助理，再就是同学、老乡、战友或以前共过事的同事。由于了解、熟悉、知根知底而相对“忠诚”并被委以职务，这在某种程度上也有知人善任的合理一面，但是这些人往往在业务上缺乏经验和专业，老板在用他们的时候也并非想让他们在业务上独当一面，而是让他们代表自己，到一线上去专门监督那些专业技术和业务能力比较强的高层管理者，就像老板在这些高管身边安插的“眼线”一样。这些人一般是以副职或助理身份到派驻公司或项目公司的，很有点“钦差”的味道，这也是很多老板常用的管控技术，对下属公司的日常运营也确实起到过一定的控制效果，原本是无可厚非的。令人不无遗憾的是，每个被派出的“钦差”每每当真把自己当成了“干部”，他们经常开口便是“我代表老板”“我只对老板负责”，如罗素说的，权力的欲望使每个人都想成为上帝，但却因为专业知识和实践经验不足，常常与一线上的一把手观念相左，做法相拧，不仅时间效率大打折扣，运营成本也随之增加。我自己合作过的公司或自己任过职的企业，几乎都有类似的情况存在。

所谓“矛盾化管理”，是指老板在没有“钦差”可派往的情况下，人为地在下属公司或项目公司内部巧妙地制造点“人事矛盾”，这样就可以让他们相互监督甚至相互竞争，或时不时分别向老板单独汇报，老板就可以在千里之外一目了然地掌控自如了。此种矛盾化管理最不希望看到员工上下团结一致，拧成一股绳，越是有人夸赞某某领导者，老板的内心越是担心该领导者威望过大而失去控制，这样的下属公司越是成绩斐然，做老板的就越是坐不住班椅，在心里估摸着会不会发生什么情况。我认识的一位国企老板，就是由于这些原因以致严重失眠进而导致心脏出了毛病。矛盾化管理固然起到了某种程度的管控作用，但它造成的矛盾“内耗”给企业带来的伤害往往是巨大的，这样的企业环境同时也是培养阿谀奉承者的摇篮，真正的人才大多不愿意在这样的环境里相互“扯皮”，而老板认可的那些“忠诚”之士却在很大程度上有可能把企业拉到崩溃的边缘。

“任何管理工作都是建立在设想、假设与归纳的基础之上的，也就是说，是以一定理论为基础的。”这是麦格雷戈曾留给我们的管理提示。很多企业老板之所以不信任员工，是因为“人都是自私的”这一人性认识，已经根植于他们的心灵深处。俞敏洪曾说：“其实每一个人都是自私的，都是要求回报的，大公无私只是一句口号而已。”[①]“权健传销门”的掌门人束昱辉，在权健集团风光时也曾大谈“小自私、大自私”，并自称自己是“自私者”。人性的自私面这个老话题，我们在上篇已经做过重点论述，没有人能从理论和实证上彻底否定人性自私面的存在。认为人性自私并没有错，问题在于人性是双重的、混合的，我们还应看到人性中还有同情、利他、勇敢、善良、自我实现等其他方面。当“人不为己，天诛地灭”的自私俗见主导了一个人的思想意识时，他必然会选择以不信任为前提的管理控制措施，他的企业也将是以权威、命令为特征的控制型管理模式。在这样的管理环境下，企业老板和员工的关系也就难免呈现出单向依存关系和矛盾对立的特点了。

社会发展越是在动荡或转型“裂变”时期，各自为自己着想的“自私”心理和社会风气也就会愈加浓郁一些，沈从文在 1935 年写的《中国人的病》对此已有精辟的阐明。现今改革开放已经 40 多年，虽然国内国际经济发展的不确定因素依然高度存在，但毕竟“裂变”的震荡期已经有过一阵子了，整个社会虽不能说已完成转型，但至少已经步入“重构”的发展轨道。这时人们对人性的认识已不再是那么激进、那么片面了，很多企业家都已认识到人性是双重性的，不仅自私还有利他，不仅向恶也会向善，不仅竞争更有合作。王石在说“每个人都是可疑的”同时，他更加强调我们都是凡人，“每个人都有正义邪恶、善良丑陋、向善向恶、宽容嫉妒两个层面”。[②]而在双重的人性当中，向上、向善的积极因素在人类发展

---

① 俞敏洪 . 挺立在孤独、失败与屈辱的废墟上 // 俞敏洪演讲录 [M]. 北京：群言出版社，2010.

② 王石 . 如何在美国管理万科 // 大道当然 [M]. 北京：中信出版社，2014.

的历史长河中更是一种稳定持久的力量，只看到自私和恶的一面，即是马斯洛所说的，那是长期以来人性被明显低估了。我们对人的认识深刻了、全面了，管理思想也就会随之改变。在我们正面认识人性时，对人的尊重和信任也就开始主导着我们的管理决策，于是“人才是企业的资本”“人才是企业的生命”等口号和行动也就多了起来；当人们负面看待人性时，已经不再仅仅是怀疑或不信任，而是多了些尊重和认同，并在此基础上考虑的是“制度性怀疑”，通过建立一系列的管理制度，既营造了抑恶扬善的营商氛围，又可使领导者和员工少犯错、不犯错，从而在管理上既保护了员工，也维护了企业利益。

注：①相互依存关系像轮毂，无论怎么运转，它们之间的相互联系不变；
②随着转动，有时员工在上，有时股东在上，随机制宜，但依存关系不变。

业务相互依存关系

管理主要是与人打交道，是在人际关系网中的互动行为，这便首先关乎如何看待人性的问题。当我们对人的看法改变了、全面了，人与人之间的相互关系也就会随之改变。正如本书上篇讲到的，人和动物的第一区别，就是人的分娩降生必须要有其他人的协助。也就是人类从诞生之日起便产生了与其他人的依存关系，越是幼小、不成熟，就越是一种单向性、依赖性的依存关系。随着幼儿一天天长成少年、青年，一个人也就一天天地独立、成熟起来。但是这种“独立”仅仅是指在生活和工作上的自理、自立，并非像鲁宾孙漂流到孤岛上完全脱离社会的独立。没有人是离开社会的孤岛，一个人的成长过程，也就是从小范围的、亲缘性的、单向性的依存关系，逐渐向大范围的、社会性的、相互性的依存关系发展的演变过程。当一个人融入社会时，每个人吃的、穿的以及使用的各种物品，已经不仅是来自母亲和家庭了，而是来自社会，来自整个社会庞大网络的分工协作。当我们每个人既是相对独立的个体又都是社会中的一员时，人与人之间的关系实际上已从诞生时的单向依存关系，发展为社会性的相互依存关系了。

相互依存关系正是社会共生关系的本质。认识到这一点，我们再来分析企业与员工、老板和职员的关系。尽管初创时期可能会在一定程度上带有母婴一样的单向依存特点，但这不是本质，也不可能长久，伴随着英雄主义式的管理日渐式微，老板和员工就越来越变成谁也离不开谁的相互依存关系了。没有股东，没有老板，便不能称其为“企业”；没有工人，没有职员，同样不能称为“公司”。在一个企业内部，“下级对上级”是一种依存关系，也可以说是一种更重要一些的依存关系，没有股东投资，没有领导者指挥协调，便不能实现企业创办和运营的目标；“上级对下级”也是一种依存关系，没有下级的努力工作，没有职工的劳动创造，企业便只是一个“皮包”，一个空壳；“同级对同级”“部门对部门”也是一种依存关系，没有部门之间的协同合作，特别是技术和生产、产品和销售之间的互动配合，企业同样不能完成自己的使命。在这种相互依存关系中，并不是没有了老板、没有了领导、没有了英雄，而是他们在新的人性认知的背景下更加懂得了人的价值，在尊重个性和认同差异的前提下已经完全改变了对人的看法和心态。这时的老板有时就是一名普通员工，如任正非有时亲自下厨房为员工做饭一样；这时的员工有时也就是老板，比如那些持有公司股份的员工和那些领导下级的管理者。关系和角色的相互转换，有时老板成了员工，员工成了老板。这是一种新的相互依存关系，是企业老板和员工的共生关系。

老板和员工相互依存的共生关系，并非没有了对立、竞争和矛盾，相反，对立是因为相互依存而存在，竞争是因为创新而必需，矛盾则是差异双方的共在。这种企业和员工的相互关系类似于里德·霍夫曼所说的“互惠联盟”关系，是由“独立的双方达成的，有明确条款的互惠协议”。企业需要告诉员工：“只要你让我们的公司更有价值，我们就会让你更有价值。”员工则需要告诉他们的企业：“如果公司帮助我的事业发展壮大，我就会帮助公司发展壮大。”① 这时的企业已经成为由各种关系组成的共同体，该共同体好起来了，所有的共同体成员都会受益，从而实现个体与组织在目标和价值观上趋同划一。此时，所有的存在都趋向同一，所有的对立都将得到调和，所有的个体和组织都为了一个共同的目标而存在，对立的依存关系已被调和，单向的矛盾依存体已经变为共生的相互依存关系的共同体，黑格尔理论中的“和解”便奇迹般地出现了：各种矛盾关系已经“和解”，企业与员工的相互依存关系真正实现了“对立的统一”。

五、制度与“忠诚”的融合

当我们认识到企业和员工、老板和职员等各种关系是一种相互依存的“对立的统一”时，我们对人性的双重本质的认识又深入了一层。这时我们再来看“忠诚”一词，就会发现它每次被使用都具有“单向性”的特点，即使用者对被使用者只是单向性的期望或单向性的意愿表达，在使用者的潜意识当中是“你要对我忠诚”或“我一定忠诚于你”。妻子对丈夫说“忠诚”，要么是表达自己对丈夫忠贞不贰的诚意，要么是希望丈夫对自己要有忠贞的情感。在经济领域，使用“忠诚”或“忠诚度”词语时，面向的是三类参与者，即员工、客户及合作伙伴，使用者往往都是企业方或企业老板，使用的目的是期望这三类对象都能对企业及产品单向性地“忠诚”，却从来没有人将该词语反向性地使用过。这便成了经济领域的单向用词，就像丈夫坚定地要求妻子忠诚，而自己却从不表达是否对妻子忠诚一样。

在经济领域“忠诚”一词的单向使用，或已成为企业老板的“一厢情愿”，而所有单相思的心愿，总是存在不能如愿的风险。既然“忠诚”带有明显的文化含义和道德情感，那它在不同的文化环境和风俗习惯的背景

① 里德·霍夫曼，等. 联盟 [M]. 路蒙佳，译. 北京：中信出版社，2015.

下，希望忠诚的人就未必都能如愿以偿了。在一夫多妻制的国家你嫁给了一个俊男，却抱着醋坛子希望他能对你忠贞不二，不让他跟其他女人有染，要么你的愿望无法实现，要么你是“魏征之妻”，他只能迫于无奈或始终在向你撒谎。在一个跨国公司里，员工上万，各民族、各国家以及各种文化的人都有，倘若老板在企业里大谈“忠诚”文化，要求每个员工都对企业忠诚，恐怕就会有人在私下里引为笑谈了。

人性不仅是双重的、“混合的”，而且是善变的。在不同的时代环境中，不同的社会背景，不同的文化条件下，人性是会随之改变的。人性不仅可以变出新的花样，还可能变回原来的模样。历史之所以经常地重复而且惊人地相似，说到底总归是人性使然。改革开放初期，全民下海，各显神通，在并未形成市场规则和商业文明的“江湖”环境中，几个好兄弟可能因为“忠诚”甚至结拜而相聚，没过多久却又因赚了大钱而产生利益纠纷，或因为出师不利事业惨败，于是又选择“散伙”而各奔东西了。最初的“合伙”常常是因为同学、老乡相互了解、彼此信任而走到一起。1998年曾宪斌与几位吉林大学校友合作，从广州起步，在全国各地开展策划和顾问业务，一时风生水起，大有“中国麦肯锡”即将诞生的势头。可好景不长，所有的报告成果由曾宪斌一人拿去出版了，且署名“曾宪斌著”，真正的执笔人连个名字都没挂上，大家一时无语，合作也就在无声中结束了。因相识而合作，因无语而分手，本质上是人性随时在变的商业文明问题，已经无关乎朋友之间忠诚不忠诚了。

从合伙到分家，这让我想起冯仑。冯仑是我非常敬重的企业家之一，他有非常成功的一面，而且他是一位有思想、有文化的企业家代表人物。然而他也有“失败”的一面，而且败得很惨、很痛心。这种“失败”不是他少赚了多少钱或损失了多少资产，也不是因为他“政治立场”出了问题或生活作风不够检点，而是因为他没有当好“大哥”，没有在企业从“江湖时代”向“公司时代”跨越时站稳立场把好方向，找到融合共生的组织进化路径，致使这位“大哥”最终成了光杆司令，而跟随他一起打天下的潘石屹、易小迪、左权等“6+2”兄弟最终以“散伙”结束，一个个另起炉灶去了。这种“散伙”也许算不上失败，它并不意味着“大哥”对兄弟不忠，也不是跟随他一起创业的几位兄弟对他存有二心，这与谁好谁坏、谁对谁错、谁忠诚谁不忠诚都没有关系，或许他们现在仍然是好兄弟、好哥们，但是“散伙”的失败结局却是无法更改的，这种失败或许不一定是坏事，只是他们受时代的局限，受“野蛮生长”的总体环境影响，他们还没有意识到或者尚未找到可以让他们不必“散伙”的商业模式，这个模式也许正是每个人都相对独立，又可以在一起将事业做大做强的“共生模式”。倘或放在今天让他们再做一次重新选择，我想一个世界级的3M、ABB、ISS式的现代企业，或是与“万科”并驾齐驱的“万通”集团，必会在世界著名企业之林独占一席。

聪明人每经历一件事总能总结出一大堆道道来，从而为接下来的行动找准方向。失败本身并不会成为成功之母，只有被总结的失败才对成功有益。冯仑就是这种善于总结的聪明人。经历过“散伙”分家，冯仑总结出很多有益的东西，其中最重要的我认为有两条。第一条是他悟到了民营企业组织结构的进化路径，那就是按市场规律建立商业规则，接受商人文化的价值观念、游戏规则和操作方法。尤其是“退出机制”，他认为中国传统组织文化里没有按规则退出的智慧，这是一个悲剧，所以他采用了“出价原则”让走的人把股份卖给没走的人，“以江湖的方式进入，以商人的方式退出”，文明地完成了“散伙”流程。第二条在我看来更重要，那就是他对“忠诚”的解读，他以书面形式告诫民营企业家，讲“忠诚”是要付出成本代价的，尤其是少数人对公司老板的忠诚。早期的民营企业因法律制度不健全，只能通过人来获取基本保障，人和人最好的保障是结成忠诚关系，“特别是员工对于老板的忠诚关系”。中国民营企业重视忠诚问题，“往往是因为对制度没信心、有不安全感而采取的被动防御措施以及企业经营中不得已的手段”，这种忠诚只是公司内部少数人结成的特殊关系，“忠诚”是因为制度不健全而被强调，越是忠诚的人就越容易超越制度不按制度办事，从而影响制度建设，引起组织内部混乱，组织成本不断上升。一个忠诚的员工一定要有回报的，你若给他特殊的回报，其他人就会不平衡、不忠诚；若是回报未能达到预期，他就会心生怨恨甚至更糟，“最可靠的也是最危险的”。他以某老板为例，该老板平时不断培养的死党对他似乎很忠诚，但是老板一出事，这些人被抓起来后，一审就都招了。因此冯仑总结道：“一个民营企业的进步，应该有一个标志，即老板身边直接对他忠诚的人在减少，遵守制度的人在增加，公司的规范和透明度在增加。……我觉得一个民营企业进步的最终标志之一，就是老板消灭身边最后一个对他个人忠诚的人，让所有员工去忠诚体制，忠诚于公司的制度。……当一个民营企业的老板，身边没有一个人对他个人忠诚的时候，这个公司的制度就成为唯一的行为准则，这个公司才真正是一个阳光下的公司。好的公司没有秘密，唯一保险的办法就是按规则办，按法律规章办，无欲则刚。”①

冯仑讲的是“忠诚的成本”，显然是站在老板立场的见解，出发点也是单向性地在为老板着想，但他的个人经历和认识是极具启发意义的，约略总结一下，至少有两个关键点很值得每个企业家进行认真思考。第一，要不要“消灭忠诚”？即消灭对老板个人忠诚的人，因为这种建立在人性基础上的“忠诚”靠不住。第二，要不要“忠诚转移”？即把对老板个人的忠诚转移到企业上去，转成对体制、对制度的忠诚，让制度成为唯一准则。

如果把“忠诚”只看作对老板个人的忠诚，总是免不了带点“江湖”的味道，把这样的“忠诚”消灭掉也就罢了。倘若是一种道德情感上的“忠诚”，是信任、坚守、诚实以及信仰的另一种道德词语表达，这样的“忠诚”还应该消灭或者说你能消灭掉吗？回答显然是否定的。原本属于人类的道德情感，无论我们用什么样的词语表达，情感本身依旧会存在在那里，甚至不以我们的意志为转移。如果有人就是崇拜你、信任你、追随你，你有必要把这样的人“消灭”掉吗？相信没有人会这么做的。人人生而平等，人人也天生存在差异。心理学家弗洛姆、马斯洛等明确认为，社会上的大多数人不是自己决定自己的命运，他们非常容易受他人影响并追随一位自信的领导，人们在没有安全感或不能自主的时候，常常会追随权威和领袖，一个人在过于自信或充满安全感的时候，要么追随领袖，要么

① 冯仑. 关系：忠诚的成本 // 野蛮生长 [M]. 北京：中信出版社，2007.

自己当上帝。差异造就了领导，有群体就会产生领袖。社会没有领袖，军队没有统帅，企业没有经理，都将会是一盘散沙。这就像打牌“斗地主”，没有大牌控制住出牌权，手里有“龙”有“炸”都无济于事；而若只有大王、小王，其他都是连不起来的散牌，同样不能最终取胜。企业和社会一样，必须有权威、领导和老板，有发出指令的指挥者，这同时也就必然会产生服从者、追随者甚至崇拜者，这时的群体当中，无论你喜欢不喜欢，想要不想要，都会多多少少存在着“忠诚者”，因为他们需要一个坚定自信、能够带领他们获取幸福的领导。所以，心理和道德上的“忠诚”并不取决于我们的个人意志，它是人类常有的道德情感中的一种，它不仅不应该被消灭，也不可能被消灭，而且还应该得到尊重、得到爱护，让忠诚始终成为一种人类最美好的道德情操。

所以，问题的关键不在于“忠诚”本身，而在于我们怎么看待“忠诚”，或者是怎么利用“忠诚”。当我们赋予“忠诚”积极、向善的能量时，它就会成为美好的、有意义的道德情感；当我们赋予“忠诚”消极、丑恶的能量时，忠诚就会变成愚昧的、助纣为虐的邪恶。企业和社会都需要忠诚，就像我们每个人的内心都渴求尊重和信任一样。问题的关键在于我们不能把“忠诚”据为对己有利的私有情感，不能把“忠诚”看作凌驾于其他情感的特殊德行，更不能把“忠诚者”培养成只对个人有利的特权人群，从而在群体中分出“忠诚”与否的身份等级。也就是说，“忠诚”的人仅仅是具有坚定、守信、诚实的情感美德，并不具有除此之外的其他任何特权，更不是君臣式的“愚忠”或黑社会里的“死党”。在社会中“忠诚者”应该是遵守法律和道德规范的公民楷模，在企业中则是执行规章制度和积极创造的工作榜样。“忠诚”的人应是法律、制度以及道德规范的创造者、践行者和维护者，而不是凌驾于它们之上的特殊人群。

由此我们进一步认识到，积极的、向善的、正义的“忠诚”是应该大力倡导的，这种“忠诚”作为心理和道德的美德，它和法律、制度一起在维护着社会和企业的正常秩序，它与法律和制度不是对立的、超越的关系，而是相互补充、相辅相助的依存关系。制度并不是规范公司行为的唯一准则，与制度同时起到规范和影响作用的，还有企业文化和商业道德。

广东经济出版社曾出版两部《制度是最好的老板》，强调制度的重要性并没有错误，问题是不能因此就埋没了“老板”且忽略了文化和道德。我们不能再犯那种——抓住经济就忘了精神、看好制度便不理文化——忽左忽右的偏激错误了。无论多么健全的制度也不可能全覆盖所有人的所有行为，尤其是人的心理。这就像道德和法律的关系一样，只强调法律而忽略道德，或只重视道德而轻视法律，都不可能构成良性运转的美好社会。企业应该培养忠诚，建设企业文化和倡导美德，同时也要完善制度建设，只有在“忠诚”的道德美德和完善的规章制度协同互动、相互融合时，企业才真正开始良性运营，且可持续地长久发展下去。

六、“人”：既要忠诚，也要能力

说到底“忠诚”是关于“人”的问题，是关于我们每个人如何看待“人性”和怎样与“人”打交道的问题。所有的企业家没有不重视“人”的，虽然对“人”的看法仁者见仁，但无不认为人很重要，无一例外。

“忠诚”只是中国或亚洲的某些企业家在用人时经常用到的词语，西方企业一般很少把“忠诚”作为考核人的标准。中国的民营企业家虽然经常提到“忠诚”，但却很少有人公开讨论它，冯仑大概是唯一以书面形式言及“忠诚”的企业家。唯因如此，经过以上 5 节的探讨，现在至少应该进一步思考并回答以下几个问题：

（1）忠诚的概念以及企业家讲的忠诚与“江湖”上的忠诚一样吗？

（2）企业到底要不要讲“忠诚”？

（3）忠诚的对象是组织还是个人？抑或是其他？

（4）忠诚是单向的还是互相的？

（5）忠诚与制度是什么关系？

（6）用人原则真的是“忠诚大于能力”吗？你选择能力还是忠诚？

在展开思考和论述之前，先来一段并非离题的插曲。写到本节的时候，新闻中刚好播出了一条“坏消息”，“最受尊敬的CEO”杰克·韦尔奇于2020年3月2日逝世，享年84岁。全世界各大主流媒体全都报道了这一消息，并在报道时大都给予“全球第一CEO”“最成功、最伟大”等极高的赞誉，包括CCTV。我一时心情难以平静，从书架上把杰克的《自传》和他写的其他三本书取下来草草地浏览了一遍。他从1960年加入GE（通用电器）公司，至2001年退休，40年当中有20年担任董事长兼首席执行官，在带领GE从130亿增长到4500亿美元的奇迹般的历程中，他最重视的又是什么呢？毫无疑问是“人”！他在《自传》中写道：“与每一个人的相遇都可视为一场面试。”“不管他们来自什么地方，GE总是致力于发现和造就了不起的人。我强调过很多观点，但我尤为注重把人作为GE的核心竞争力，在这一点上我倾注了比其他任何事务都多的热情。”领英中国总裁沈博阳在一篇导读中引用了韦尔奇的一句箴言：“在你成为领导者之前，成功的全部就是自我成长；当你成了领导者，成功的全部就变成帮助他人成长。”韦尔奇是中国的好朋友，他曾帮助过中国企业，他来到中国所看到的变化曾令他“心灵震撼”，他在盛赞中国惊人发展的同时，也对中国企业提出了深情的希望，这个希望也是关于“人”。他诚恳地说道：

> “虽然中国有很多令我们感到激动兴奋的地方，但也的确存在一定的不足，我们对中国怀有一些美好的希望，希望中国企业可以比现在做得更好更大。我们的希望主要集中在人力资源管理方面。我们认为，‘人’在一个企业谋求成功的过程中具有决定性的因素。根据我们的经验，很多中国企业利用自上而下的模式来管理，领导者就是老板，领导者的话就是法律。我们希望《商业的本质》这本书能说服你采取一种更加包容的、以团队为驱动力的人力资源管理模式。毕竟，要想获胜，还是要依靠强大的团队，而强大的团队离不开强大的队员。全球的每个国家都是如此，而且一直都是，从未变过。领导者必须创造一个集思广益的环境，让每个员工感觉自己的声音得到了倾听，感觉自己得到了尊重，让每一个员工参与企业发展过程。我们在游历中国，领略其国粹的过程中发现越来越多的中国商人开始接受这

种管理哲学，我们希望这种大趋势能够持续下去。这是一条稳妥的制胜之策！”

引录韦尔奇这段文字，一方面以示对他的感念，更重要的是这段话讲得太精彩睿智了，这位80多岁老人层次清晰地表达了5个诚意：①中国企业应该更加重视“人”和人力资源管理；②很多中国企业仍在采用自上而下的传统管理方式；③希望采取一种更加包容的、以团队为驱动力的人力资源管理模式；④领导者的任务就是要创造一个员工都能参与的集思广益的环境；⑤中国企业接受这种管理哲学将是稳妥的制胜之策。

韦尔奇如此重视“人”，他在领导GE时又是怎样用人的呢？他在著述中对此毫无保留。GE人力资源管理的“活力曲线”图是他亲自绘制的，他还亲自制定了“4E领导力”用人标准，即积极向上的活力（energy）、激励别人的能力（energize）、有决断力（edge）、能坚持不懈地执行力（execute）。[①] 很显然韦尔奇强调的都是“能力”，而没有提到“忠诚”。他甚至说：“对公司忠诚？这毫无意义。”[②] 他之所以能成为GE董事长兼CEO，并不是因为他在自我鉴定中如何大谈对企业多么忠诚，而是其重点阐明自己有能力推动公司迅速发展。他被选中了，既是他的成功，更是GE的成功，是原董事长雷吉·琼斯选人标准得到了验证，是GE造就了韦尔奇，而韦尔奇也没有辜负众望，以自己的才智重塑了GE。从公司立场来看，最成功的是GE，是企业，因为用对了人，企业才有了今天的辉煌。

我在做企业总裁时曾问一位常把“忠诚”挂在嘴边的助理：“你怎么看待忠诚？”他不假思索地说：“对老板负责呀！”我说：“处处对老板负责是好事，可是如果事情没做好，企业不盈利，以致最后垮掉了，这种情况下忠诚还有意义吗？”他无言以对。我在顺德为企业做培训时也讲到“忠诚”，有一位老板反问我：“老师，您认为最大的忠诚是什么？”我很想说是不背叛，但转念一想我们是企业，不是政治，于是我反问道：“你认为企业的根本目的是什么？”“是赚钱呀！”我说：“你说的没错。严谨

① 韦尔奇在《自传》《赢》中对“4E领导能力”都有说明，文字略有出入，可对照阅览。

② 里德·霍夫曼，等.联盟[M].路蒙佳，译.北京：中信出版社，2015.

一点说，是企业要创造价值并实现盈利。忠诚的最大化效益就是要尽心尽力地干好工作，做出成绩，让公司的业务风生水起，蒸蒸日上，让企业发展、盈利。若是公司干没了，倒闭了，再大的忠诚也毫无意义。”后来我在读德鲁克《管理》一书时，发现他在讲管理能力提升和管理者培养时也特别强调工作成绩的意义：“雇员无须对雇主表达自己的‘忠诚’‘爱’与‘态度’，雇员有责任达成的唯有‘绩效’，此外无他。”① 这也是西方企业只看能力，重在成绩的一种表达。用中国话来说，就是把自己应该做的事做对、做好，这才是对企业和老板最大的忠诚。

这次培训结束后，老板派他的专职司机送我回暨南大学，还有一位技术总工一路上陪我闲聊。司机说：“林老师，您讲得太好了，我在想我应该怎么做，其实公司发展好坏与我没什么关系，这么多年无论老板干什么我都专门给他开车，他特别信任我也对我很好，我觉得我做到三点就行了：一是把车开好维护好；二是耳朵紧，不该听的不听；三是嘴严，不能说的绝不说。我觉得这是我的工作，老板对我好我总该知恩图报吧？”技术总工则说：“什么忠诚不忠诚的，我是管技术的，一方面要搞好研发创意，开发新产品，老板在这方面特别支持我们；另一方面把现有设备维护好，所有的仪器不能出问题，有了故障就得组织人立马修好，我是吃这碗饭的，这就是我的职责。”

是这些不同的老板和不同岗位的员工启发了我，回到家里我便对课件进行了修改，形成了我对企业“忠诚”的如下看法。

（1）企业所讲的“忠诚”，就是每个人都应尽心尽责地把工作做对做好，包括企业老板。企业“忠诚”是一种新的商业道德和商业伦理，是现代公司的职业操守，是一种新型的以诚信为基准的商业文明。现代企业所有员工都是“自由人”，自由选择职业是每个人的权利，这与传统的“忠臣”以及黑道上的“死党”已经不是一个概念了。

（2）企业要讲“忠诚”，而且应该对老板和员工都进行新型的“忠诚”培训，但不同岗位的人对忠诚的理解认识是有所不同的，对忠诚的标准要

① 彼得·德鲁克．管理（实践篇）[M]. 陈驯，译．北京：机械工业出版社，2019.

求也不能一概而论。忠诚不是单向的，而是相互的，老板和员工以及员工和员工都是相互信任、相互依存的协同关系。员工要讲对企业、对制度、对老板的忠诚，这是职业操守；老板则要讲对员工的信任、爱护以及对“人”的忠诚，这是企业家精神。

（3）忠诚和能力不是对立的，不存在绝对忠诚而毫无能力的正常人，也很少有能力超强而本质不忠诚的流氓人，不同岗位对忠诚的“适合度”不尽一样，在后勤工作的司机、库管、厨房以及财务等职员，对“忠诚度”的要求应该更高一些，因为他们的工作最需要的是严谨和诚实；在技术、创意和管理部门，需要的是专业、知识、激情和创意，对他们的标准要求，“能力”的权重比则应该更大一些。完全因人而异，没有一成不变适用于所有人的“忠诚”准则。

所以，当我们必须回答是“能力大于忠诚”还是“忠诚大于能力”时，结论是既要忠诚，也要能力，两者不是对立的、排斥的，而是融合的、共生的。能力在新型的商业伦理环境中将得到更好的提升和发挥，获得自我实现的能力也会进一步营造和维护“忠诚”的文化氛围。“忠诚”仅仅意味着老板、管理者和员工人人都应尽心尽力地完成好工作，评价忠诚的最高标准是工作成绩而不是“态度”或其他。现代企业“忠诚”是一种新型商业文明的职业操守和道德情操，在对“忠诚度”寄予希望和要求时，应该区别岗位，因人而异。

七、超越忠诚的“共生文化”

当“忠诚”不再是单方面的权力意志，不再是“老板心态”的一厢情愿，“忠诚”并不是被“消灭”了，而是转化为新的商业伦理，成为现代企业道德的组成部分，并进一步构成以诚信为内核的凝聚现代企业的商业文明。马来西亚总理曾认为：“日本人和韩国人的工作伦理，包括守纪律、忠诚和勤勉，成了他们各自国家经济和社会发展的动力。”也就是说，“忠诚”作为一种文化、一种具有东方特色的文明，它不仅不会消失，而且还会在国际国内高度不确定的经济环境中，发挥出东方特色的积极作用。

企业所讲的“忠诚”不同于政治忠诚、信仰忠诚，更不是单方面要求员工对企业或对老板个人效忠的“员工忠诚”。“企业忠诚”是企业文化建设的价值指向，是企业、老板和所有员工都应该诚实守信、尽心尽责、互敬互助、协同发展的共生价值观，是企业家和企业人都应坚守的精神家园和道德准则。这是以诚信为基石的企业文化，是我们应该倡导的新型商业文明，但是将这种企业文化冠名为“忠诚文化”未必合适，且容易与狭隘的传统“忠诚”相混淆，清华大学魏钧博士把中国历代帝王圣贤的“忠诚”礼教视为“忠诚管理的财富”，并由此总结出现代企业的“御人之道”，是否适合现代企业管理是很值得商榷的。因此我们主张现代企业应该倡导“共生文化”，以区别于对“忠诚”的狭隘理解。而企业若想打造以诚信和协作为特征的“共生文化”，则必须超越“忠诚”。为此，本节尝试从以下六个方面，就现代企业“共生文化”的追求与建设，谈谈粗浅认识。

1.“共生”的目标、使命和价值观

企业必须树立明确一致的价值目标，也可以称之为“企业的使命感”和“价值观”。这虽然是个老生常谈的话题，但又确实是所有成功企业的共性所在。正如沃伦·本尼斯所言：“所有伟大团队以及伟大组织都是围绕一个共同的梦想或宗旨来建立的。”①因为目标一致，方向明确，才会激起阿里“十八罗汉”当初共同的创业激情并且一直坚守至今；因为各自都有了自己的发展打算，“万通”最初的“6+2”元老只能选择“分家”，即便分家，易小迪、潘石屹等各自都有出色的发展。杰克·韦尔奇在《自传》和《赢》中谈到自己是怎样管理GE时，首先讲到的也是使命感和价值观。稻盛和夫的“管理哲学”、松下幸之助的“企业即人”，最为关注的

① 沃伦·本尼斯. 经营梦想 [M]. 姜文波，译. 杭州：浙江人民出版社，2017.

同样是企业的目标和使命。松下幸之助曾说道：“企业经营的重中之重，就是首先得明确何谓企业经营的使命，即企业经营出于什么目的。”而且仅仅是明确了使命目的还不够，还要向同舟共济的所有员工“强力灌输，反复强化”这一使命。①目标一致、使命趋同，即使是创始老板个人有难，其他人也会奋起顶住，京东至今之所以仍得以顺利发展即是一证；相反，因为搜索收费或是“以隐私换便利”等价值目标模糊不清，百度的高管便像走马灯一样轮流更换。很显然，“分家”的兄弟和另谋发展的高管个个都是英雄，这与他们个人的道德品格是否“忠诚”不存在一毛钱的关系。

在企业的使命感和价值观方面，很多企业家都有深刻的体会。曾经有几位好朋友一起考察项目，项目非常好且实际可行，于是都欣然入股，资金到位后便注册公司热火朝天地大干起来。然而在实际操作中却形成了两种不同的开发策略，一伙人主张把项目做成精品，投向市场，创建品牌，靠销售盈利；另一伙人则看好资本运作，融资套现，重视的不是产品和销售。在整个社会都在艳羡金融业高速发展和高额利润的背景下，主张品牌实业的一伙人只好选择退出。值得总结的是，资本运作与实体经济不能偏废，只要不是专业金融企业，就不要忘记自己的企业本质和企业目标，融资只是手段，发展实业才是目标，实体经济发展了，融资并不是什么困难的事情；反之，实体经济没有做好，以实业经济为主体进行融资便必然增加难度。现实中很多实业家一旦玩起了“资本运作”，便惊喜地发现“来钱”原来如此容易，从此不再重视产品和销售，专心玩起了金融，忘记了自己的实业本体，结果路子越走越艰难，最终一蹶不振。

简言之，领导者最重要的，就是时刻保持头脑清醒，明确自己想要的和想要做的是什么。使命目标一致，价值观念趋同，才是企业凝聚力的真正核心，也是“企业忠诚”的前提所在。换言之，“企业忠诚”并非简单的对企业或老板个人的忠诚，而是忠诚于企业所明确的使命目标与价值理想，如果说企业与个体、老板与员工是一种相互依赖的共生关系，那也是在价值方向一致下的共生，只有一致认同的目标使命与价值理想，才是

① 松下幸之助 . 企业即人 [M]. 李静，译 . 北京：人民邮电出版社，2017.

企业最伟大的凝聚力量。就像罗素说的："在所有纽带中，共同的命运是最坚固的纽绳，它把自由人同他的同胞们紧密联系起来。"[①]变革大师坎特也说："价值观才是最长远的战略。"[②]企业和我们每个人的重要任务之一，就是要找到21世纪的价值目标。

2. 企业即人，企业是以"人"为价值核心的共生总体

一百年前泰勒在《科学管理原理》前言中写道："过去，人是第一位的；未来，制度是第一位的。"[③]他认为来自人力资源上的损失远比在物质资源上的浪费大得多，而且这种损失看不到摸不着，所以要创立一种科学管理体制，将人的潜能发掘到极致，通过生产率最大化最终可实现"财富最大化"。泰勒将管理上升到科学高度，目的是提高劳动效率，对当时的企业乃至现在的工业管理都有着巨大的影响力。然而泰勒毕竟是在当时的工业环境背景下提出科学管理的，在资本和劳动关系尚处于对立大于融合的时期，工人所想的是"如何才能少干活"，"他只完成不到正常水平1/3或一半的工作量"。这在当时的英国称为"怠工"，在美国称为"磨洋工"。科学管理就是要制止各种形式的"磨洋工"，调整雇主和雇员之间的关系，使每位员工都愿意发挥其最大优势，以其最快的速度进行工作，等等。前几年富士康工人接连跳楼事件似乎也与这种管理方式有着前因后果的联系。所以，自20世纪中叶开始，企业界和管理界又开始提倡另一种管理模式，这种模式打破了人是懒惰和厌恶工作的假设，认为每个人都具有自我管理、自我激励和主动创造的潜能，尤其是已满足基本需求进而追求更高层次需求的人，因此管理不再只是指挥和控制了，更重要的是营造出让每个人都能发挥出潜能，以实现自我的工作环境。从麦格雷戈的"企业的人性面"及其Y理论的提出，到戈沙尔"以人为本的企业"，"人"真正被提升到企业的核心地位。

---

① 伯特兰·罗素．自由人的崇拜 // 罗素自选文集 [M]. 北京：商务印书馆，2006.

② 罗沙贝斯·莫斯·坎特．公司的王道 [M]. 杨洋，译．北京：北京联合出版传媒，2011.

③ 弗雷德里克·泰勒．科学管理原理[M]. 马风才，译．北京：机械工业出版社，2007；北京大学出版社2013年出版的朱碧云译本，该句的"制度"译为"体制"。

与此同时，人本主义心理学也通过对“人”的内在研究策应着以人为本的管理理论。马斯洛关于“人本主义”的研究成果虽然有一部分是在他逝世后才出版的，但它对管理界的影响并没有因此而稍减。“人”是最重要的因素，法律和制度也是靠人来制定和执行的，所以马斯洛说道：

“在任何社会体系中，不管它的法律多好还是多高尚，最终都要依靠好人。今天，世界上最不人道和充满压迫的一些国家，它们写在纸上的宪法和法律与最文明的国家一样美丽。没有任何一个好的社会制度仅仅是靠写在纸上或通过立法而实现的。相反，它依赖于每一个生活在其中的人，依赖于在每个街角和每个日常活动中执行它的人。如果人们相互憎恨，彼此不信任，或者试图相互利用（出于贪婪或恶意），那么根本就没有办法建立有效的法律法规。这就会变成一个不可能的任务，因此首先要提升人的素质。

因此，强调民主社会根植于对别人的一系列情感（如同情和尊重），是至关重要的。……同样，要使民主有效，就必须使个人成为主动的行动者而不是被动的棋子。”①

“人”成为核心，对人的看法便至关重要了。马斯洛认为，人本主义心理学以及人本主义社会学、政治学和哲学，“都涉及善与恶的整合”，而并非只看到人性中“善”的一面，“我们之所以强调人性中最美好的一面，只是为了填补空白，纠正存在时间过长、过于强大的极端悲观主义”。只有全面看待“人”，管理才不至于失之偏颇。看到人性中的“善”，人与人之间就会增加尊重、信任的情感；认识到人性中还有“恶”的一面，才会真正理解管理制度的意义。

“人”成为企业核心的第一要义，就是真正认识到老板和员工等人与人之间的关系是相互依存、相互联系的协同关系，并由此引生的相互尊重、相互信任的合作情结。“相互”二字在这里是举足轻重的，它具有“共生”的含义，也就是说，当一方尊重另一方时，另一方也要回敬以同样的尊重。当组织强调“尊重个人”时，个人也切莫忘记自己有“服从”组织

---

① 亚伯拉罕·马斯洛.寻找内在的自我：马斯洛谈幸福[M].张登浩，译.北京：机械工业出版社，2018.

的义务。IBM 创始人老托马斯·沃森曾经为企业制定了三条“基本信仰”：精益求精、高品质服务客户、尊重个人。其中，“尊重个人”一度成为 IBM 的战斗口号，也是企业取得骄人业绩的法宝。但是久而久之它也培养了一种理所应得的“津贴式文化氛围”，个人开始自大、不服从或者任性，以致“不需要做任何事就可以获得尊重”。[①] 所以，在郭士纳（Louis V. Gerstner）接管 IBM 并使之“起死回生”时，让他大伤脑筋的就是如何调整员工的“尊重个人”的偏激心理，一方面仍要强调尊重个人，另一方面在尊重差异和尊重个性的前提下，又要让每个人学会尊重组织和领导，如他所说：“我们总不能把洗澡水和孩子一起倒掉呀！”这也正是德鲁克说的，团队的确重要，但团队终究是要有个“队长”的，尤其在紧急情况下，“队长”就更显重要了。如果我们打从心底把个体与组织、个人和领导的关系认作是一种相互依存的协作关系，这些矛盾是不难通过整合而取得“和解”的。

“人”成为企业核心的另一要义，既要相信人，也要相信自己，相信每个人都有无限潜力和创造力，每个人都有向上、向善的自我完善与自我实现的内在动力。企业文化的任务就是要通过环境氛围的力量让人们能够自发自愿地发挥出各自的潜能。但同时也应清醒地认识到，“人”也有“反向力”或“破坏力”，一个小小疏忽，一个错误操作，一个不经意的烟头，一个忘了关掉的电源，都有可能瞬间毁掉一台昂贵的机器，或一把火让一个百年企业化为乌有。思想上的激励与放纵和行为上的精细与严谨，同样是一个“对立统一”的共存共在与共生关系。

“人”成为企业核心的终极要义，是为了人的发展与实现，为了人的美好生活与最大福祉。德鲁克在写《管理》时，其中心旨意即是要通过有绩效的、负责任的管理，克服企业独裁与极权专制，实现人的自由解放与自我发展。他在写“人”的时候始终都与企业“使命”联系在一起，这不仅在他的 1973 年自序中可以看出，在他故居纪念馆入口显眼处悬挂的一段名言中更说明了这一点。当把管理中关于“人”的认识上升到哲学高度

① 郭士纳. 谁说大象不能跳舞 [M]. 张秀琴，等，译. 北京：中信出版社，2015.

时，在“管理哲学”大师查尔斯·汉迪的笔下，“人生是一个尽量发挥自我的机会”“关爱个人”“寄希望于人的本性”“信任他人者也必然会唤起他人的信任”“人性激励”等人本主义哲学理念一篇篇地跃然纸上。总而言之，企业虽然要盈利，要赚钱，但这只是手段，其终极目标是人，是让更多人的生活更幸福。所有的企业和企业成员，最终所要做的其实就只是一件事，即尽最大可能去思考和践行，以怎样的行为方式才会促进广泛的幸福，并能避免影响幸福生活行为的发生。

3. 诚实守信，营造以诚信为主导的共生文化氛围

企业必须营造诚实守信的商业环境和人文作风，用诚信来主导企业的文化建设。“人无信不立”，诚实守信是企业忠诚的文化基石。在企业对外经营上，诚实守信是市场机制日积月累逐渐形成的商业法则，市场经济讲究的是诚信、公平、法治和自由，市场经济越发达，诚实守信的商业文明也就越成熟，这方面洛克菲勒有句话很有代表意义，他说：“在商业经营中，获得成功最基本的要素便是遵从已建立的商业法则。……伟大的工业领袖一直在反复告诉我们一个简单又显而易见的事实，即诚信经营，获得广泛的信任，就能获得永久的成功。这才是我们要彻底贯彻的商业法则。”[①]中国南方和北方经济之所以存在巨大差距，最重要的一个原因就是诚信经营的商业文明在成熟程度上呈现出巨大的差异。投资者和人才并非不愿意前来北方，而是来到北方了解实际情况后大都被吓跑了，让他们害怕的不是没有市场需求，而是市场缺乏诚信。缺乏诚信的市场是商业文明尚未成熟的表现。

在企业内部管理上，诚实守信也是企业文化环境的人格基础。领导者第一忌讳的是轻诺寡信，很多老板一高兴就承诺要如何如何奖励员工，一旦无法兑现，人与人之间再就很难相互信任了。我在面试员工时，经常提问：“是什么原因离开原来公司的？”很多人直言不讳地说：“老板答应的条件没兑现。”领导无信，员工何言忠诚？《贞观政要》卷三所谓“待

① 约翰·D. 洛克菲勒 . 洛克菲勒自传 [M]. 亦言，译 . 北京：中国友谊出版公司，2013.

之不尽诚信，何以责其忠恕”，讲的就是这个道理。领导者第二忌讳的是高高在上，不能坦诚互敬，平等交流，缺少相互尊敬的沟通氛围。权力大了，敢于对你直言的人也就越来越少了，能够直接提出不同见解或者批评意见的人更是凤毛麟角，这种迹象一旦出现，企业离衰败的日子也就不远了。乔布斯在带领苹果团队时，花费了大量心血来有意营造坦诚直言的交流环境，甚至有人说他过于苛刻了，但他自己却说：“我不认为我对别人很苛刻，但如果谁把什么事搞砸了，我会当面跟他说。诚实是我的责任。我知道我在说什么，而且事实证明通常我是对的。那是我试图创建的文化。我们相互间诚实到残酷的地步，任何人都可以跟我说，他们认为我就是一堆狗屎，我也可以这样说他们。我们有过一些激烈的争吵，互相吼叫，但那可以说是我最美好的一段时光。……这就是我们的规矩：你就得超级诚实。”[①]苹果的很多创意就是在这样诚实直言的交流中诞生的。国内很多企业家也都在有意打造“批评与自我批评”的文化氛围，这也是任正非管理哲学的一个方面。俞敏洪的“批判文化”，王石在万科采取的阳光透明、公开论坛、匿名发帖等，都是创建和践行诚信文化的企业家代表。领导者如果不能坦诚、谦逊地对待员工，企业便很难形成真诚的沟通环境，很多好的建议便有可能被关在门外了。很多企业并非缺少人才，而是没有给他们发挥才能的环境，这对企业来说是最大的资源浪费。

诚实是相互的，交流也是相互的，只有指示和命令是单向的，坦诚则是超越独裁管理的最佳途径。韦尔奇在《赢》的第二章中专讲坦诚，他以副标题强调“缺乏坦诚是商业生活中最卑劣的秘密”。正是坦诚，可以从三种途径引导企业走向成功，即坦诚可以起到吸引对话、提高效率和节约成本的作用。特别是对话，“任何一个组织、机构或者团队，如果能把更多的人和他们的头脑吸引到对话当中，马上就能获得一种优势”[②]。所以德鲁克在《打造卓越组织》中特别讲到“鼓励建设性的异议”，他提醒人们在团队很快达成共识时，千万不要贸然行事。达成“共识”或只有一个声音很容易，只要你把不顺眼的和持有不同意见的人开除掉，下次会议上一

① 沃尔特·艾萨克森.史蒂夫·乔布斯传[M].管延圻，等，译.北京：中信出版社，2014.

② 杰克·韦尔奇，苏茜·韦尔奇.赢[M].余江，等，译.北京：中信出版社，2017.

定是全体举手和一片赞誉之声。但必须说明的是，直言、批评或牢骚，并不等于就是“不忠诚”。很多老板豪宅住长了、豪车坐久了，情不自禁地就会产生一种被人抬轿子的优越感，这是成功人士常有的心理，若是有人直言不中听了，他便会心生芥蒂，偶尔还会找双“小鞋”来给人穿穿。这样的老板身边一般不会有敢于直言的员工，诚实的员工都闭上了嘴巴，奸佞之辈就会专挑好听的讨好老板。中国是个文明古国，历史上这方面有启发意义的故事俯拾即是。先秦时晋国中行穆伯攻打鼓地，久攻不下，有位叫闻伦的进言说，城中啬夫是我的老相识，我可以去游说让他们投诚。然而穆伯却没有采纳他的建议，有人不解其中原因，以为这样可以不费一兵一卒拿下鼓地，为什么不用他呢？穆伯说：“闻伦的为人‘佞而不仁’，他若真的成功了，你说我奖赏他不？若是奖赏了他，使奸佞之人得志，这样晋国之士就会‘舍仁而为佞’，虽然得到了鼓地，却失去了诚实仁厚之风，那要鼓地又有什么意义呢？”忠厚仁义之风比一城一地还重要，我们要的是什么？奖励的是什么？这是很值得我们深思的。

4. 制度建设，打造制度与心灵的融合环境

制度的重要性可谓人人皆知。就像国家的法律一样，它是所有人的行为准则和秩序规范。泰勒说：“未来，制度是第一位的。”很多人由此认为，制度才是企业的真正老板。其实读书最怕的就是断章取义的片面理解，泰勒接下来说的其实更加重要：

> “过去，人是第一位的；未来，制度是第一位的。但这并不意味着不再需要伟大的人物了，正好相反，任何先进制度的首要目标是造就一流的人才。而且，在系统管理之下，最出色的人将比以往更有把握、更快地被提拔到领导岗位上来。”

泰勒实际讲的是制度和人的关系问题，而制度的首要目标还是造就人才，就像他在第一章开篇所讲雇主和雇员的关系一样：“管理的主要目标应该是使雇主的财富最大化，同时也使每一位雇员的财富最大化。”而雇员要实现财富最大化，“还意味着每位雇员的劳动生产率达到了最高”。实际上也是在讲雇主和雇员、劳动与报酬的关系问题。制度搭建的是管理结

构，没有制度便无法保证生产秩序和产品质量；文化则是管理的灵魂，没有文化的企业如同电脑没有安装系统软件，企业只是一堆设备和机器，这样的企业不可能具有活力，也不可能走得长远。制度和文化、法律和道德，是相辅相成、相得益彰的共生整体。

万科可以说是企业制度建设的典范。1999年王石辞去总经理时曾自我总结“我给万科留下了什么？”他说出了四点：“我选定了一个行业，建设了一套制度，培养了一个团队，树立了一个品牌。”而最让他感到自豪的是制度和团队。他在跟蒙牛董事长牛根生交流时说，“我从来不培养接班人”，他从毛泽东培养林彪做接班人的教训中总结道：“把组织的传承建立在某一个人身上，会有很大风险。对于现代企业，我更相信制度的建立、团队培养。”他认为团队和制度建设比培养接班人更重要，一把手出了问题，“纠错换马就是了”。他甚至著书说，我的成功就是万科不再需要我了。[①]成功的企业家几乎都有一个共性，都是充满激情的“性情中人”。说到制度，制度的重要性便无与伦比；说到人才，人才也便踌躇满志地坐到了主席台的中心位置；说到文化，文化也就成了企业制胜的不二法门。事实上制度、人才、文化都是相互关联和协同互动的融合关系，偏重于任何一方都是危险的，虽然不同的发展阶段会有所偏倚。比如万科在郁亮主权初期，特别注重绩效主义，把资本回报率、利润率、存货周转率等作为绩效指标，而把王石时期的社区建设、产品质量、客户满意度等考核内容抛到了脑后，提出“5886模式”，实施快速拿地、快速开工、快速销售的“快速战略”。结果不仅项目经理被压得透不过气来，最严重的是接连出现了“安信地板事件”和深圳“纸板门”“设计门”等事件，漏水漏雨等质量投诉更是铺天盖地接踵而至。快速战略成了短期行为，绩效主义取代了质量和客户价值。有一次我们开车在广州长岭路一带行驶，迎面一排大高层突兀而来，与周边环境格格不入，我问：“这是谁家干的？典型的

---

① 王石口述《我的成功是别人不再需要我》已由浙江大学出版社2013年出版。王石此言代表了企业家的境界和胸怀，他说明企业在制度和人才上都有了保障。世界上最大的金融机构贝莱德集团的创始人兼CEO拉里·芬克也说过类似的话，当有人问他：“在你的职业生涯中，最令你难忘的成就是什么？”他回答说：“是我为企业留下的人才。在我退休之后，他们会继续经营这家公司。”

只顾利益最大化而不顾别的了。”车上在座的规划大师姜灏说：“好的规划既可以实现利益最大化，又能处理好与城市的关系。”走近跟前一看，高楼侧面赫然写着“万科·山景城”。很显然，制度并不能完全制约人的选择，尤其在战略决策和价值观上。企业的宗旨和使命并不完全是由制度制定的，文化和哲学可能更具有特殊意义，制度则在企业实施战略目标时可以起到保障执行的作用。然而这两者又有着相互制约和相互协同的联系，有了好的决策机制和优秀团队，又会在体制上确保企业少走弯路，少犯错误。万科的优秀之处也正在于它具备了这样的机制和团队，从而能够及时纠正战略和宗旨上的偏移，迅速回到了以产品质量和客户满意为优先选择的价值目标上来。

一部历经数年且一直在不断完善的《华为基本法》，代表着华为管理制度的成熟和境界。海尔制度的精细程度也是众所周知的，可是张瑞敏仍然坚持要在制度的基础上不断“颠覆”，实行人单合一的双赢模式，强调员工的“自主管理”“要使企业的每一个人成为自己的主人。”[①]新希望集团仅仅是饲料板块的管理制度即足可以成本成册了，由于饲料的盈利常常靠几分钱、几毛钱地估算着，管理更是精细到了几滴水、几粒米的程度。有一次我跟刘永好商量如何发布报纸广告，他让我把不同报纸、不同版面的价格和效果折合成每平方厘米来进行比较，其缜密的管理思维当时令我佩服得无以言表。应该说改革开放40多年来，企业家贡献给社会的不仅仅是就业和财富，更重要的是他们的企业家精神和企业已经形成的管理制度和管理经验。

我为很多企业亲自撰写过管理制度，为此也考察了不少企业的管理样本，而今总结一番，有几点通病是企业制度化建设尤应注意的。一是条文烦琐，流于形式，不能化繁为简。但凡稍微像样点儿的企业，几乎都有装订成册的管理制度，而员工从入职到离职，认真读过这些管理制度的却鲜有其人。国外很多企业员工入职时首先进行制度培训，建立行为规范，这样好的经验我们大多数企业都还没有学到。制度成了摆设，不仅对管理无

---

① 文正欣.我的人生哲学：张瑞敏给男人的9堂成功课[M].深圳：海天出版社，2014.

益，甚至还可能成为管理的负累。二是制度的连续性与多变性的问题始终没有处理好。制定制度时由于随意或不够专业，往往是制度多变的重要原因，市场形势发生变化则是外在的客观因素，但从另一方面也反衬出，管理条文越繁杂，制度的稳定性就越差，就越容易随着外界条件的变化而随之改变。华为先制定“基本法”，再由此延伸到实施细则，基本法就会保持相对的稳定，这是很值得我们借鉴的。企业制度一定要有连续性和稳定性，但也绝非一成不变，企业的制度建设是一个不断完善的稳定与变化的共在过程。三是一刀切的制度常常缺少目标指向的区别对待。比如“打卡”制度，不同的工作性质或不同部门都一样对待就未必合适了。有学员问我：“到底打卡制度好不好？”我说：“制度没有好与坏之分，只有合适不合适的区别。生产车间打卡不一定是坏事，而创意精英的工作部门也一样打卡就一定不是好事了。制度并不一定要一视同仁，应该有区别对待或不同部门不同制度才好。”最后一点也是最重要的，即制度建设与人才培养、文化建设的关系，它们是相辅相成、共存共在的关系，偏废任何一方都是不可取的。管理模式需要平衡机制，这个机制不是泰勒说的“从人到制度”，也不是戈沙尔说的“从制度到员工”，而应该是“人 + 制度 + 文化”，或者“文化 + 人 + 制度”，它们不是序列关系，而是相互关系。

5. 团队文化，“人人忠诚”的商业文明

“团队”一词在现代企业中无人不用。所有的企业家和管理学者，都在谈论团队、研究团队、设计团队，团队建设已是现代企业管理的重要组成部分。道理很简单，任何伟大的成就都不是一个人能够独立完成的，不管这个人有多么伟大。一个人若想成就伟大事业，就必须组织更多的人一起努力，共同完成。

“团队”并不都是一个模样的，它可以分成无数种类型。“决策型团队”，是以董事会成员为主的高管团队，它是企业组织和领导的核心；“合伙型团队”，是以合伙人平等共事、共同参与为特征的合作组织；“创意精英团队”，是谷歌型技术骨干人员组成的“小团队”群体；“事业铁三角”，则是以华为公司为代表的一线员工的小微组织；“阿米巴团队”，则是获

得充分授权相对独立的小型经营单位。还可以分成大团队、小团队等，不一而足。而团队内部结构也因为类型不同而存在明显的差异，有等级制结构、平等民主结构、合伙群体结构以及各自既独立又统一的混合结构。因此，企业讲究团队建设，首先应该分清楚你要的是什么类型、什么结构的团队。

无论什么类型、结构抑或人员多少，其实“团队”就是人与人相聚在一起的群体组织，是人与人相互关系的一个集合。基于对“混合”人性的认识，我们有理由认为所有的团队都有可能朝着多个方向发展，或者是正向的，或者是负向的，也可能是其他方向的。也就是说，人和人相加，并不一定是“1+1>2”，也可能是“1+1<2”，或者是“1+1=2”。团队的结构方程可列出以下几种：

英雄＋英雄＝英雄豪杰

英雄＋英雄＝窝囊废物

英雄＋人才＝超级英雄

英雄＋人才＝蠢才狗熊

人才＋人才＝超级人才

人才＋人才＝普通员工

显而易见，并不是“三个臭皮匠等于一个诸葛亮”，准确地说是“三个协同合作的臭皮匠，才能顶上一个诸葛亮”。三个和尚没水喝的故事可谓妇孺皆知，但三个和尚怎样才能有水喝却少有人求解。其实方法很简单，三个和尚放平心态，一人一天轮流挑水，不就都有水喝了吗？方法虽然简单，却是需要协商合作定下规矩的，只有人人遵守规矩，问题才能最终解决，如果有一人胡搅蛮缠，三个和尚照样是没水喝的。这说明团队建设的关键有两点：一是选人，二是定下团队协同合作的规矩。

这样浅显的道理，却也是我亲身实践的经验教训得来的。任何一位管理者或领导者，无论是大股东、小股东，还是非股东的企业高管，都曾有过这样的体验：企业急需人才，无论如何也要想方设法把人才招进来。招进人才的动机所有企业都一样。然而人才进来之后，情况就完全不一样了。有的人才在A企业能发挥出十二分的潜能，而到了B公司却一直表现平平，毫无建树。我认识的一位老板身价也算不小了，公司有13位董事会成员，倘若将这13人的资历单个相加，无论是学历、年龄、经验、阅历，总体实力甚至远远超过某些知名的大企业。可是几年之后再看这家企业，却似鲁迅笔下的“九斤老太”，一年不如一年了。我好奇地问了一下其中的一位董事，他说：“我们公司的董事会其实就是一个摆设，是给外人看的，开会不是研究讨论公司重大问题该如何决策，而是宣布董事长的个人决定，然后作为董事会决议公布出来。”在这样的团队当中，除了一把手，其他人的才能是不可能得到充分发挥的。

领导者的任务之一，不仅能够组建一个团队，更能领导团队，甚至带出一支“伟大团队”。沃尔森在为乔布斯写传记时曾问他：“你创造的那么多东西里哪件最令你骄傲？”他原以为乔布斯会说是麦金塔电脑或是iPhone手机，结果出乎他的意料，乔布斯说最令他自豪的东西是他所打造的团队，其他东西都是团队协同工作的产物。悉尼·芬克斯坦笔下的“超级老板”，排在第一位的特质就是能甄选人才、带出团队，甚至“会为整个行业建立人才库”。[①]说到这里我不得不再次提到刘永好，他是我合作过的最聪明的企业家之一，他说：“我的任务就是答好选择题。”每次决策时他都会竖起耳朵眼睛发光地仔细听取各种意见，在各种可能都被“队员”说尽时，他自己只是选择性地最后拍板的那位“队长”。集团上下光是总裁、总经理和厂长就有好几百号人，若是事无巨细都让刘永好一个人研究决定，他就是有三头六臂也是做不到的。关键在于每个厂长经理都能主动发挥出各自的潜能，从而实现总体上的协同共进。如领导力之父沃伦·本尼斯所说：“伟大团队的灵魂在于，它可以让杰出的个体聚在一起合作实现成果。”越是具有才华的人，往往越是具有独立思考能力和个性，“怎样才能让那些才智过人、自我中心而且往往傲慢自负的个体一起合作呢？”这才是组织团队和带领团队的关键所在。为此，本尼斯列出了“伟大团队的10条原则”：

（1）每个伟大团队都拥有一个共同的梦想。

---

① 悉尼·芬克斯坦.联盟时代[M].李文远，译.广州：广东人民出版社，2017.

（2）他们通过放弃“小我”，专注追求梦想来管理冲突。

（3）他们都有保护伞，可以不去“取悦于人”。

（4）他们有一个真实的或假想的敌人。

（5）他们把自身看作终将成功的落难者。

（6）团队成员做出大量的个人牺牲。

（7）伟大团队造就强有力的领导者。

（8）伟大团队是谨慎选人的产物。

（9）伟大团队往往很年轻。

（10）真正的艺术家能创造成功的作品。①

这10条原则对组建和带领团队很有启发意义，从中不难看出，决定一个团队是否优秀、伟大，每个团队成员的个人才能固然重要，但更重要的，是团队成员之间的协同共生的合作精神与协作机制。这就和中国女排荣获世界十一连冠成为一支强大团队的道理一样，总教练、扣球得分手非常重要，但一传、二传和场上所有队员的整体配合以及场外的陪练同样重要，作为团队谁得分多少已经不重要了，所有队员已经融合为利益相同、目标一致的整体，每个人都为对方叫好，也为自己自豪，而她们都在一起为球队骄傲。这当中有纪律、有规则，但她们之间的相互依赖、相互信任的团队气质与团队文化，在每个人都能将潜能发挥到极致方面，显然具有甚至是更加重要的意义。这种合作信赖的文化氛围的重要性，稻盛和夫在带领日航公司走出困境时有一段话可以作为印证，他说：“一般认为，决定企业兴衰的是看得见的资金实力和技术力量，或者是经营者的企业战略。这些当然都很重要，但比这些更为重要的是看不见的员工们的意识，以及这些意识的集合体，即企业的风气和文化。”②

6. 用能赋能，让成绩与价值迎风绽放

前文已经谈到能力和忠诚的关系，认为“忠诚大于能力”的用人准则，是一种保守、偏激的人力资源观，也是企业缺少自信的流露。王石说

① 沃伦·本尼斯.经营梦想（纪念版）[M].姜文波，译.杭州：浙江人民出版社，2017.

② 稻盛和夫.稻盛和夫阿米巴经营实践[M].曹寓刚，译.北京：中国大百科全书出版社，2018.

“少用能人”，韦尔奇、乔布斯却是要把最优秀的人招集到一起组织一支“伟大团队”。两种文化的差异已经不言而喻了。我父亲和弟弟、妹妹以及我本人，都是当老师出身的，中国的老师常说一句话：希望自己的学生超过自己，这叫“青出于蓝而胜于蓝”。企业家若能放下“老板心态”，把自己当作“导师”“教练”和“伙伴”，就会像老师一样喜欢上好学生，并且由衷地希望他们能超过自己。能够包容“能人”是一种境界，也是领导者的一种胸怀和美德。最伟大的竞争不光是自己要赢，还会帮助别人去赢或一起赢。从“老板”到“管理者”是企业家精神的一次升华，从“管理者”再到“领导者”则是企业家精神的两次飞跃，而从“领导者”当中再甄选出“超级老板”，则是人生意义的自由绽放。“管理者”和“领导者”是两种截然不同的管理模式和人际艺术，借用本尼斯的总结，两者的区别即是：管理者照章管理，领导者创新；管理者是复制品，领导者是原创品；管理者维持现状，领导者力求发展；管理者重视系统和结构，领导者重视人；管理者依赖控制，领导者激发信任；管理者着眼于短期目标，领导者着眼于长远发展……管理者把事做正确，领导者做正确的事。[①]芬克斯坦所说的“超级老板”则就不仅仅是管理者和领导者了，他们更懂得怎样向员工“赋能”，甚至鼓励明星人才离开自己的团队，让他们成为公司业界“战略关系网中的牢固一环”。[②]当企业家变换一下自己的“老板”身份，从内心深处让自己成为领导者时，你就会自然而然地去重视发展与创造，去发掘人的潜力与价值了。你若像管理者那样担心人才是否“忠诚”而依赖于控制，可能“忠诚”反而离你而去；你若能激活员工的信任并通过教育培训为员工赋能，因为你的认可和尊重可能你会获得更多的“忠诚”。所以领导者不会单方面地向员工要求什么，而会像导师和教练一样培养和带领员工一起努力去实现目标。好的领导者同样需要员工“忠诚”，但更需要员工有能力，并且能够让他们具备能力。因为企业毕竟不是政府机关或学校科研单位，企业最终是要做出成绩和创造价值的，这是企业对员工和社会的终极承诺。

---

① 沃伦·本尼斯．成为领导者 [M]．姜文波，译．杭州：浙江人民出版社，2016.

② 悉尼·芬克斯坦．联盟时代 [M]．李文远，译．广州：广东人民出版社，2017.

以上六个方面仅仅是部分而不是全部，或许我们还可列举更多内容来论述“共生文化”，但若从超越“忠诚”出发，这六个方面已经足以说明问题了。“共生文化”是从整体和系统看待企业用人政策的，它看到的不只是老板和员工、管理者和被管理者、领导者和被领导者之间的传统关系，还有他们相互依赖、相互依存的协同共生关系，它既不会单向性地要求员工“忠诚”，也不会偏激性地只重视绩效和能力，而是既要忠诚也要能力，既要制度也要文化，既要规矩也要道德，既要员工“忠诚”企业和老板，也要企业和老板尊重并“忠诚”员工。“共生文化”是人与人之间相互性的人际文明，是企业各种关系融合而成的文明气氛和文化环境，是承认差异并相互尊重的商业伦理，是个性觉醒的崭新创造，是新时代企业的价值使命与价值观念。

八、从“御人”到共生

“剧变的时代，不变的御人之道”，这是清华大学魏钧教授《忠诚管理》的封面定位语。企业管理业已步入“现代”或是“后现代”了，这位资深的人力资源专家却仍在大谈“帝王圣贤忠诚管理大智慧”，且依然用“御人之术”作为章节的标题，这是否合适，确实让我想了很多，有些话还是说出来为好，或许对管理者具有启发意义。

据《说文解字》，御，使马也。驭，古文御，从又从马。可知“御”“驭”相通。从甲骨文字形会意来看，左为“彳”形，中为绳索形，右为“人”形，意为人握辔行于道中，即驾驭车马。故知“御”的本义为“驾驭车马”。由驾驭引申开来，便有了控制、统治、使用、驾临等种种用法，而这些用法大都有“上对下”的性质，以对得起“驾驭”的本义。皇帝是统治掌控全国的，因而皇帝和权贵都喜欢用这个“御”字。皇帝的用品称为“御器”“御用品”，皇帝写的字叫“御笔”“御批”，供皇帝使用的文官叫“御用文人”。而所谓“御人”，起初也是指驾驭车马的人，又称御者，进而用到人的身上，就成了“驾驭他人”的意思。“御人”还有一层含义，即供奉帝王权贵使用的侍女婢妾也称为“御人”，如《汉书·王莽传》说他有“御人八十一”，加上嫔妃美女共有一百二十人，供他宫寝享用。而所谓“御人之术”，也就是驾驭和掌控他人的艺术与权术，由此也就不难理解了。

把“御人之术”作为人力资源管理的一种谋略，无论我们喜欢不喜欢，它都是客观存在的，现在很多企业确实仍在采用着监管、控制的管理模式，矛盾制衡、钦差特使、巡视审计之类的“御人之道”也都在广泛应用着，像皇帝一样“独裁管理”的老板也不乏其人。这样的管理是建立在权威基础之上的控制型管理，它并非完全不可取，因为无论哪种管理模式都不可能完全抛开权威和制度的，毕竟人的本性以及人与人之间组成的群体关系总还是要有领导和“队长”的。管理也从来不是只有一个模式，从理论上讲，强调“御人之术”的控制型管理，也就是麦格雷戈讲的 X 理论管理模式，只不过是一种传统模式而已，它在工业社会初期或企业初创阶段，同样是很有效率的管理模式。

作为管理者、领导者和学者，应该怎样看待当前社会的发展变化，如何选择适合当代和未来经济发展的管理战略，则又另当别论了。与其责怪眼下的员工流失率过高，从而强化所谓“忠诚管理”的管控措施，莫不如换个角度去理解现在的新新人类，这不正是个性觉醒、自由奔放、多才多艺、自主自立的可爱的一代吗？为什么不能多采取一些尊重、鼓励的方法让他们每个人都高高兴兴、自觉自愿地释放潜能呢？当我们认清时代的变化并改变了对人的认知态度时，新的价值观已经在生成，新的管理理念和管理行为就已经在向人们招手示意了。我们每一次对人的认识的提升，都在升华着我们的价值观念；我们每一次价值观念的升华，又都在指引着我们去创新自己的管理行动。学习、总结、升华、创新，让我们一步步地接近 Y 理论的管理殿堂，一步步地进入民主开明的管理境界，这个时候，企业“共生文化”的使命意义将会像早晨初升的太阳，让睡梦中的人一个个觉醒，光芒已经洒满大地。

这或许也正是管理者、领导者和学者的使命意义。人类走出封建专制的集权社会历经了几百年上千年的艰苦岁月，马克思说这是人类社会的一次伟大胜利。可是每每谈到集权独裁的企业管理，却很少有人捶胸顿足必弃之而后快。员工不喜欢老板独裁，却总是显得无能为力，要知道你不去积极争取，老板又怎会知道人的力量和潜力？民主的开明管理从来都不是等来的。而作为老板，或许独裁有时也并非出于故意，你若不和员工融合到一起又怎会知道自己是在独裁？如果说管理者、领导者和学者更有可能成为先知，那就应该担负起让更多人早日觉醒的使命责任。我们为什么不能从家庭和企业组织开始，先改变自己的家长制作风和企业独裁风气，进而为整个社会的文明发展和民主进化做出应有的贡献呢？马斯洛的乐观主义已经有过一段很好的表达，引用如下，以此共勉吧。

> “我们必须设计一个更好的社会，奖励人们的善行，并使他们的恶行对自己不利。我们需要好人来建设一个好的社会，也需要一个好的社会来造就好人。这两个任务必须同时完成。”[①]

① 亚伯拉罕·马斯洛．寻找内在的自我：马斯洛谈幸福[M]．北京：机械工业出版社，2018.

下篇

创想与文化

凶残的鳄鱼，

却有小鸟为它清洁皮肤和口腔。

高原上的雪雀和鼠兔，

同在一个洞穴中生育、生活，

因为它们一个能打洞，另一个会站岗。

郊狼和狗獾可以凶猛到互不相让，

可为了共同猎取洞中的食物，

它们能一个钻进洞里，一个守在洞口旁……

合作是生物进化的智慧结晶，

联盟则是合作成功的共生榜样。

生命是合作的儿女，

联盟是合作演化的——

一个美好的方向。

第八章 “共生联盟”的时代机遇

我们为什么要联盟——文化旅游与“山山联盟”——联盟的多样化趋势——从“幸福国康”看联盟的动因与机制——“共生联盟”与联盟禁忌——联盟的未来

一、我们为什么要联盟

当今之世，既彰显独立，又广泛合作。谁懂得合作，谁就能真正获得独立。现在问题的关键不是要不要合作，而是要怎么合作。合作需要创新商业模式，联盟不仅是一种既传统又面临新机遇的合作关系，也是一种有限的合作共生模式。

联盟的起源很可能早于人类，也就是说，在人类真正成为“人”之前，联盟的合作形式就已经存在了。发生在动物身上的合作联盟，有助于我们理解联盟的起源。荷兰科学院院士弗朗斯·德瓦尔，既是动物学家，也是心理学家。他通过对黑猩猩的研究证明，当两只黑猩猩相互打起来或互相威胁时，第三只黑猩猩会参与冲突并协助其中一方，结果形成两只黑猩猩结盟共同对付另一只黑猩猩的局面。在许多情况下，随着冲突的进一步升级，联盟的规模也会随之扩大而变得复杂起来。德瓦尔通过 1000 多次的观察记录，证明黑猩猩干预群体中其他成员之间的冲突的行为“是有选择性的”。群体中的每一个成员都有他们自己喜欢和不喜欢的个体，这种情感态度支配着他们如何行动。他们所作的选择是有偏向性的，而且这种偏向性一般都会保持许多年不变。这种结盟现象在狒狒群体中也有发生。[①]这种带有“理性”的动物联盟，往往是为了他们在群体中的身份地位或势力影响，体弱者的联盟更多的则是为了防止强壮者的欺凌。

生命原初就喜欢成群结队，道理是浅显的，聚在一起更有利于吸取资源和抵御风险生存下去。生物进化理论中的“群体选择”，被证明不仅有利于种群的基因传递，而且在竞争过程中更容易获胜。这大概就是人类偏好集结成群与合作结盟的原始本性吧。

进入阶级社会，部落或国家之间的联盟便成为主要的联盟形式。中小部落或小国的联盟是为了对抗强国，追随强者的联盟也是出于自己的生存和安全考虑。春秋战国时期的“合纵联横”，三国时期的吴、蜀联盟抗魏，都是军事联盟和国家联盟的经典故事。在这种联盟中，联姻往往成为部落或国家最初联盟的纽带，我们从电影里看到的那位纯真善良的茜茜公主，即是这种联盟的杰出代表。现代国家结成的联盟，则主要是为了制衡威胁，其中的原因有经济利益的、文化意识的，但最重要的是防御威胁的政治因素了。传统的国际关系学把这样的联盟关系称为“均势理论”，苏联戈尔巴乔夫的“新思维”就带有这方面的理论色彩。现在又有学者认为只是“均势”还不足以说明问题，重要的原因在于“威胁”，于是哈佛大学教授斯蒂芬·沃尔特便提出了“制衡威胁理论”，认为现代国家之间的联盟主要出于“制衡威胁”的目的。“欧盟”当初组建的目的，主要是制衡苏联的。由于美国实施了“国家制衡威胁，因此美国能够维持一个全球性的联盟，该联盟的能力远远超过苏联及其盟友”。[②]其实，这些都是政治学和国际关系学的一般视野，他们对文化和经济因素的考量往往是不尽如人意的。

现在我们要讲的是经济领域的战略管理问题。经济联盟或企业联盟同样也是一种战略性的合作模式，虽然它不像政治联盟或军事联盟那样直接面对着威胁的假设，但在壮大自己和有利于自己生存发展方面，本质上并

① 弗朗斯·德瓦尔．黑猩猩的政治 [M]. 赵千里，译．上海：上海译文出版社，2014.
② 斯蒂芬·沃尔特．联盟的起源 [M]. 周丕启，译．上海：上海人民出版社，2018.

无二致。只不过在经济领域人们结成的各种联盟，细数起来却是与方方面面的“利益”密不可分的。

第一，经济联盟是为了扩大影响力的需要。经济区、企业、产品和服务，在市场经济环境中最需要的是知名度、美誉度和影响力，尤其是在网络自媒体的信息爆炸时代，抓住眼球就等于抓住了市场，只有抓住市场才能“创造顾客”。联想集团通过购并方式与美国 IBM 结盟，便是打开国际市场影响力的战略选择。上海“张江科学城”初创时没有多少人知晓，然而他们成立“张江大中小企业融通发展联盟”之后，首批 59 家联盟成员单位包括微软、强生、ABB、SAP、英特尔等 18 家大型企业和 48 家孵化器及产学研机构，同时成立了“长效合作机制”，使“张江”品牌的影响力得以迅速推广。最需要扩大影响力的当属中小企业，根据黄启文先生的调查报告，义乌中小企业自发成立的“义乌国际品牌联盟”，对义乌小商品打开国际市场起到了重要作用。吉林省是我国的产粮大省，却从来没有自己的主粮品牌，然而自从吉林省粮食和物资储备局打出“吉林大米”品牌之后，吉林各地生产的大米价格和销量一路飙升，作为联盟共享品牌，“吉林大米”成了省内所有联盟生产单位的“好吃、安全”的主粮标签。促进市场营销的战略联盟往往都带有品牌合力的效果，马泰尔厨具公司与麦当劳的联盟关系、雀巢公司与金罗德饼干公司的联盟等，合作研究专家瑞格斯比说：“联合品牌的产品至少具有两倍的市场冲击力和顾客吸引力。”①

第二，经济联盟是为了资源共享的需要。打开网络，各种各样的“共享联盟”令人眼花缭乱，其宗旨无非是信息、产品、技术、知识、客户、学习等各种资源的共建共享。但这些联盟大多是平台化、中介性的，在一般性行业联盟和特定企业联盟当中，在资源共享方面最具代表性的莫过于国际航空领域的“天合联盟”。自 2000 年联盟成立以来，目前已有俄罗斯、美国、荷兰、韩国等国家的 20 个航空公司成为联盟成员，并覆盖了世界 1300 多个关联机场。虽然 2020 年初中国南方航空公司在入盟 13 年

---

① 埃德·瑞格斯比 . 发展战略联盟 [M]. 贺痴，雷小兵，译 . 北京：机械工业出版社，2003.

后退出了联盟，但并没影响联盟资源共享的运营宗旨。天合联盟在航班信息、价格信息、座位信息、机场资源等方面实行共享机制，尤其是基于乘客服务的“天合优享”，更体现了顾客优先的联盟价值。这方面的案例数不胜数，应该说，联盟是资源共享的一条优选之路。

第三，经济联盟是为了降低成本的需要。联盟可以直接带来的经济效益就是节约成本。宣传推广和广告费用，是企业联合起来能够节省的第一笔支出。假如联盟由 10 家企业组成，原本各家企业都需要分别支出的宣传费用，结盟后可以集中到联盟品牌上，倘若各家投放力度不减，效果将增强 5~10 倍，而一般情况下广告推广费用都可节省 30% 以上。人才培训方面的费用也往往因联盟的统一培训而有所降低。最明显的是采购成本，零散采购和集中采购，就像批发和零售原理一样，议价优势不可同日而语。1999 年由王石、冯仑等几位“大咖”带头成立的“中城联盟”，最初结盟的动因和结盟后的首要活动，就是由联盟组织的“联合采购”，2011 年和 2012 年联合采购额接近 10 亿元，平均采购成本降低了 5%~10%。联盟采购形成议价优势，价格自然降低，而且与供应商的关系愈加稳定，质量也更有保障。这也是联盟的品牌力度和“规模缩放”规律的重要体现。在这方面，我们在国际贸易活动中走过不少弯路，也交过不菲的学费，中国和澳大利亚之间的“铁矿石”价格之争，即是最典型的教训案例。所以，科斯的交易成本理论也就成为人们研究企业联盟最常用的基础理论。在经济全球化、企业跨国化的当下，可以说联盟合作也已是国际经济形势的大势所趋。

第四，经济联盟是为了抵御风险的需要。在经济下行和经济危机时期，结成联盟可以形成共克时艰、抱团御寒的规模优势。企业也是有机体，和其他生命一样，其第一要义就是生存。危机来临首先倒闭的往往都是中小企业，每一次经济周期都是一次重组和重新洗牌的过程，有的企业趁机而起，迅速壮大起来，有的企业则奄奄一息，从此退出江湖。能够在危机中生存下来的，常常都是那些通过并购、联盟进行重组的企业。企业家之所以总想把自己的企业做大做强，规模化可以更加有效地抵御风险是其重要因素之一。

第五，经济联盟是为了资本融通的需要。企业有大有小，实力有强有弱，大有大的联盟方式，小有小的合作渠道，但是万变不离其宗，越大越容易融资，越是具有规模也就越是容易在资本市场上风生水起。眼下国家虽然屡屡强调扶持中小企业，为中小企业解决融资困难问题也已喊叫多少年了，但这反而从另一侧面说明中小企业确实存在融资难题，不然也就没必要单独提出解决对策了。然而资本市场同样有其自身的发展规律，看似外表强大，实则风险极高，雷曼兄弟和安然公司在危机中轰然倒下即是证明，于是资本市场便养成了既逐利又胆小，既冒险又怕风险的经营作风。企业规模越小，平均寿命周期越短，投资风险越高，投资者也就越容易望而却步，这是中小企业融资困难的内在逻辑。企业集合起来结成联盟，不仅使融资变得容易，还可以共同出资组建投资基金或投资公司，每家出资几百万元、几千万元，这对很多企业并不算困难的事情，而资金池却可以积少成多壮大起来，既可以在资本市场直接谋利，又能为成员企业解救燃眉之急。这方面“中城投资”成功运营了十几年，可以说是最成功的典型案例了。这说明若想借助金融杠杆发展企业，企业就必须设法做强自身，而联盟合作便成了企业融通资本的路径之一。

第六，经济联盟是为了市场整合的需要。在网络链接信息爆炸时代，更多的不确定因素导致市场环境越发复杂多变了，企业单枪匹马地在市场上孤独地打拼，会越来越显得力不从心，通过联盟等各种形式的合作，就可以在产品、价格、运输、人力资源以及各种信息方面统一协调，协同互动，从而实现快速反应，并减少误判。近几年市场整合理论广受学术领域关注，特别是空间市场整合和营销整合。但对企业来说，最急需的不是要不要整合，而是如何进行整合。联盟合作即是在时间和成本方面见效最快的整合方式之一，大到国际贸易，小到地区小商品流通，都可以尝试着创新联盟合作模式。举个简单的例子，如果快递外卖不是通过联盟整合的方式在各地建立“当地仓”，是断不会在半小时之内就把不同产地的商品送到顾客手中的。这就是整合的力量。

第七，也是最重要的，经济联盟是为了融入时代并创造时代的需要。无论是《第七感》《无界》还是《互联革命》《世界是平的》，也无论我们是企业经营的实际感受还是在日常生活中的切身体验，都在说明一个重要的事实，那就是我们生存的世界已经进入网络智能数字化连接时代，在这个时代里，人与人、人与企业、企业与企业、企业与社会、国家与国家，已经形成更加紧密的相互关联、彼此依赖、相互交织、休戚与共的关系网络，没有人也没有企业能够独立于网络之外。在这个交织的大网中，个人和企业仅凭单打独斗以求生存发展的经营模式已经渐行渐远离我们而去，迎面而来的则是相互之间愈加密切的联系与合作。合作已然成为经济组织谋求发展并融入经济全球化的必然选择和主导潮流。这也就是管理学家詹姆斯·钱皮所说的“企业X再造”，即企业及其合作伙伴将一起为了形成一个有效的、崭新的多企业联合体而进行关联重塑。因此，网络连接时代也就是相互关联的合作时代，而联盟便是企业在网络经济和全球化时代走向合作的重要选择。

说到底，联盟就是整合、交流与合作，是两个以及多个企业之间更加灵活和多种多样的合作关系，是企业走向规模化并重新定义竞争优势的重要途径。社会活动和经济生产率都将伴随规模的扩大而系统性提高，由此产生的系统性“附加值”奖励也就是经济学家和社会学家所说的“规模收益递增”，而规模扩大带来的系统性节约则被称作“规模经济”。规模化对生存和发展的种种意义，杰弗里·韦斯特《规模》一书揭示的“规模法则”给了我们很多的启发。数学天才科琳娜·塔尼塔用数学公式告诉我们，集合数量越多，越有利于合作，集合是促进合作进化的最具潜力的结构，马丁·诺瓦克称之为“进化集合理论”。简单地说，企业通过联盟（尤其是多个联盟或称多重集合）壮大了自己，直至走上规模化经营，使自己更具有影响力和市场竞争力，从而使企业更容易抵御风险，并在日益复杂的市场环境中共同生存下去。只有在共同生存的前提下，才能抓住生产和市场国际化共同发展的新机遇。在发展战略联盟的原因和益处方面，瑞格斯比在《发展战略联盟》中还对技术合作、培训、提高市场份额、改善客户服务、创新、财政稳定、生产率提高等方面进行了说明。学术领域在研究企业联盟时则提出了交易成本理论、社会网络理论、资源协同理论、信息与知识学习理论、联盟博弈论等，这方面的综述文章也时有发表。但是现实社会中经济组织的复杂程度与变化速率，远不是理论界能够跟得上的。只有一点理论界和企业界保持惊人的一致，那就是对联盟开始高度重视。

二、文化旅游与“山山联盟”

数年前，我和刘文斌先生在北京西郊民巷56号“茶话”了两个多小时。他是安家传媒董事长，是中国传媒界的传奇人物，见面后才知道，原来我俩还是北师大校友。他在全联商会组织了一个“文化旅游”分会，此次见面就是想共同探讨文化旅游该如何发展并怎样把分会办好等事宜。

如果说21世纪第一个10年，是中国金融业、IT业和房地产业的黄金10年，那么，第二个10年则应是中国文化旅游健康产业的起步10年。在这第二个10年当中，国务院2009年第41号文件《关于加快发展旅游业的意见》，被社会各界一致认为具有里程碑意义，从此国家促进文化旅游健康产业的各项政策和规划纲要密集出台，万达、万科、雅居乐、碧桂园等各大企业集团也都相继朝着文旅康养方面投下巨资，特色小镇、田园综合体、乡村振兴等各种利好一个接着一个。据国家统计局年度数据显示，国内游客从2010年的21.03亿人次，发展到2019年已达60.10亿人次，翻了三番多。刘文斌是个嗅觉极其灵敏的企业家，他早早看到了这样的发展机遇，抢先一步创设了当时国内唯一具备合法身份的文化旅游商会。我们一边喝着云南大理的普洱茶，一边讨论着文化旅游的现状和机遇，达成了以下几点共识：

（1）国内的文化旅游和健康养老产业市场潜力巨大，但目前尚处在各自为战、一盘散沙的初创阶段。

（2）文化旅游市场急需整合，通过协会、商会、联盟等方式进行整合，都是很好的可选途径。

（3）争取在整合文化旅游和健康产业方面找机会一起合作做点事情。

与此同时，“北大黄埔”总裁班的同学也大都看好了文化旅游康养产业，第二任同学会会长韩宇，是吉林长电企业集团董事长，他不仅是实干型的企业家，言谈举止更像是个专家教授，跟他在一起，你能感受到一种非凡的气场和能量。从 2005 年 10 月 1 日我们一起登上长白山，2010 年 1 月我再次和广东的几位老板一起上山，至 2012 年便正式开始研究长白山的旅游康养资源。他在集团会议上宣布，集团业务将正式转型，传统的房地产业务继续慎重运行，此外将大力发展文化教育和旅游康养产业。就这样，我们一拍即合，在长白山开启了文化旅游康养产业的尝试性发展。

以大资金注入的文化旅游康养产业，往往有着房地产开发的企业背景。然而文旅产业毕竟不同于城市房地产开发，房地产开发重视的是销售，把开发建设的房屋设法卖出去，卖完了，一个开发周期也就结束了，开发商得到的主要是货币利润，留下的房屋资产寥寥无几。文化旅游和健康产业就不同了，尤其是在偏远的风景名胜区，开发建设的房屋并不是人们生活的必需品，不存在所谓“刚需”，因此也就不会发生城市里排队买房的奇观。特别是用于文化、教育、酒店、养老方面的物业建筑，想要全部卖出去那是天方夜谭。加上文旅康养业一时间被炒得热火朝天，地价随之高涨，国家也并没有单列出文化旅游康养产业的土地政策，也就是说，文旅康养用地和城市建设用地基本一样，你必须通过挂牌交易才能获得土地使用权和开发经营权，但你投资建设的内容却是不能全都用于销售的，你必须考虑通过其他经营方式来获取投资回报。于是，投资建设文化旅游康养产业就必须解决以下几个关键问题：

（1）投资回报周期较长的资金压力问题。

（2）可售物业和自持经营物业的平衡关系问题。

（3）季节性和假期性的淡旺季经营困难问题。

（4）如何永续经营，收回投资并赢得利润。

前两个问题关键在“钱”上，有资金就能解决问题。堪比建 5 星、6 星甚或 8 星级酒店，建好并装修好并不难，差别仅仅在于风格、质量以及成本造价不同而已。可是建起来之后就完全不同了，谁来管理？如何经营？多长时间能收回投资？通俗地说“能赚钱吗”？按照市场的逻辑，如果不能赚钱，就不会有人来投资。可现在却偏偏有人来投资了，而且动辄几百亿元、上千亿元的，如同豪赌一般。这说明很多人都看好了文化旅游康养产业的市场前景，不能说这些人的脑袋都进了水吧？那又为什么迄今为止大多数的文旅康养企业状况不佳，有的甚至举步维艰呢？

我们不得不承认，文化旅游康养产业的市场潜力有被高估的因素。经济学界流行一种说法，认为人均收入达到多少美元时，人们就会转向休闲度假式的消费模式。这与“内需”的道理有相似之处，人均收入达到一定程度，消费就会活跃起来并促进经济繁荣。没错，我国的人均收入确实在逐年提高，2013 年为 18311 元，2015 年为 21966 元，2019 为 30733 元。按照发达国家的经验，达到这样的人均收入时，消费潜力开始释放，旅游模式将从观光模式向休闲度假和旅居养老模式转变。而且这种转变在国内也已呈现出某些喜人的迹象。问题在于，为什么这种转型没有达到预期的效果，抑或“内需”为什么显得软弱无力呢？我认为有两个因素似乎被忽略了：一是反映在基尼系数上的贫富差距，二是社会保障体系的完善程度和自我保障心理。根据杨灿明、孙群力对中国居民财富调查的数据分析，2016 年全国人均净财富差距的基尼系数为 0.65，拥有财富最多的 20% 的家庭其财富占总财富的比重为 65%，而拥有财富最少的 20% 的家庭其财富占总财富的比重仅为 1.2%，相差 54 倍。① 很显然，扣除贫富差距因素，再来计算人均收入，恐怕平民百姓这一消费主体的实际收入就要大打折扣了。2020 年 5 月 28 日李克强总理在答记者问时说：“中国是一个人口众多的发展中国家，我们人均年可支配收入是 3 万元人民币，但是有 6 亿中低收入及以下人群，他们平均每个月的收入也就 1000 元左右，1000 元在一个中等城市可能租房都困难，现在又碰到疫情。疫情过后，民生为要。”即便是人均收入确实达到了一定程度，在社会保障体系尚未完善的情况下，特别是大病医保还主要靠个人“自保”的时候，人们有了钱也不敢大大方方地肆意消费，中国居民储蓄率之所以居高不下，原因就在于人们必须要靠自己存钱来应对那些不时之需。把人均实际收入和自我保障意识这

---

① 杨灿明，孙群力.中国居民财富分布及差距分解：基于中国居民收入与财富调查的数据分析 [J]. 财政研究，2019（3）.

两项因素考虑进来，我们或许确实对文化旅游康养产业的市场潜力和整个社会的“内需”动力有过于乐观的一面。

不过分乐观并不代表着一定是悲观。正如大多数企业家所看到的，中国的文化旅游康养产业显然具有极其广阔的市场前景，这一点是毋庸置疑的。仅拿旅游业来说，2010 年国内旅游总花费为 1.26 万亿元，2015 年为 3.42 万亿元，2019 年则达到 5.73 万亿元，这还不包括已经超过 1.69 亿人次的出境旅游消费。若是再把文化、康养产业一并考虑进来，其市场潜力之大可想而知。因此，中国文化旅游康养产业的发展现状不是市场出了问题，更不是市场本身不具备发展潜力，除了消费结构等社会因素之外，我们更应该从文化旅游康养产业的产品、管理和服务上寻找原因，要从经营上看到我们存在的问题和差距。

那么，怎样才能将中国的文化旅游康养产业拉上一个新台阶呢？解决方案集中在四个字上——创新模式！联盟，恰是创新模式中的一种新的合作方式，只有联合起来，才能让文化旅游康养产业共存共生，走向集体繁荣。这也正是韩宇董事长提出“山山联盟”设想的初衷。

所谓“山山联盟”，是指以名山旅游为背景的文旅康养企业联盟。“北大黄埔”总裁班的同学虽然不是那些国际国内 50 强、100 强之类的超级老板，但他们在各自的地方上往往也都是“一方诸侯”。像云南大理佳利集团董事长赵中柱，他的企业不仅是云南省的 50 强企业，其自身还是大理企业家协会主席。总裁班里这样的同学资源共有 380 多人，他们分布在全国各地。泰山脚下有何凤亭同学管理经营的酒店和物业，第三任同学会会长梁乃中也是河北太行山下的一家著名企业集团的董事长。把同学当中在长白山、太行山、黄山、苍山、五指山等具有“山地”文旅资源的同学企业以“山山联盟”的方式整合起来，共同发展文化旅游康养事业，可以说这是一个既富有创意又切实可行的“联盟”动因。

“山山联盟”是一种实体企业联盟，它与分时度假会员制联盟有所不同。以会员形式为主要经营方式的联盟组织，带有明显的中介性质，一般都没有“劣后”保障，也不存在“安全垫”的资产兜底，主要依靠的是商业规则和信誉担保。20 多年前国内即有人大力推广分时度假模式，起初会员募集相当成功，但收上来会费之后，老板见钱忘义，发生了无数起卷款外逃的失信事件，会员制经营模式从此一蹶不振。即便是全国最大的高尔夫会员机构——太平洋联盟，前不久也已困难重重，开始了内部清算。这说明在整个社会征信体系尚不健全的市场环境中，没有产权作为劣后保障的会员制商业模式，是很难获得健康发展的。

所以，文化旅游康养产业面临的最大难题是如何解决社会信任问题，而产权便成为社会信任的终极保证。于是所有的创新模式几乎都集中在房屋产权的“权利关系”上，这与前面第五章讲的“股权激励”本质上是一样的。若是有了产权保证，消费者才可能放心地投资你的文化旅游康养产品。这固然是社会信任缺失的悲哀，却也为创新模式带来了机遇。一时间产权酒店、产权公寓等大行其道，酒店产权像卖住宅一样，一户一套地出售，顾客有了产权保障，每年拥有 28 天左右的免费居住权，而大部分时间委托给第三方统一经营，每年又可分得约 8% 不等的权益分红。然而一套房间一个产权，总价过高销售起来也就不那么容易了，于是干脆把一间房屋的产权拆分开来，绿维创景的林峰院长便提出了一个“分权宝”方案，采取一间房屋由 10 人或 13 人共有产权的分权模式。但是无论哪种模式，其目的都主要集中在两点上：一是设法把房屋物业产权卖出去以尽快回笼资金，二是最大限度地锁定消费者使其成为“产权会员”并为其提供终极的权益保障。

“山山联盟”作为实体企业联盟，与产权酒店和“分权宝平台”有所不同，它是有选择的文化旅游康养产业联盟，首先它以山地风景文旅康养资源为依托，通过实体产业解决社会信任担保问题，产权既可以整户出售，也可以分权出让，但并不是全部卖掉，而只是售出一部分，另一部分则用来自持经营，有些结盟成员的酒店物业更是营业中的实体企业，这就与第三方的中介、平台或管理公司有着本质的区别。其次通过有选择地加盟，形成季节性和淡旺季互换优势，让消费者冬天可以选择去海南旅居，夏天可以到长白山康养，一年四季都适宜在云南度假，再进一步还可以拓展到国外休闲憩居，形成候鸟式的旅居康养。最后也是最重要的，实体企业联盟，建立在同学信任的基础之上，不分大小，不论先后，很容易形成平等共生的内部管理结算系统，进而形成合作共赢的共生局面。

“山山联盟”于2017年已经在国家工商总局注册了运营公司，虽然还刚刚起步，但若能融入新型管理模式，其平等互利、民主管理、互利共赢的共生精神，一定会结出理想的果实。

三、联盟的多样化趋势

“先行者是后来者之师。”越是在复杂的市场环境下，企业的应对措施也就越加多样化。前人走过的路，我们今天绕不开，就得踏着前人的足迹走下去；前人没有走过的路，我们就得总结前人和我们自己开辟道路的经验而踏出新的路来。《财富》所列世界500强企业，前100强中有90家企业已建立起各种各样的战略联盟，美国有人认为，在1996年至1999年间，美国收入在20亿美元以上的企业，平均每家形成联盟多达138个，而现在世界500强企业平均每个企业的主要联盟有60个。[①]可以说，联盟已是现代企业应对复杂环境和发展壮大自己的重要选择。

反观我国，《洛桑国际竞争力报告》有两项重要的科技竞争力指标，即“企业间技术合作”和“企业和大学间技术转移”，正是这两项重要指标，长期以来导致我国的排名始终垫底或者靠后。这说明我国的技术联盟和校企联盟还处在比较落后的发展阶段。若想发展，想要赶超，我们的企业首先应该学习的是怎样进行合作。联盟是合作的重要方式，是合作共生的重要途径。如果说在现代瞬息万变的连接社会谁先合作谁发展，那么，在现代合作中一定是谁先联盟谁胜出。

庆幸的是，近20多年来我国经济领域各种各样的联盟形式也日益活跃起来。有同业联盟、生产联盟、信息联盟、价格联盟，也有营销联盟、物流联盟、跨界联盟、品牌联盟等。然而什么是“联盟”？什么叫“企业联盟”？尽管“联盟”一词早已被普遍使用或已成为网络热词，可无论是

① 徐飞，徐立敏．战略联盟理论研究综述[J]．理论研究，2003（6）．

学术界或企业界都没有一个确切的定义。这或许与联盟的形式太多样、太复杂，也太不稳定有一定关系，以至于人们无法一下子说清楚究竟什么是“联盟”。为一种尚处在动态发展的合作形式过早地给出定义的确很难，不过借鉴各家说法，我认为作为经济领域的企业联盟，应该是指企业之间比较灵活的合作方式，其目的是要实现企业之间各种资源的协同共享，提高管理绩效，以增强自身的抗风险能力和竞争实力，并与合作者一起互利共赢。经济学主要是从竞争的视角研究市场经济的，所以外国学者 Yashino 和 Rangan 按照结盟组织之间的互动关系和潜在冲突，把联盟划分成前竞争联盟、竞争联盟、后竞争联盟、非竞争联盟四种类型。① 市场环境是复杂的，这就决定了联盟形式也一定是多种多样的，没有统一的联盟范式，也不存在非得结盟的规范要求，更不存在唯一性的联盟理论，有的只是结合市场环境的创新创造，所以经济学教科书中迄今还没有论及企业联盟的。历数 100 多年来经济领域的联盟活动，已经形成的联盟形式虽是多种多样，但大致可归总出以下几种主要类型。

1. 集团型联盟

集团型联盟是最早的企业联盟形式，是多家企业围绕一个轴心企业形成的集聚化合作模式，中心外围一般多为供应商、零部件企业和营销机构。学术界有人认为这样的企业联盟最早出现在日本，因为东方人的集体意识和服从精神有利于这种集团化联盟的形成。但事实上集团型企业联盟是经济发展到一定阶段的自然产物，美国最早的大型企业集团也都带有这种联盟的性质。20 世纪初，企业家还大都认为管理就是命令和控制时，对生产资料和零部件的最好的控制方法，就是将它们纳入企业体系当中，从而形成最早的企业联盟。威廉 · 杜兰特最早认识到汽车制造业将成为主流产业，所以他并购了别克等汽车制造企业，接着在几年之内通过入股、兼并和其他合作方式，将一个个的供应商和零部件企业整合成一个庞大的企业联盟，这就是著名的通用汽车公司。到 1920 年，通用汽车并购费舍

① 李春新 . 企业联盟与网络 [M]. 广州：广东人民出版社，2000.

尔车身制造企业之后，有70%的零部件都是由其具有股份关联的企业制造的，通用汽车也因此成为当时世界上集成度最高的联盟型企业。所以德鲁克认为："企业联盟的历史更悠久，它其实是美国的发明创造。"此外，像美国的零售商西尔斯公司、英国的马莎百货、日本的丰田汽车等，都可看作是集团型企业联盟最成功的代表。集团型联盟有人认为是企业联盟的早期形式，因其通过并购、兼并等方式实现合作，内部常带有产权关联，是否属于"联盟"尚有异议。

2. 协会型联盟

协会型联盟又可称商会型联盟，是一种社团模式的联盟服务组织。协会型联盟一般采用会员制模式，主要吸纳同行业和关联行业的企业与个人加入组织，并为组织成员提供信息、会议、论坛、招商与投资咨询以及宣传报道等各项服务。"中国数字化产业联盟""中关村网络安全与信息化产业联盟""世界酒店联盟"等是这方面的联盟代表。据世界酒店联盟副秘书长张鹏介绍，该联盟属于联合国经社部民间国际组织，于2007年在香港注册，至2013年7月9日，经香港特区政府及香港警署和中国政府有关部门审核，"世界酒店联盟国际社团执照正式获批颁发"，联盟拥有文旅杂志社、《世界酒店》杂志、世界酒店网以及论坛、峰会、联盟大会、设计中心等品牌机构。根据会员章程及年费缴纳标准和回报条款，理事会员、理事、常务理事、副理事长、理事长、理事会联席主席等，每年需缴纳1500元至20万元不等的会费。像这样以同业为主的商会型联盟组织，会员之间在相互认识和信息交流的过程中，很容易形成实体合作组织，从而在商会型联盟中衍生出供应、投资、培训等实体型企业联盟。世界酒店联盟成立之后，很快便形成了"泛旅文化集团"，成为联盟参与项目投资和管理运营的主营板块之一。这与此前"中城联盟"所形成的"中城投资"，前后模式如出一辙。协会型联盟大都属于同业联盟，是最为普遍的联盟形式，特别是近年来受政策环境影响，协会社团组织一般不再受理审批，所以很多协会性的社团组织也都冠以"联盟"的名号。如某些技术联盟、营销联盟、旅行社联盟等，一般都带有协会组织的特点。

3. 圈层型联盟

圈层型联盟强调的是人际、资源、信息等社会网络环境，是在一定范围内的联盟合作形式。每个企业都存在于有限的地域、政策和人际关系网络之中，企业既是这种社会网络关系的依赖者，也是参与者、制造者。企业处在什么样的社会环境关系网中，对企业的生存发展有着十分重要的意义。聪明的企业家会主动营造社会圈层关系网络，并在该圈层网络中获得资源、信息以及交易成本等方面的收益。圈层网络往往是同业精英的超级集聚，我们从上海中城联盟投资管理有限公司“2017 年度报告”中可以看出，中城投资基金股东总数共有 51 家，期末股本总额达到 16.25 亿元，当年营收6.16亿元，荣获“2017中国房地产基金公司10强”并蝉联榜首。其中排在前 10 位的股东有：旭辉集团、万科集团、上海大家置业、福建泰禾、远大空调、上海赋比兴、上海三盛宏业、深圳世联、江西益达、北京万通，此外还有北京华远、重庆龙湖等著名房地产企业。显而易见，这 51 家企业所形成的“社会网络关系”，就像“长江商学院”和“北大黄埔”同学会结成的圈层人脉一样，它所带来的综合效益已经远远溢出联盟本身。圈层型联盟除了收获“强者益强”的圈层效应之外，一些中小型企业联盟也起到携手共进的协同效果。

4. 平台型联盟

平台型联盟是协会型联盟的功能延展，它更加强调高科技网络服务的特性。平台化就是服务化，平台型联盟的主要功能就是为成员提供信息交流、技术合作、专利转移、资源互动的技术中心和空间场所，并为其提供相关的组织协调以及监管等方面的服务。目前国际国内各方面的服务平台如雨后春笋，许多行业联盟也都建立了自己的平台网络，无论是制造业、服务业还是社团组织与科研院校机构，平台化运营服务已成为时代的潮流。正是基于国内如航天云网、中国在线制造等网络平台的蓬勃发展，王京、陈伟等四位学者共同撰文提出了“云制造联盟”这一基于信息服务平台的新型制造业组织模式。[①] 文章指出，无论是从制造业本身还是从联盟

---

① 王京，陈伟，高长元，白云.云制造联盟：一种基于信息服务平台的新型制造业组织模式[J].科学管理研究，2018（6）.

服务的视角，云制造联盟都是必不可少的，它是以协同创新、合作交流、共享共赢为发展目标，由从事云制造及相关产品和技术的研发、生产及政策咨询等相关企业和机构组成的联盟团体。很显然，这样的联盟正是依托于先进的信息技术与交流手段，为成员提供全行业、全流程、全要素的平台服务。

5. 跨界型联盟

联盟本身就是一种边际性的交流与合作的组织安排，跨界型联盟即是企业打破封闭，冲出边界，不同领域走向无界合作的创新选择。正如格林在《无界》中所说，全球互联的“无界”时代，所有人以及所有我们关心的事情都互联在一起。互联网改变了人们的时空观念，跨界互联则打破了企业的行业壁垒。企业如何在互联时代生存发展，冲破边界，跨界结伴，互联共生，便构成企业结盟的主要动因。如果你认为现在是知识时代，企业就会设法与知识领域合作；倘若你认为现在是科学技术时代，企业就应该设法与科学技术研究机构结盟；或许你认为最重要的是产品，那你就会注重产品设计、制造技术以及原材料和零部件等“产业链”建设；你若确认现在已是互联时代，你就有可能不遗余力地在网络连接方面创造未来。这就是为什么混业联盟开始兴起，校企联盟蓬勃发展，跨国联盟方兴未艾的时代根源。2013 年 12 月，鞍钢集团与三一集团正式签订战略合作协议，建立起跨行业的长期发展战略联盟伙伴关系，双方从此在机械设备供应、钢材采购、技术开发等方面开展全方位战略合作，形成上下游产业链的良性发展与强强联合的战略格局，堪称跨界联盟的创新之举。同年注册的“众安在线财产保险股份有限公司”，更是蚂蚁金服、腾讯、中国平安、深圳日讯、北京携程等 9 家不同行业的企业跨界联合的样板。陈春花和赵海然在《共生》一书中以沃尔玛、达达、京东到家结成的联盟为例，更加清楚地说明了企业从相互竞争到跨界合作“获得了合作共同体价值的快速成功”。

6. 虚拟型联盟

虚拟型联盟是指虚拟企业的动态联盟。这里所说的“虚拟”并非不符合真实的网络空间的伪实物虚拟，而是指虚拟与企业相结合的实体联合，是企业与网络、智能相结合的合作策略。根据刘捷先、张晨给出的定义，虚拟联盟是指在网络环境下独立且异地分布的企业为了抓住商务机遇而形成的临时性企业联盟，在虚拟联盟的企业可以共享核心技术和资源。[①]例如，波音787民航客机在全球化制造过程中，波音公司通过虚拟装配模型集成了日本的大型重工、俄罗斯的设计中心以及波音的埃弗雷特工厂等全球范围内设计制造资源，支持了波音787客机的创新设计、虚拟装配、校对测试等业务流程。所以有人说，虚拟企业就是在技术最先进的地方进行开发，在成本最低廉的地方进行生产，在市场最活跃的地方进行销售。也就是说，虚拟型联盟企业不是“补短板”的水桶理论，而是“取长板”的“新桶”模式，主导企业不是设法弥补自身的短处，而是通过智能网络拿出自己的最长板和其他企业的长板进行整合组装，形成更大更优的“新桶”。这是连接时代的新型合作创新，是联盟的智能革命，其发展前景不可限量。

7. 战略型联盟

所有的联盟都可看作管理的战略选择，是两个或多个企业创新发展的战略合作，所以很多学者都笼而统之地把所有的联盟形式称为“战略联盟”。这固然有其一定的道理，但在现实社会中确实还存在着一种更为松散的联盟形式，联盟成员之间既不涉及具体的生产活动，也没有实质性的经济往来，联盟为成员提供的主要是品牌影响力和人际交流的身份与机会。这样的联盟往往更具有战略影响的纯粹性，如高尔夫组织、旅行社行业、国际航空等领域的联盟组织，都带有影响大于实质的战略性特点。所以，战略型联盟或可特指那些联系相对松散而更注重品牌影响的联盟组织。

总之，联盟形式是多种多样的，我们还可以从各种各样的角度进行分类，在制造业方面可以有生产型联盟，在营销服务业方面可以有顾客型联

---

① 刘捷先，张晨.公共服务平台下虚拟联盟成员选择机制及联盟企业间协同制造问题研究[J].中国管理科学，2020（2）.

盟，在产业链方面可以形成供应商联盟，在技术研发方面可以组建技术合作联盟，等等。联盟既可以是纵向的，也可以是横向的；既可以是同业的，也可以是混业的；既可以是特定行业的，也可以是泛产业的；既可以是股权参与型的，也可以是非股权型的；既可以是实体企业的，也可能是虚拟企业的。一言以蔽之，联盟没有固定模式，不存在统一标准，联盟是动态商业环境和企业发展进化过程中最具灵活性的创新合作形式，联盟的精髓就是企业和企业之间在资源和能力方面不断地交互合作的创新过程。而联盟的创新形式无论多么复杂多么变化，都说明了一点，那就是企业和企业之间越来越关注应该怎样关联、怎样合作了。

四、从"幸福国康"看联盟的动因与机制

"共享共建，全民健康"，这是健康中国的战略主题，由中共中央和国务院于2016年10月25日颁发的《"健康中国2030"规划纲要》首次提出。这让我想起哈佛大学公共卫生学院大楼外墙上镌刻的那句话，"追求最高的健康水准是每个人的基本权利"。很多东西因为失去才引起我们的重视。我在博士毕业之前只知道埋头读书，无论是在校园里还是在学术会议上，从未听到过养生、健康之类的话题，直到毕业没多久父亲和哥哥过早离世，我才在悲痛中意识到生命有多脆弱，多么需要我们去用心呵护。经过2003年SARS非典之后，国内媒体关于健康、养生、养老的报道逐渐多了起来，特别是2020年初肆虐全球的新冠肺炎病毒，更是以看不见摸不着却又能让每个人都能感受到的"暗战"方式给人类上了严酷的一课，从此我们不得不重新认识并越加重视人类的生存环境与公共健康问题。

健康、康养已经上升到人生第一位的主题，非但备受世人重视，而且具有广阔的市场前景。《"健康中国2030"规划纲要》提出要实现一系列的健康目标，其中最后一项是健康服务业总规模在2020年要超过8万亿元，至2030年要达到16万亿元。这是多么大的一块蛋糕呀！无怪乎聪明

的企业家们和有识之士都看好了康养产业的美好前景。

我的好朋友朱曙东，人称“东哥”，看着康养产业如此巨大的一块蛋糕，连做梦都想要切下一块来。他原本是中国房地产营销协会的会长，却早早地投身到了康养产业领域，经过多年的研究筹备，终于把投融资大佬、房地产老板和医疗卫生健康领域的各种资源整合到了一起，于2018年发起，2019年正式成立了“中国国际康养产业联盟”，并在第一届联盟大会上当选创始会长。紧接着，他又将50多家联盟成员当中的9家企业组织在一起，在工商部门登记注册了“北京幸福国康科技有限公司”，简称“幸福国康”集团，于是朱曙东既是国际康养产业联盟的会长，又是这家集团型康养公司的董事长。

由于我们都是从广东走向全国的，加上我也正在研究康养产业和联盟组织，于是我便在网上展开搜索，认真地浏览了关于“中国国际康养产业联盟”和“幸福国康”的信息，其中很多股东和联盟成员都是我的好朋友，这让我深入认识该联盟组织又增加了几分把握。经过一番梳理，可以看出“幸福国康”和“中国国际康养产业联盟”有以下几个特点：

（1）50多家联盟成员涉及投资、房地产开发、医疗卫生养老、文化旅游以及设备供应等多种行业，所以这是一家跨界型多种产业协同共创的联盟组织，联盟的使命目标是要铸造中国康养产业第一平台，促进资源共享，做康养事业的引领者、践行者。

（2）“中国国际康养产业联盟”仍带有企业协会的某些特点，不同的是骨干成员又组建了“幸福国康”实体公司，由联盟来整合各种资源，再由实体公司来具体运作，进而很容易实现“松”与“紧”、“虚”与“实”的连接合作，形成有所为有所不为的虚实统一，我称之为“联盟整合，公司运作”的联盟模式。

（3）在文化旅游康养产业亟须整合的时代背景下，通过“联盟整合、公司运作”的组织模式可以迅速将全国乃至国外的康养产业资源融合到一起，形成康养产业更加广阔的联合网络。仅仅一年多时间，联盟和集团公司在康养基地业务上已经分布到北京、成都、贵阳、昆明、大理、武汉、张家口以及山东、吉林等地；在康养产业园建设上也已在三亚、桂林、武当山、葫芦岛等地布局；国外的康养基地也已分布到加拿大、法国、韩国、泰国、澳大利亚、新西兰、瓦努阿图等国家。仅国康股东拥有的客户量合计已超过 100 万人。

（4）通过联盟组织和公司化运营，更容易与相关行业的著名品牌机构结成战略合作伙伴关系，形成更加广泛的关联与互动，从而越发有益于康养事业的普及与发展。所以幸福国康在成立后一年多时间里，即与北京协和医院、301 医院、中国人寿、哈佛医学院康养医疗集团、日本癌研有明医院、中房交建控股集团等一大批品牌机构结成了战略合作伙伴关系。这样的整合速度与联合范围，是任何一家企业都无法独自胜任的。

社会的进步总是得益于热心探索者的不断创造。正是这样一些勇于创新的企业家，让我们更进一步看到了联盟的力量、合作的力量。与此同时我们还必须看到，本章提到的“山山联盟”“中国国际康养产业联盟”还都是刚刚起步的联盟尝试，这仅仅是联盟组织在中国尚处在初级阶段的缩影或代表。据有关人士统计，各种联盟组织能够生存下来并有效运营的大概不到 30%，美国也只有 40% 的联盟能存续到 5 年。这就像任何新生事物刚刚时尚起来时一样，总会吸引一些人来追捧，然而若要长盛不衰、历久弥新，如不在组织管理和品牌呵护方面付出更多的持续不断的努力，任何个人或组织都是不可能做到的。考察国内外各种联盟组织的管理经验及有关方面的研究成果，组建并持续运营一个联盟组织，有以下几点至关重要。

第一，必须首先有人发现可能形成联盟的动因，这个人在行业内须具有一定的身份地位和影响力，并心甘情愿地牺牲自己的时间、精力去奔走呼号，为结盟发出邀请，并为结盟进行一系列的组织筹备工作。“中国国际康养产业联盟”若没有朱曙东这样的先觉者和热心人，便不可能组织起来。“中城联盟”的成立也是由王石、冯仑这样的著名企业家首先发起的，该联盟能够运营至今达 20 年之久，同样与万科、万通这样的著名企业品牌的影响力和企业家的个人魅力有着直接的关系。

第二，只有在联盟宗旨和价值目标上达成共识，并能为结盟成员在资源和能力方面带来利益共享的前提下，才能组成合作联盟。获取价值效益是所有经济活动的主要目的，能够为结盟成员带来各种价值利益是联盟存在的基本理由，而共同愿景则是联盟合作的基础。联盟者必须是出于自愿的，每个成员都保持各自的独立性，彼此平等，相互尊重，互利共生，自由进退。因此，联盟都带有一定程度的松散性和不稳定性，一旦有联盟组织者为了自己的利益而有损于其他成员的利益，联盟的运营就会发生危机甚至停摆。20 世纪 80 年代初，苹果公司在与微软公司合作时，原本希望合作开发数据库和图形应用程序，结果微软工程师单方面开发出了视窗操作系统，尽管苹果公司状告微软非法获取其图形界面技术，结果官司未赢，联盟合作也就此停止。

第三，联盟组织必须与所在国家和地区的法律规范相融合，否则难免命运不保。联盟合作的本身即有边界模糊的特点，如果处理不当，便很容易与当地有关价格管理以及反不正当竞争的法律规范相抵触。例如，欧盟地区发展部曾向福特汽车公司和大众汽车公司提供补贴，以资助它们在葡萄牙合资生产小型货车，结果引起欧盟公平竞争部对此事是否会导致不正当竞争展开违法调查。2000 年中国八家彩电制造商订立同盟，共同制定彩电降价底线，形成所谓价格联盟，这似乎已经在行业垄断或操纵价格的边缘上游走，这样的联盟是不具有生命力的，所以没多久便自消自灭了。国家民政部此后也颁发了《行业协会价格行动指南》，所说的行业协会中即包括“联盟”。联盟组织不仅要适用经济法，在很多国家和地区还要符合社会团体的有关规定。我国近几年协会型联盟组织之所以迅猛增加，很重要的原因是办理协会、商会的申请手续和审批环节十分烦琐，甚至不再受理，于是许多协会性质的组织便索性打出“联盟”的旗号。据中国社会组织公共服务平台数据，全国社会组织总数已接近 90 万个，而在民政部登记的社会组织只有 2279 个，其中有关中小企业的社会组织在 2018 年 4 月时共有 1385 个，得到民政部登记手续的却只有 2 个，分别为中国中小企业协会和中国中小企业国际合作协会。也正是在这样的法律环境下，“联盟化整合，公司化运营”便成了中国式联盟的生存之道。这一方面说明组建联盟一定要适应当地的法律规范，另一方面也告诉我们有关社会组织的政策规范如不能进一步改革开放，或将成为企业联合发展的掣肘因素。

第四，具有松散性特点的联盟组织能否存活下来并可持续发展，很重要的因素取决于联盟模式和管理结构的选择。目前国内许多商会采用的都是“出钱会长制”，谁出钱多谁当会长，选举成了形式。再就是“发起人会长制”，谁发起，出于面子和人情，大家也只好推举他来当首届会长。如何管理好联盟，改革开放以来第一代企业家已经给我们做出了很好的榜样。2004 年 6 月 5 日在内蒙古阿拉善成立的 SEE 生态协会（企业家和生态协会），参加民主选举的 64 人均为当时著名的企业家，其中有刘晓光、王石、柳传志、陈东升、冯仑、张树新、史玉柱、张朝阳、卢正昕等，会议第一项内容是讨论《章程》，第二项内容是讨论《选举规则》。这些著名企业家个个都是一方诸侯，平时都是命令指使别人的，现在聚集到一起听谁的呢？所以一开始争论得喋喋不休，慢慢地开始适应，进而从争执到妥协，并最终达成共识。通过争执学会相互尊重，这正是人类比其他动物高明之处。有意思的是，《SEE 议事规则》是袁天鹏起草的，袁天鹏正是美国著名的《罗伯特议事规则》的翻译出版者，SEE 是中国第一个为了议事规则而与袁天鹏签约的机构。王石回忆说：这是企业家以公益性治沙生态为载体的第一次自治尝试，“治沙能不能有结果，我觉得已经在其次，更重要的是过程体现了民主的气氛和精神，这可能对社会进步的意义更大。这个过程不仅是对大自然荒漠的改造，更是对我们自己内心荒漠的改造”。①1999 年成立的“中城联盟”也是一些著名企业家自治管理的成功典范。应该说联盟管理首要的是阳光、透明、民主、平等、共享、共生，而最好的实现途径是委托给专业团队独立管理，特别是有股份渗透或参股合伙的联盟组织，如果由其中持股的一方来主持管理工作，便很容易偏离平等、共享的联盟精神。尤其是民主选举和民主议事，对于习惯了“独裁管理”的企业家来说需要一个漫长的适应过程。“由不习惯慢慢习惯，由习惯形成规则，由规则变成传统，大家都需要训练和学习。”王石如是说。

第五，联盟需要有协同合作为成员服务的担当，并在网络化、智能化方面建立互联、互动、共享、共生的服务机制。这方面在智能制造领域已

① 王石在其所著《大道当然》中对 SEE 生态协会成立前后的记述精彩详细，值得一读。

经有了成功的案例。2003年三菱电机结合自动化与数据化技术，提出了e-F@ctory理念，从IT和生产线两方面切入，为生产型企业通往智能制造打造出便捷的通道，用户通过导入信息管理系统实现转型，向“务实、具有实效”的现场管理转变，形成现场和信息有机结合的智能制造解决方案。2015年三菱电机发起了e-F@ctory Alliance合作伙伴大会，与传感器、软件、系统集成等环节的合作伙伴协作，向用户提供整体的解决方案。至今合作伙伴已发展到300多家，中国的成员也有80多家。这是联盟协同合作在帮助用户削减成本、提高生产效率、提升品质、缩短交货期限等方面发挥重要作用的很好例证。倘若联盟没有这种平台意识和服务担当，恐怕联盟存在的必要性也就不存在了。

我们为什么要建立联盟？我们应该怎样管理联盟才能使其有效运营和实施下去？这不仅是联盟者的企业家关心的问题，也是国内外有关学者都在关注的课题。管理学泰斗德鲁克虽然对联盟论述不多，但他已认识到联盟的重要性，并在《管理未来》第37章中指出常见的联盟方式，包括合资企业、参股合作、研发和营销合作协议、交叉授权和知识交流协议、辛迪加（垄断组织）等。吉野和朗甘合著的《战略联盟》一书，认为战略联盟的核心实质上是一种契约性的贸易合作伙伴关系，它通过促进各方互利的技术、技能贸易以及由此生产出的产品的贸易，提高参与联盟的各公司竞争战略的有效性。书中根据对联盟的定义，强调联盟必须具备以下三个必要条件：

（1）联合起来共同追求一系列达成一致的战略目标的两家或多家公司，在形成战略联盟后，仍旧保持相互独立。

（2）联盟各公司共同分享联盟带来的利益，并共同控制各方所承担的任务的绩效——可能这一点是战略联盟最与众不同的一个特点；同时，正因为如此，联盟的管理也变得愈发困难。

（3）各联盟公司在一个或多个关键战略领域（如技术、产品等）连续不断地进行投入。[①]

---

① 迈克尔·Y.吉野，斯里尼瓦萨·朗甘.战略联盟：企业通向全球化的捷径[M].雷涯邻，等，译.北京：商务印书馆，2007.

这三个必要条件成为国内外许多学者定义什么是“联盟”的重要依据。其实作者本人也清楚地认识到，“联盟可以采取从一般的交易合同关系到合资企业等多种形式”。而且联盟又有从国内到国际、从非竞争性到竞争对手之间的合作等不同形式。也就是说，联盟并不存在统一的模式，也不存在符合所有联盟组织的模型范本。经济联盟不过是企业之间以及企业与非经济组织之间的非常灵活的合作关系，是企业组织关系网络的优势竞争策略。重要的是要结合实际进行联盟组织的管理创新，符合实际的联盟组织，就是最有效的联盟模式。

五、“共生联盟”与联盟禁忌

常有学员问我：“什么是共生理论、共生思想？”我说：“共生无理论，共生也不是什么思想，所谓共生，它只是自然界和人类社会原本就存在的自然现象，只不过长期以来人们太关注‘生存斗争’而忽略了它，现在有人发现并重视这一自然现象了，于是就称之为‘共生理论’或‘共生思想’。实际上‘共生’并不是人为的发明或创造，也不是人为地强加给自然和社会的所谓‘理论’，共生仅仅是人们发现和总结出来的自然规律而已。”

“联盟”也一样，它也并不是什么理论或思想，而是人类社会或企业之间自发形成的联合行动，是“混合人性”中合作精神的延展，是经济活动发展到一定阶段自发形成的合作关系。因此，联盟并不是什么万能神的创造，也不是哪位明君圣贤权力干预的结果。联盟最显著的特点就是它的自发性，是人类合作本能的自然流露，在这个自发的过程中，既有市场机制“无形之手”的作用，也有管理协调“有形之手”的效果。

1992年我在珠三角考察时，那时的广东已经自发性地发展出许多产业集群和专业乡镇。我第一次拜访马克·张（张肇达）时，才知道中山市沙溪镇已经形成服装产业集群；再到中山小榄时，发现小五金也能做出如此规模的专业乡镇。“十五”期间，广东省1550多个乡镇中，产值超过10亿元的有300多个，超过20亿元的有120多个，具有明显特点的中小企业集群区域也有130多个，大部分产业集群的总产值都在100亿元以上。另据2006年浙江省经贸委发布的《浙江省“块状经济”发展报告》显示，2005年浙江工业总产值在1亿元以上的“块状经济”有360个，其中在50亿元以上的有95个。产业集群及块状经济的发展逐渐形成了良性的微观发展环境，发展到今天便成为“产城融”相结合以及“产业链”的集群优势。在这样的产业集群中，企业之间在分工协作、技术合作、人力配置、信息交流、交叉营销等资源共享方面有着得天独厚的关联优势，而为了充分发挥这些集群优势，企业逐渐认识到联合的力量，并萌生联合的愿望，从而自发自愿地组合成形形色色的行业协会、商会和“联盟”。我们发现，凡是产业集群发达的区域，也都是各种协会、商会和联盟活动最活跃的地方。尽管这些社会组织大多数还没有在民政部门登记，或不具备其他“合法”手续，但这反而说明他们都是企业自身发展的需要，是出于企业家对市场经济形势判断的自觉自愿。或者用张维迎教授的“市场逻辑”来比照，联盟的出现也是市场逻辑的自然结果。

这里仍以广东、浙江的几个城市为例，广州、佛山、宁波等地都是联盟组织活跃的区域，如下所列：

广州市生物产业联盟

广州创新企业联盟

广州工业机器人制造和应用产业联盟

广州融资租赁产业联盟

广州市两化融合服务联盟

佛山市珠江西岸装备制造产业联盟发展促进会

佛山市禅城区石湾泛家居产业联盟会

佛山市南海区产品跨界创新生态联盟促进会

佛山市高明区青年创业联盟

宁波市镇海区装备制造产业协作联盟

象山县汽模配产业联盟

宁海家具产业联盟

海盐县旅游产业联盟

杭州市富阳区球拍行业品牌联盟协会

桐庐县横村时尚针织产业联盟

……

从产业集群、块状经济到企业联盟，都很好地说明了任何企业都不可能是座孤岛，企业与人、企业与企业、企业与社会无不相互关联、相互依赖地存在于它们自己编织的关系网络之中，并在网络中继续发生着它们的独立与关联、竞争与合作。这个关系网络越是周密、庞大，网络中的个人和企业在学习、交流、创新、发展等方面的机会也就越多；这个关系网络越是历史悠久，网络中的社会信任度也就越高，从而更加有利于网络中各种因素的互动与结盟。所以说联盟的基础是关系网络，网络的基础是信任程度，联盟的意义是加强关联，关联的目的是走向合作，合作的灵魂是互利共生。用加拿大大卫·萨维奇的“合作式思维”来形容，网络就如同森林中的一草一木都是相互依赖、相互联系的，而我们在一起，就是一片森林。“共生联盟”也可称为“共生型企业联盟”，是共生型企业价值认同的联合组织，也是企业因联合走向“共生”的合作之路。

联盟即是由合作组成的企业森林。在这座森林里同样有为了争取养分和阳光的相互竞争，但更重要的是，在这座森林里的每棵树木、每个动物或是每株小草，它们都是相互关联的，它们交织而成的是一种动态的平衡，是相互依赖共生共在的生态总体。在这个生态系统里虽然也有生存竞争，但这种竞争不是清除或毁灭对方，而是在动态中维护多样性系统的和谐共存。如果说自然森林的本质是生物多样性的共生总体，那么，同样的道理，由联盟结成企业森林的根本意义也一样是企业多样性的共生集群。

因此，结成联盟的第一要义是结盟成员都应该具有合作共生的价值理念，而破坏联盟的最重要因素则刚好相反，那就是自我意识与自私自利的不和谐因素。大卫·萨维奇在《合作式思维》中指出，合作失败的原因有很多，但最重要的因素有四种，即自我、不和谐、怀疑、缺乏参与。预防自私自利是头等重要的，因为合作的本质就要控制住贪婪的本性。这是大卫·萨维奇邀请100位来自世界各行各业的精英一起探讨合作领导力所得出的调查结果。他援引落基山学院名誉院长尼克·鲁比奇的话说：

> “真正的合作需要不断地工作和培育，更需要在合作伙伴之间以及合作机构之间建立个人承诺。就像婚姻一样，在任何交流讨论中，合作者必须对其合作伙伴的利益点发自真心地感兴趣。自私自利——尤其是涉及自身经济利益，或者无视他人的利益（如不承认他人的工作成果）——会很快打破信任，打破依旧可能存在经济利益的合作。”①

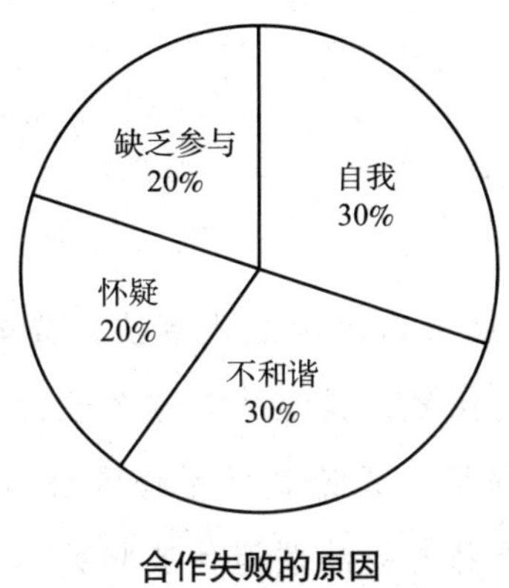

合作失败的原因

如何才能避免合作失败，大卫·萨维奇同样得出了调查结论，那就是合作必须具有四个必要的条件，即交流沟通、承诺、共同目标、多样性和领导力。是的，他提到了多样性。因为在任何合作的群体里，看法和观点完全一致未必是好事，而且在现实社会中争执和冲突都是在所难免的，所以真正的合作是差异性耦合，是不同能力、不同观点、不同文化之间实现共同目标的互动艺术。如果我们认为联盟就是一种合作，显而易见，这种合作正是我们老祖宗所说的“和而不同”。

---

① 大卫·萨维奇．合作式思想[M]．信任，译．北京：中国友谊出版公司，2017.

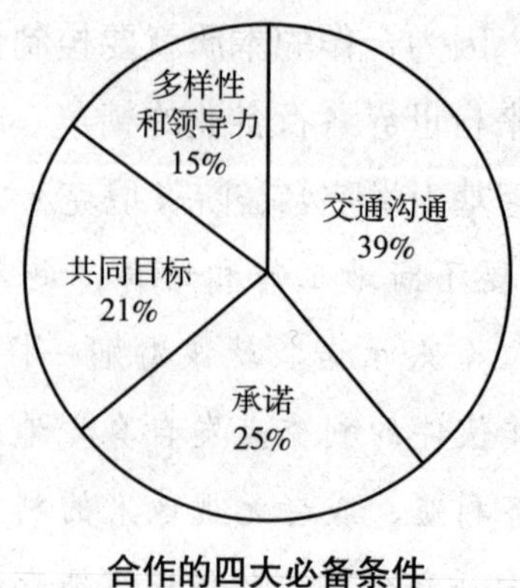

合作的四大必备条件

六、联盟的未来

“战略联盟已经成为商界的时代潮流。战略联盟是企业董事会和经理人员经常讨论的问题，是媒体普遍关注的热点，也是众多学者乐于深入研究的重要课题。无论是巨型跨国公司还是小型和微型企业，几乎所有企业的发展都与战略联盟休戚相关；无论是制造业还是服务业，几乎所有的产业都感受到了企业间合作关系快速发展所带来的冲击；无论是发达的欧美国家还是欠发达的亚非拉国家，几乎所有的国家和地区都已成为建立战略联盟的场所。”①

这是15年前李东红博士和法国学者皮埃尔·杜尚哲以及贝尔纳·加雷特合著的《战略联盟》一书中的一段话。应该说联盟成为“时代潮流”至20世纪后期才开始凸显出来，企业界的联盟活动不仅频繁活跃，而且冲出国界走上了跨国之路。例如，美国IBM、德国西门子和日本东芝三家公司合作共同研究新一代存储器芯片，美国杜邦公司和日本索尼公司联合研制光学存储产品，美国通用汽车公司与日本日立公司合作共同研制汽车上使用的电子元件，以及其他赫赫有名的超级公司，如美国电话电信、福

① 皮埃尔·杜尚哲，贝尔纳·加雷特，李东红.战略联盟[M].北京：中国人民大学出版社，2006.

特、飞利浦、NEC、大宇、三星等众多企业，无不以各种各样的方式参与了国际化的战略联盟。所以美国汉米尔顿咨询公司副总裁赛勒斯·弗赖德海姆著书曾说：“世界已经进入了一个新时代——一个合作的时代。公司将主要是通过联盟来获得必要的能力和资源，以便在变化着的全球市场上取胜。”①

企业也是一个有机的生态总体，联盟是其追求关联走向合作的自然选择。就像权力存在自我膨胀的内驱倾向一样，企业也有做大做强的自我动力。初创的企业好比刚刚“成人”的青少年，凸显的是个性独立的独打天下，企业家展现的也往往是英雄主义式的国王气质。伴随着企业的进一步发展，在成功与失败的经验与教训中，真正的企业家首先学到的不是如何纵欲式的挥霍享乐，而是应该怎样与人相处，与企业合作，与社会担当。因此，企业越是发展成熟，市场环境越健康稳定，人与人、人与企业、企业与企业、企业与社会的信任度也就会逐步提高，发生在企业与企业之间的各种伙伴关系、合作关系、联盟关系等就会伴随企业的成长而日益活跃起来。改革开放前 20 年企业自发组织的合作联盟并不多见，然而近 20 年来企业自然形成的合作组织如雨后春笋，联盟之花已经遍地绽放了，“联盟”一词是不是热词已经无关紧要，可怕的是它已有被滥用的危险。据中国社会组织服务中心数据显示，全国各种协会、商会和联盟等社会组织，最多的时候已经接近 100 万个，越是发达地区，其数目也就越是庞大。根据广东省民政厅 2020 年 4 月的数据，全省社会组织数已达 71331 个，其中深圳市已经突破 1 万个，在各级民政部门登记的“联盟”组织也有 52 个。所以说联盟的活跃程度，也可以在一定程度上反映出地区经济的发展状况和营商环境情况。青岛市和大连市相比，20 年前大连的各项指标大都超过青岛，青岛打出的口号是“学习大连”，可现在情况反转了，青岛的社会组织有 8556 个，而大连只有 4976 个，其他指标已可想而知。

---

① 赛勒斯·弗赖德海姆 . 万亿美元的企业 [M]. 顾建光，译 . 上海：上海译文出版社，2001.

2020 年 4 月广东省社会组织统计数据

地区	社会组织数 / 个	其中			慈善组织数 / 个	公开募捐资格数 / 个
		社会团体数 / 个	民办非企业单位数 / 个	基金会数 / 个		
广东省本级	3346	2076	789	481	290	49
广州市	8140	3438	4617	85	169	3
深圳市	10907	4700	5801	406	289	17
珠海市	2472	1135	1327	10	21	1
汕头市	2594	1265	1310	19	37	7
佛山市	5173	2535	2611	27	60	19
韶关市	1945	1163	779	3	17	4
河源市	1908	834	1069	5	17	1
梅州市	2432	1401	1008	23	34	7
惠州市	3277	1384	1881	12	40	2
汕尾市	1278	548	728	2	7	5
东莞市	4682	1093	3542	47	82	3
中山市	2290	720	1567	3	4	1
江门市	3544	2418	1123	3	20	7
阳江市	1672	735	933	4	6	1
湛江市	3188	942	2240	6	10	2
茂名市	2566	1084	1474	8	5	3
肇庆市	2321	1019	1301	1	7	4
清远市	2308	962	1343	3	9	3
潮州市	1702	732	957	13	17	1
揭阳市	2476	895	1546	35	68	1
云浮市	1110	635	458	17	26	1
合计	71331	31714	38404	1213	1235	142

资料来源：广东省民政厅 2020 年 4 月数据。

学术界也是20世纪末和21世纪初才开始关注联盟组织的，国外学者的研究成果目前在国内翻译出版的只有几部，国内学者李春新、贠晓哲、巫景飞、陈黎琴、孟琦、韩斌、张德千、彭伟等人也分别发表了他们的研究成果。总体而言，国内外的企业界和学术界对联盟的研究还刚刚开始，对联盟的定义以及联盟的发展历程和未来前景，都缺乏科学系统的深入探讨。但是企业联盟就像它的自发产生一样，它的未来发展也同样由企业自己和市场环境来决定着，并不取决于人们或者权力如何看待它或如何对待它。我们只能是粗略地梳理一下联盟的发展历程及其呈现出来的某些迹象，以期对联盟的未来能有一个大致的研判。

首先，企业联盟源自企业自发的需要，是因为它确实能为企业带来多方面的好处，甚至直接为企业创造更高的价值利益，这是企业联盟在未来仍将有广阔发展空间的根本动因。据赛勒斯·弗赖德海姆及汉米尔顿咨询公司1997年的调查显示，由美国1000家最大的企业所创造的年收入中有18%来自企业联盟，这个数字在15年以前仅为1%。联盟分析家1997年的研究还表明，美国《财富》500强企业中最积极联盟的25家企业平均股本回报超过了17%，而这500家企业的平均回报是12%，最不积极联盟的25家企业的回报只有令人沮丧的10%。分析指出，联盟有利可图具体体现在三个事实上：一是企业联盟的盈利超过了公司常规经营的平均水平；二是当公司建立更多的企业联盟以后，企业联盟的平均投资回报有了更大的上升；三是企业联盟要比兼并或冒险投入资本都有更高的取胜机会。显而易见，联盟能够创造更大的价值，既是企业结盟，也是企业继续发展联盟的动力。

其次，企业自身做大做强的内在驱力，将超越所有权、控制权等兼并扩张的传统模式，通过联盟创新与关系企业的关联模式，实现更加强大的规模优势。现代企业的权利关系越来越呈现出虚拟化、模糊化的特点，这与传统的所有权、控制权的管理思想已有明显不同。传统模式下的企业扩张主要通过购并、兼并等股权方式进行，其有利之处是权益清晰、便于管控、强化资产等，不利因素则是资金投入、负债风险、重资产运营、好坏因素全担等。可以肯定，并购扩张的发展模式仍将是企业发展的战略选择之一。而新的扩张模式则可通过联盟来实现，联盟的权利关系更加灵活，既可合伙、合股，也可协议、入会等，重要的不是控制或权力，而是整合各自的资源和特长以实现共同的目标。股权化的重资产整合容易受到规模和法规的限制，而联盟组织在很多国家和地区却是无限制的。所以联盟能够成就最大化规模的无限发展，赛勒斯·弗赖德海姆提出的“万亿美元的企业”，正是通过联盟实现的规模化突破，是企业联盟革命将如何转变全球工商业的创新构想。当前世界已经有了“万亿美元公司”，应该说通过联盟组合成新的万亿美元级“超级公司”也是可能的。世界已经步入“规模经济”的竞争时代，毫无疑问在这场竞争游戏中拥有规模将更加有利于生存与发展，如IBM前任董事长兼CEO郭士纳所说：“规模就是杠杆！”①

再次，在市场化、全球化的宏观环境下，联盟将打破国界走向跨国化发展，实现超越民族和国家的全球化联盟。我国学者李新春教授、陈黎琴博士等在研究企业联盟时都曾援引世界500强企业的联盟数据，其中前100强企业中有90%已在技术、供应、生产、营销等领域建立了各式各样的联盟关系。特别是在电信、网络、石油、航空、汽车等行业，发达国家之间的企业联盟合作已经到了深度交叉的复杂程度，联盟的细节或许只有它们自己才最清楚，而我们知道的只能是他们确确实实已经在联盟了。所以早在1987年，通用电气董事长兼CEO杰克·韦尔奇在哈佛商学院讲演时即明确说道：“战略联盟在全球竞争这场游戏中扮演着重要角色，它对于取得全球性胜利至关重要……赢得全球竞争最不足取的道路就是什么都靠自己来做。”②

最后，在数字化革命的互联时代，所有的合作都将呈现出边界模糊的跨界特点，联盟组织也将从单一化、行业化逐步走向关系化、网络化甚至是“区块链”的无界情境。开放的要义首先是打开壁垒，文明的进步取决于互动交流。无论是企业还是国家，无论是管理还是文化，冲破行业局限，融合不同文化，跨越民族国家，已然是世界文明滚滚向前的历史潮

① 郭士纳．谁说大象不能跳舞[M]．张秀琴，等，译．北京：中信出版社，2015.

② 这段话吉野与朗甘在其《战略联盟》中、李新春在《企业联盟与网络》中均有引用，但译文略有不同。

流。正是在这个历史潮流中，联盟组织的无边界化将为企业以及非企业领域的无界交流与无限联系，架起相互关联、联盟共生的合作桥梁。尽管近年来国际上出现“英国脱欧”“美国优先”等逆潮流而动的单边行为，但毕竟网络文明已经将世界融化得更加透明、越发关联、彼此连接、环环相扣了，战略联盟的国际化商业潮流早已是不可逆的大势所趋，这种趋势绝不会以政治家的个人意志为转移，因为联盟合作的未来已来，世界已经进入全球企业联盟的新时代。

我们来到世界第一天起，张开眼，看太阳升起。

世界很大，充满神奇的事，

每一天，都有新的刺激。

这个地方，绝不平凡，靠你自己争取。

太阳照耀大地，蓝色天空下，万物共存，是生命真谛。

天地生生不息，一切皆有时。

失望与希望，信念与爱，前路变清晰。

我到自己位置，生命循环，是生生不息。

——《狮子王》片头曲歌词

第九章　生物多样性与“共生型联邦组织”

生物多样性与保护行动——“生物多样性文化艺术”概念的提出——BD 中心：生物多样性与文旅企业“联姻”——“共生联邦”的治理结构——BD 中心的市场运营——企业“共生联邦”展望

一、生物多样性与保护行动

如果要给现代生物多样性的研究确定一个起始时间，那就是 1986 年 9 月 21 日，这天美国国家研究理事会和史密森学会在华盛顿特区联合举办了生物多样性国家论坛。会议为期三天，60 多名顶级生物学家、经济学家、农业专家、哲学家以及资助机构和领导机构的代表会集在一起，爱德华·威尔逊经过两年的编辑整理，将此次会议的成果以《生物多样性》（*BioDiversity*）为题出版了[①]，至少从科学类出版物标准来看，这是一本国际畅销书。此后威尔逊在他的著作中统一采用“生物多样性”一词，该术语也由此确立并普及开来。《生物多样性》一书涵盖了许多内容，主要侧重于生物学，威尔逊在此基础上进一步对生物多样性展开深入研究，后来也成了另一本书的主题，即 1992 年首次出版的《缤纷的生命》。[②]

① 生物多样性英文原为 *Biological Diversity*，该书出版之后，新词 BioDiversity 作为专有名词逐渐被接受。

② 爱德华·威尔逊 . 缤纷的生命 [M]. 金恒镳，译 . 北京：中信出版社，2016.

语言、术语是人类思维与知识交流的表达。从语言、术语的使用情况，也可看出人类对宇宙自然的认知过程。人类对自然的认知表达，一般情况下都有一个从直观到逻辑的思维进化，也即从最初的天地、雷电、风雨、动物、植物等，到环境、生态、生物圈、生物多样性等系统化的认知飞跃。应该说，“生物多样性”这一术语的全球化确立，是人与自然相互关系认知思想的又一次升华。

同样之理，当“生物多样性”这一术语广被应用时，又可说明人们对生物多样性的生态环境系统的重视程度也在提高。从百度搜索生物多样性词条数来看，从2008年至2015年增长的倍数是以万来计算的。我国政府对生物多样性的重视程度，从相关政策的出台数量上也可略见端倪。2011年与生物多样性保护和可持续利用相关的国家层面和各部门政策数量只有8件，2012年党的十八大召开之后，“生态文明”和“美丽中国”的发展建设上升为国家战略，相关政策颁布了19个，此后每年都有新政出台，至2017年达到63件。据生态环境部生态司数据，2010年全国各省发布生物多样性保护战略计划的只有1省，而到了2014年已有17省颁布了这一计划。这是改革开放以来对生态环境从未有过的珍视，政府和国人对生物多样性的认知与重视程度由此可见一斑。

所谓“生物多样性”，我比较喜欢威尔逊给出的定义，即：“生物多样性是特定环境中所有生物体的基因变异的总和。”通俗一点讲，生物多样性是我们人类赋予地球上所有生命的总称，包括动物、植物、微生物以及它们的变异，当然也包括新近肆虐全球的新冠病毒。依据20多年前威尔逊在《缤纷的生命》中列举的数据，2006年至2007年每年都会有大约1.8万种待定义的非微生物新物种得到描述，至2010年地球上新发现的和已判定特征的物种，再加上科学家命名的物种，已知生物物种的数量大约有190万种，而存在于地球上的生物物种的数量据推测应在500万种到5000万种之间，如果算上微生物，物种数量将增大到完全无法确定，按照现在发现新物种的速度计算，恐怕再过500年也无法完成对地球生命的普查。

中国是世界上生物多样性最为丰富的国家之一，这方面我们若说“厉害了，我的国”一点儿也不为过。发展中国家的生物多样性资源，总体上要比发达国家好一些，发达国家之所以发达，很大程度上与他们早在一百多年前就过分攫取和利用了自己国家和别的国家的相关资源有关。现在全世界一致呼吁要保护生物多样性，这势必会给发展中国家带来沉重的压力，但这不公平的发展机遇也有其公平的一面，毕竟人类对生物多样性的认识及其对生态环境意义的重视，首先是由发达国家过度消耗资源之后总结出来的经验教训，发展中国家正可以此为鉴，少走弯路，正确地处理好经济发展与资源保护和再生利用的相互关系。

据生态环境部最近几年的数据显示，我国已知物种及种下单元数92301种。其中，动物界38631种、植物界44041种、细菌界469种、色素界2239种、真菌界4273种、原生动物界1843种、病毒805种。中国高等植物种数居世界第三位，仅次于巴西和哥伦比亚。中国是世界上裸子植物最多的国家。中国有脊椎动物7300余种，占世界总种数的11%，其中哺乳动物673种，居世界首位。中国海域物种已记录到海洋生物有28000多种，约占全球海洋已记录物种数的11%。中国经济树种在1000种以上，果树种类居世界第一。中国原产的观赏植物种类达7000种。中国的维管植物、哺乳动物、爬行动物、两栖动物、内陆鱼类分别有56.05%、22.29%、30.80%、66.67%、66.32%为特有种类。

我们同时也应看到，人类进入工业社会生物多样性灭绝速度提高了上千倍，中国也是世界上生物多样性受威胁最为严重的国家之一。据中山大学生态学博士方碧真编著的《美丽中国之保护生物多样性》介绍，由于商业采伐及乱采滥挖，生态环境遭到严重破坏，我国很多珍贵稀有动植物有15%~20%处于濒危状态，远高于世界平均水平（10%~15%）。根据《中国生物多样性红色名录》公布的濒危物种，中国高等植物受威胁的物种共计3767种，约占评估物种总数的10.9%；中国脊椎动物受威胁物种数为932种，占被评估物种总数的21.4%；中国受威胁的大型真菌97种，包括疑似灭绝1种、极危9种、濒危25种、易危62种；受威胁的中国特有大型真菌57种；需关注和保护的大型真菌高达6538种，占被评估物种总数的70.29%。中国遗传资源丧失并未得到有效遏制。根据农业部公布，广西壮族自治区1981年有野生稻分布点1342个，2015年仅剩325个。

可以想象，袁隆平知道这则消息会有多伤心。

生物多样性对于人类的重要意义及其受到的严重威胁，是全世界各界人士少有的共识。有了共识就会有一致的行动。自20世纪后期开始，全世界大多数国家都相继行动起来，开始了人类历史生物多样性保护行动的新纪元，而中国即是这一保护行动的重要成员国。以下四点即是世界及我国生物多样性保护行动的里程碑事件。

1.《生物多样性公约》与国际生物多样性日

1986年9月21日，“生物多样性国际论坛”在美国华盛顿特区召开，同年11月联合国环境署召开生物多样性特设专家工作组会议，探讨一项生物多样性国际公约的必要性。1989年5月建立技术和法律特设专家工作组，拟订保护和可持续利用生物多样性的国际法律文书。1992年5月22日《生物多样性公约》（*Convention on Biological Diversity*）在内罗毕讨论通过，有153个国家于当年6月5日在巴西里约热内卢联合国环境与发展大会上签署了该公约。我国即是这份公约的缔约国之一，当时由李鹏总理代表中国签署。公约于1993年12月29日正式实施，次年12月联合国大会通过决议，将每年的12月29日定为“国际生物多样性日”，2000年12月20日联合国大会通过了第55/201号决议，将“国际生物多样性日”改为5月22日，即公约通过之日。这样便与“国际环境日”（6月5日）和“世界海洋日”（6月8日）都集中在每年的5月、6月，而这“三个关键支柱”便构成了人类对生物资源和生态环境的重要关注。

2. 中国生物多样性保护国家委员会与保护行动方案

2010年，联合国大会把2011—2020年确定为“联合国生物多样性十年”，国务院成立了“2010国际生物多样性年中国国家委员会”，召开会议审议通过了《国际生物多样性年中国行动方案》和《中国生物多样性保护战略与行动计划（2011—2030年）》。2011年6月，国务院决定把“2010国际生物多样性年中国国家委员会”更名为“中国生物多样性保护国家委员会”，统筹协调全国生物多样性保护工作，指导“联合国生物多样性十年中国行动”。委员会主任由国务院副总理担任，前两任为李克强、张高丽，现为韩正。具体信息委员会网站均有公布。

3. 中国生物多样性保护战略与行动计划（2011—2030年）

根据《生物多样性公约》规定，每一缔约国要根据国情，制定并及时更新国家战略、计划或方案。1994年6月，经国务院环境保护委员会同意，原国家环境保护局会同相关部门发布了《中国生物多样性保护行动计划》。为落实《生物多样性公约》的相关规定，进一步加强我国的生物多样性保护工作，有效应对我国生物多样性保护面临的新问题、新挑战，环境保护部会同20多个部门和单位编制了《中国生物多样性保护战略与行动计划》（2011—2030年），提出了我国未来20年生物多样性保护总体目标、战略任务和优先行动。这是目前我国生物多样性保护行动的战略纲领。

4. 中国履行《生物多样性公约》的国家报告

根据《生物多样性公约》第26条规定：“每一缔约国应按缔约国会议决定的间隔时间，向缔约国会议提交关于该国为执行公约条款已采取的措施以及这些措施在实现本公约目标方向的功效的报告。”我国由生态环境部会同中国生物多样性保护国家委员会成员单位，负责具体编写中国履行公约的国家报告，目前已提交了6次报告，第六次报告已由中国环境出版集团于2019年7月公开出版发行。

根据中国履行《生物多样性公约》的国家报告可以看出，自1992年公约缔约至今，我国在生物多样性保护行动方面做出了诸多努力，也取得了可喜的成绩，但总体上生物多样性丧失的威胁仍然很严峻，正如第六次国家报告所说：“自然生境的丧失与破坏、自然资源的过度利用、环境污染、外来物种入侵和全球气候变化等多重压力的相互作用，对中国的生物多样性造成不利影响。保护好中国的生物多样性显得十分必要和紧迫。”

二、“生物多样性文化艺术”概念的提出

地球上的生物生命已经有30多亿岁了，它的丰富多彩与绚丽多姿，今天正在经受着前所未有的灭绝性的挑战。而伴随生物多样性丧失威胁的严峻性，来自人类各界的保护呼声与保护行动也日益高涨。在国际层面，由联合国发起的《生物多样性公约》已有189个国家签署，每年相关会议和报告也纷纷出笼，保护生物多样性已然成为人类世界的一种主流行动。在国家层面，各缔约国按照《生物多样性公约》要求也越来越自觉主动地履行着生物多样性的保护战略，使得这一行动变得更加有组织、有计划性了。在科学层面，以生物学家为代表，各相关学术领域也都积极加入进来，对生物多样性的保护与可持续利用展开了超越性的全面研究，成果之丰超过了以往任何历史时期。

取得了成绩并不意味着那就是完美的。生物多样性保护与可持续利用的具体行动，还需要在很多方面继续付出更大的努力。纵观人类历史，影响最深远的是宗教，力量最强大的是信仰，最能形成凝聚力的是文化，而最能将这一切融汇在一起的则是人类的社会生活。生物多样性保护与可持续利用的具体行动，只有从官方走向民间，从科学普及到社会，从倡议主张变为文化价值观念，从思想活动转变为经济生活，才会形成生物多样性保护与可持续利用的良性状态并收获最佳效果。

为了让我们的下一代从小就懂得爱护小鸟，让生物多样性不只是学术思想或政治口号，而是让它成为一种文化意识和价值意志，这正是我们需要加强宣传并努力推广的意义。正是基于这种考虑，中国战略与管理研究会于燕飞秘书长于2015年6月16日在“中国汉中·生物多样性文化艺术创新创业高层研讨会”上，首次提出“生物多样性文化艺术”这一创新概念。于燕飞在讲话中指出：

> 生物多样性文化艺术是关乎人类发展的重要命题。
>
> 生物多样性是客观存在，是大自然亘古不变的必然王国；文化艺术是对客观事物的反映，是人的精神世界所追求的自由王国。两者有

机结合，是生态文明建设而产生的全新文化艺术内容，体现后工业化时代人类对于自然环境问题的理性思考和价值选择，是将环境友好目标人文化、艺术化的创作实践活动及其精神产品的总和。

所以，生物多样性文化艺术是：人类对地球所有物种及其生存环境和它们之间相互关系的人文思考和美学描述。①

《中国生物多样性保护战略与行动计划》（2011—2030年），提出了我国20年生物多样性保护总体目标、战略任务和优先行动，其中共列出39个生物多样性保护优先项目，第38项即是“生物多样性保护宣传工程”，内容包括：“研究制定中国生物多样性保护宣传战略，提出宣传目标、任务和行动，利用国际生物多样性日宣传《生物多样性公约》及履约责任和义务。利用电视、广播、网络等媒体以及宣传册、宣传画、培训班等，普及生物多样性知识，提高全民生物多样性保护意识。”应该说，“生物多样性文化艺术”概念的提出既符合保护宣传工程的战略计划，同时也有其从发现到提炼的认知过程。它起源于至今仍在推动实施的野生动物文化工程。野生动物文化工程以艺术表现野生动物为主题，是为国家创建安全型生态文明而设计的一项生态文化事业。如于燕飞所说，这项以科学为基础、以美育为导向、多门类艺术参与的文化工程，其主旨是确立人与自然和谐共存的生命道德观，宣扬生命文化中所蕴含的社会价值和哲学内涵，以文化艺术的形式开展出版、会展、影视、演出、生态艺术采风等活动，以艺术的力量，唤起大众的自然情感，实现人类感念自然生灵，救赎自我心灵，启迪生命智慧，创造文明财富的觉醒和进步，是一次人类心灵的拂尘行动，其目的是推动人类最终实现“以宇宙生命大智慧取代人类生存小聪明”地球价值观的形成。这也正是酷爱动物的于燕飞先生于2012年组织出版《天下共生》画册的初衷。

中国生物多样性保护战略行动计划成绩是可喜的，也获得了联合国相关组织的高度赞誉，所列39个优先项目中，有的已取得丰硕成果和明显进展，唯独在第38项“保护宣传工程”方面似乎表现得过于“低调”。那

① 此次会议陕西省及汉中市政府网均有报道，于燕飞先生是作者好友，讲稿由他提供，引用时有删节。

么，怎样才能更好地推进“生物多样性保护宣传工程”呢？以下便是本文提出的一个建设性解决方案。

三、BD中心：生物多样性与文旅企业“联姻”

任何事情一旦成为公众意志，就会更加有效地普及推广。生物多样性只有成为全民共识，成为文化意志，成为价值观念，融入人们的生活之中，它才能普惠整个地球生命，成为全体人类的福祉。所以，生物多样性保护战略与行动计划应该实现社会化、民间化、生活化和经济化的目标，这不仅是生物多样性保护行动的必由之路，也是生物资源可持续利用的必然选择。

“道法自然”是东方智慧的骄傲，而生物多样性正是人类赖以生存和发展最为重要的自然资源。袁隆平的野生稻杂交育种，屠呦呦的青蒿素，浙江青田的“稻鱼共生系统”，以及间作套种、桑基鱼塘等，无不体现着中国传统农业所蕴含的生物多样性可持续利用的共生思想与科学原理。生物多样性不仅为人类提供了宝贵的食物价值、药用价值，还为我们提供了极为珍贵的生态价值、工业价值和科学研究价值。这里我们需要强调的是，生物多样性还可以为人类的旅游休闲和科学文化的艺术创造提供精神价值。

不得不承认，若要把生物多样性保护与可持续利用发展为主流性的经济活动，我们做得还远远不够，还有很多领域期待着我们去研究开发，使之成为既是生物多样性保护行动的组成部分，也让生物多样性直接造福于人类。特别是在企业行为和文化宣传方面，尽管在环境保护部编著的《中国生物多样性保护与可持续利用案例》中已有提到企业参与和宣传教育，但那也只是公益性的“参与”而已，并未实现主体本身即是生物多样性的经济实体。所以，我和中国战略与管理研究会于燕飞、欧美同学基金会李海峰以及中科院王永光博士、北京中发蓝海毛军总裁等先后多次探讨，认为应该与当前文化旅游产业的兴起相结合，先从文化宣传入手，让生物多样性保护宣传工程走上企业与公益相结合的道路，把公益化与企业化、宣传化和艺术化结合起来，科普于艺术，寓教于休闲，用科技展示，让环境说话，使生物多样性首先成为一种价值观念普惠于社会。

自2012年以野生动物文化工程为主题的《天下共生》正式出版，至2015年于燕飞在汉中会议上提出“生物多样性文化艺术”新概念，一个酝酿在生物多样性资源丰富的风景旅游区创建“生物多样性文化艺术中心”的策划构想便基本成型。具体设想如下：

项目名称：生物多样性文化艺术中心。

项目简称：BD中心（BD中心包括“BD文化艺术中心”和“BD艺术酒店”两部分。BD是生物多样性英文Biological Diversity的缩写）。

项目定位：生物多样性文化艺术的宗旨与目标，是要让生物多样性真正成为天下共生的价值观念与文化理想。BD中心是我国生物多样性文化艺术工程实施计划的重要示范基地，是国际生物多样性文化艺术交流的永久性展示会址与论坛平台，它将创建以中国生物多样性文化艺术研究院、生物多样性文化艺术影视和生物多样性文化艺术音乐及数字产业为核心的国际化生物多样性文化艺术采风创作基地和综合性体验交流与科考旅游接待中心。项目将成为生物多样性保护宣传工程、人与自然及人与生物圈科考研究与科普宣传的重要营地。

功能设计：功能主体分为BD文化艺术中心和BD艺术酒店（酒店也可依据国际生物多样性日命名为522艺术酒店），主要承载以下功能：①会议展示展览宣传功能。BD中心以其多功能性承载着国际生物多样性文化艺术各种交流活动和展会活动，是国际著名艺术家展示自己生物多样性艺术创作的第一家专业平台，是国际著名艺术家生物多样性艺术作品的永久性展览收藏会馆，是创办中国国际生物多样性文化艺术论坛及中国自然文学论坛的永久会址，是中国生物多样性文化艺术工程的第一个集展览、会议、收藏、创作交流以及国际生物多样性文化艺术各种高端活动的永久基地。②文化艺术创意交流功能。生物多样性文化艺术的持续健康发展，有赖于专业性人才队伍的集聚与交流。大力加强生态与艺术复合型管理人才的培养已刻不容缓。BD中心将组建中国生物多样性文化艺术研究院并作为其研发机构所在地，联合国内外著名大学与研究机构，形成专业人才的梯级研发体系，为生物多样性文化艺术的交流研发、野外考察、写生创作提供重要平台。③影视数字产业服务功能。BD 中心将为专业人士和业余爱好者提供人与自然、人与生物圈、人与各种动植物的数字艺术创造的接待基地和产业链服务，并为游客提供生物多样性 AR/VR 等演示体验服务。④旅游度假养生休闲功能。依托自然资源环境，发挥生物多样性特色优势，创新旅游开发方式与服务模式，利用生物多样性文化艺术在展示、影视、数字产业创意以及 VI/AI 等产业基础，推出特色文化产业体验游。以影视和数字产业方面的文化旅游带动生物多样性山林生态游，利用演艺、会展场馆等，以生物多样性体验、生物多样性观光、生物多样性科考、生物多样性保护公益行动、生物多样性有奖知识竞赛等手段，科普生物多样性知识，增强生物多样性保护意识，在保护生物多样性生态系统前提下，深度挖掘生物多样性文化旅游资源并承载着接待服务任务。

规模界定：BD 中心分为三种类型，即展示型、综合型和基地型。展示型用地规模为 30~40 亩，建筑规模控制在 2 万 ~3 万平方米；综合型用地规模为 15~20 亩，建筑规模在 1 万平方米左右；基地型用地约为 10 亩，建筑面积在 0.5 万平方米左右。

项目选址：联合国教科文组织于 1971 年发起了“人与生物圈计划”（Man and the Biosphere Programme，MAB），在中国科学院等有关部门的支持下，中国人与生物圈国家委员会于 1978 年成立，截至 2018 年，中国已经有 34 个世界生物圈保护区。世界生物圈保护区要求具备保护生物多样性、科研宣教等后勤支撑和促进可持续发展三项功能。1995 年，联合国教科文组织“人与生物圈计划”《塞维利亚纲要》制定后，世界生物圈保护区被定位为生物多样性保护和可持续发展的实践地。因此，项目首先选址在人与生物圈保护区为主的风景旅游名胜区，每个单元均可根据所在地生物多样性的资源特点进行特色设计。

建筑风貌：以小型建筑组群为特色的低层、多层生态建筑及仿生建筑。

环境规划：每个项目单元都要结合当地生物多样性的资源特点进行规划创意，无论室内室外、软环境或硬环境，每个项目单元均可称之为“小型动物园”或“植物园”。

商业模式：项目实行1+N模式，每个项目均为独立单元，各自分布在不同的风景旅游区和生物多样性资源丰富的自然环境之中，各个单元采取“共生型联邦组织”的管理架构进行既统一又独立的新型商业模式，简称“共生联邦”，以文化旅游康养产业收益维持生物多样性保护宣传与文化艺术方面的经费开支。

投资运营：项目实行公益活动企业化、企业经营公益化的运营模式，以解决生物多样性保护宣传工程的融资难题。以股份制方式组建项目公司作为运营主体，以社会资金为建设主力，广泛吸引社会各方面的积极力量，争取中国生物多样性保护与绿色发展基金会、中华社会文化发展基金会、欧美同学基金会等相关基金予以支持。

组织架构：项目采取“共生联邦”创新型组织管理模式。（下一节重点论述）

主题口号：万物并育，天下共生。

项目意义：项目实施具有深远的战略意义。我国率先开展生物多样性文化艺术工程，是贯彻加强生态文明建设的创新路径，是我国生物多样性保护宣传工程的新抓手，是人类生态文明建设上升至文化精神境界的新尝试。项目使公益活动与企业相结合，让公益行为企业化，改变企业及企业家纯粹投入式的公益性慈善做法，在SEE（阿拉善企业家与生态协会）捐献式的生态环保模式基础上进行商业运营，以维护其自身可持续性的经费开支。

四、“共生联邦”的治理结构

BD中心有哪些特点

生物多样性文化艺术中心（BD中心）若想充分发挥保护宣传功能，

真正实现“科普于艺术，寓教于休闲，用科技展示，让环境说话”，则必须因地制宜，从实际出发，解决好选址、投资与永续经营等诸多难题，因此，BD 中心的创建，本身即具有以下四个方面的“天赋”特点。

BD 中心应该与自然相结合，选址在风景优美、生物多样性自然资源丰富多彩的“生物圈”之中，它应该在大海边、江湖畔、森林里，与生物圈自然环境融为一体。因此不是只建一个 BD 中心即大功告成，而是要建多个，如 10 个、20 个，要在人们喜欢到达的旅游目的地广泛布点，形成视觉品牌连锁效应。只有分布广，宣传效果才会大，才有可能实现保护生物多样性成为人们的主流意识。多地布点，广泛宣传，选址于自然，寓教于环境，这是 BD 中心第一个首要特点。

因为多地布点，且选址于风景之中，因此每个点位单元都不宜过大，这一方面是出于项目本身就应该是保护自然、爱护环境的考虑，另一方面也是基于投资成本应该从实际出发的经济考量。一个点位即是一个单元，它的意义不在于一个点位有多大影响，而在于多点联合，以小见大，积少成多，形成广泛的品牌聚合效应和宣传效果。从小做起，易于建设，爱护环境，节约成本，这是 BD 中心第二个首要特点。

BD 中心毕竟承载着生物多样性保护宣传工程的使命，尽管有 BD 艺术酒店（或称 522 艺术酒店）日常经营的商业收益，但终究这是一种投资行为，规模越大，投资也越多，若要寄希望于一家企业来全资建设，或成立一家专项基金来负责全部建设资金，恐怕 BD 中心就永远只是个理想而很难付诸实施了。所以 BD 中心必须发挥点位优势，每个点位单元都可以与当地的投资者结合起来，每个点位单元总投资规模又都相对可控，这就很容易形成多家投资、合伙共建的组合模式。即使有了专项基金支持，但也只是作为一种融资辅助手段，重要的仍然是广泛吸纳社会各界有识之士投入他们的零散资金。每个点位单元股东构成都可以灵活组合，独立建设，单独核算，多元融资，广泛参与，这是 BD 中心第三个首要特点。

作为一个与公益相结合的经济组织成立之后，能否可持续地经营下去，关键在于经营管理。既然是多点位、多股东的自由组合，各点位单元又都是独立核算、自负盈亏，那谁来管理呢？如果每个点位都各自负责经营管理，那作为BD中心需不需要统一行为或者中心管控呢？如果需要，这与联盟、连锁、特许经营或集团化中心管理又有什么不同呢？应该说采取哪一种管理模式都是可能的，这里我们要介绍的是一种新型的管理构想，这就是“共生型联邦组织”的管理模式。“共生联邦”主张每个点位单元都有完全的独立性、自主性和独立自主进行核算的经济性，但同时又在目标使命、价值选择、视觉品牌形象、经营服务标准、客户网络资源等方面，并不失去它的统一性、一致性和中心性。既各自独立又相互联系，既自主经营核算又不丧失其中心管理，有中心而又去中心化的单元独立，这是BD中心第四个首要特点。

什么是“联邦制”管理模式

“联邦”也是一种联合意义的合作形式，它更多的是作为政治术语而被广泛使用的。亚里士多德的《政治学》其实就是一部追求正义、民主和“至善”的城邦政治美学，而古希腊的“城邦同盟”正可看作“联邦合作”模式的起始。人类的“合作”精神总是与他们的生存环境和生活方式相关联的，古希腊以雅典、斯巴达为代表的各城邦滨港小国，离不开与外界的商贸往来，所以他们很早就养成了一种交换意识。“交换活动”也正是人们形成分工协作“合作意识”的精神基础。这跟农耕民族的小农经济是完全不同的生产、生活方式。自给自足式的小农经济，培养的是万事不求人的自主生活习惯，合作主要体现在家庭成员之间，多生儿子就是多生劳动力，父子的孝道纲常成了维系亲缘关系的纽带，与外人的“合作”多是一些简单的交换从而显得不那么重要了。如此一代一代地沉积下来，便形成了缺少合作精神的民族或国家。达成合作总是要付出代价的，不让渡自己的某些东西，也便很难获得自己想要的利益。商业性以及游牧性的民族已经习惯了交换式的生活，合作便常常被看作是一种对等的权利交换，他们肯付出自己所有的，因而也就容易得到自己想要的。古希腊各城邦小国能够结成安菲替温尼同盟、德尔菲同盟、亚该亚同盟、埃托利亚同盟等，或可看作平等民主的“联邦制”的肇端，其中有些“联邦故事”，至今仍通过《圣经》广为流传。

进入现代工业社会，人们更加需要分工协作，“联邦制”也便成了许多国家“治理结构”的制宪选择。瑞士有26邦，德国是16个州的联邦，加拿大、印度、巴西、奥地利、澳大利亚、阿根廷、墨西哥等国家，都是各个州、省或地区的“联邦组合”。人们讨论最多也最具代表性的，是由50个州、1个特区和7个地区联合而成的“美利坚合众国”。“联邦制”实际已是一种由各个邦、州等成员联合组成的统一国家的政治体制。这种“联邦”体制同样是人类在探讨和践行分权与集权、自治与共治、统一与独立、整体与局部、中央与地方等治理关系与权力关系的思想财富，人们之所以常拿美国为例来说明“联邦制”，很重要的因素是美国最初由13州联合成立联邦制国家时经历过最激烈的讨论与争辩，而这一过程的原始档案今天都已公开出版。[①] 从这些原始资料中我们可以看出，联邦制是一种重要的解决集权与分权、自治与共治等权力均衡关系的国家治理结构。联邦和成员之间的权限划分由联邦宪法规定，各成员保留了一定程度的立法、行政等独立自主的自治权，而将外交、军事和有限度的财政、法律权限让渡给了联邦政府统一行使。为了限制联邦政府权力有日益增大和集中的趋势，维护成员权利的倡导和主张日益高涨并形成了新联邦主义。也正是在公司法由州还是由联邦来制定的讨论中，爱德华·罗克（Edward Rock）等人提出了“共生联邦”的共生式联邦主义理论。

人类社会的秩序规范总是有相通之处的，无论是政治还是经济。我们从企业治理结构中常常会看到政治体制的影子，而政治体制的演化同样也可以借鉴经济组织的管理经验。上一章讨论的“联盟组织”，即是人类社会治理智慧在企业领域的体现，本章讲的“联邦”也一样，它是人类成功的合作经验开始用到公司治理的智慧转移。联邦制公司治理结构一般首先诞生在分权政治或是联邦主义的社会之中，很难想象一个集权政治统治下的社会能够首创出联邦制的企业。家庭和企业的分权化、开明化，同样也

① 这些资料主要集中在《辩论：美国制宪会议记录》《联邦论：美国宪法述评》《联邦党人文集》等书中，我国已有翻译出版。

会为社会的治理结构打下和谐秩序的基础。所以“共生联邦”组织的发展总是跟整个社会的文明进程相互关联着。也正是在自由市场资本主义的呼声比较高涨的时期，“联邦制”企业开始兴起，只不过就像人类社会尚未实现完全民主一样，“联邦制”企业治理的管理经验也并未普及开来。好在很多著名企业已经在用“联邦制”组织模式来治理公司了，一些著名的管理大师也对此展开了研究和探讨。

管理学大师彼得·德鲁克自1943年1月开始对通用汽车公司进行长达18个月的调研工作，并在此基础上完成了《公司的概念》，于1946年正式出版。他在书中第二章着重分析了通用汽车公司的“分权管理制度”，指出分权管理将是企业管理的发展趋势，而这种分权制度正是联邦政治体制在企业中的“翻版”，所以他偶尔也用“联邦制”来形容这种分权制度。他说：“通用汽车公司采取了联邦制组织形式——总的来说，是一种非常成功的组织形式。它试着用最多的自主权和责任将最大的公司统一起来；它像一个真正的联邦组织那样，希望通过地方自治来实现统一，反之亦然。这就是通用汽车公司分权政策的目的所在。”1962年他出版的《新社会》中，第30章专讲“分权制与联邦制”，他明确了“通用汽车公司是第一家真正建立起联邦制组织的公司”，并指出了分权制与联邦制在概念与结构上有本质的不同。在联邦制下，每个组成单元有它自己的产品与市场，它的自主权不是权力分解与指派的结果，而是自生的。用法律的术语来说，它的管理具有原生性的自主权，而不是派生性的自主权。公司总部的管理高层可以任免每个单元的管理者，但是不可能剥夺每个单元的管理者的权威及自主权，除非他将整个单元取消掉。这并不是分权制的一种变异形式，也不只是一种管理变革，而是一个独立的新概念，是一个基于联邦制思想的组织制度的新概念。尽管分权制和联邦制的共同点都是为了防止工业企业集权的危险，但联邦制组织形态的本质是一种同时协调中央和地方权利关系的组织形态。那么怎样定义联邦制这一新概念呢？对此，德鲁克提出以下“联邦制原则”：

> 企业真正需要的是这样的原则，它能赋予总部和单元真正的管理职能与权力。这个原则就是“联邦制”，根据这一原则，企业可以被

看作由自主的单元组成的一个整体。联邦制企业及其所有的单元都从事同样的业务。相同的基本经济因素决定着各单元及整个企业的未来，它们都面临着相同的基本决策，都需要相同类型和种类的具体管理者。因此，这样的企业在整体上需要一个统一的管理层负责基本管理职能：决定公司从事的业务；人力资源的组织；选择、培训和考虑未来领导者。

与此同时，每个单元又是一个经营主体。它有自己的产品，有自己独立的市场。因此，每个单元在总的管理层设定的范围内应享有相当宽泛的自主权。每个单元都应有自己的管理体系。尽管各单元的管理大部分都属于具体管理，主要关注眼前和不远未来的利益，而不是基本政策，但是在一些局部范围内，单元管理也需要承担起一些真正的高层管理职责。

这是德鲁克在研究了通用汽车公司、新泽西州的标准石油公司和强生公司所得出结论。到了20世纪末，“领导力之父”沃伦·本尼斯在他最具影响力的《经营梦想》这部著作中，第11章即专论“联邦制企业的未来”，第一句话即开宗明义地指出：“如今，‘联邦制’已经成了企业的主要趋势。”他认为这种趋势的形成毫不奇怪，因为联邦制允许成员单位在团结起来追求共同目标的同时保持自身的完整性。而对企业创新能力造成致命打击的，正是企业的集中化。他通过对贝纳通公司、可口可乐以及ABB集团的研究考察，对成功的联邦制企业完全相同的共性特征进行了归总，提出了“成功的联邦制企业的6项特征”：

（1）非集中化。

（2）谈判主义。

（3）立宪主义。

（4）领土。

（5）权力的平衡。

（6）自治权。[①]

① 沃伦·本尼斯.经营梦想[M].姜文波，译.杭州：浙江人民出版社，2017.

这6项特征说明，在联邦制企业中权力存在于很多半自治的成员单位，而这种故意的分散是为了维护那些单位的自由和活力。真正的联邦制是契约性质的，总部不能单方面或专横地废除成员单位的权力。决策是由中央权力机构和各成员单位讨论和“谈判”共同做出的，联邦制企业都存在一份成文的契约如同宪法一样规定着各自的权力及其各业务领地的“领土”边界，联邦制企业不仅寻求中央权力机构与成员单位之间的平衡，而且还寻求各成员单位之间的平衡。只要不违背维持联邦制企业所必需的基本原则，各单位就可以自由地实验和自治。

21世纪初查尔斯·汉迪这位管理哲学大师在论述“公民企业”和“双重公民身份”时，明确指出联邦制已是企业的“主流形式”，他特别强调：“联邦的中央只是为各部分服务的仆人，一个促进的机制，其权力是由各个部分的代表赋予它的。更实际的说法是，即使外面的投资者自认为拥有整个企业，所有权仍在各部分手中。如果我们与未来极可能是主流的形式背道而驰，多年之后，很可能会自食恶果。……令人高兴的是，现代企业的压力终将迫使我们讲求道德。”他进一步说明了联邦的观念其实不只是应用在国家上，“任何组织，不论大小，都可以应用联邦制的构想。医院、学校、地方政府，以及大多数慈善团体身上都可看到联邦色彩：在一个共同的中心协调下，各部门分别进行活动，但又属于同一整体。各种大大小小的企业都有联邦倾向，也都需要撷取联邦制所能提供的一切”①。

BD中心的“共生联邦”组织模型

“共生理念”用在企业上，是企业管理理念的一次革新，是企业重塑商业伦理的价值选择，是企业合作精神的灵魂展现。那么，什么是合作呢？合作，就是做企业首先得学会如何与人相处，怎样与其他企业关联，不光想要得到，还要懂得付出，合作是相互之间协作交流创造价值的过

① 查尔斯·汉迪.我们身在何方：个人与组织的精准定位[M].上海：东方出版中心，2017.

程，是既保持自我又学会利他的哲学践行。“联盟”是一种合作方式，“联邦”也是由不同主体结成的合作型共同体，我们称之为“共生型联邦组织”或“共生联邦”。BD中心是公益与企业相结合，是以生物多样性为灵魂内核的创新型管理组织，其组织框架的基本模型便是“共生联邦”。

结合“联邦制”的主要精神，以综合型BD中心为例，“共生联邦”的组织结构基本框架设计如下：

（1）主题化的管理内核。作为生物多样性保护宣传工程的“BD文化艺术中心”与“522艺术酒店”，生物多样性是其唯一的主题内核，文化艺术仅仅是对其生存环境与相互关系的美学思考与感性描述，目标是要让生物多样性成为地球生物生存环境的保护共识和哲学意志。“共生联邦”即是在这一共同理想的目标指引下自愿结成的公益性经济组织，是以“生物多样性文化艺术”为主题的文旅企业。因此，它需要在项目名称、形象标识、规划建筑、装饰装修、产品研发、服务规范、人员培训、基金组建、融资贷款、影视宣传、现场体验以及其他所有相关的视听媒介方面，实行统一的标准管理，形成一个统一的整体。这是“共生联邦”由各组成单元共同组建的“服务中心”。

（2）“去中心化”的各自独立。“共生联邦”的每个组成单元即是一个独立的生物多样性保护宣传工程的“基站”，均为独立自主、自由组合、单独注册的企业法人，实行自主经营、自负盈亏、自担风险的管理模式，每个单元在投资建设、产品定价、人力资源、财务审计等方面都有高度的自治权。

（3）自愿发起与轮值主中。“共生联邦”每个组成单元的股东构成均为自愿发起、灵活组合并可相互交叉的自由伙伴，提倡投票权与股权（所有权）相分离，不主张所谓“绝对控股”或“资本多数决”，“中心”的组织与权力由各组成单元共同推举、选举并轮值担当，努力实现“中心”权力与单元权力的均衡与和谐。

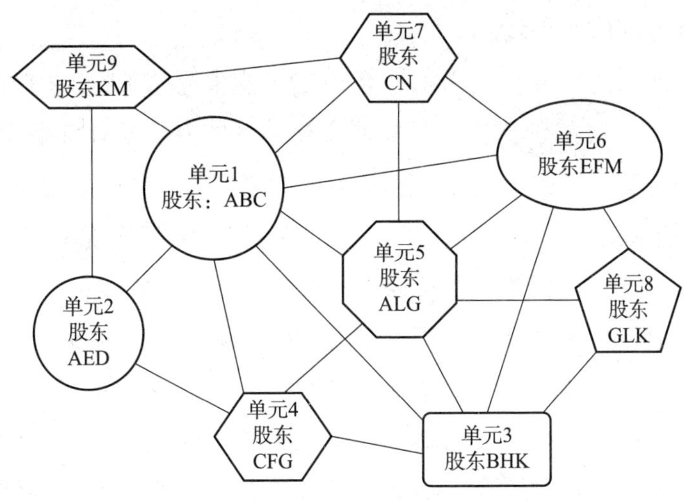

BD 文化艺术中心单元分布与股东结构

（4）契约化的立宪大纲。“共生联邦”的所有发起人和组成单元，共同讨论、制定、修改并签署“联邦协议”，由该协议具体规定“中心”与各组成单元的权力与权利关系。

（5）独立与统一的和谐行动。“共生联邦”的“中心”与各个组成单元，在“联邦协议”规定的权限范围内，实行资源共享、协同互助、既统一又独立的协同行动。

（6）奖罚分明的激励机制。“共生联邦”的“中心”将对各组成单元进行考核，对优秀单元给予鼓励、奖励，对违反“联邦协议”者视情节程度实施处罚或清退。

（7）进退自如的快乐合作。“共生联邦”是一个没有地域和文化边界的民间组织，是在生物多样性保护行动的共同理想目标下自由进出的快乐组合，是热爱生命与“共生理想”的快乐践行者。

五、BD 中心的市场运营

BD 中心的市场运营主要分为两部分，一部分是客户目标市场，另一部分是投资者合伙人市场。

企业是什么是由客户定义的，客户是企业生存的前提。BD 中心的目标客户首先是发展和创造生物多样性文化艺术的专业群体和业余爱好者，其次是方兴未艾的以热爱生命为主要特征的文化旅游康养人群。文旅康养产业的宏观市场前景，上一章已有论述，单是 2030 年实现 16 万亿元的规模目标，以及 2018 年国内游客 55 亿多的旅游人次及 5.13 万亿元旅游收入的规模产值，其宏观性市场背景似已无可置疑。与生物多样性相关的专业群体，因为《天下共生》的出版我们已经看到了它的市场前景。绘画、摄影、动漫、VR、AR 以及与动植物相关的影视制作，无不关涉生物多样性的系列主题，他们的采风、拍摄、科考、会议、展示等所有业务，也都需要一个连锁性的服务基站和交流基地。那些业余的、爱好动物和植物以及荒野探险的游客“驴友”们，他们的人数和行踪更是无法一概而论了。而这一切都是 BD 中心投资建设的可行性市场基础。

投资者合伙人是 BD 中心需要寻找的第二个目标市场。为普及生物多样性的“共生”理想，BD 中心不期望有主导性的资金介入，因为很容易形成所有者掌控的集权局面，这不利于“联邦制”的创新发展，也不符合生物多样性的共生理念。BD 中心更希望吸纳众多的中小投资者参与，因为每个独立单元都可以因地制宜地吸纳投资者，每个单元的投资规模一般都可控制在 0.5 亿 ~1.0 亿元，这很容易吸引中小投资者进入，形成多股东的投资自由组合，不仅为中小企业主投资创新创业提供了新的机遇，而且投资行为本身已然带有生物多样性保护宣传的普及意义。这也是目前为止我们的“朋友圈”内很多人都愿意参与进来的原因所在。

更为重要的是日常管理与永续经营。BD 中心一旦成为国家生物多样性保护宣传工作的“基站”，每年接待相关人员的各种活动或已忙得不可开交。加上散客游人的酒店服务，实现以企业行为支持公益事业的经营目标是完全可能的。如果再加上辅助性产业的支持，如生物多样性影视、VR 等资料片的创作与演播、以生物多样性为题材的旅游产品的研发与销售等，便有可能实现以 BD 艺术酒店经营收益为主、外加辅助性经营收益，不仅可以支持 BD 中心自主经营的日常开支，还可以创造盈余实现投资回报的良性收益。倘若将部分产权以“分时”或“分权”模式售出，快速回笼资金并形成“良性收益”就更有可能成为现实了。

BD 中心创造的是“内容之王”，这也是其可行性的重要机遇。当前各地兴起的特色小镇以及田园综合体和乡村振兴项目等，最迫切的不是能否立项，而是怎样为项目充实内容。BD 中心可以有选择地融入其中，充实到那些生物多样性自然资源比较丰富和具有特色的项目之中，既为特色小镇等项目丰富了内容，也为自身的日常运营找到了“借势”发展的路径，形成又一种商业上的共生格局。

我的好友陈一峰教授对世界各地精品酒店的多年考察研究，很大程度上影响了我对 BD 中心的规划构想。每一个组成单元都可以就地取材创造出自己的特色，如四川地区可以用熊猫、朱鹮、金丝猴等为主题特色，海南可用海洋生物作为吉祥标识，长白山可选秋沙鸭、东北虎、梅花鹿、人参等为特色主题，等等。“共生联邦”作为整体有其统一的形象体系，各组成单元在统一之中又有各自的鲜明特色，既统一又有个性，形成生物多样性与多样性文化的协同辉映。当客人进入一个 BD 中心时，他们会为以生物多样性为主题的环境、用品以及纪念品等文化氛围而感到惊喜，不同的风格特色又会吸引他们选择另一个地区的 BD 中心，而让他们惊喜的那一瞬间，正是抓住顾客心理进而普及和强化生物多样性知识与理念的“关键时刻”。瑞典北航 CEO 詹·卡尔森的“关键时刻理论”运用到这里，想他也会为之高兴的。

有市场和机遇同时也就有风险和困难。最大的困难不是来自市场，而是政府或政策。“土地”和“税收”构成 BD 中心的最大成本，如果认可 BD 中心是公益性或半公益性的，土地费用或税费能否减免或减半呢？国家每年在生物多样性保护战略与行动计划方面都有相应的经费预算，而每个 BD 中心若是购置土地其费用约在 1000 万元左右，建 10 个也不过 1 亿元而已，这对国家而言连九牛一毛也算不上，由国家专项费用支付这笔土地款不是不可能。问题是土地主要归地方管控，是地方财政的重要来源，恐怕地方政府未必愿意做这种永远也算不上 GDP 的公益。另一个困难是开发建设本身就是对自然环境的一种利用和伤害，BD 中心的主旨是保护生态资源环境，这似乎是一个无法调节的悖论。我们只能说为了实现生物多样性保护和可持续利用的大目标，适当牺牲一点资源价值也是在所难免的，这本身也是一个共生的哲学关系，没有付出和妥协，也便很难实现更大的和谐目标。这就像在森林里建设一个瞭望塔和开辟一条防火隔离通道一样，牺牲一小片林木是为了整个森林消防安全的需要。

数字往往最有说服力，接下来就要看可行性分析了。注册估价师徐照环女士以一个“综合型”组成单元为例，为我们做了BD中心投资静态估算，土地按招拍挂购置计算，配套费用和税费也按企业惯例统计，项目占地以15亩计，总投资接近1亿元，地上建筑面积1万平方米，其中有4千平方米可预售给生物多样性文化艺术工作者，建成后BD艺术酒店以及会议、展览等年经营收益大约在800万元左右。

BD中心技术经济指标

项目		数量	备注
规划总用地面积 /m^2		10000	约15亩
总建筑面积 /m^2		13000	
核定建筑面积 /m^2		10000	
BD艺术中心建筑面积 /m^2		6000	含BD艺术酒店，全部计入容积率（占核定建筑面积比70%）
BD艺术家工作室面积 /m^2		4000	全部计入容积率（占核定建筑面积比40%）
其中	可售 /m^2	4000	
	不可售 /m^2	6000	
地下建筑面积 /m^2		3000	不计入容积率
容积率		1.00	
BD艺术酒店客房 / 间		60	以户均45m^2计
BD艺术家工作室房间 / 户		30	户均133.3m^2，30户约90个房间

通过静态估算，项目建成后在正常经营的情况下，大约5年收回全部投资，并留下6000平方米地上和3000平方米地下物业资产，应该说从

投资的立场来看项目是可行的。这其中有几个环节需要注意：一是有40%的地面建筑需采取“分时”或“分权”模式以产权出让或长租的方式实现销售，先快速收回部分投资，以降低投资风险；二是地价和配套费用，这是最大的成本可变因素，各地差异很大，以上是按三线、四线城市一般标准估算的，属于正常程序下挂牌购置土地和基础设施配套支出，如能争取到生物多样性保护行动的政策支持和价格优惠，或者得到农村土地及林地流转等政策支持，将直接影响到成本和效益。其中还有一点不可忽视，那就是需要在生态环保和生物多样性保护利用以及可循环经济方面的投资，这也是建成后组织生物多样性文化艺术活动必不可少的。从某种意义上可以说，BD文化艺术中心能否顺利落地实施，在很大程度上取决于生物多样性保护行动能否与企业、政府达成“共生关系”，只有三方达成“共识”，BD中心才有可能实现“联邦共生”的最佳状态。

六、企业“共生联邦”展望

杰克·韦尔奇领导通用电气（GE）时，员工超过30万元，分布在世界各地，他自称这是“无边界组织”，沃伦·本尼斯则说他“给通用电气建立了新型的企业联邦制”。20世纪上半叶，通用汽车公司实行了“企业分权制度”改革，后来彼得·德鲁克则认为通用汽车是第一个创立联邦制的企业。再后来，贝纳通公司、可口可乐、ABB、壳牌石油公司、“地中海俱乐部”等，也都被看作实施“联邦制”组织结构的代表性企业。可以肯定，这些企业的具体管理制度并不是完全相同的，但我们从这些企业的管理案例中却可看出，它们都在试图“在较大的环境框架下，为个人的愿望与决定找到立足空间”，“将更多权力下放给小单位与地方单位”，这与简单地向个别员工或某位经理“授权”已经明显不同，它并不是个人行为的简单“分权”或“放权”，而是在探索如何提高个人、部门和地方的能动性与影响力方面，从制度和结构上创造性地实现了一种大与小、总部与分部、集权与分权、中央与地方的“新的权力均衡状态”，而这种权力均衡精神，正是“联邦型组织”治理结构的精髓所在。正如查尔斯·汉迪所说：“联邦制的精神，在于该大的地方大，该小的地方小；某些方面集权，某些方面分权；它的许多要求与决策都以地方需要为目标，但它的眼界却扩及全国乃至全球；它让成员拥有最大的独立自主权，又让它们之间长期保持一种必要的相互依存关系；它鼓励差异，却又对此有所限制；它需要维持一个强有力的中心，但此中心是以致力服务各成员为最大目的；它可以而且应该由这个中心来领导，却必须由各个成员分别负责管理。”①

单元组织小微化，小团队的“阿米巴”组织等，这在管理上已经是人人耳熟能详了。坎特用“5F”来形容小单位，即小单位具有行动迅速（faster）、焦点集中（focused）、有弹性（fiexible）、气氛融洽（friendly）以及不沉闷（fun）的特点。然而大企业也有自己的“规模经济”优势，无论是在融资、流通、技术、人才、培训或是社会影响和国际竞争方面，规模化的企业优势都是不可替代的。管理的难题是既要有规模化的优势效应，又要有灵活敏捷的工作效率，于是“联邦型组织”便在平衡“大”与“小”的权力关系上成为解决这一难题的有效工具。所以韦尔奇在《赢》中这样说道：“我希望 GE 的经营能够像街边的小店一样，有够快的速度、灵活的反应和开放的沟通气氛。”②

大企业总是存在权力集中化的倾向，而一旦形成集权模式，接踵而来的便是官僚主义的机构臃肿与效率低下的“大企业病”。第二次世界大战是人类有史以来最惨烈的一次自相屠杀，而这一切正是希特勒法西斯集权统治达到极致造成的，所以第二次世界大战之后无论是政治界、企业界还是学术领域，对极权统治的反思无不是刻骨铭心排在第一位的。管理学大师彼得·德鲁克的第一部著作正是《经济人的末日：极权主义的起源》，这与汉娜·阿伦特的《极权主义的起源》、罗素的《权力论》、哈耶克的《通往奴役之路》、以赛亚·伯林的《自由论》、米歇尔·福柯的《生命政治的诞生》、弗里德曼的《自由选择》等，可谓在这场对极权主义的旷世

① 查尔斯·汉迪 . 我们身在何方 [M]. 周旭华，译 . 上海：东方出版中心，2017.

② 杰克·韦尔奇 . 赢 [M]. 余江，等，译 . 北京：中信出版社，2017.

反思中很多地方都有异曲同工之妙。正是在这场大反思、大总结的历史背景下，不仅是政治改革，企业管理领域的分权化、透明化等的创新之举也都日益高涨起来。人类社会政治体制和经济结构从来都是相互关联、彼此影响的，企业“联邦制”治理结构之所以在这个时期迅速兴起并发展开来，某种意义上正是历史大势使然。

改革与创新一般总是朝着简单化方向发展着，效率低下则每每与结构复杂和机构臃肿联系在一起。我们在大集团公司的总部常常能看到那些人浮于事的重重叠叠的部门机构，这种现象对于权力集中化的组织总是难以避免的。在传统的层级组织结构中，晋级成了论资排辈的一种奖励，每个员工都趋于晋升到他难以胜任的职位，为了提高效率只好聘用更多的员工，机构越来越庞大，办公大楼也越来越壮观，人浮于事的结果便是相互扯皮，内耗加剧，效率更加低下了。而为了使组织继续运转下去，又不得不增设督导、监察、审计等部门，机构进一步叠加起来。所谓“彼得原理”“帕金森定律”，就是对集中化机构臃肿的深刻阐释。有人把“三个和尚没水喝”的故事改编成了一个寓言笑话，为了改变没水喝的实际问题，先是派驻一个巡视调查组，接着再成立一个督察办公室，进而又设立了一个饮水管理委员会，结果是人多了，喝水也更加困难了。所谓“大道至简”，改革的方向不是做加法，而是做减法，这几乎是所有组织机构和管理制度改革的一个基本标准。这也就是我们常说的“真正的管理就是减少管理”“不管才是真正的管”。创新管理万万不可有悖于行业属性，政治容易把简单的事情复杂化，学术则有把普通事情深奥化的倾向，唯独企业必须把所有的事情简单化、实在化。虽然企业也需要喊口号、树理想，还要像专家学者那样富于哲理、文化和思想，但企业的本质是行动和责任，只有行动才能实现目标结果，在所有的组织结构中，只有企业直接对后果负责。乔布斯一生都在亲力亲为地追求“少即是多”的至简主义，苹果公司不仅产品设计简洁明了易于操作，管理结构也同样是扁平高效的经典样板。所以改革并不是“授权”“放手”那么简单，而必须从制度和结构本身着手，对权力的均衡关系进行一次重新洗牌。企业“联邦制”正是重新定义组织结构上级与下级、总部与分部、中央和地方、分治与共治等权力均衡关系的一种创新尝试。

企业“联邦制”的兴起还与个性独立自我意识日益觉醒的时代环境息息相关，彼得·德鲁克说管理学就是关乎人的博雅艺术，人变化了，管理制度早晚得跟着变化，而管理制度改变之后，又会增进新新人类的重新塑造。只不过“联邦制”和上一章讲的联盟组织一样，并不存在统一模式或标准范式，重要的是理解“联邦”的基本精神，结合自己企业的特点，在把握市场前景的基础上认清人性及其未来，创造出符合自己企业的管理方式，这才是企业不断走向成功的“王道”。

“生物多样性文化艺术中心”仅仅是“共生联邦”组织结构的一个创意构想，几年来经过长白山、黄山、汉中、云南、海南等地的多次实地考察，目前正在向落地实施一步步推进。本章将此构想公之于众，一方面想借此机会让更多的人关注生物多样性保护战略与行动计划，或直接参与行动；另一方面也希望“共生型联邦组织”的管理精神能够为正在探索企业管理的相关人士带来些许启发，希望他们通过行动告诉大家，企业家并非只知道赚钱，他们还肩负着更多的使命和责任。

海，是如此的平静安宁，

风小，浪也小。

仅有的那一点微风吹起淡淡的波，

拍打成浅浅的浪花。

今夜无月，也无星辰。

深色的大海连接着深色的浪花，深色的夜空。

如果有一只小白帆顺着海向前走，

也许就能走到天上，

变成一颗小星星。

——林真好（11岁）《星》，2020年6月26日“笔神作文”网

第十章　企业共生文化散论

毛帕部落的生命和谐——生物多样性与文化多样性——“口罩现象”：多元与多解——“争合”的“兄弟关系”——尊重与妥协的艺术——冲突与融合的统一——企业共生文化的理想目标

一、毛帕部落的生命和谐

文化是可以通过语言、行为、符号、图像和文字等形式传承下来的记忆，这是人类不同于其他动物的主要区别之一。遗憾的是，这些记忆的传承并没有告诉我们“祖先”是怎么生活的，“山顶洞人”的考古发现，以及旧石器、新石器的实物考证，似乎都在讲述着先民们的艰难生活，他们既要与恶劣的环境做抗争，又要克服食物短缺的种种困扰，还要防备猛兽和不同部落的掳掠侵袭。人类能够繁衍到今天，实属来之不易。这是很多专业学者或普通人士最容易想到的“自然假设”。

先秦时期的思想家常常追忆并推崇着“先王”时代的大同盛世，似乎在有了文字记载的民族记忆里，之前的先民们的生活环境，并不像后人想象的那样布满荆棘，经过大禹治水等人为努力，很多时候都是食物丰腴、鸟语花香的，所以在祖先的灵魂深处很容易便形成了敬畏自然、感恩自然、人与自然和谐相处的友好精神。“敬天法祖”的礼乐民俗，某种意义上正是根植在祖先理解自然的精神之中，这样的精神底色不是披荆斩棘和自然争斗，而是与自然合而为一的和合共生。如《周易·文言传》所记：“夫大人者，与天地合其德，与日月合其明，与四时合其序，与鬼神合其吉凶，先天而天弗违，后天而奉天时。天且弗违，而况于人乎，况于鬼神乎！”

在现实版的部落生活中，我们也可以看到人与自然和谐相处的真实场景。野生动物摄影师戈登·布坎南，在拍摄非洲鳄鱼时有意外的惊喜发现。他在巴布亚新几内亚的塞皮克河流域，为了拍摄湾鳄而在恩加拉部落和毛帕部落与那里“跟大自然关系如此紧密的人”生活在一起。毛帕部落的小湖里生活着一条有6米长的大鳄鱼，人们叫它“玛萨莱”，毛帕人在湖里、河里嬉戏游泳，好像压根儿就没什么鳄鱼似的，他们邀请戈登“一起游到对面”，戈登的脸一下子拉长了很多，内心的恐惧已跃然脸上。可他还是鼓起勇气跟着毛帕人一起游了过去。部落成员非常热情友好，他们设晚宴为戈登送行，每个人都那样的轻松愉快，“十分祥和”，他们用木材支起的茅屋里，没有一件现代工业生产的工具。他们举行了一场叫作“唱唱”的欢送仪式，身上的“服饰”每一件都来自大自然，裙子是用草做的，饰品或是刚刚采摘下来的植物，或是鹤鸵的羽毛，也有带野猪獠牙的，感觉每个人也都是自然的一部分，与自然完全融合为一体。部落里所有的人都感谢森林中每一种为他们提供食物的动物，也感谢保护他们的“玛萨莱”，他们对大自然有着自己的理解，这些理解来自他们对自然的信仰，这信仰根植在他们的精神世界里，其深层的内涵则是一种尊重，对所有生命的尊重，因此他们总能与自然和谐相融，生活得安逸祥和，快乐幸福。戈登此行最奇妙的发现，便是地球上最可怕、最凶残的鳄鱼，居然能跟毛帕人成了友好相处的“邻居”。

生命的诞生首先依赖于能够诞生生命的环境，生命能够延续，同样也离不开环境的恩赐和赋予。所以人类的所有感知、认识和风俗习惯，首先都来自自然或与自然环境有着种种联系。人类祖先的各种习俗文化当中，大都存在着对天地、对自然的祭祀与膜拜，原因也就在这里。毛帕人的生活一切均取之于自然，因此他们很爱自然，野生鳄鱼宝宝在他们手里就像是怀抱着的婴儿一样温顺可爱，他们靠狩猎和采摘为生，可是在抓到有身孕的动物时又会小心翼翼地把它们放走。他们爱护自然，他们懂得自己也是自然的一部分，没有了赖以生存的自然资源，他们也将无法生存。在很多“文明人”的眼里，他们是“未开化”的野蛮人，可他们却有着人类生存最质朴的智慧，恰恰是所谓的“文明人”把这些智慧给丢掉了，为了一己私利或是眼前的“欲乐”，而不惜毁掉子孙后代得以繁衍的资源环境。

人类的衣食住行，没有一样不是仰仗大自然的恩赐。要么直接取之于自然，要么通过大自然提供的各种原材料经过现代工业加工而成。人们已经习惯于从大自然中不断地索取，仿佛这是天经地义、理所当然，而且越是容易得到的，就越是不知道爱护和珍惜。人们的日常生活可以没有钻石，但却离不开水，然而水和钻石的价格，却是一个在天上，一个在地上，其原因无论我们用什么供给需求原理，或是运用边际效用进行分析，在人性面前似乎都显得苍白无力。依据《圣经》的故事，上帝创造了人，又创造出各种食物供人类享用，遗憾的是上帝并没有告诉人们这些食物资源是会枯竭的，我们应该“可持续地利用”它们。现在世界人口已经超过70亿了，经济学家们普遍认为的“资源稀缺”的局面已然形成，而越是稀缺，人类对资源的攫取和掠夺也就越发激烈。德国电影《神秘的百慕大》结局时讲得异常精彩：地球上所有的怪异灾难和疑难杂症，都与人类过分的开采及其造成的污染有关。或许我们都应该走到太空里回过头来看看地球，把自己当作外星人也无妨，没准那时我们每个人都会大呼小叫：“喂，地球人，醒醒吧，别只顾着赚钱啦，看看满目疮痍的地球吧，再不珍惜你们赖以生存的资源环境，人类那是自取灭亡！”

我们都是自然环境中生长出来的一种社会型动物，承认自己是自然中的动物，我们才能回到自然，才能像爱戴母亲那样尊重自然、爱护自然，与自然融为一体。我们源于自然，依赖自然，需要自然，也离不开自然，所以我们要学会保护自然。因为文化的根基“与自然界的其他东西是永远拴在一起的”。[①] 共生文化首先是源于自然并反映着与自然关系的意识形

① 爱德华·霍尔. 超越文化 [M]. 何道宽，译. 北京：北京大学出版社，2010.

态，企业应该与自然相融，同自然共生，而不是毫无节制地攫取资源，伤害环境，这是企业共生文化的第一要义。

二、生物多样性与文化多样性

北大黄埔的同学分布在全国各地，这使得我都有机会到全国各地去参观学习。云南大理佳利集团董事长赵中柱是个热心肠，每次去云南开会考察都是由他或他的亲家李昆营一家出车、出人负责全程接待。记不清去过多少次了，但对大理、西双版纳乃至整个云南的印象却记忆犹新。

（1）云南有北回归线上唯一的热带雨林，这里是中国的花园、茶园、果园、菜园和天然动物园，是生物多样性的自然王国。

（2）云南是多民族的汇聚之地，民族、语言、宗教、民俗等千姿百态，是世界保留“文化多样性”最丰富的资源宝库。

（3）在云南，生物多样性与文化多样性呈现出高度的重叠、关联及其正相关的特点。

（4）云南生物多样性资源丰富既得益于天然的地理气候环境，又与当地民族敬畏自然、爱护自然的文化信仰密切相关。

当地人说：“在云南，转个身就能遇见大自然的精灵。”专业人士说：“这里堪称植物王国、动物王国。”在全国近3万种高等植物中，云南占60%以上，分别列入国家一级、二级、三级重点保护和发展的树种有150余种。云南动物种类数为全国之冠，脊椎动物达1737种，占全国58.9%。其中鸟类793种，占63.7%；兽类300种，占51.1%。坐落在昆明的中国西南野生生物种质资源库，是世界上种质资源保存最好的三大机构之一，号称是种质资源的诺亚方舟。去过蝴蝶谷、大象谷、三江并流以及抚仙湖和泸沽湖等自然景区和原始森林，说这里是生物多样性的“自然王国”便不足为奇了。

在云南省39.41万平方千米的国土面积里，有70.2%的面积为少数民族自治区，共居住着26个民族，其中（按人口数多少为序）哈尼族、白族、傣族、傈僳族、拉祜族、佤族、纳西族、景颇族、布朗族、普米族、阿昌族、怒族、基诺族、德昂族、独龙族共15个民族为云南特有，全省少数民族人口数达1621.26万人，占全省人口总数的33.6%，是全国少数民族人口数超过千万的3个省区（广西、云南、贵州）之一。云南各个民族除回族、满族、水族通用汉语外，其余民族都有自己的语言，彝族、哈尼族、傣族、苗族、壮族、傈僳族、佤族、拉祜族、纳西族、景颇族、白族、瑶族、独龙族等均有民族文字，加上藏文，现在使用的民族文字共22种。其中，纳西族的东巴文化历史悠久，东巴文字是迄今还在传承的象形文字，东巴古籍文献已被列入世界记忆遗产名录。云南作为茶园之乡，历史上更是形成了著名的“茶马古道”，它不仅是重要的商业贸易通道，也是文化交流宗教布道的文化之路。云南不但有藏传佛教、汉传佛教，还有阿吒力教、道教、伊斯兰教、天主教、基督教以及各少数民族传统信仰等，形成了多元民族与多元文化融合并存的多样性局面。

我们看到，在生物地理上，“生物多样性”和“文化多样性”在云南的地理分布是完全一致的，两者的重叠性让我们进一步认识到它们之间必定存在着一定的关联关系。这种关联不只体现在中国云南，世界各地都有类似的表现。我们从热带开始观察，随着纬度的升高，生物种群数量在逐渐减少，这在生物学上叫作“生物多样性的纬度梯度”，也称为“福斯特效应”。与此同时，与高纬度地区相比，热带地区的物种和文化的密度也都比较高。以厄瓜多尔和英国为例，两国面积大致相同，英国约有1500种植物，而厄瓜多尔的各类植物超过2万种。在厄瓜多尔能听到23种土著语言，英国却只有英格兰语、康沃尔语、威尔士语等12种语言。热带南美洲以亚马孙河流域为代表，可以说是这个地球的“生物王国”，那里的土著语言多达487种，而其北部邻居的美国，满打满算也不过176种土著语言。非洲面积是欧洲的3倍，但非洲土著语言的种类却是欧洲的9倍。所以英国人类学家亚历山大说：“人类文化多样性与生物多样性的全球分布一样，原因也相同。”也就是说，文化和物种的分布表现出了相同的地理格局，可以解释物种地理分布的生物学原因，也可用以解释文化的地理分布，人类与动物在生物地理学方面没什么两样，所以他又说："人类不过是一种猴子。"[①]

我们在云南期间还发现了一个有趣的现象：越是物种丰富的地方，人们越珍惜自然，崇敬自然，从而物种和自然环境也就更多地受到保护；越是民族和文化多样的地区，各民族和各种宗教、文化越是能够相互包容和彼此融合。

云南有很多"神山"，当地民族以各种原始宗教的信仰形式自觉地进行"拜山""敬山"，以体现他们对山林自然的原始崇拜，这使得"神山"的资源环境得到了很好的保护，使"神山"的生态环境保留了更多的原始风貌。特别是当地的藏民，他们会根据神山的大小和意义进行分级，如迪庆藏族自治州的格咱村有"玉拉·堆之扎哉"神山、"孜尼亚格"神山、"农布拉杰"神山，除了上述几座大神山外，各个村落都有自己的村民小组或家族共用的小神山。藏民对神山崇拜这一传统民族文化尤为重视，他们在神山上通过烧香、祭拜、转山等仪式来祈求美好祝愿，这种神山体系的构建对当地生态环境的保护起到了重要作用。[②]鸡足山是我国的宗教圣地之一，每次我们从大理开车前往，都会直观地感觉到鸡足山的树木比周围的山又多、又大、又高、又密。朋友说这是因为鸡足山风水好，所以才会植被茂密。当我们知晓云南有很多民族都有仰拜"神山"的传统时，我们不得不承认崇敬山林的信仰的力量，才是自然生态环境最强大的守护神。

第一次到大理佳利集团时，赵中柱先生每向我们介绍一位当地的领导或企业员工时，都要加上一句："我是白族，他是某某民族。"大理是白族自治州，所以佳利集团以白族、汉族人居多，此外还有彝族、傣族、哈尼族、壮族、独龙族等 10 多个民族的员工，集团本身就是一个"民族大团结"的象征。再到当地各式民居去"深层体验"一下，又会发现一个家庭内部可能已经汇聚了多个民族，父母是不同民族的结合，儿媳和女婿又是另外不同的民族。更有趣的是，一个家庭内部可能存在着不同的宗教信仰

---

① 亚历山大·H. 哈考特 . 我们人类的进化 [M]. 李虎，等，译 . 北京：中信出版社，2017.

② 张泽洪 . 滇西北多元宗教研究的文化意义 [J]. 宗教学研究，2018（3）：134–141；李子恒，李建钦 . 云南藏区神山文化与生物多样性保护的内在逻辑研究 [J]. 环境科学与管理，2020（5）.

和文化习俗，而他们却能既尊重别人的信仰，又守着自己的习俗，彼此相容，和睦相处。这与西方不同宗教之间曾经势不两立的局面相比，这里的不同宗教和文化的平等交融定会让他们大跌眼镜的。而这正是云南带给我们的最深刻的启发，“融入自然”“民族和睦”“宗教和顺”“文化相容”，这不仅是云南贡献给世界的文化景观，更是人类生存的现实理想。

因此，爱护生物多样性与爱护文化多样性是并行不悖的，生物多样性孕育着文化多样性，文化多样性也对维护生物多样性大有裨益。生物多样性与文化多样性在生物地理学上有着同样的分布格局，尊重生物多样性也当尊重文化多样性，尊重文化多样性也就意味着不同文化的承认与“和解”，只有承认差异，彼此包容，相互尊重，相互学习，才能多元共在、和睦共存。进而言之，只有信仰自然才能爱护自然，只有秉持共生理念才能在行动中体现共生精神。这不仅是生物多样性和文化多样性的基本精神，也是精神价值的力量所在。希望共生，首先需要有共生意识、共生思想，这是企业共生文化的第二要义。

三、“口罩现象”：多元与多解

昨天，林真好小朋友带回两张小学毕业集体照，一张是老师和学生都戴口罩的，另一张是都不戴口罩的。戴口罩的这张我反而多看了几眼，觉得挺有意思的，集体戴口罩的毕业照恐怕百年难遇，它不仅是小学毕业的特殊记录，更留下了新冠肺炎疫情下的别样记忆。

戴口罩原本没什么，不过是用一块布状物品遮一下口鼻而已，可在今天却成为一种国际化的“口罩现象”。在东亚、南亚的一些国家，媒体发布新冠肺炎疫情后，口罩就成了紧俏商品，男女老少一出门就都戴上了口罩，完全是出于自觉自愿的，是否在外出时或在公共场所佩戴口罩，好像并没发生什么争议。中国、韩国、日本、新加坡等国家领导人很早就戴上口罩出席各种公开活动了，人们更多的是把领导人的做法看作一种表率或是示范，仅此而已。

可在美国、意大利、法国、英国等一些西方国家，是否戴口罩成了一件很大的事，甚至是人权、自由、政治性的大事。政府出面提倡在公共场合要戴口罩，就有人集会示威以示反对；官方不得已颁布了“口罩令”“口罩强制令”，更有人以酒吧聚会、私人派对和上街游行等方式表示抗议。2020年3月30日世卫组织一位执行主任迈克尔·瑞安在媒体吹风会上公开表示“非患者不应戴口罩”，美国总统特朗普虽不反对戴口罩，但也并没有特别主张戴口罩，他在当地时间2月21日视察密歇根州的福特汽车工厂时就没有佩戴口罩，而在7月11日前往华盛顿郊外的沃尔特·里德军事医院时，他却戴上了一副印有总统印章的黑色口罩。

在亚洲，口罩就是口罩，与自由、人权似乎没多大关系，人们佩戴口罩是为了控制瘟疫传播，这不仅是出于预防传染给他人的考虑，也是为了自身安全的需要，所以用不着“强制令”之类的指令措施。如果你感染上病毒成为“毒源”而到处流动传播，人们会认为你缺少道德修养没有责任心，恐怕从此之后没人愿意跟你交往了。反观西方一些国家，仿佛戴不戴口罩是个人的自由权利，只要我认为我不是病毒携带者，我就有权决定自己是不是一定要戴口罩。问题是狡猾的新冠肺炎病毒从不事先告诉你它在哪里，也不告诉人们它感染了谁，即便是被感染了也会潜伏一阵子才让你知道，也就是说，你自认为没被感染却有可能已被感染，因此戴口罩还有一层防止你飞沫去感染他人的意思。很显然，戴口罩既是“自保”的需要，也有“保他”的责任和义务，而恰恰是在这一点上，对自由、人权的理解似乎产生了一定程度上的差异。

没有人愿意主动去伤害他人，除非他是个心理变态者。也就是说，“口罩现象”表现出来的差异并不是善与恶的较量，更不是不同政治体制的冲突，它只不过是不同文化背景下人们各种心理的正常表达。自觉戴口罩的亚洲人或许表明他们更具有集体意识，但这并不能说明他们缺乏自由意志；戴上口罩就心有不甘的西方人也许更多地表现出他们个人主义的自由精神，却也不能断言他们没有利他思想。从疫情控制的效果来看，东亚和南亚诸国确实体现出了集体主义的国家效率，在个人主义的自由世界里病毒蔓延着实大有失控之感，但他们也有可能得到“集体免疫”的另一种收获。不同文化背景面对疫情所采取的不同行动，是不同民族和不同国家的文化使然，这反倒说明了世界文化是多元的、多样的，而不同文化的多元化表现，并不能家长里短地说明孰优孰劣、谁是谁非，这不过是不同文化对疫情防控的多样性选择而已。

文化是多元的，如同生物多样性和文化多样性一样。文化多元同时也是价值多元，就哲学而论，多元论比一元论更容易与文化多样性达成一致。传统哲学的基本理念大都是一元论的，人们总是习惯于刨根问底地去寻找万事万物的终极因，特别是近代科学更把研究的方向指向了最小的终极粒子或“宇宙终极理论”。一元论虽然从上帝那里转到了科学实证上来，但却并未改变一元论探究“唯一真理”或“终极解决方案”的思维定式。如以赛亚·伯林及乔治·克劳德所说，一元论的观点认为有一种回答所有社会或政治问题的唯一正确的方式，至少在广义的原则上，所有道德问题都有一个单一正确答案，它可以从一个单一、普世有效的道德法则中读取出来。如果存在一个单一、普世有效的道德法则为所有伦理问题提供正确答案，那么就存在一个关于人类幸福或良善生活的单一、普世有效的观念，它遵循了那个道德法则。这种关于善的单一观念比所有可选项都更优越。如果存在一种优越的良善生活，那么原则上就可能形成一个关于完美的政治社会的蓝图和“终极解决方案”，这个社会将是实现唯一的最好生活方式的理想社会。那些一贯认为只有一种制度才是最合理的，只有一种价值观才是普世性的，唯有某种理论才是放之四海而皆准的，万事万物都是有决定因的“决定论”者，某种意义上都是一元论思维的扩展或延伸。依据伯林的分析推论下去，一元论不仅是集权专制主义精神上的智识基础，甚至是强制性霸权主义的理论基石：“一元论者并非必然是政治专制主义者，但大多数专制主义者事实上是一元论者。一元论导致了向专制主义方向的转移。假设道德是一元的，就是假设在所有情形中存在一种唯一正确的答案，它可以由唯一的道德公式解答出来。假设存在一个唯一的公式，就是期待所有道德与政治问题都将最终被解答，道德与政治体系将因此趋于完美。”人类对美好生活的向往，有的时候就是这样的执着与可爱。

与一元论相对应的是多元论。在多元论看来，世界是多元多样的，即便是人类道德的“善”也是深刻多元的，而不是统一的。如伯林所说：道德一元是错误的，“我们在日常经验中邂逅的世界，是我们在其中面临在同样终极的目的和同样绝对的主张之间进行选择的世界，其中一些的实现必然带来其他的牺牲。”在伯林心里，自由、平等、正义这些基本的人类善不可能组成一个单一完美的和谐体系或等级制度，此善与彼善甚至是不可通约的，选择了某些价值，就有可能损失掉其他一些价值，“不存在决定这一问题的单一、齐整、普世的公式”，在评价人类善或者生活方式的竞争排列时，不存在唯一正确的解，也不存在能够充分实现所有人类价值和卓越的美好生活的观念，人类不可能获得解决所有道德冲突的唯一法则或统一法则体系，没有任何一种社会能够满足它的所有成员。这似乎也可以看作“多元意味着多解”，其中或许会有适时性的“最优解”，但它绝不是唯一解。人类的生活方式和文化习俗是多元多样、同存共在的。

多元多样的世界并非没有共性，人类社会的某些价值是具有普世性的，人类的生活方式也会在某种程度上通约重叠。“口罩”就是人类公共卫生共有的文明。尽管人们在如何戴口罩或口罩的设计式样上存在着文化差异，但毕竟最终人们不分种族肤色都在某种场合戴上了口罩。“口罩”本身即展示出个性与共性的融合，而它的发明和使用也是在多元中体现出多元价值的。马可·波罗在游记中说：“在元朝宫殿里，献食的人皆用绢布蒙口鼻，俾其气息，不触饮食之物。”就像现在的厨师要戴帽子和口罩一样，目的是不要让喷沫污染了食物。美国人刘易斯·哈斯莱特 1849 年发明的“防尘口罩”，主要用于工业生产时防止粉尘。20 世纪初，为了抑制中国东北地区暴发的鼠疫病情，毕业于剑桥大学的医学博士何连德发明了“何氏口罩”，为阻止瘟疫蔓延起到了重要作用。“口罩”的多元价值，告诉我们它的戴法和用法也不应该是单一模样的。

“多样性”在客观上支持了多元论，多元论则在认知智慧上善待着多样性。世界多样和价值多元才构成了色彩斑斓的美好人间。所以伯林在论述多元论时强调：“支持更多的价值的社会总是更好的。”伯纳德·威廉斯也说：“如果存在许多相互竞争的真实价值，那么社会越倾向于某个单一的价值，遭到忽视或压制的真实价值也就越多。就此而言，更多必定意味着更好。”亦如亨廷顿在《文明的冲突》中所承认的，从一个文明转变为另一个文明的所有努力都没有获得成功，而文明正在朝着多样化的相互作用的方向演化着。

人类需要的是多元多样、丰富多彩的生活，而不是局限在单一的模式之中而沾沾自喜。世界的多元性鞭策着我们去促进尽可能多的文化式样和生活方式，承认价值多元多样就是从理论上有了更好的理由，去认真对待“人类善”及其美好生活的多样性，承认普世并不唯一性地囿于普世，承认共性又尊重个性，进而使多样性得到促进和更加丰富的展示。发现了普世价值便惊喜之下以为是“历史的终结”“理论的终结”，或在强调多样性和多元论时又忘记了人类共有的善，都是不完善的。承认并尊重文化的多元性和多样性，时刻努力着创新与发展，这是企业共生文化的第三要义。

四、“争合”的“兄弟关系”

“争合”一词是命理书籍中的常用语，我和林广志、陈文源、陆永强在整理出版《三命通会》时，对传统命理文化的认识还只是些皮毛，那时的舆论主流仍然认为“算命”不过是一种迷信活动，所以 1991 年此书出版时我们用的是四个笔名，也从未把此书的出版列为学术成果。然而正是通过整理点校这部集大成式的命理古籍，让我对传统文化有了更深刻的了解，得到的启发更是终身受益的。

所谓“算命”，通俗地说就是如何认识“人”以及人与人之间的相互关系。从这个意义上讲，“算命理论”也可以说是一种认识“人”以及人与人之间相互关系的方法或工具。人类迄今为止在认知宇宙自然方面所取得的科学成就都是可以确认或是可以证实的，唯独在认识我们自己如何成其为“人”且又为何成其为如此这般的“人”的方面，依然处在喋喋不休的争论状态。这未必不是好事，因为它可以让我们从任何可能认知的视角去探索有关“人”的所有奥秘。这就不能排除我们有可能从先人的经验之中，猎取认知“现代人”的有用的智慧。“财可生官”“官可生财”，这在算命理论中是最浅显的道理，直到今天仍不能说它在论述官商关系方面已经过时，这便是一个最不起眼的小小例证。

曾有学员对我说：“您讲的‘共生’，可不可以理解为一种理想，人与人和睦相处，天下太平，没有纷争，这就是‘共生’吗？”我笑了笑，对他说：“我所理解的‘共生’可能不是您说的那样，天地间没有争斗的和谐是不存在的，或者说即使有那也是短暂的。‘共生’是矛盾的‘和解’，但并不等于没有矛盾。对立统一不是只有统一，它同时还有对立。我所理解的‘共生’是‘争’与‘合’的融合妥协关系，是‘竞争’与‘合作’的平衡状态。举个例子吧，中国传统文化中的‘五行’，也就是金、木、水、火、土五种元素，它们之间并不都是相生的关系，还有相克的关系，水—木—火—土—金是相生的排列，水—火—金—木—土是相克的排列，相生相克的辩证关系和平衡关系，才是‘五行’的精神要义。”

合生创展的廖总在一次酒席间自豪地说：“我们朱老板太聪明了，他总能在市场上找到自己的位置，跟同行之间，争而不害，合而有争，人人有利，大家高兴。”我当时拍案叫绝：“争而不害，合而有争！太棒啦！这正是我要研究的‘共生精神’。”在座的张总有些疑惑地问我：“我所看到的都是残酷的竞争，前不久我的一位好朋友企业倒闭了，一时想不开从海珠大桥上跳下去自杀了。狼不吃羊自己没法活，可羊若是给狼吃了，对羊就是不公平。这是事实呀，我们生活的环境不就是适者生存的丛林世界吗？”我稍微思索了一下，说：“有（mǎo）错！张总看到了事物的‘竞争’性的一面，这是对的，我们还应该看到事物的另一面，即合作、善良或叫和谐、平衡的一面。如果没有狼吃羊进行种群控制，羊泛滥了，草原就会沙漠化；狼多了，羊被吃光了，狼自己也会饿死的。这是一种微妙的自然平衡系统，也可以说‘狼吃羊’从宏观上讲也是一种‘共生’平衡关系。《狮子王》中有一段对话很有启发，等我发给你看一下。”

席后我把《狮子王》穆法沙和儿子辛巴的对话整理出来用微信发给了张总：

穆：辛巴，你看，阳光照到的地方都是我们的国土。

辛：这一切都归你统治吗？

穆：是的。但是国王的统治，就如同太阳有升有落，总有一天，辛巴，我会随着太阳一同落下，而你随着朝阳升起，成为新的国王。

辛：所有这一切都会归我吗？

穆：这一切不归谁所有，但是需要你来守护，这是一项重大的责任。

辛：阳光照到的地方，那些树，还有那个水潭，远处的山丘，那边……阳光照不到的地方呢？

穆：你绝不可以去那个地方。

辛：国王不是想干什么都可以吗？占领任何地方？

穆：有些统治者只想着占有和夺取，真正的国王思考如何做出贡献。万物是在微妙的平衡中共存，身为国王你必须了解这种平衡，尊重所有的生命，从爬行的蚂蚁，到跳跃的羚羊。

辛：可是爸爸，我们不是吃羚羊吗？

穆：是的，辛巴，我来给你解释一下，我们死后，尸体就会变成青草，而羚羊是吃草的，所以在生命的循环里，我们是互相有关联的。

张总收到后回了我 3 个跷大拇指的表情，并问道："那企业和企业之间的竞争应该是什么关系呢？"我回道："这和狮子以国王身份自居的对话有所不同，企业虽有大小之别，但没有'国王'，也不应该有'国王'。企业之间是平等的市场经济关系，企业和企业应该是'兄弟关系'。"

中国人表示关系紧密或是友好，习惯用"兄弟"相称。我刚回到北方开办公司时，关系比较好或是比较熟悉的员工常常称我为"大哥"，开始时颇不习惯，后来发现周围的人都互相称"大哥"，以表示尊重，同时也含有关系比较亲近的隐喻。曾有位老板在资金上帮过我，我举杯敬他以表谢意，他拍拍我肩膀说："咱们是兄弟嘛！"那意思是说：我们的情谊像亲兄弟一样友好，帮点忙不用客气。所以"兄弟关系"通常情况下是指比较友好的亲密关系。这是一种情况。还有一种情况是把兄弟视为"天敌"。前一段时间网上"华杉版资治通鉴"有一篇短文，题目就叫"兄弟是天敌"。历史上为了争夺皇权王位，兄弟之间相互残杀的故事比比皆是，于是华杉说："兄弟是竞争对手，甚至一定程度上是'天敌'，因为要争夺父母的爱，又是谁比谁优秀的比较对象。就像婆媳关系，也是'天敌'。"这实际讲的是兄弟之间存在相互竞争的另一种情况。

我所说的"兄弟关系"，并不全然是简单的"友情"或"天敌"的关系，而是既有友情又有竞争的"争合"关系。这是一种既简单又复杂的人际关系，把这种关系讲得最透彻的，正是中国传统的算命理论。在四柱八字的命理当中，比作兄弟的有两个专用词，一个叫"比肩"，一个叫"劫财"。单从名词上似已不难看出，兄弟之间既有肩并肩地相互扶持的"生助"关系，也存在分夺财产的竞争关系。你是我兄弟，所以一般情况下你会帮助我发家致富，也正因为你是我兄弟，我发家了也会分一部分财产给你，以表示我们是"兄弟关系"。中国很多企业家一人富了之后，全家人甚至远房的兄弟姊妹都会跟着沾光，就是这种亲缘性的"兄弟关系"的体现。但也有很复杂的命理情况，"比劫"不光是友善的"吉星"，有时还会是穷凶极恶的"凶煞"，"兄弟"不仅可能劫走你的钱财，有时还会"合化"你的妻儿，使你家破人亡。你若是身旺财旺，或许你不会计较兄弟的这种"劫煞"，甚至还会跟兄弟一起富裕起来；你若是体弱财弱，再遇上兄弟相夺，那可能就凶多吉少了。如《三命通会》论阳刃所说："敗財者比肩之曜，劫奪之神，財多身弱，遇之爲奇，財弱身旺，見之爲禍，有財遇劫，運入財鄉，自可成家，無財遇劫，縱非財年，亦須見破。元劫又遇劫運，守窮途而凄惶；身旺又加印助，必榮華而發福。"命理之中各种因素的联系变化，远远超过了黑格尔的辩证法，很难一下子理解穷尽。然而中国文化的核心是讲究和谐中庸，只要命中的各种力量相停相当，不偏不倚，不能太过又不能不及，有了兄弟关系就设法发挥兄弟友好情谊的"生助"力量，抑制住兄弟之间的"劫煞"相争之气，使之趋于和谐平衡，就一定会是至善至美的结果。

这种既有竞争又有合作的和谐平衡的兄弟关系，不正是我们所说的共生关系吗？企业也一样，既有竞争，也有合作，没有竞争就没有创造，没有合作就没有发展，"争而不害，合而有争"，既相合又不同，既不同又相合，这既是东方传统文化"和而不同"的共生智慧，又与现代博弈论"纳什均衡”异曲同工。借用“争合”一词，似可更容易理解企业之间或市场运营之中，既有竞争又有合作的“均衡”关系。而既有竞争更有合作的“争合”的均衡思想，正是企业共生文化的第四要义。

五、尊重与妥协的艺术

尊重，是对生命发自心灵的赞美。

很多人可能都有过这样的经历，在出席会议或参加一项集体活动时，总能遇到一些著名人物，在他们出场或来到你面前的那一刻，你会情不自禁地投之以仰慕的目光和激动的笑脸，如果能握一下手，或是留下一张合影，你会久久地沉浸在一种喜悦之中。三十几年前我们在广州组织了一场纪念长征的儿童教育活动，我有幸能拜访到支持这次活动的萧克将军，并由我亲自陪同全国妇联主席陈慕华步入会场，直到今天仍然是一种美好的回忆。而第一次见到我的博士生导师何兹全先生和主持我博士论文答辩的周一良教授时，更多的则是发自内心的兴奋和夹杂着一丝紧张的尊敬。我们都是人，都是普通的人，都有仰慕、敬重甚至崇拜著名人物或成功人士的心理情结。这种情结的冲动驱使着我们向他们看齐，向着更高的目标去努力，同时也说明，作为普通的人，让我们去尊重或敬重那些比自己身份地位高或是事业上更有成就的人，是比较容易做到的。人，毕竟是一种仰慕英雄、崇敬伟人的情感动物。

还有一种情况，在我们遇到比自己身份地位低，看上去没有我们有钱，没有我们有文化，或者遇上我们认为是些愚不可及的“不文明”人物时，我们往往不屑一顾，更不可能有那种“尊重”的情愫了。很多情况下人们在对待“上级”时说话是一种语气，对待“下级”时说话的语气又是另一种了。当老师的大多愿意与那些学习好的学生进行交流，而对那些让你觉得有些“木讷”的学生，你跟他交流的“冲动”就大打折扣了。刚从工地打工下班的“农民工”走上地铁，周围的人大多远远地避开他们，他们自己也都知趣地习以为常，一上车就躲在角落里，即便有空座位也不坐，看到他们如此“知趣”，反倒让人的心里有了一些敬意。倒是有那么一类人无论是在酒桌上还是在会议桌前，常常语无伦次不着边际地高谈阔论空话连篇，这种人无论身份高低有名无名，在场的人往往都会内心生厌，更遑论敬重了。这种生厌和失敬也是普通人的正常心性，人总是有自己的喜好、判断或选择的，所以是否令人生厌或失敬主要取决于两种情境：一是你自己的所作所为是令人生厌还是让人尊敬，这完全由你自己决定；二是每个人都有自己的价值判断，喜不喜欢同样取决于你自己的选择。但有一点是不可忽视的，那就是人们在对待比自己身份地位低，没自己有钱，或是没自己见识广的人，往往就不那么尊重了，说起话来似乎也失去了应有的耐心。这说明让一个人去尊重比自己地位低的人并不是一件很容易的事情，有时候虽然看似“尊重”，也多是些礼节礼仪性的表面形式，未必是发自内心的情感。

尊重，是介于尊敬或轻视、看重或看轻、高看或小看之间的一种“平视”，是人与人之间不分身份高低、年龄大小、贫富贵贱、有知无知的平等对待，是同类之间不分差等的相互承认。我们之所以对地位高、成就大的人容易产生尊重乃至尊敬之意，很多时候是因为我们对首领和英雄的原始依赖所致，因为他们能够更多地带给我们指导和机会。榜样就是人类的校园，这也就是萨缪威尔·史密斯《品质书》所说的“光辉人物的价值”。而有的时候，我们会对一些人失去应有的尊重，除了这些人自身的原因之外，更多的是源自我们内心固有的某些心性。当我们自以为自己是开化的“文明人”时，就会不知不觉地对那些我们以为未开化的“野蛮人”产生鄙视的心理；当我们自以为自己的身份高人一等时，就会以优越者的心态颐指气使地对待他人；当我们自以为自己占据主动优势地位时，就会在商务谈判中藐视对方以争取自己的利益最大化；当我们自以为自己手中握有的权力今天不使便会过期无效时，就会把手中的权力挥舞到极致甚至超越应有的底线。一言以蔽之，过于自信或过于自卑，都容易导致自我中心、自我优越和唯我正确的不对等心理，这正是令我们不能“平视”他人从而失去对他人起码尊重的原始根性。

有了一切“看不起”的前因，便会生成所以“不尊重”的后果。根植在人们心底的等级观念，以为人天生是一种等级动物，甚至因为技术的先进形成优等民族的狂妄自大，是阻滞人与人之间平等对话与民主相向的思想肿瘤。有了优等民族的自大心理，在屠杀“东亚病夫”血流成河的现实面前便不会心慈手软。以为人类是万物之首，是地球的主宰，其他一切生命都会成为人类手中的玩物或盘中的餐食。所以人类若想克服自身的优越感与自傲心理，首先就必须重新认识自己，重新认识人类现实的等差事实，以及造成不平等现实的种种原因。

我们并不否认生物之间存在着体能与智能上的差异，人与人之间也并不是完全平等的生命有机体。这一方面是大自然亿万年来的自然造化，也是生物多样性精彩绝伦之处；另一方面对人类而言，这也并非完全取决于个人修为。有的人一生下来就是在金屋银屋里，而有的人则生在牛棚里或马路边。这是个人决定的吗？不是！这是家庭、社会千百年来演化沉积的轮回造化。在决定个体命运的种种因素之中，个人能够自我决定的因素是很有限的，更多的是你祖上的因素、家庭的因素、民族的因素、社会的因素和国家的因素。我们每个人生下来的生物差别是很微小的，甚至有99.9%的基因是完全一致的。重要的是我们属于社会性动物，人与人之间的差距从生命刚刚孕育的那一刻起就已经开始了，而这正是家庭和社会的功劳，个人的努力固然也起着十分重要有时甚至是决定性的作用，但如果生下来就把你放到狼群里，你再努力也不过是一只聪明的狼孩。所以我们可以庆幸生命的伟大和精彩，但无须为自己的身份地位而自大、自狂、自傲或自卑。因为我们每个人仅仅是社会中的小小个体，离开了他人的帮助，离开了父母的庇荫，离开了社会的环境，我们不过是一堆聚合在一起的细胞有机体而已。偌大个地球尚且只是宇宙中的一粒尘埃，我们作为这粒尘埃上的小得不能再小的微生物组合体，有什么值得妄自尊大或是妄自菲薄的呢？

生命最值得我们珍视的，就因为它是生命。法国画家保罗·高更那幅《我们从哪里来？我们是谁？我们到哪里去？》的著名油画，初看画面没什么让人震惊的，倒是画名让人为之一震，看了画名再看画面，反倒处处令人震惊了。通过美学画面来探问生命的哲学本质，这样的美学哲学你说它有何等的深邃？或许只有问一问生命是什么，我们才能思考和理解生命之中更深层的东西。最让人震惊的并不属于那些轰轰烈烈的奇迹，反而是那些看起来并不起眼的普通生命。生命的意义并不在于创造了什么奇迹，因为生命本身就是奇迹。生命的意义不是单个生命体的光大、优势、占据上风、赢得胜利，或是实现世人所谓的成功，而是内心深处对生命本身的欣赏、赞美、愉悦和热爱。只有敞开视野去瞭望生命全体，才能认清生命并承认和尊重不同的生命个体，最终领悟生命的目的和意义。

对生命的至深理解首先是学会相互尊重。人类“握手”“行礼”的行为即是彼此之间相互认可和相互尊重的原始礼节，是对个体的差异性与多样性的包容与承认。只有相互尊重，人们才能以平等的眼光相互对视，社会组织才能实现民主、平等的管理秩序。所以“尊重”是所有价值实现的预设条件，是化解矛盾走向合作的融合艺术。

中国是“和为贵”的礼仪之邦，《国语·郑语》所谓“以他平他谓之和”，讲的也是把不同的东西加以协调平衡才叫“和”的道理。历史上因尊重而礼让、而妥协的“和合”典故俯拾即是。“六尺巷”的故事即最为世人称道，讲的是清朝康熙年间文华殿大学士兼礼部尚书张英的老家，因为重修宅院而与邻居吴家产生院墙边界争执，两家相争，互不相让，张家于是写信给在京城做官的张英，想让他为家里撑腰。谁曾想张英看了信后回了一首诗：“一纸书来只为墙，让他三尺又何妨。长城万里今犹在，不见当年秦始皇。”张家人见诗，知张英是要礼让，于是把原来墙界后退了三尺。张家这一退让也感动了吴家，于是邻居也都把墙向后退了三尺，“六尺巷”由此得名。这段据《桐城县志》记载的故事一直流传至今，今天的桐城“六尺巷”已列为文物保护单位，成了3A级旅游景点。

国外相互尊重而达成妥协的典型案例也随处可见。我在澳大利亚考察时，堪培拉这座“大洋洲的花园城市”深深地吸引了我，这是1912年美国建筑师沃尔特·格里芬夫妇二人的代表作，研究城市规划者无人不晓。当地朋友介绍说，堪培拉的选址有一段很有趣的故事——澳大利亚联邦政府成立后打算建立首都，当时悉尼和墨尔本是最大的两座城市，分别代表着新南威尔士和维多利亚两个最大的州，两州相争数年，首都选址仍不能落锤。最后双方采取了一个折中妥协的办法，让他们各自从本部驾着马车出发，向对方的方向行驶，两车相见的地方就是都城选址所在。1908年的某一天，两方的马车在接近悉尼和墨尔本的中间地带相遇，于是便就地定为首都城址，取名“堪培拉”，这是当地土著语言，意为“相聚的地方”。是否真的以“马车相遇”的方式进行首都选址已无关紧要，但“堪培拉”是两方力量经过很多年的相互争执，最终以相互妥协的方式尘埃落定，确是历史事实。“两者相害取其轻”，以双方都能接受的方式化解争执，从而避免争执升级，并且奇迹般地缔造了一座美丽的城市，不能不说是人类相互之间学会尊重和妥协的一段佳话。其实联邦政府成立本身，就是各邦妥协的最大成果。

市场经济中的买卖活动，实质上也是一种相互尊重的妥协艺术。卖方总想利益最大化，买方则想成本最小化，价格高了没人买，出价低了没人卖，经过市场这只“看不见的手”的反复较量和“博弈”，最终形成了经济学所说的“价格均衡”而达成自愿交易。在这个博弈过程中，任何投机取巧的行为有可能暂时获利，但一定不会长久。这就是市场博弈的妥协与均衡的艺术。而其潜在的预设条件，正是双方的相互承认与尊重，突破了这条底线，那就不是市场行为，而是变成强抢或是强盗了。

没错，这个世界上有强盗，生命也确实存在着大小、强弱的个体差异，要想达到均衡状态首先你必须有实现均衡的实力，有的时候“你的善良必须有点锋芒”，如西方谚语所说：“你希望和平吗，请准备好战争。”但我们也应该懂得，这个世界并不只属于生命的强者，再强的生命也离不开其他生命，本质上这个世界归属于生命的全体。在生命全体之中也并不是仅仅存在适者生存的“生存斗争”法则，同时还有相互联系、相互依赖的共生合作法则。生命不分大小强弱都应该懂得相互尊重的道理，如果人类历史所发生的故事更多的是以大欺小、以强凌弱，那么，已经成为强者的个体或社会，就更应该懂得并能践行相互尊重这个道理。所以生命的本意除了“自爱”，还要学会对其他生命的尊重，承认差异，尊重个性，竞争而无害，合作而共生。行礼问候的形式主义固然必要，但尊重的最高境界是包容差异、化解冲突的妥协与融合。有尊重才有妥协，有妥协才有合作，尊重与妥协的艺术正是企业共生文化的第五要义。

六、冲突与融合的统一

多元性和多样性同时也就意味着差异性，有差异就会有矛盾，有矛盾的地方摩擦和冲突便在所难免。承认差异，尊重个体，并不等于无视矛盾，否认冲突。矛盾和冲突是客观存在的，是不可回避的，所以问题并不在于是否存在矛盾和冲突，而在于我们应该怎样看待它。

如果我们认为劳方和资方是对立的、冲突的，是不可调和的剥削与被剥削的阶级关系，投资者乃至管理者与劳动者的关系就会被看作一种矛盾的、斗争的关系，资本方为的是赚取利润，劳动者只是为了工资而工作。劳动者既不需要关心投资者的风险和责任，也不需要关心成本和效率，他们关心的是如何才能“少干活多挣钱”；而资本方也就无须关心劳动者的工作环境和身心健康，工人不过是为他赚钱的机器而已。倘若进一步推论这种对立和冲突是不可和解的，那就会把资本主义制度看作没落的、垂死的，甚至会预言资本主义很快就要灭亡。反之，如果我们认为劳方和资方的关系虽然存在着对立和冲突的一面，但把这种冲突看作必要的、正常的，是发现问题和改进问题的必经的过程，这时的冲突和摩擦就会变为有益的相互作用和相互促进的关系，工人提出的要求开始被重视，工资待遇和劳动环境也随之日益改善起来，资本方也会越来越重视工人的权利和地位，他们会发现，当工人把企业和工作看作自己生活一部分时，他们在工作效率和能动创造上会表现出更好的状态，这种时候劳方和资方的界限开始模糊，管理者和被管理者开始融合，企业的目标既是资本方的，也是劳动者的，他们的价值利益开始走向合一，企业发展好了，劳资双方的价值也都得到了实现。于是矛盾和冲突不仅无害，反而有益，因为冲突使企业管理存在的问题公开化了，并进而得到了解决，冲突使企业管理又有了新的升华，是摩擦和冲突让企业又产生了新的创造。企业正是在这样的相互作用和相互促进的融合统一下得到了进一步的发展。

如果我们把人与人之间、企业与企业之间也看作一种纯粹的竞争关系，不仅人和人不会存在真正的友谊，企业和企业也很难产生真正的合作关系。

人们常说“不要让孩子输在起跑线上”，好像是说孩子一出生就开始了人生竞争性的赛跑。从小学一年级开始，几乎每周都有几场考试，尽管老师没有排名次，但是大多数家长都掂量着自己孩子在班级里的排名情况。“宝贝儿，你们班学习好的小明参加了课外数学班，咱不能比人落后，我也给你报了个班。”“你看佳佳都学奥数了，我也给你请了个家教，让他来家里教你。”不能落后的竞争心理，驱使着人们从小就相互攀比和相互设防，竞争的恐惧更让所有的家长焦虑不安，为了让孩子在人生的竞争中赢，无不施展出管、卡、压、诱、哄、劝等所有能够使用的手段，把孩子每天上课、练琴、辅导等各色时间安排得比成人还要丰满。结果孩子们在竞争性的应试教育中斑斓的想象力一天天地失去了色彩，在标准化的答案中个性的创造力在一天天被泯灭。它让人们失去的何止是童年的乐趣？上了大学还要考虑就业的竞争，就业之后又要抓住提薪和提职的一切机会，把人生看作一场竞赛，即便赢了，但生活中的天伦陪伴、旅游休闲等乐趣早已荡然无几。竞争性的价值趋同影响的是人的一生。

在经济领域也常有人说“商场如战场”，把商业活动只看作一种争胜负的竞争行为。我们不否认市场经济就是一种带有竞争性质的商业活动，但问题不是市场上有没有竞争，关键在于我们怎样看待这种竞争。如果你认为商场就是战场，你便会以争胜负的心理去指挥这场战争，其结果必定是有输有赢，要么我赢你输，要么你赢我输，目标就是要追求胜利或成功，过程中你会像将军一样发号施令，实行严格的管理控制，对于有违命令者甚至立马执行“斩立决”。学术上也会像哈佛教授迈克尔·波特那样一心研究竞争优势和竞争战略，目标就是要在竞争中获胜。倘或你认为商业活动就是利益上的竞争，那你一定是个“利润最大化”的倡导者，在所有的商业活动中你会想方设法让自己这方获得最大利益，是否损失了对方的利益并不在你的考虑之中，你甚至会认为对方的让利或妥协是他们商业上的弱智，你会为自己具有的商业优势感到喜悦和自豪，并会奉行所谓“赢家通吃”的商道，以为“富者愈富”的“马太效应”是优胜劣汰的自然规律，它符合上帝说的：“凡有的，还要加给你；没有的，连他所有的，也要夺过来。”于是商业的真谛不是公平交易，而是巧取豪夺，胜者为王。余白、李天舒编著的《马太效应》一书已经把这种精神发扬得淋漓尽致。[①] 再比如，假如你认为商业职场上的权利地位也是一种竞争关系，你又会绞尽脑汁长袖善舞地玩转职场政治，这时你所有行为的出发点就未必都是出于公司利益的考虑了，有时甚至会不惜牺牲公司利益，不择手段，只是为了在职场竞赛中战胜他人。美国的行为学教授杰弗瑞·菲佛还为此著述《权力：为什么只为某些人所拥有》，来专门教你如何在职场竞争中争权夺利。只要在你的心目中根深蒂固地认为商业活动的本质就是竞争，所有有关竞争性的冷酷的故事你自己就已经是一部竞争宝典的智慧库了。

人类的精彩正在于它的多元与多样。有了纯粹竞争的王道思想，也就会有关于竞争和冲突的不同解读。评价企业和社会的一项重要指标，正在于它是否允许和能否促进文化与思想的多元与多样，是主张多元与多样之间相互冲突或斗争，还是促使它们彼此包容与融合。20世纪中，整个世界处于冷战时期，不同文化的冲突和敌对意识主导着人类的主流思想，在这样的国际背景下，冲突和敌视对社会文化的影响几乎反映在文学、艺术、教育、政治、经济等方面。1960年上映的美国电影《恩怨情天》，由奥黛丽·赫本主演瑞秋，故事以1850得克萨斯州扎克立家族与印第安凯欧族血战场面为背景，起因是白人在血洗印第安部落时抱走了一个女婴，她就是在白人家里长大的瑞秋，后来印第安人知道瑞秋就是他的亲妹妹，便想方设法要回妹妹，但扎克立家人不肯交还，认为印第安人“野蛮”“未开化”，不能让瑞秋回去受苦。双方都爱瑞秋，但却展开了殊死战斗，最后瑞秋亲自开枪杀死了她的印第安哥哥，印第安人全部战死。今天有很多影评以为该片的故事情节有些匪夷所思，为什么不能以瑞秋为中介让白人和印第安人和好呢？或许了解了时代背景之后人们就不会质疑了，斗争到

---

① 余白，李天舒. 马太效应：左右事业成功与个人幸福的普世定律[M]. 长春：吉林人民出版社，2002.

底，甚至不惜牺牲一切，是那个年代对待冲突的基本态度。有意思的是，30 年后，也就是 1989 年 11 月23 日，美国又上映了一部题材类似的《与狼共舞》，同样讲的是白人中尉邓巴与印第安苏族人的故事，但这次的故事情节已经不是拼死决战直到最后胜利的主题，而是人和狼如何成为朋友，白人和印第安人怎样在不同文化习俗下和睦相处彼此交融了。这时的“冷战”已经结束，国际化的相互交往已经成为世界文化的主流。正所谓“30 年河东，30 年河西”，是冲突还是融合，仿佛就在人们的一念之间。从卡勒德·胡塞尼《追风筝的人》的出版，到《孙子从美国来》以及《摘金奇缘》等上映，各种不同文化从冲突走向融合，似乎已经成为现今国际文化领域的基本方向。

很多时候影响我们心理和行为的不是事情本身，而是我们对事情的看法。在我们认为不同社会制度是不可兼容的甚至是敌对的情况下，不同社会制度下的民族或国家便有可能发生冲突和战争。事实上现今的生物学乃至人类社会，所谓的“纯粹”或“纯种”是不存在的，如果非得要往根里追问，那所有的生物都是同宗同源，虽然演化至今呈现的是斑斓绚丽的多样性表现，但其内在本质仍然是异中有同，同中有异。这个世界原本就是共性与个性融合而成的整体，人类文化也正是在多样性的交流与融合中丰富起来的。仅就市场经济而论，自由资本主义市场经济也开始有了中央调控性的计划因素，社会主义经济体系中也已经融入市场机制，无论社会制度存在怎样的差异，其目标使命和价值承诺都是一样的，那就是提高全体人民的福祉。当人类社会的历史经验告诉我们，不能一味地只追求物质生产而忽略了精神文明时，人们对物质的贪欲以及对待冲突和竞争的观念就会随之变化。此时人们便会发现，亚当·斯密从自我利益出发的“自由竞争”的那只“看不见的手”也并不像万应神药那么灵验了，关于利他主义的研究以及“合作竞争”的思想开始活跃起来。正如耶鲁和哈佛大学两位教授在他们合著的《合作竞争》一书中所说：竞争的成功不能只建立在对手失败的基础之上了，你并不需要熄灭别人的灯光来使自己明亮，你在竞争时没有必要消灭你的竞争者，大部分成功的经营是建立在其他人成功的基础之上的，我们必须在竞争的同时与人合作，实现多个赢家，“商业运作是战争与和平的综合体”。[①]

真理是没有民族等级和时空界限的。1925年玛丽·福列特发表的《建设性冲突》，今天仍可看作对“冲突与融合”的最佳诠释。她认为冲突和差异是客观存在的，既然这一点不可避免，那我们就应该加以利用，“让它为我们工作，而非对它进行批判”，就像摩擦可以生火，小提琴通过摩擦可以拉出美妙的音乐一样。她承认冲突但并非提倡冲突，而是探求“处理冲突的方法”。她说：“最开始我希望大家暂时将冲突看作不好不坏的；不带任何道德上先入为主的判断去考虑冲突；不要将它看作斗争，而是将它看作观点或利益差异化的表现。因为冲突正意味着差异。我们不应仅仅考虑雇主和雇员之间的差异，还要考虑管理者之间、董事会的董事之间的差异，或者任何可能存在的差异。”她在“权力”和“企业”两章中分别指出：“为了让冲突富有建设性，我想我们应该尽快废除它的斗争含义。”企业是一个“整合的统一体”，不应把产业关系看作以斗争的形式存在，“我们想废除这种斗争的态度，从而摆脱门派之见”。很显然，承认差异和冲突，需要首先摒弃任何道德上的预判，废除其不可调和的“斗争”含义，进而积极地“利用冲突”，这是何等睿智的非凡洞见！

更进一步地，福列特对处理冲突的具体方法逐一进行了细致的分析。她说：“处理冲突的方式主要有三种，控制、妥协以及整合。”她不倡导控制和妥协这两种方法，她主张的是对不同需求和不同利益进行积极的整合。“控制是一方战胜了另一方，这是处理冲突最容易的方式，但其效果是短暂的，长期来看并不成功。”妥协是每一方为了和平都退让一点，它是我们解决大部分分歧的方式，“然而，没有人真正想去妥协，因为这意味着要放弃一些东西”。那么，有没有其他方法可以解决冲突呢？有的，那就是整合，“即将双方的要求整合起来。这意味着我们找到了一种解决方法，它满足了双方的要求，不需要任何一方做出牺牲”。所以她认为整合是处理冲突和差异最富成效的方法，它无须牺牲和退让，而是创造性地满足了双方的要求，“妥协没有进行创造，它涉及的是已经存在的；整

① 拜瑞·J.内勒巴夫，亚当·M.布兰登勃格.合作竞争[M].王煜昆，王煜全，译.合肥：时代出版传媒股份有限公司，2000.

合创造了一些新东西”，甚至通过整合可能减少控制性解决冲突所造成的负面作用，“整合是一种减少凌驾的权力的方式。取得权力是为了满足需求，而对需求的整合排除了权力的必要性”。她列举了许多整合处理冲突的案例，其中一个是挤奶工合作联盟差点解散的例子，因为大家都要把货卸下来，放在奶油厂的空地上，山下的工人认为他们应该得到优先权；山上的工人认为他们应该先卸货。在分歧中，双方的观点都局限于有先有后这两种可能性，从而妨碍了他们一举两得地解决争议。解决方法显然是改变空地的位置，使得山上和山下的工人能够同时卸货。直到一名整合专家征求意见，他们才意识到这个方法。该方法提出后，他们很高兴地接受了。整合就是一种创造，“让思维跨越互斥的边界，这才是明智之举”。

福列特的“建设性冲突”对我们今天的企业管理仍富有建设性的启发意义。她在“权力”一章的结尾处表达了自己的理想：

> “我想树立一个‘门派’，不是为了公平斗争，甚至不是为了斗争，而是为了充实整体。如果我是一名厂商，我会巩固工人的实力，不是为了让他们在斗争中具备更强大的力量，而是希望通过有意识的统一，使他们能够成为工厂一个强有力的组成部分，从而增强组织的实力。”①

福列特所言并不仅仅局限于“让我们拥有平等的权利”，虽然冲突的整合首先是建立在平等权利基础之上的。整合冲突的最终结果既不是战胜或者控制，也不是一味地退让或毫无原则的妥协，而是多方都赢的利益整合。冲突是客观存在的，如福列特所说“冲突是生活的本质”，就看我们怎么看待和处理不同文化和不同文明之间的冲突。亨廷顿的《文明的冲突》更多的是在揭示不同的文明以及它们之间存在的冲突；理查德·刘易斯在《文化的冲突与共融》中则列举了各个国家文化多样性的不同特点，在国际化的经济环境中创造性地提出了“跨文化管理”的共融思想。需要强调的是，文化整合以及跨文化管理的任务，不是将不同文化兼并统一，

---

① 玛丽·福列特．福列特论管理 [M]. 吴晓波，等，译．北京：机械工业出版社，2007.

不是一种文化“同化”另一种文化，更不是最终整合成一种“普世文明”，而是希望不同文化相互之间能够彼此承认、包容、理解和尊重，使不同文化能够相处在一起，共同享受世界的和平与美好。

文化是多元多样的，不同的文化和文明并不存在高低贵贱好坏对错之分。如爱德华·霍尔在《超越文化》导论中所说：“我们呼唤一场规模宏大的文化‘扫盲’运动，这一运动不应该是外在强加的，而是发自内心的。我们要更加深刻地认识到，我们是多么不可思议的生物，我们大家都能从这种认识中获得教益。我们有如此之多的令人叹为观止的才能，我们可以因此而成长，因此而感到自豪，可以更自由自在地呼吸。然而，要达此目的，我们必须停止将人及其才能分为若干等级，我们必须接受这样一个事实：有许许多多通向真理的道路；在探索真理的过程中，没有哪一种文化能在寻求真理的道路上独霸一方，也没有哪一种文化比其他文化拥有更多的得天独厚的条件。而且，谁也没有资格告诉另一个人应该如何去进行这种探索。”①

承认差异，善待冲突，用融合的方式化解矛盾，以整合的智慧平衡权力和利益，“争而无害，合而有争”，在竞争中合作，在合作中竞争，使差异和冲突、竞争与合作融合统一，这是企业共生文化的第六要义，也是共生的精要所在。

七、企业共生文化的理想目标

人的“心眼”很多，越是聪明的人“心眼”越多。可偏偏“心眼”多的人有时候也犯傻，容易一门心思地朝一个方向想，向一个方向看，所以就有了“钻进牛角尖”“走进死胡同”这一说。倘若能够上下掂量、左顾右盼、眼观六路、耳听八方，可能很多事情的结局又是另外一番情境了。若是有人再回眸一瞥，“回头是岸”或许仅仅是其中一景，更有可能的是

① 爱德华·霍尔．超越文化 [M]. 何道宽，译．北京：北京大学出版社，2010.

“百媚娇生”“灯火阑珊”了。朋友圈里有一段网络鸡汤：

当你
以宽恕之心向后看，
以希望之心向前看，
以同情之心向下看，
以感激之心向上看时，
你就站在了灵魂的最高处。

前后上下这么一看，似乎把人的心灵都看透了。可人的心灵是多向的、多变的，倘或转个角度或换个方向再看看，原来还有另外一种心境。同样的心灵我们换个方向再看：

当你
以宽恕之心向前看，
以希望之心向后看，
以同情之心向上看，
以感激之心向下看时，
你就站在了灵魂的最高处。

调位之后忽然发现，我们不仅要宽恕过往，未来也一样需要宽恕；未来充满着希望，但我们通过已发生的过去也能憧憬到未来；不仅下级同事或普通百姓需要我们同情，上级领导以及经理老板也同样需要用同情心看待；我们更不能只知道感激父母和上级，最需要感激的可能正是我们的子女以及那些普罗大众。换位思考后我们竟然认识到，人与人之间本质上是相互的，是相互联系、相互依赖的统一整体，在这个整体中左离不开右，上离不开下，反之亦然，即上下左右各种关系是相互联系、相互依存的总体。这看似简单的总体联系的思想，实际上正是人类社会以及企业文化的认识论的理论基石。

有企业就有企业文化。文化的历史远比企业久远，人类是先有文化后有企业的，因此从企业成立那天起，人类文化便融入企业之中，形成了具有企业经济活动特点的文化亚种，这大概就是人们所说的企业文化。也就是说，企业文化原本就根植在社会文化之中，它从来就未曾脱离开社会文明，所以卡尔·马克思在论述文化时曾提到过企业，马克斯·韦伯的《新教伦理与资本主义精神》，某种意义上也是在研究企业文化。然而真正把企业文化作为一种专门学科开始研究，迄今也不过半个世纪。有人说从特伦斯·迪尔和艾伦·肯尼迪合著的《企业文化》（1982年出版）及《新企业文化》的正式出版标志着企业文化研究的正式启航。但事实上同时代或更早一些时候，爱德华·霍尔在《无声的语言》（1957年出版）及《超越文化》（1976年出版）中也都论及企业文化，埃德加·沙因更是被尊称为“企业文化理论之父”。改革开放以后，西方学者有关企业文化的研究渐次传入国内，国内的一些学者如魏杰、杨刚、陈国生、陈春花等也相继投入到这一新型文化的研究中来。刘光明教授曾编辑出版《企业文化世界名著导读》，为我们了解国外企业文化研究起到了很好的导引作用，只是前面提到的沙因、霍尔、肯尼迪和迪尔等人的作品，刘教授还没来得及收录进去。但无论是国外还是国内学者，都越来越重视企业文化的研究，成果之丰大有与管理学并驾齐驱之势。纵览这些有关企业文化的研究著述，虽良莠不齐，但以下两点几乎没有任何歧义：

（1）文化对企业取得成功起着极其重要的作用。

（2）价值观是企业文化的核心。

这两点结论对共生型企业文化的提出是一种强力支持。企业文化的核心是价值观，有什么样的价值观就有什么样的企业文化。共生型企业文化也可称之为企业共生文化，其核心正是我们一再强调的“共生价值观”。有了以“共生”为核心的价值取向，在面对企业与自然、企业与员工、企业与企业、企业与社会这四重关系时，企业的任何决策便不难做出正确选择了。

在茫茫浩瀚的宇宙中，地球虽然只是一粒尘埃，一个“蓝点”，但它却是我们人类迄今为止唯一的家园。企业从成立那天起所面临的一项重要选择，便是企业与自然的关系。企业共生文化的第一层精神，也是共生文化的第一要义，就是要爱护地球，保护生物多样性，与自然和谐相处，同万物休戚与共。《管子·五行》有曰：“人与天调，然后天地之美生。”我们再也不能依靠破坏性地肆意攫取地球有限的资源，以牺牲整个社会乃至子孙后代的利益为代价，来满足企业追逐利益最大化的短期目标，和个人一己私利的贪婪欲望了。人类肆无忌惮的掠夺性生产和穷兵黩武的核化威胁，加上不可回收的垃圾毒物与毫无节制的碳排放，不仅一天天地把地球变成炼狱，也在一天天地毁灭万物生灵，包括人类自己。研究表明，企业生产是环境污染的主要源头，治理环境就要从源头抓起。共生型企业文化，就是要重建企业的生态智慧，树立企业的生态禁忌，不是透支子孙后代的可利用资源，而是为他们创造长远的福祉，实现可循环利用、可持续发展的共生型经济。北大黄埔有一位同学叫何莉，她的开元创亿科技有限公司很多年前即果断地停产塑料，转而生产可降解的地膜和保鲜膜等无公害产品，虽然成本提高了，但她的理想是要为地球增加一抹绿色。所以企业共生文化不是追求暂时的最高效率，它是马拉松赛跑，而不是百米赛跑，它需要的是跑完全程的均衡耐力，短程内的高速固然是一种奇迹，但它跑不长远，没有后劲，不可持续。最好的文化、制度或社会，是相对稳定、相对均衡、可持续地保护和支持所有人类生命和其他生命的生存与发展，而不只是其中的某些生命或某些生命中的部分群层。企业共生文化必要时也追求短期效率，但更注重长远目标，短期效率不能以损害长远利益为前提，对它的评价不是看它在某个时间段的速度和成就，而是要放到历史的长河中进行检验、验证和判断。这就像我们长途跋涉一样，“不怕慢，就怕站，站一站，二里半”。小时候跟着爷爷一起走路时他就教会了我：不要在意速度的快慢，怕的不是停下来，或走弯路、走错路，而是方向错了，背道而驰，那离目标就越发远了。所以企业共生文化的最佳状态或最好的管理，“是要走正确的路”，不是打鸡血式的以透支后代资源为眼前速度服务的“强发展”，而是可持续的、平衡稳定的和谐进步。看过雅安·阿瑟斯·伯特兰导演的法国影片《家园》，相信所有企业对生态环境的理解都会更加深刻了。

企业与员工的关系，也是企业中人与人之间的相互关系，它在企业管理中及企业文化的研究中，都是重中之重。企业文化的核心是价值观，价值观中的核心则是人。人是一切价值的核心所在。不仅人类社会，企业的发展也一样，都是人的地位逐步提高的历史过程。任正非曾亲自下厨为员工做饭，降低自己身份往往是认识和尊重他人的开始。1837年宝洁公司合伙成立，如今正在向200岁迈进，除了其技术研发、“顾客至上”等文化之外，尊重每一位员工的劳动关系更是其长盛不衰的长寿基因。1883年威廉·普罗克特亲自到最基层的生产车间当工人，和其他工人一起装卸混合皂液，甚至坐在工厂地板上和其他工人一起吃午饭。正是这种基层体验，作为老板，他对宝洁工人真正的想法和关心的内容才有了最直接的了解，这种理解成了他日后坚持不懈地改善劳动关系的思想基础。1884年他说服了父亲和叔父，让工人能在星期六下午带薪休息；两年后他又提出“与工人共同分享利润”，并于1903年实现了将分享利润和购买公司股票合为一体的方案；10多年后他又把工作时间从每天10小时缩短为8小时。更重要的是，他开拓了管理者与工人之间双向沟通的渠道，制订了职工议会计划，并在宝洁公司的董事会中为每个主要工厂提供了一个工人代表席位。[①]不难理解，宝洁公司之所以能成为超级“百年老店”，敢于率先创新管理并能始终坚持把人作为价值核心，才是其历久弥新的制胜法宝。有了尊重才能平等相待，在平等的前提下才有可能自由创造，在平等和自由的环境中企业和个人的价值目标才可能融合统一。一旦形成“企业的目标也是个人的目标”这一和谐统一的劳动关系，无论是哪种管理制度或激励措施，无论在“人工饰物”“价值观念”“深层假设”这三个企业文化的哪个层面，都会形成“以人为核心”的价值共生的决策机制。企业的成功首先都是价值观的胜利，所谓“尊重别人才能成就自己”。“命令－控制”型的集权管理或许仍然是有效的管理模式，但伴随人类文明程度的不断提高，以尊重人为价值核心的企业无论当下发展得怎样，一定都是企业未来的目标和方向。

企业与企业之间，无论企业自身的自主生产能力有多么完善，总要或多或少地依赖于其他企业。当企业与企业不期而遇时，不同的价值观就会引导企业做出不同的选择。如果你的“深层假设”是每个企业无不站在“自利”的立场，你当然会以竞争的姿态与其他企业相处，追求自身利

---

① 特伦斯·迪尔，艾伦·肯尼迪. 企业文化 [M]. 北京：中国人民大学出版社，2015.

益最大化也就成了理所当然的抉择。你甚至会认为市场均衡不过是市场自由博弈的结果，与人为的主观意愿没有一毛钱的关系。我有一位好朋友也可以说是多年的“兄弟关系”，他骨子里就是这样认为的。有一次我们在一起聚会，他颇有感慨地说出了自己的苦衷：“我要找设计院，可没人愿意接活，要么就是先付多少钱才接；我想找施工单位也没人愿意投标，议标条件也不像以往那样由我说了算了。”在座的一位更大的老板也是他的兄弟，直说道：“你的合同条款太苛刻了，还有那么多的设计费和工程款没给人家，谁还敢跟你合作？”他举起酒杯转过身来对我说：“博士也是，你太善良了，所以你很难赚到大钱。”我一口干了，猛地放下酒杯说道：“厉害，你把人看透了，好坏也都给你说尽了。”只考虑自己的利益不行，太过于忍让和妥协也不行。共生型企业文化主张的是既竞争又合作、你赢我也赢的利益均衡。广东人和浙江人的生意经是“不以小利而不为”，跟他们在一起合作，他们不怕你多赚，你多赚了他们高兴，那说明合作是成功的，他们考虑的不是你赚了多少，而是自己赚到该赚的就够了。可是我接触的一些北方老板就不一样了，他们眼睛盯的不是自己盈利多少，而是对方是不是多赚了，你若多赚了说明他决策有误，他会感到“没面子”，他们一定要比你多赚才行，这样他们会感到自己的地位和智慧都在你之上了。结果怎么样呢？久而久之，南方的企业发展得越来越好，北方虽然也有一些“捞一把再说”的个人一时暴富起来，但愿意跟北方企业合作的人却越来越少了。“市场均衡”也好，“纳什均衡”也罢，企业与企业之间，共生型企业文化讲究的是“他好我也好”，如李玟为广州好迪代言的广告所说：“大家好才是真的好！”

关于企业社会责任，经济学家、管理学者以及著名企业家几乎都有相关的著述和言论。翻开各大企业每年编制的《企业社会责任报告》，无非是企业为国家或社会捐了多少钱，做了哪些慈善，向绿色环保等方面投资了多少之类。我们并不否认这是体现企业社会责任的重要方面。企业共生文化强调的是，企业首先应该做好自己，这本身就是最大的社会责任，也是最起码的商业道德。根据企业共生文化的理解，企业处理好与自然的关系、与人的关系以及与其他企业的关系，在此前提下企业自身还在保持绩效地生存运转，这说明企业在就业、纳税和环保方面都已经尽到了自己的责任，而这些才是企业最本质的社会责任。处理好与自然的关系，意味着企业已经平衡好发展与环保的悖论瓶颈；实现了对人的尊重和以人为核心的价值主张，说明企业已经在个人与集体的协调关系方面，特别是在尊重个人权利关系上，已为社会做到了进步的示范；企业与企业能够自由自愿地相互合作，更进一步表明企业经营者已经在平等诚信的基础上维护和发展了市场秩序。如彼得·德鲁克所说：企业管理者对企业组织的具体绩效负有更高的责任，因为企业是社会的经济机构，如果说“企业做得好还不够，还必须做好事”，而“做好事”的前提是企业自身必须首先“做得好”，即便是企业“做好了”也应当根据自己的“能力限度”和“权力限度”从实际出发做出选择，“它们能够做出的最大贡献，它们最大的社会责任，就是自己职能的绩效。对社会最不负责任的做法，是要这些机构去承担其能力范畴之外的任务，要它们打着社会责任的旗号去篡夺权力，从而损害其绩效能力”。①

企业共生文化认为，企业和社会的关系也是共生关系。企业本身即是社会的组织细胞或器官，企业的良性运作本身就是对社会的稳定发展做出的积极贡献。企业必须要有社会责任，但同时也要防止把某些额外的社会责任演变成企业负担。尤其在当前，一方面我们需要强调企业的社会责任，特别是在生态环保方面，但也应该看到尚处在青春期的中国企业更加迫切需要的，是社会各界的理解、尊重、扶持和爱护。经济史学家钱德勒说，经理式企业的诞生与发展是美国企业的管理革命，管理终究是要革命的，经理式企业就是其革命的方向。如果说改革开放以来中国企业的第一次革命是创业，那么第二次企业革命便是管理。第一次企业革命时期诞生的是资本型企业家精神，第二次企业革命则将缔造出更多的经理型企业家，而未来的经济领域即是经理型企业家主导的企业世界。当经理式企业家成为中国企业管理的主力军时，便说明“人”在中国的企业之中已经成为价值核心，并获得了普遍的尊重和应有的尊严，而这正是企业的最伟大

---

① 彼得·德鲁克．人与绩效 [M]. 闾佳，译．北京：机械工业出版社，2020.

的进步，也是企业对“富强、民主、自由、平等”等社会主义核心价值观的最伟大的责任和贡献。经济学家弗里德曼在《自由选择》中说：“经济自由是政治自由的必要条件。”没有经济民主就没有政治民主，没有经济自由就没有社会自由。肩负如此社会责任的企业和企业家，能不光荣，可不慎乎？！

后记　人生中的机缘巧合

大千世界，茫茫人海，偏偏我与他近在咫尺竟然擦肩而过，又不知哪里修来的福分，能与你相隔千里却能一线相牵，谁能说得清这冥冥之中有什么机缘呢?

谁也说不清楚。于是这世界便有了“神”。是“神”的助力，让我与毛增余总编辑在没有任何人介绍的情况下有了相遇的巧合，进而又有了高级专家叶亲忠作为责任编辑的机缘，这才使得本书能在中国经济出版社正式出版。没有领导、大师或专家的推荐，也没有任何热心人的穿针引线，完全是人性中的善良与信任，让我们一见如故，连传统的客套都省了，甚至没有一句寒暄。若不是宇宙中有一股力量早已安排好了那一次“邂逅”，还会有其他理由来解释“某年某月某日某时”会发生这种巧遇吗?没有了。如果有，恐怕只是哲学里“偶然与必然”那句老生常谈。

神奇的是，宇宙中确实又存在着这样一种“神一般”的力量，“当你想要某种东西时，整个宇宙会合力助你实现愿望。”“因为这愿望来自宇宙的灵魂，那就是你在世间的使命。”这是《牧羊少年奇幻之旅》中撒冷王画龙点睛的精神内核。当你有了来自“宇宙灵魂”的坚定信念和美好愿望时，你就拥有了这种力量，这就是你的“善良”和你的“使命”。如爱因斯坦写给女儿的信中所说，世界上确有一种力量，它比任何力量都伟大，这种力量就是“爱”。当我们每个人都秉持爱人之心，都拥有一颗乐于助人的“善良的灵魂”时，我们每个人都会在不经意间邂逅到“贵人”，使这种邂逅从偶然迈向必然，就像你愿意帮助别人，你也会得到别人的帮助一样，这时就会出现“整个宇宙会合力助你实现愿望”的伟大力量，因为这是我们每个人都拥有的源自生命的根性，而这种根性便是“宇宙的语言”。

努力营造引人向善的社会情境，正是本书“来自宇宙灵魂”的愿望。我们每个人都是这种社会情境的缔造者，也是受益人。虽然书中为了说明问题难免也要列举一些“不够善良”的情境案例，读者大可不必“对号入座”，那正是希望我们每个人都能认清自己，抑制住原本我们都拥有的心魔，从而营造出抑恶扬善的生活氛围，实现天下共生的文明与理想。

“共生”很多时候只在一念之间。面对差异的冲突，我们往往习惯于用“力量”“控制”等强制性的办法加以解决，但有的时候只要心念一转，融合、整合的方法可能更加有效。据网络新闻报道，前些年横行一时的“索马里海盗”令各国商船大伤脑筋，“军舰护航”的武力手段成为一时防止海盗的唯一选择。可现在为什么海盗销声匿迹了呢？是海盗被彻底消灭了吗？是的，海盗是少了，但不是被枪炮“杀光”的，而是通过“以商治盗”的和平方式让海盗变成了渔民。索马里海域盛产金枪鱼，日本商人木村清向他们提供了专业船只、捕鱼设备、冷冻仓库等，“海盗”变成了（应该是回归到）渔民，可以自食其力尊严地活着了，日本商人也可以由此向社会提供更多的美味鲜鱼。什么是共生？让每个人乃至每一种生命都尊严地活着，这就是共生。日本是“共生思想”研究和应用比较深入的国家，很多日本公司都已采纳“共生思想”来治理企业，木村清以“共生”的商业模式解决了让世界头痛的“海盗难题”，“共生治理”难道不值得我们去深思吗？！

但凡“后记”大多写一些感激的话，这里我对总编辑、高级专家机缘巧合的感谢之情就不赘言了。我特别要感谢的是妻子和女儿，她俩常常是第一读者和第一审编。澳门科技大学林广志教授、广东人民出版社梁茵女士、北大黄埔总裁班的李阳老师和其他学员，以及关心本书写作和出版的众多朋友，这里一并深表谢意。我想，读者对本书的认可，本书倡导的“共生”思想若能对社会文明有所裨益，才是对各位亲朋好友的最佳谢意吧。

在审校本书时，编辑同志改了很多错别字和标点符号，并提出了许多非常好的修改建议，他们认真仔细的程度之深让我感动。责编叶亲忠曾跟我说：“你在书中引用了大量的参考文献，要不要把这些书目都列在书后？”经过商量，书后还是没有列出参考书目总表，原因有二：一是引用的参考文献太多，会占用很大篇幅；二是可以节约纸张并降低售价。但考虑到读者查阅方便，我将以“共生书房”为用户名，单独注册博客、微博和公众号，把参考书目和其他一些写作资料都发布上去，读者还可通过E-mail：gssf2020@126.com跟我联系，这也算是以共享资料的方式践行“共生”的小小尝试吧。